毛泽东在新中国之初

王正民 著

中国文史出版社

图书在版编目（CIP）数据

毛泽东在新中国之初 / 王正民著 . -- 北京 : 中国文史出版社 , 2021.1

ISBN 978-7-5205-2052-2

Ⅰ . ①毛… Ⅱ . ①王… Ⅲ . ①毛泽东（1893-1976）- 生平事迹 Ⅳ . ① A752

中国版本图书馆 CIP 数据核字（2020）第 094723 号

责任编辑：刘　夏
封面设计：秋　雨

出版发行：中国文史出版社
社　　址：北京市海淀区西八里庄路 69 号　**邮编：**100036
电　　话：010-81136606　81136602　81136603（发行部）
传　　真：010-81136655
印　　装：北京温林源印刷有限公司
经　　销：全国新华书店
开　　本：1/16
印　　张：23.5
字　　数：290 千字
版　　次：2021 年 1 月北京第 1 版
印　　次：2021 年 7 月第 2 次印刷
定　　价：68.00 元

目录

CONTENTS

★ 一　定都北京

毛泽东“讨教”王稼祥

中共七届二中全会郑重宣布：“新中国将定都北平！”

对于定都何处，毛泽东在这一期间曾征求过王稼祥的意见。

1949 年元旦刚刚过去，西柏坡冬日的寒流便渐渐减弱。毛泽东在西柏坡指挥三大战役的同时，也在思考着即将诞生的新中国的选都事宜。从当时的

1938 年 9 月，党的六届六中全会主席团合影。前排左起：康生、毛泽东、王稼祥、朱德、项英、王明；后排左起：陈云、博古、彭德怀、刘少奇、周恩来、张闻天

国内、国际条件出发，毛泽东和党中央曾想定都哈尔滨。随着三大战役即将胜利结束这一时局的重大发展，毛泽东认为有必要重新考虑选都问题。

恰在这时，王稼祥、朱仲丽夫妇来看望毛泽东。

前不久，王稼祥从苏联治病回国后，任中共中央东北局委员、城市工作部部长，他与毛泽东有着深厚的革命情谊：朱仲丽之父朱剑凡与杨开慧之父杨昌济系至交，毛泽东 1920 年任湖南第一师范附小主事时，朱剑凡安排他寄宿在自己创办的周南女校，二人结为忘年交，毛泽东为朱仲丽世兄。王稼祥与朱仲丽喜结良缘，还是毛泽东搭的桥。

对于王稼祥、朱仲丽夫妇的到来，毛泽东兴高采烈，惊喜地说："稼祥，来来来，快坐下，今日我有件大事要向你讨教。"

王稼祥一边与主席亲切握手，一边谦和地说："这可不敢当，主席有话请讲。"

毛泽东谈了和平解放北平的想法之后，接着说："我们很快要取得全国的胜利了，我想听听你的意见，我们的政府定都在何处？历史上，历朝把京都不是定在西安，就是开封，要不就是南京、北平。我们的首都定在哪里最合适呢？中央虽有考虑，但还没有最后定案。"

王稼祥与夫人朱仲丽在延安的合影

王稼祥开门见山地回答："是不是定在北平？"

毛泽东神采奕奕，点了点头，微笑着说："谈谈你的理由。"

王稼祥这位学识丰富的革命家、外交家运用排中律，阐明了定都北平的理由。

王稼祥首先以肯定的口吻说："南京离东南沿海太近，从当前的国际形势看，这是它的很大缺陷，我们定都，当然不能选在南京。"

“西安如何呢？”

“西安的缺陷是太偏西，现在不是秦汉隋唐时代了，今天中国经济重心是在沿海和江南，由此看来，西安也不合适。”

毛泽东谈及有的同志认为开封、洛阳作为古都，是否可以考虑定都问题。

王稼祥认为，开封、洛阳经济落后、交通不便，“也失去了作为京都的地位”。

毛泽东兴致勃勃地问：“你认为最合适的建都地点在哪里？”

按照规律，择都应从政治上着眼，现中国南方尚未解放，我们的根据地主要在北方，宜定都北平。基于这一考虑，成竹在胸的王稼祥淋漓尽致地表达了自己的观点：“北平位于沿海地区，属于经济发达圈内，而且扼守连接东北与关内的喉咙地带，战略地位十分重要，可谓今日中国的重心所在。同时，它靠近苏蒙，与社会主义苏联和蒙古人民共和国国界长而无战争之忧。虽然离海近，但渤海是中国内海，有辽宁、山东两个半岛拱卫，战略上十分安全。一旦国际上有事，不致京师震动。此外，北平是明清两代五百年帝都，从人民群众的心理上，也乐意接受。考虑到这些有利条件，我的意见，我们政府的首都应该选在北平。”

“哈哈哈！”毛泽东爽朗的笑声中包含着对老战友远见卓识的赞赏，“稼祥，你的分析，正合我意。看来，我们的首都，就定在北平了。不过，北平现在还在傅作义之手哩。”

“我们很快就会进入北平的。”王稼祥的话语中充满了自信。

“我们决不当李自成”

由于工作重心的转移，七届二中全会的召开，加速了中共中央迁往北平的进程。早在 1949 年 1 月召开的中央政治局会议以后，党中央就决定从西柏坡迁入北平。1 月 19 日，即派中央直属机关供给部副部长范离等一行前往已为我军占领的北平西郊，其主要任务是选定中央机关的驻地。

中共中央和中国人民解放军总部迁移北平，是一件具有重大历史意义的大事，党中央十分重视，确定由周恩来、任弼时、杨尚昆主管这项工作。

1949 年 2 月初即着手迁移的准备工作，并为此成立了由杨尚昆和曾山负责的转移委员会，统一处理撤出西柏坡和迁移过程中的有关事宜。派往北平的先遣组则统一由李克农负责，下设筹备、收发、招待三个处，分别负责对外交涉、备置用具、社情调查、布置警卫、营地修葺建设、安排过往人员住地等事宜。根据中央的指示，中共中央华北局、北平市委、北平市政府和北平驻军也成立了由叶剑英、聂荣臻、程子华、刘亚楼、李克农组成的迎接中央迁平组织委员会。

为了做到万无一失地组织好这次转移，中央专门制定了各机关部队转移前后应该遵守和注意的事项，其主要内容包括转移前要对全体人员进行教育；要妥善处理好与驻地居民关系中一切未了事宜。在转移过程中必须绝对服从指挥，严格遵守“三大纪律八项注意”；要发扬阶级友爱精神，团结互助；要遵守当地政府法令，尊重群众风俗，不得增加群众负担。进入城市后要做到“四不”：不乱讲话乱吃东西，不乱跑，不乱动手，不乱收人；“五要”：要认清环境、分清敌友、提高警惕，要爱护公共物资、遵守公共纪律，要保持艰苦朴素的优良传统，要向工人与劳动人民学习，要切实执行政策法令、遵守三大纪律八项注意及各种制度；“三讲究”：讲究礼貌、讲究正派、讲究整洁。这些规定非常周到、具体，充分体现了党中央对这次转移的高度重视，也是我党我军的光荣传统和优良风范的体现。

3 月 20 日，转移委员会发出通知，对转移中有些人员的处理问题，做出了一般的不准退职的规定，并规定“老弱或有疾病不能继续工作，但也不愿意退职或回地方工作者，不得劝其退职，也不得嫌弃，仍随原机关转移，妥为照顾”。“老弱不能继续工作而确实自愿退职者（回家后确实能生活者）可准予退职……除必须给以足够路费外，并应按其军龄及家庭情况对其以后生活分别给以适当的关照。”

3 月 21 日，第四野战军政治部保卫部部长钱益民和司令部作战科科长尹健带着 100 辆大卡车和 20 辆吉普车，分别从北平、天津出发，专程前往西柏坡；叶剑英和铁道部部长滕代远则于 24 日带着三列专列前往涿州，去迎接毛泽东、党中央向北平转移。

3 月 23 日，西柏坡的冬天已过去，天气特别晴朗，平时很少有汽车出入的党中央所在地突然来了20多辆卡车和吉普车，引来了不少正在春耕的老百姓的围观。宁静的西柏坡弥漫着一种欢乐与喜悦的气氛，大家悄悄地奔走相告："毛主席、周副主席要进北京了！"

这天，周恩来一改通宵办公、白天休息的习惯，上午8点就起床了。他来到毛泽东的住处。听说主席要工作人员9点前叫他起床，周恩来说，不要这么早叫，10点钟叫也不晚。10点钟，周恩来最先走进了毛泽东的办公室。

周恩来问："主席，休息好没有？路途很长，很辛苦的。"毛泽东意味深长地笑道："今天是进京赶考的日子，不睡觉也高兴啊！"周恩来会意地说："我们都应考及格，不要退回来。"毛泽东说："退回来就失败了，我们决不做李自成！"

毛泽东为什么提到李自成？在做进驻北平准备的这段时间，他想了很多。但是，他想的不是与他斗了几十年的蒋介石，而是想到了明末农民起义领袖李自成。

明末，以李自成为领袖的大顺军在人民的支持下，所向披靡，经过16年的奋斗灭亡了明王朝。1644年，李自成占领北京。在这以后，李自成及其部下居功自傲，贪图安逸，从将军到士兵，个个乘机中饱私囊，军纪败坏，士气瓦解，一支能征善战的大军，占领北京43天即被腐化侵蚀，变成了毫无战斗力的乌合之众。当吴三桂勾引清军一到，堂堂的大顺朝顷刻之间便烟灭灰尽了。

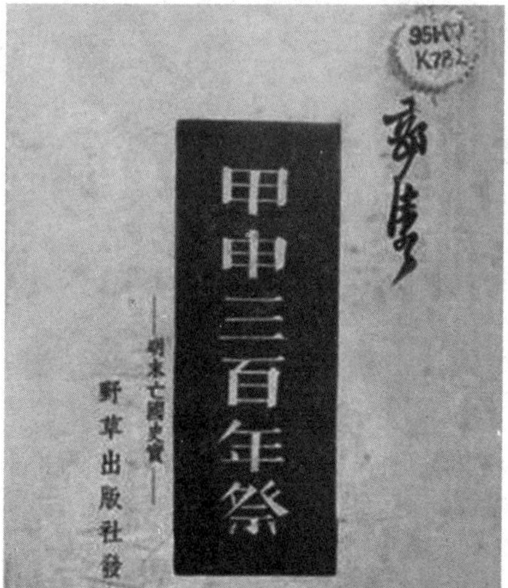

1944年3月19日，《甲申三百年祭》在重庆《新华日报》发表

这一历史悲剧引起有识之士的思考，郭沫若写下《甲申三百年祭》。他写到：自然，假如从整个的历史运动来看，经历了十六七年才达到这最后的阶段，要说难也未尝不是难。但要达到这最后阶段的突变上，有类于河堤决裂，系积年累月的浸渐而溃进，要说容易也实在显得太容易了。在过短的时期之内

毛泽东与李银桥

获得了过大的成功，这却使自成以下如牛金星、刘宗敏之流，似乎都沉沦进了过分的陶醉里去了。进了北京以后，自成便进了皇宫。丞相牛金星所忙的是筹备登基大典，招揽门生，开科选举。将军刘宗敏所忙的是拷夹降官搜括赃款，严刑杀人。纷纷然，昏昏然，大家都像以为天下就已经太平了一样。近在肘腋的关外大敌，他们似乎全不在意。山海关仅仅派了几千兵镇守，而几十万的士兵却屯集在京城里面享乐。尽管平时的军令是怎样严，在大家都陶醉了的时候，竟弄得刘将军“杀人无虚日，大抵兵丁掠抢民财也”了。

郭沫若的文章是在1944年3月写成，并发表在重庆《新华日报》上，不久就传到延安。立即引起了中国共产党人的重视。在抗日民族战争胜利之际，中国共产党领导的新式农民革命战争，会不会重蹈旧式农民战争的覆辙，这不能不引起毛泽东等人的深深思考。4月12日，毛泽东在延安高级干部会议上指出：“我党同志对于几次骄傲，几次错误，都要引为鉴戒。近日我们印了郭沫若论李自成的文章，也是叫同志们引为鉴戒，不要重犯胜利时骄傲的错误。”同年11月21日，毛泽东在给郭沫若的信中说道：“你的《甲申三百年祭》，我们把它当作整风文件看待。小胜即骄傲，大胜更骄傲，一次又一次吃亏，如何避免此种毛病，实在值得注意。”

在西柏坡，毛泽东又多次提醒不要重犯类似李自成的错误。

薄一波在《若干重大决策与事件的回顾》中写道："这个时期，毛主席当着中央和大区的一些同志的面说，新中国快要成立了，我们这些人将来都是要上历史的，不能像李自成进北京那样，要约法几章。这次毛主席又重提这一点，足见面对全国胜利的形势，怎样预防当政后重蹈李自成式的因胜利而骄傲而腐化的覆辙，已成为他反复思考的大事。他还向我谈了党内特别是党的高级干部一定要做到'几不'，即不做寿、不祝酒、不以人名作地名、活人不上舞台等。毛主席的这些话，不久得到了党的七届二中全会认可，形成全党必须遵守的规定。"

七届二中全会以后，西柏坡的中央机关开始做进城的准备工作了。有一天，毛泽东问李银桥："银桥，要进城了，你准备得怎么样啊？"

"东西都收拾好了，随时可以行动。"李银桥有把握地回答说。

"这里呢？"毛泽东指了指李银桥的太阳穴，见他不解其意，便又说："小心，不要中了资产阶级的糖衣炮弹，不要当李自成。"

有天散步，毛泽东又问身边的警卫人员："进北平以后干什么，注意什么，你们想过没有？"

有人接着说："听说城里车非常多，进城以后少出门，防止出车祸。"

"不对！"毛泽东摇摇头，"多出门才能学会过马路。应当多见世面，这样才能长知识。"

一名警卫说："进城以后不能看太阳上下班了，要看表按时间办事，我要买块表。"

又有人说："进城以后大概不吃小米饭了吧，咱也把各种好吃的尝一尝。"

"看看，这不是思想问题出来了吗？有了钱买块手表是可以的，但是不想吃小米就危险了。我们吃小米吃了那么多年，不要忘掉我们是用小米加步枪打败了日本侵略者和美蒋反动派的。就是革命胜利，进了大城市，以中国现在的落后状况，在短期内也很难做到想吃什么就吃什么。"

毛泽东继续散步，他神情凝重地继续说："我们共产党不是李自成，李自成进了北京就变了，我们共产党进北平不能变！"

毛泽东又把中央直属单位和警卫部队的干部召集起来，语重心长地告诫说：我们就要进北平了，我们进北平可不是李自成进北京，他们进城后就腐化了。我们共产党进北平，是要继续革命，建设社会主义，一直到共产主义。

在距李自成失败305年后的1949年，在距郭沫若发表《甲申三百年祭》后的第五个年头，毛泽东要率领中国共产党进驻北平，这是同一个城市，然而会不会重蹈覆辙呢?

面对胜利，毛泽东和他的战友们始终保持着清醒的头脑。

1949年3月23日上午，11辆小汽车摆在了西柏坡中央驻地前。第一辆是带路的小吉普，第二辆是毛泽东乘坐的中吉普，第三辆是警卫车，刘少奇坐的第四辆车，是车队中唯一的小轿车。江青带着女儿李讷和王光美坐在第五辆车上。第六辆是周恩来和邓颖超坐的中吉普。往后是朱德、任弼时、陆定一、胡乔木的车，第十一辆压阵的是叶子龙的车。中央警卫团的手枪连和一个步兵排分别坐在五辆大卡车上。

上午11点，汽车的马达同时发动，毛泽东一边朝吉普车走，一边幽默地再次说："今天我们要进京'赶考'去，看我们能不能考及格！"

"我们应当都能考及格，不要退回来。"周恩来也笑着说。

"退回来就失败了。"毛泽东一脚车上，一脚车下，略一停顿，猛地扭回头，十分自信地说："我们决不当李自成，我们都希望考个好成绩！"

接着，几位领导在欢声笑语中率领中共中央机关和中国人民解放军总部浩浩荡荡地离开了中国农村最后一个根据地，踏上了赶考的路程。

毛泽东入住中南海

北平原是国民党统治华北的大本营，社会情况十分复杂，各种人物中，有下野的军阀，有失意的政客，有蛰伏的汉奸，有官僚，有封建把头，有恶霸惯匪，有小偷、地痞、流氓……而北平又是华北最后解放的大城市，东北、西北、华北等地的国民党要员，逃亡的县政府以及几万散兵游勇麇集于此。几方面因素一凑，就使北平的政治垃圾大大多起来，治安，成为首当其冲的第一位问题。

人民解放军进城之初，北平有这么一个说法："特务多，散兵游勇多，枪匪多，小偷多，银圆贩子多。”“五多”中有“四多”是与治安有关的，可见当时北平的社会有多混乱。据统计，当时北平城里有 114 个国民党特务组织，8500 多个职业特务。各种案件屡屡发生。

这些暗藏的特务，无时无刻不在制造暗杀和破坏活动。警卫二连的战士在清理毛泽东进城后要住的双清别墅时，居然在房间里发现了一枚炸弹。有的警卫员莫名其妙地失踪了，有的不明不白地挨了一颗手榴弹。有一名家住南苑的市内军管会干部回家看望同学，被同学骗到山洞中打死。

可以说，北平和平解放后，不安定的因素比比皆是。

安定北平的社会，首先要处理散兵游勇。这是一大批人，又有武器，任其流散四方，势必造成社会的极大不安定。北平军管会入城的当天，就贴出了关于北平市流散军人处理委员会成立的通知，同时颁布了工作方案。紧接着平津卫戍区司令部、北平警备司令部、北平市公安局也贴出一系列布告，要求流散军人、特务分子限期登记。

这一系列布告确实起了一定的威慑作用。人民解放军入城之初，三三两两的流散士兵充斥街头，有的不仅公开抢劫，甚至殴打游行的工人，撕烂他们自制的欢迎旗帜，明目张胆地反对 2 月 3 日的入城仪式。为此，公开抓了一批。随即广贴布告。47 天中，收容和处理了 3 万名流散官兵，特务除登记自省外拘捕了近千人。但是，据保守的估计，北平的散兵还有 4 万名以上，起码有 1 万名流浪街头。特务估计还剩下数千。这些漏网之鱼对北平的治安仍是一个很大威胁。

叶剑英市长治理北平像他指挥打仗一样，力争全歼。他对一同进城的公安局领导说：“卫戍、纠察、治安这些机关要集中起来，打歼灭战，统一步调，密切配合。”为此，平津前线卫戍司令部、北平市纠察总队、市公安局以及街道上群众治安员全编在一个组织里，取名叫作北平市治安委员会。叶剑英亲自任主任，副主任是徐冰。委员会很快拿出一张布告。要求集中力量肃清流散官兵包括武装特务和收缴散存的武器弹药。开展以处理散兵游勇、纠缴枪支武器为中心的治安活动。

1949 年底，公安局在年终总结时很自豪地宣布：“我们基本上完成了首都的警卫工作，保证了各种重要会议的进行，保卫了各级首长、民主人士及国际友人的安全。”

在进入北平之前就已经组建起来的北平市公安局，在 1949 年这一年中，破获了 1200 多起重大案件。其中有：张荫梧等军事阴谋暴动案；徐宗蛲等潜伏案 92 起；美国间谍案 3 起；木剑青等阴谋刺探人民政协情报案 2 起；特务杀人案 9 起；破坏经济案 10 起；特务行抢案 6 起；特务冒充案 5 起；等等。

大量案件的破获使动荡的北平趋于稳定，到 6 月全国政协筹备会召开之际，北平社会治安状况基本良好。

1949 年，重大活动很多，每一次，公安局都是全力以赴，动员社会力量，共同警卫大会。据不完全统计，累计出勤人数 12000 人次。这些古城卫士没有在共和国史册上留下姓名，但他们的不朽功绩将永存于世。

3 月 25 日，夜空星光灿烂。毛泽东在西苑检阅部队后，乘车沿着高低不平的山道，来到一座清静幽雅的院落门前，只见门额上写着“双清别墅”四个大字。

双清别墅是香山一景。因有两股从岩石中潺潺流出的清泉而得名。相传在700 多年前，金章宗来到香山，梦见自己在这里拉弓射箭，有泉水喷涌而出。第二天，他令人在梦中射箭之处掘土觅泉，果然挖得两眼清泉，于是取名“梦感泉”，后改称“双清”。

香山双清别墅

1949年4月下旬，毛泽东在双清别墅看南京解放的捷报

北平刚解放时，城里情况复杂，党中央决定暂不进城，于是，毛泽东就在双清别墅暂时住了下来。

“春有百花秋有月，夏有凉风冬有雪”，双清别墅以淡雅幽静而著称。院内，许多古老的苍松翠柏枝繁叶茂。夏天，树荫之下凉爽宜人，院中荷池飘香，叠石环抱；气温比城里低五度左右；冬天，这里背风向阳，比城里温度稍高一点，故有冬暖夏凉之称。

“这个院子好大哟，比我们在西柏坡住的院子又大又漂亮，来到这里真是文思泉涌啊！”毛泽东感叹地说。

院内主房是一排坐北朝南的高大平房。除有卫生间、卧室、小餐厅外，中间有一个能容纳20来人的大会客厅。毛泽东住在正房里，他的家属子女们住在院子西头平台上的几间平房里。双清别墅有两个门，北门是平常出入的大门，门内有卫士值班室；东门则是通往警卫班的住处，警卫班住在另一个小院子里，那里也是一排平房。

朱德、刘少奇、周恩来、任弼时等中央领导人，都住在双清别墅北面的大院子里。那个院子房子多，住得比较集中。两院相距二三百米，有一条石板路相连，各种车辆可以通行。

毛泽东和党中央初到香山时，为了保密和安全，双清别墅对外称劳动大学，简称“劳大”。后来逐渐被人猜出是中央机关，于是也引起了敌特分子及国民党散兵游勇的注意。

毛泽东逐渐熟悉了双清别墅的环境。他在这里指挥了百万雄师横渡长江的战役，写下了《人民解放军占领南京》的光辉诗篇。中央也在这里举行了多次重要会议，研究讨论建国的大政方针。毛泽东对双清别墅情有独钟，他喜欢周围的碧水蓝天、绿树青山，他想长期在这里办公和生活。

但香山离城较远，而且中央机关住得比较分散，交通、通信、供应、人员往来都不方便，再加上安全问题，劝说毛泽东进驻中南海的问题便提了出来。

一天，周恩来和叶剑英来到双清别墅。周恩来试探着说："主席，剑英同志想汇报一下中央领导机关搬家的时间、地点及市里的有关问题。"

"好啊，你们先说说看。"毛泽东微笑着说，他似乎已猜到他们的来意。

叶剑英说："根据工作需要，准备请主席和其他领导同志到中南海工作、生活……"

1949年1月31日，解放军第四野战军一部进入北平城接管防务。这一天，周恩来派中共统战部秘书长齐燕铭等四人，从西柏坡星夜赶往北平，为打前站。叶剑英传达周恩来的特别指示：接收北京饭店和中南海。周恩来心中已有初步计划，北京饭店供代表下榻，中南海作为筹备政协新会议的办公地点。

整个中南海只有勤政殿驻扎着傅作义的一个连，齐燕铭请华北军区程子华兵团派连队进驻，让傅作义部放下武器离开。此前进入北平的各路单位在全城"占领"空房，谁也没动中南海的2000余间房屋。没有人说明此处将作为中共驻地，但大家心照不宣，似乎都在等待着特别的主人到来。

5月，中南海清理工作初见成效，周恩来、林伯渠、李维汉等在丰泽园建筑群中找到几间保存相对完好的房子栖身。丰泽园位于南海北岸的西侧，其中东配院题匾菊香书屋，自成一座标准四合院。1949年，此院已不见一盆菊花，根据楹联"庭松不改青葱色，盆菊仍靠清净香"，可推想全盛时期黄花分外香的情景。起初，林伯渠住在菊香书屋，周恩来带着他的工作班子搬进来时，林伯渠看他们人多就把房子让了出来。周恩来在菊香书屋居住的时候，已经组织修建科整修，准备迎接毛泽东。

当时的中南海丝毫没有皇家园林的优美华丽，处处凋残破损，枯枝败叶当阶罩，腥臭弥漫太液池。华北军区300多名士兵放干污水，忙活了一个春天，才把至少百年没清理过的淤泥挖净，淤泥里甚至还挖出不少枪支和手榴弹。战士们又从山上采来条石砌湖岸，建码头，引泉水，养鱼类，到1949年夏天，中南海终于碧波荡漾。

“我不喜欢中南海！”没等叶剑英说完，毛泽东便神态严肃地说，“凡是皇帝住过的地方，我都不想去，为什么非到中南海，非到皇帝住过的地方呢？要去你们去，我是不去的。”

周恩来见毛泽东态度坚决，忙解释说：“这是他们的初步设想，也是征求主席的意见，我们可以商量嘛。”

毛泽东对这个问题很敏感，他再次强调：“这个地方我不去，为什么非要把我关进红墙大院内，与群众隔开，我们不能学李自成。”

第一次劝说毛泽东进中南海，就这样被否决了。

但时间不长就发生了“香山事件”，毛泽东极不情愿地搬进了中南海。

那是4月初的一天。上午9点多钟，值班室突然响起紧急集合哨声。正在休息的警卫人员，全副武装，立即集合。

中央办公厅警卫处处长汪东兴神情严峻地在队前说：“同志们，据可靠情报，今天晚上傅作义的警卫团约两个营的兵力阴谋冲击香山，我们要加强警戒，保卫毛主席，保卫党中央！具体部署由阎排长安排。”

阎长林接着讲话说：“他们虽然来的兵力不多，我们也不能大意，这里是党中央、毛主席的驻地，必须保证中央首长的安全。具体的任务是，李银桥组负责内部警卫，保证毛主席的安全但不能干扰他的工作；李家骥组负责江青同志安全；马武义带领两名队员，下山探听情况，并随时联络……”

警卫战士听了讲话后，群情激昂，他们迅速各就各位，进入一级战斗准备。根据周恩来的指示，此事只报告了江青，而没有让毛泽东知道，以免干扰他的工作。

原来，在和平解放北平的谈判中，党中央根据傅作义要求，同意给他保留了一个加强警卫团。但该团里有些顽固分子并没有转过弯来。其中有两个营长得知中共中央首脑机关在香山，便煽风点火，阴谋袭击香山，这一情况傅作义并不知道。

那天早晨，那两个营长见团长不在军营内，便趁早操时站在操练场的一个平台上作反动鼓动：“弟兄们，傅将军虎落平阳，实属无奈，被逼上梁山作了假和平，意在保存实力，东山再起。现在机会来了，毛泽东就住在香山，有种的跟我来，我们去袭击香山，干掉毛泽东，去向蒋总统献礼，我们就有享不尽的荣华富贵。”

在他们的煽动下，两个营的人马在西郊八里庄秘密集中，阴谋策划各种袭击方案。他们把在改编时我党安排在该团的政工干部都抓了起来。这时，幸亏有李克农安插在该团后勤部里的秘密党员，乘早上买菜之机，及时把事变情况报告了李克农。李克农立即向周恩来作了报告。周恩来又立即打电话给代总长聂荣臻，令他马上调集部队包围傅作义的警卫团。

聂荣臻急令二〇七师派一个团的兵力对翠微路八里庄的傅警卫团实行包围，并解除其武装。

二〇七师从延安起就担任中共中央的警卫工作，后从该师抽调一个团组建中央警卫一团，即后来的八三四一部队。这个师警卫经验十分丰富，战士们个个都是神枪手。

日落西山，暮色苍茫。华北军区作训处处长唐永键指挥一个团，迅速登上近百辆大卡车。每辆大卡车都用篷布严严实实地裹着，汽车直奔八里庄。很快包围了正准备出发的傅作义警卫团的叛军。为避免流血冲突，我军先用喇叭对其喊话：

“警卫团的弟兄们，你们已被包围了！傅作义将军诚心诚意弃暗投明，重新做人，你们不要听信反动军官的煽动，赶快放下武器，我们保证你们的生命安全。”

本来就没有多少信心的叛军士兵，听到喊话后，军心开始动摇。有的士兵趴在墙头上，透过稀疏的树丛，看到营区外我军层层包围，不觉心惊胆战，把头缩了回去。

经过几个小时的宣传瓦解，并进行了和平谈判，叛军最后缴械投降。

夜里 12 点，驻守香山的警卫部队得知傅作义警卫团被我独立师缴械，才从各自的哨位撤了下来。

第二天早晨，工作了一夜的毛泽东出门散步，才知道夜里发生了情况。他边走边对阎长林说：“别搞得那么紧张嘛，为我毛泽东，害得你们不睡觉可不行啊！”

事后不久，傅作义到香山拜访毛泽东，他感慨地说：“毛先生，我坦率地说，在我与中共干部三个多月的共事中，亲眼看到他们工作认真负责，不尚空谈，没有胜利者的傲气，有事平等商量，使我深受感动。”

在场的周恩来接着说：“我们的工作也不十全十美，有时也会发生一些不愉快的事情，比如刚刚发生的‘香山事件’，就来不及同傅先生打招呼。”

毛泽东接过话头说：“这件事我知道，请傅先生谅解。我们都了解蒋委员长这个人，他什么事情都干得出来，我就不相信他不在我们周围安插特务，不在你傅作义身边派奸细。”

听毛泽东这样说，傅作义忙欠身微笑说：“我非常感谢毛先生、周先生对我的关心，对此我将永记心中。”

于是，震惊一时，又鲜为人知的“香山事件”，在周恩来的亲自指挥下圆满解决了。

这次事件后，为了中央首长的安全和工作方便，周恩来再次动员毛泽东搬进中南海，毛泽东仍然不同意。他说：“我不搬，我不做皇帝，这个叶剑英真固执。”

“你还是应该听听父母官的。”周恩来笑笑说，他同意叶剑英的意见但又不好直说。

“我偏不听，这是原则问题嘛！”

“剑英坚持你进中南海也是原则呀，这个地方连围墙也没有。”

“不谈，不谈。”毛泽东打断了周恩来的谈话。

然而，风景秀丽的中南海是召开会议和办公的最佳场地，也很安全，四周的红泥高墙就是一道坚固无比的天然屏障。

“主席不住进去，我们就不能高枕无忧嘛！”在一次会议上，周恩来对坐在一旁的刘少奇这样说。

在众多同志的反复劝说和强烈要求下，毛泽东少数服从多数。

1949 年 6 月的一天，他坐在双清别墅的凉亭中，无奈地对叶子龙说：“听人劝，吃饱饭。搬就搬吧。你也准备准备，咱们进城！”毛泽东并不是一下子就搬进中南海，从 6 月开始入住，实际几个月来总是两头跑，隔不久就要回香山住，恋恋不舍，直到开国大典前夕才正式定居中南海。他被安置在丰泽园的菊香书屋。在那里一住就是 27 年。

毛泽东自从搬进中南海后，很喜欢这里的自然景致，院中遍野小草更是让他格外喜欢。有一次，工作人员打扫院中杂草。忽然，毛泽东用他浓重的湖南口音唤住了他们："莫拔莫拔，莫伤了无数生命。"

于是，被毛泽东保护下来的小草日夜簇拥着菊香书屋，为彻夜操劳的领袖置换新鲜氧气，也为他提供了一个幽静的带田园风味的环境。

初夏时节，花工在这座古旧的小院门口摆放了色彩斑斓的盆花。毛泽东对警卫员说："过去这里是公园，由他们随意美化，我们不干涉。可现在我住在这里，就不要摆了吧？摆一点儿松柏怎么样？"花工点头，却流露出不解之色。

"你们知道，到我这里来的人很多，以后还会有工人、农民来。"毛泽东解释，"他们来了，就是为了看看我，看看我住的地方。如果我这里摆了那么多的花，那他们也会上行下效向我看齐，养成这种虚荣的风气就不好了。"

1949年9月19日，毛泽东邀请部分国民党起义将领和民主人士游览天坛。前排右起：陈毅、李明扬、程潜、毛泽东、张元济、陈明仁、粟裕。后排右二是刘伯承

警卫员立即与花工商量，挪走了花盆，只是在院内十字路口摆了一对常绿的棕树和一对无花果木，走廊上摆的也是鲜翠欲滴的两盆绿草。

毛泽东对这绿色的世界十分满意。

中共中央和毛泽东在香山指挥了著名的渡江战役，组织召开了新政协会议，为新中国的诞生做了充分的准备工作，同时也留下了不少佳话。

毛泽东在香山双

清别墅时，常在凉亭里看文件。有一天，秘书给他送来当天的印有南京解放消息的报纸，毛泽东立即兴奋起来。恰巧摄影师徐肖冰在小院里转着找镜头，此刻，跑回去拿小型电影机已经来不及了。他就用随身携带的照相机拍了那张著名的照片：毛泽东喜看南京解放。

不少人以为这张照片是设计出来的，要不然，怎么连报纸上的南京解放这一大字标题都拍得那么清楚？

后来，徐肖冰回忆那一张照片的拍摄经过说："那张照片是完全抓拍的，哪个摄影敢去摆弄主席？开玩笑！"

毛泽东个性极强，他在形体动作上从来都是我行我素，他没有习惯听从别人摆布，别人也真不敢去摆布他。

但是，有一次天坛合影是个例外。

摄影师徐肖冰给毛泽东拍过那么多张照片，全是顺其自然，只有一张以天坛祈年殿为背景的集体照，是徐肖冰的建议。

那天，徐肖冰接到了毛泽东要游天坛的通知，他知道，这是毛泽东第一次来天坛，尽管北平对于毛泽东来说已经算得上故地了。

徐肖冰和他的妻子侯波提前来到天坛，先实地摸摸情况，选定最佳摄影角度。

当他们远远望见祈年殿时，徐肖冰就看上了这个气势雄壮的大背景，他想，一会儿要争取说服主席在这里来一张。刚刚转了一圈，他们就看见一辆辆小车从古柏林中鱼贯而出。尽管国民党修临时机场时，砍伐了一大片寿数很高的老柏树，天坛四周的柏树依然不少。

小车队直朝回音壁驶来。

徐肖冰看见毛泽东先走下小车，又转过身把程潜扶下车来。

"这几天，大家一面商量开好这次大会（指政协一届会议），一面访亲会友，你们辛苦了，后天大会开幕，那就更紧张得了不得，所以今天我钻了一个空子，请大家来这个地方，无非是调剂一下生活，喘口气嘛。"毛泽东说。

所有在场的人全笑了。

陈毅尽管已是高级指挥员，但仍不失一颗童心，他凑近回音壁，吼了充满野性的两嗓子：

“欢迎各位光临！”

“欢迎各位光临！”

声音反射回来，很清楚。

陈毅很得意，大叫：“太有意思喽！”

“我觉得有意思的，还是陈老总的川味儿。”有人打趣了一句，顿时一片欢笑。

徐肖冰看见周围的人都那么高兴，毛泽东也那么高兴，几乎没思考就冒出了一句：“主席，我给你们在祈年殿合个影吧！”

毛泽东很高兴地答应了。

摄影师徐肖冰为祈年殿前的他们留下了一张满视野都是欢笑的照片。

政协一届会议在两天后召开。

那张祈年殿前的照片照完后，毛泽东对身边的陈明仁说：“最近外面谣言不少，说共产党惨无人道，把被俘的杜聿明、王耀武等都杀掉了，还说你也被我们杀了。”

陈明仁是湖南省政府主席，1949 年 8 月与程潜在长沙起义。

陈毅说：“蒋介石才是十足的刽子手呢！你把这张照片寄给你的黄埔故旧看看，请他们不要轻信谣言。”

“也请他们不要继续站在人民的对立面害人害己，劝劝他们及早归来，当然，爱国不分先后，什么时候想来就来，我们欢迎；什么时候想走就走，我们欢送，这叫作来去自由。”

毛泽东又补充了几句。

陈明仁说：“照片我一定寄回去，还要好好写几封信。”

毛泽东笑了。

众人也都开怀大笑。

北京第一届体育运动会在天坛举行。那一天，毛泽东去了，看了一会儿，他对傅作义说：“宜生，出去转转如何？”

“行呵，我正坐不住了呢。”傅作义说。

两人一先一后走出来，慢慢散步到回音壁处。

“宜生，你看我们把这一块补得如何？”

“不错不错，不仔细看，看不出来。”

“如果我们兵戎相见，这墙补也补不得喽。”毛泽东说，“你是北京的大功臣，应该给你一枚天坛一样大的奖章，怎么样？”

“哪里哪里，毛主席不抓我的罪过，我已经感激不尽了。”

23年后的一天，美国总统尼克松首次访华。周恩来总理在欢迎宴会上首先向尼克松介绍了傅作义将军。

这时，傅作义想起毛泽东主席要奖给他像天坛一般大的纪念章的往事。人民解放军围住北平时，傅作义开始征民夫抢修了两个临时机场。一处在现在的东单公园；一处在天坛南边的空场地上。这两条上天之路均在人民解放军的炮火控制之下。

北平城区除了一片一片稠密的四合院外，还星罗棋布散布着历代积淀下来的古代建筑。为此，炮兵司令员专门拜访了住在城外清华园的建筑专家梁思成。

“请你把需要保护的古建筑标在图上。”炮兵司令把地图摊在桌子上。

梁思成是梁启超的儿子，视古建筑为命根子。后来北京拆除环城墙以及市内交通干线上的牌楼都遭到他的坚决反对。他主张在旧北京以西另建一座新北京，保留古城。如果采纳他的意见，北京将是古今对比的风貌。

梁思成圈完后，炮兵司令员面露难色，这北平已经没办法打了，到处是圈出来的保护圈。

开炮的命令很小心谨慎，标尺定了又定，然而，有一发炮弹终于没长眼睛，砸在天坛的回音壁上。

自从南苑机场被人民解放军占领之后，皇

梁思成和妻子林徽因

帝祭天的这处地方，就成了傅作义的军事基地。这里有一个储藏军火和飞机零件的仓库，四周的壕沟里还放了不少炮弹。加上这里又是一处临时机场，炮兵部队很注意这块地，大炮的标尺都定在天坛附近的小树林里。

这片树林，老百姓叫它大长幅。

天坛附近的老工人在地下党领导下成立了护联队。那一天，两位老工人巡逻到大长幅附近的回音壁东北角时，目睹了一颗炮弹把回音壁炸塌了一个小角。

当天，地下党就通过北平城里的秘密电台把情况拍发到城外。

据说，那发误伤回音壁的炮弹是算错了标尺，指挥员背了一个处分。

40 年后，天坛公园文化处编公园史，很想寻觅当年换防北平的部队问问那是不是真的。

包围北平的炮兵主力是四野的。四野的炮兵不仅有一个独立纵队，每个纵队还配有炮兵团，师里配有山炮营。都加起来有好几千门大炮，打天津时，密如蛛网的炮火曾迫使天津的国民党的广播电台乱喊，别打啦，我们投降。当然，这时候投降已经晚了三秋了。

有着这么强大的炮火的人民解放军，打没什么坚固设防的北平可以说轻而易举。但是，毛泽东反复交代，宁肯让达官贵人跑掉，也不能因此而误伤古建筑。

这样一来，傅作义将军拱手交出一座完整的城市和 25 万的军队，不该得到那枚天坛一般大的奖章吗？

每逢政协会议休息，毛泽东就提议去天坛散步。他每次去，总要叫上一个或几个民主人士。

那一次，往祈年殿走，向导介绍这座已经建成 500 年的镏金宝顶三层檐的圆形建筑，那么大的大殿仅仅靠 28 根木头柱子顶着。

“是吗？”毛泽东说。

28 根木头柱子。马上有人想起中国共产党 28 年的历史。

毛泽东没再说话，走进祈年殿。

扑面而来一片阴阴的青蓝色。

“对于古建筑，我可不敢班门弄斧。”毛泽东说，“看来这个漂亮的殿堂，一是皇上在这里向老天爷讨好；二是用天命来欺负老百姓，后来老百姓觉悟了，王朝也就散了。要不然，我们今天能大摇大摆地进这个大门吗？”

停顿了一下，毛泽东又肃穆地说：“在这里，说句真心话，我们应该脱帽向庶民三鞠躬。”

“人民万岁！”

在天安门广场的南面，耸立着一块高大的人民英雄纪念碑。这是根据1949年9月30日中国人民政治协商会议第一届全体会议的决议兴建的。

会议经过反复讨论决定把纪念碑建在天安门广场五星红旗旗座之南，从中间留出了宽阔的集会场地，“前庭”开阔，十分壮观。

9月30日下午，毛泽东等全体政协会议代表在天安门广场举行了纪念奠基典礼。面对着100多位中央人民政府委员，毛泽东抖擞精神，站好立正姿势，两手分贴裤缝，用高昂的声腔喊道：

“立——正！”

“向右看——齐！”

“向前——看！”

委员们个个神情庄重，严肃认真。在庄严的国歌乐曲声中，林伯渠秘书长宣布仪式开始。

周恩来代表主席团致辞说：“我们中国人民政治协商会议第一届全体会议为号召人民纪念死者，鼓舞生者，特决定在中华人民共和国首都北京建立一个纪念为国牺牲的烈士的人民英雄纪念碑。现在1949年9月30日，我们全体代表在天安门外举行这个纪念碑的奠基典礼。”

全体代表均脱帽静默致哀。哀毕，毛泽东宣读纪念碑碑文。而后，毛泽东跨步向前，挥锹铲土，投入坑中，其他委员们随后一一铲土奠基。

人民英雄纪念碑的正面向着天安门，碑心石上雕刻毛泽东亲笔题写的八个镏金大字：“人民英雄永垂不朽。”碑身背面，是毛泽东著文、周恩来亲笔书写的碑文：

“三年以来，在人民解放战争和人民革命中牺牲的人民英雄们永垂不朽！

1949 年 9 月 30 日，毛泽东为人民英雄纪念碑奠基

三十年以来，在人民解放战争和人民革命中牺牲的人民英雄们永垂不朽！

由此上溯到一千八百四十年，从那时起，为了反对内外敌人，争取民族独立和人民自由幸福，在历次斗争中牺牲的人民英雄永垂不朽！”

北京市市长彭真建议将“人民英雄永垂不朽”八个大字刻在向北的碑面上，

并建议碑文由“写得一手极好的颜体字”的总理周恩来手书。

周恩来总理怀着对革命先烈的崇敬、思念之情，每天早晨的第一件事，就是写一遍碑文，他前前后后共写了 40 多遍，最后选了最满意的一篇。

为了建好这座人民的丰碑，在奠基后，便开始向全国征求设计方案。时间不长，来自全国的 200 多份方案寄集到京，内容丰富，形式多样。有亭、台、堂、碑多种形式，有单独的、群集的塑像，有高耸的塔形，也有低矮的园林形。这些方案大致有平铺地面式，巨型雕像式，碑形、塔形等三种。经过各方面、各团体代表以及在京的一些建筑师、艺术家会同评选，多认为歌颂人民英雄的崇高形象，表现其伟大功绩，工程应采取高大而挺拔的表现形式。第一种方案先被否定，后两种形式成了建筑形式争论的中心。

1952 年 5 月，人民英雄纪念碑兴建委员会组成，市长彭真任主任委员，建筑专家梁思成、雕塑专家刘开渠及市政府秘书长薛子正三人任副主任委员。

为加快纪念碑兴建，又成立了由范文澜主持的专门史料委员会。该会很快提出了九幅浮雕主题方案，先上报毛泽东。毛泽东批示：将《井冈山会师》改为《八一南昌起义》；《义和团运动》改为《甲午中日海战》；《平型关大捷》改为《延安出击》。在此批示下，又经过多次送请中央审查和发回讨论，最后定下八幅浮雕：《鸦片战争》《金田起义》《武昌起义》《五四运动》《五卅运动》《南昌起义》《抗日游击战争》《胜利渡江》。浮雕高2米，全长40.48米。曾竹韶、王丙照、傅天仇、滑田友、王临乙、肖传久、张松鹤、刘开渠八位雕塑专家及其助手，先将浮雕做成小张草图，做成泥塑，再依实际尺寸放大为石膏体，最后在安装好的汉白玉石板上用坐标针逐点摹刻。

在纪念碑的主体形式确立后，便开始工程设计与科学施工。纪念碑的位置在故宫的中轴线上，其中心距天安门墙基440米。碑胎分两层，上层长宽各32米，下层胎南北长61.5米，东西长50.5米，两层胎四周有宽阔的台阶和护栏。碑身的结构是钢筋混凝土的空筒，为碑身主要受力的内胎，与外砌的花岗石块用镀锌的铁钉铆固，并用水泥灌浆浇铸成整体。碑体及上层月台下内部，可从几处活动的地平面盖板下去，并有铁爬梯直达碑顶，以便检修。碑身坐落在30米×30米独立扩展的钢筋混凝土平基中央，为一次浇铸而成。为减少外砌石料结构受动变形影响，严格按照先中央后四周的安装程序，使工程的造型保持了长期稳定。纪念碑的高度约为40.5米，由北面任何一点看过去，在透视上碑顶都高过正阳门城楼。

碑顶的形式，有的建筑家说用“建筑顶”，但雕刻家主张用群像，又有人反对群像，彭真得知此事后，经过认真思考，决定采用民族传统的“建筑顶”形式建造，即现在人们看到的上有卷云、下有重幔的小庑殿顶。

人民英雄纪念碑是用1.7万块坚硬的花岗石和洁白的汉白玉砌成的。碑基约3000平方米，碑高37.9米，比对面的天安门城楼还高4米多。碑正面的碑心石长14.7米，宽2.9米，厚1米，重103吨。开采这么大的碑石，对技术员工来说，无经验可借鉴。他们便根据山东老石工的传统，采用“按需要的尺寸在四周挖槽，再沿石槽在石料四周凿几十个对称楔子眼。同时，在石料长边凿出置放千斤顶的窝龛，用千斤顶剥离”的方法，成功地开采出所需的碑石。然后在巨石下面铺上枕木铁轨，用六组大滑轮缓缓下放。再把巨石放在一个 6 吨重的铁排上，下面另铺上垫木和滚木，系上钢丝绳，用推土机在地面上拖着运到青岛车站。先将 280 吨大石料抬上 90 吨车皮，而后进行加工到 100 吨，再令车低速慢行，1953 年 8 月，这块巨大的石料终于安全运到北京。

纪念碑从地面开始有双重月台，踏着花岗石台阶向上走，是承托碑身的大小两层须弥座。碑身四周绕双层汉白玉栏杆，显得美观、朴素。碑身东西两侧上部，刻着以红星、松柏和旗帜组成的“光辉永照”的装饰花纹，象征着先烈们的革命精神万年长存。小碑座的周围，刻以牡丹、荷花、菊花等组成的八个大花圈，象征着“高贵”“纯洁”“坚忍”，表示全国人民对英雄们的永远怀念和敬仰。

把“人民英雄永垂不朽”刻到坚硬的花岗石碑上的，是已故著名书法家魏长青。毛泽东的题字原写在信纸上，每个字只有两寸左右见方。要把这些字雕刻到碑心石上，首先要放大 20 倍，其中一个“永”字就 2 米多高。当时用幻灯投影机放大，并按照光影把字描下来。总参测绘局 1205 工厂的周永兴等人经过几天几夜的奋战，完成了题词的放大任务。

人民英雄纪念碑

在往又硬又脆的花岗石上刻字时，根据魏长青的建议，先把胶皮覆盖在碑体上，将需要錾刻部位的胶皮挖下去，形成“阴文”轮廓，然后用高压喷射矿砂往花岗石上“打”出一个个边缘整齐的大字。然后以紫铜为胎，采用我国传统的镏金工艺做成金字镶嵌进去，使其保证300年不变色。碑题、碑文共用黄金130两。

人民英雄纪念碑于1952年8月1日动工，1958年4月建成，同年5月1日隆重揭幕。

5月1日，首都50万人欢庆“五一”国际劳动节，人民英雄纪念碑在万众注视下隆重揭幕。2万工人在纪念碑前，时而用白色时而用黄色的花束组成“和平”两个大字。

彭真市长发表了讲话，黄炎培先生为人民英雄纪念碑题写了献词。著名诗人郭沫若也写下了《人民英雄碑》诗篇：

天安门广场，
波澜壮阔的海洋，
人民英雄纪念碑伫立在中央——
庄严、朴素、纯洁、坚忍、稳重、大方，
像崇高的灯塔在放射着光芒。

新中国选在1949年10月1日这天成立，这与斯大林有关。1949年7月至9月刘少奇访问苏联。据当时刘少奇的翻译师哲回忆，8月的一天，斯大林问刘少奇：“你们打算什么时候正式成立中央政府？因为国民党政府实际已经垮了，等于不复存在了，而你们已经具备了掌握政权的一切条件。”刘少奇回答说：“我们目前集中力量解放华南各省，解决那里的问题。至于成立中央人民政府，可能计划在明年1月，或许是1月1日。”斯大林又说：“解决重大问题固然要稳妥，但要掌握住时机。我想提请你们注意，国际上的敌人会不会利用所谓‘中国的无政府状态’进行干涉，甚至联合干涉。这是敌人最毒辣的一招，不能不警惕。”刘少奇和中共代表团其他成员对斯大林这番话极为重视。立即向党中央和毛泽东汇报。9月初刘少奇从莫斯科回到东北便得悉中央已决定于10月1日正式宣布成立中华人民共和国中央人民政府。

1949年10月1日晨，毛泽东破例于清晨6时半早睡。他辗转反侧，难以入睡，直至中午前才睡着。他的床头有电铃按钮，直通值班室。卫士李银桥一夜未睡，上午也没敢合眼。

中午1点，电铃没响，卫士李银桥径直走进毛泽东卧室。

“主席，主席。”李银桥叫了两声。

“嗯？”毛泽东睁开眼，作了一个深呼吸。

李银桥轻手轻脚为他准备参加盛典的“礼服”。这是一套中山制服。料子是生活秘书叶子龙送来的黄色美国将校呢，李银桥拿到王府井请王子清师傅做的。王子清是从法国留学回来的，专门剪裁服装。他工作的那个服装店就是王府井雷蒙服装店的前身。毛泽东和江青的衣服都是由王子清师傅裁剪缝制。

“主席，1点半了。”李银桥卡着时间，打断他读报，将这套专为参加开国大典缝制的制服，帮他穿好，将衣服抻理顺，而后请他去吃饭。

毛泽东吃饭很泼辣，很快便放了筷子。稍事休息，2点来到勤政殿。朱德、刘少奇、周恩来、张澜、李济深、宋庆龄、高岗等国家领导人已在这里集合，他们召开了中央人民政府委员会第一次会议，委员们宣布就职，并宣布中央人民政府即于本日成立。会后，大家都很兴奋，喜形于色，愉快交谈了10分钟左右。

2点50分，领导人分别上车。车队由勤政殿门口出来，绕中南海东门，五分钟后到达天安门城楼后边。大家互相招呼着集合好，毛泽东在前，其他领导人顺序跟上，顺城楼梯一步一步上了100个台阶，登上天安门。在3点钟，准时出现在天安门城楼上。

那时的天安门广场是个“十”字形，东西从太庙到中山公园，南北从中华门到天安门的一个大“十”字，可容纳20万到30万人。从天安门城楼上远远望去，无数面翻卷的红旗形成一片波浪起伏的大海。红旗下面，一片片的穿了各种颜色服装的队伍。青、蓝、黄、灰、白，现代人会觉得少一些色彩，但那时却已是五彩缤纷了。天安门城楼下，白玉桥两边搭起两座台：一座是指挥台，一座是苏联代表的观礼台。

毛泽东站稳后，林伯渠秘书长宣布大典开始。毛泽东走到麦克风前，朝广场深深地望了一眼：红旗飘卷，队伍静候。他的肩膀和胸膛微微起伏一下，于是，那个具有伟大历史意义的庄严激昂的声音便如隆隆春雷在960万平方公里的土地上滚滚而过：

“中华人民共和国中央人民政府成立了！”

刹那间，广场上欢声如雷，呼声如潮，与城楼上互相呼应。毛泽东这时的表情是那么庄严神圣，两眼熠熠发光。按照预定程序，他亲自升起了中华人民共和国的五星红旗！那是用电操纵的，电钮开关上写着“升”“降”两字。毛泽东用他那扭转乾坤的巨手将电钮投向“升”字，于是，人民英雄纪念碑奠基地点前的高高矗立的旗杆上，那面巨大、鲜艳的五星红旗便在万众翘首仰望的庄严热烈的目光中徐徐升起。

毛泽东的胸膛起伏不已，看到他亲手缔造的中华人民共和国如婴儿坠地一般终于诞生了，脱口喊了很大一声：“升得好！”

话音才落，礼炮惊天动地鸣响了。那是由54尊大炮同时发出，真正是山

油画：开国大典

摇地动！将那伟大、庄严、团结的气氛推向了高峰。据说54尊大炮代表了政协54个单位；54尊大炮同时发出28响礼炮，象征中国共产党领导新民主主义革命走过了28年的光辉历程。

毛泽东向全世界宣读了政府第一号公告，明确指出中央人民政府是代表中国人民的唯一合法政府，它愿意与任何遵守平等、互利及互相尊重领土主权等项原则的外国政府建立外交关系。

接着就是阅兵式。朱德总司令下达阅兵令，左右站了四位野战军将领：贺龙、刘伯承、陈毅、罗荣桓。

阅兵司令员朱德穿着一身崭新的呢料军装，乘坐敞篷轿车，威风凛凛地从天安门中间的门洞出来，通过金水桥。迎候在桥南东华表下的阅兵总指挥聂荣臻向朱德郑重敬礼并报告："受阅部队准备完毕，请总司令检阅。"

在《三大纪律、八项注意》等军乐的奏鸣中，朱德总司令由聂荣臻将军陪同，出东三座门，沿着东长安街、东单广场，直到外国领使馆聚集的东交民巷，顺序检阅肃立严整的三军部队。

"祝同志们健康！""祝总司令健康！"

"中华人民共和国万岁！""万岁！万岁！"统帅和士兵此呼彼应，海啸般的声音在京城大街涌伏、滚动。

朱德总司令回到天安门城楼后，宣读了《中国人民解放军总部命令》，随后分列式开始了。

受阅方队在火红的军旗下由东向西而来，全国人民这时第一次看到了"八一"军旗。这支诞生在南昌城头的人民军队经过血与火的漫漫征程，终于来到了天安门。人民海军的方队走在最前面，身着蓝白相间海魂服的年轻水兵们显得英俊潇洒。紧跟其后的是强大的步兵师，他们组成四个方阵，携带着缴获的各种武器，英姿勃勃，锐不可当。炮兵师、战车师的队伍也相继开来，在隆隆的马达声中，各种坦克车、装甲车以排山倒海之势通过检阅台。来自察哈尔草原的骑兵师分别组成"红马连""白马连"，1900余匹军马五马并行，以整齐划一的动作跑过天安门前，骑兵们握枪挎刀，威风凛凛。广场上几十万双眼睛自始至终都集中在受阅部队身上，人们心中涌动着喜悦与自豪的热浪，不时以暴风般的掌声和欢呼声卷起一个又一个欢乐的波涛。

当战车方队似铁流汹涌通过天安门前时，东方天空传来了震耳的轰鸣声，刚刚组建的人民空军的第一支飞行中队也前来接受检阅。战机分别以三机和双机编队，一批又一批呼啸着飞经天安门上空。这时天上地下，浑然一体，组成了雄伟的立体武装阵容。广场和城楼上立刻爆发了如雷如潮的掌声、欢呼声。天安门城楼上的领导兴奋地昂首注视着祖国领空的保卫者。毛泽东仰脸东方，略眯双眼，一只手不停地用力朝天上挥动着。广场上欢腾的群众把头上的帽子，手中的报纸、毛巾都抛向天空，欢呼声盖过了飞机的隆隆声。

欢腾的群众并不知道，在受阅的飞机中有四架战斗机装有防敌袭扰的枪弹，它们飞临复兴门后即升高空，执行防空警戒任务去了。因为那时敌情十分复杂，几个月前国民党空军六架 B-24 飞机还轰炸了南苑机场，我军只得有备无患。新中国第一天就开了世界空军史上飞机带弹受阅的先例。

阅兵式共用了两个多小时，直到黄昏。受阅部队的人员总计 1.6 万多名。这两个多小时浓缩了人民军队以往的漫长的战斗历程，也预示了未来的征途。当晚，朱总司令在北京饭店宴请受阅部队代表，他特地来到空军代表席，气宇轩昂地说：“你们飞得很好嘛！从现在起，我才真正是海陆空军总司令了！”

开国大典阅兵式

1949年10月1日，开国大典之夜

晚上，城楼下遍地燃起灯笼火把：紫红、大红、桃红、金黄、明黄……像人民无际无尽的欢乐和希望化身在天安门广场跳跃闪烁。人民群众的队伍提着“欢乐”举着“希望”，让这灯笼火把随着人群蜿蜿蜒蜒，交互环绕，恰似一幅巨大无比的活动起来的织锦。歌声口号声海潮一般起伏不休，而最响的声音始终是“毛主席万岁！”面对群众震耳的呼声，毛泽东脸上始终焕发着庄严而慈祥的光辉。服务员尹革笙搬来一张椅子请毛泽东坐，他不肯坐，从午后3点到晚上10点钟始终站在天安门城楼上，不曾坐一坐。他始终举着一只手，不时庄严地停在空中，时而迅速有力地挥动几下。右手举累了，就换左手；左手累了，又换右手。当万岁声直冲霄汉时，毛泽东情不自禁地探身栏杆外，去伸手招呼群众。终于，他面对麦克风高呼：“同志们万岁！”“人民万岁！”

退场的群众发现领袖仍在他们中间，并且通过广播用高声和他们说着最亲切的话语，便改变了原来向东西分走的路线，潮水一般涌向天安门，挤在金水桥上，拼命从肺腑里发出喊声：“毛主席万岁！”“毛主席万岁！”

毛泽东在城楼上呼喊：“同志们万岁！”

楼上楼下一呼一应，群众沸腾了！跳跃舞蹈，沉浸在狂欢的热烈之中，陈毅同志激动地放开嗓门说：“看了这，总算是此生不虚了！”

★ 二　风卷残云

在中华人民共和国成立时，国民党还有100多万兵力，控制着两广、四川、云贵及两湖的一部分地区。开国大典的礼炮声刚停，我强大的四个野战军分别向国民党的这些残余部队发起了最后的攻势，其势如破竹，像秋风扫落叶一样追击着如惊弓之鸟的穷寇。我军经过一年的作战，截至1950年10月，歼灭国民党正规军128万余人，使解放战争歼敌总数达807万人，实现了除西藏、台湾和少数岛屿以外的全部中国领土的解放。

我军采取大迂回、大包围的作战方针，歼逃敌。

在中南战场，主要是四野，从9月中旬至11月，进行湘粤战役，歼敌10万人。11月初至12月中旬。广西战役又歼白崇禧部17.2万人，解放广西。

在华东战场，三野发起漳厦战役，1949年8月到11月，我军与国民党军队在漳州、厦门、金门一带展开了为期三个月的战斗。

1949年8月中旬，国民党军队在福州战役中被歼灭5万人。10月15日黄昏，在数百门大炮的轰击掩护下，我军首先在厦门岛北部之石湖山以南登陆。17日，突入厦门市区，全歼守敌两个整团。随后，各路攻击部队于厦门岛东南部会合，将企图从海上逃走的2.7万敌军全歼。另部于16日晚解放了鼓浪屿，至此，厦门岛全部解放。

血染古宁头

1949年10月中旬，人民解放军取得了漳厦战役的胜利。厦门大捷对三野十兵团，特别对叶飞司令员是一次巨大的鼓舞。叶飞司令员应厦门市委的请求，命令十兵团由同安渡海进驻厦门，攻击金门的战斗交由第二十八军前线指挥部执行。

素有“小叶挺”之称的叶飞司令员，由于被烦琐的地方工作牵制了大部分精力，未能像过去历次战役一样，亲自分析、检查、准备，面对韦国清政委的种种疑问，他说：“你太多虑了，我的大政委，厦门是敌人有永久性设防工事的要塞，守军是号称‘小白崇禧’的汤恩伯集团，兵力充足，有海空军支援，都已被我军攻克，而金门岛乃弹丸之地，又没有什么坚固工事，守军名义上是一个兵团，实际上不过2万名残兵败将，说实话，要不是蒋介石严令固守，李良荣早在我军攻克厦门之际就弃岛南逃了。我用二十八军一个主力军，加二十九军的两个主力团攻金已绰绰有余了。我还是那句话：此役必胜！”

这样，兵团仅以第二十八军、第二十九军各一部共七个团的兵力，在第二十八军首长指挥下，担任夺取大金门岛的任务；以第三十一军一部夺取小金门岛。稍后，又解除了第三十一军的任务，决定攻取大小金门统由第二十八军担负。时第二十八军军长朱绍清在上海治病，政委陈美藻在福州从事接管工作，参谋长也不在位，军中只有副军长肖锋一人。

金门位于厦门以东，距大陆最近处约5.5海里。大金门岛面积为124平方公里，金门县城位于该岛西部。小金门岛面积为15平方公里。此外，尚有大担、二担等几个小岛。大金门东部山高岸陡，不易攀登；西半部地势较平坦，其北岸为泥沙滩，利于登陆，是国民党军的防守重点。岛上除少数要塞工事外，在登陆地段还加修了野战工事，敷设了障碍物。

大小金门原有国民党军李良荣第二十二兵团全部、青年军第二〇一师及第十二兵团第一一八师防守，共约2万人。厦门岛解放后，金门守敌受到很大威胁。蒋介石为固守金门，于10月10日后，又陆续将潮汕地区的国民党精锐胡琏第十二兵团的第十八、第十九军增防金门。至10月24日，金门敌军的总兵力已增至4万余人。

第二十八军受领进攻金门岛的任务后，开始准备渡海作战。由于沿海船只大部被敌人破坏，征集到的船只仅能装载一个营。船只严重不足，第二十八军不得不将进攻金门的时间由20日推迟到23日。第十兵团司令部一面催促第二十八军加紧准备，一面要求集中各军所有船只以保障第二十八军攻金作战。21 日，第十兵团发现国民党军胡琏第十二兵团抵达金门湾，其部队由潮州、汕头开始船运。23 日，又侦悉该敌第一一八师已抵达大金门，后续部队正在海运途中。但第十兵团对该敌是撤回台湾还是增援金门判断不定，因而未采取应变措施。这时，第二十八军已集中可装载三个团兵力的船只。第十兵团首长认为，必须乘敌增援部队未到达金门之时，抓住战机，发起渡海作战，攻取金门。第一梯队航渡三个团，返航后第二梯队至少还可航渡两个团，一夜能运过五个团的兵力，敌我力量对比可达 1∶1，足可巩固阵地，解决残敌。因此，决心于 24 日夜发起战斗。

我军部署以第二十八军第八十二师第二四四团、第八十四师第二五一团、第二十九军第八十五师第二五三团共三个团为第一梯队，由第八十二师师长钟贤文统一指挥，分别自莲河、大嶝岛、澳头东北角海湾起渡，在大金门岛北部湖尾乡至古宁头段登陆突破，首先攻歼该岛西半部之敌，而后会同后续梯队攻歼东半部之敌。预定三天解决战斗。

24 日晚 8 时，9000 余名官兵乘坐 300 条战船，兵分三路，乘夜渡海攻击金门。船行不久，海面刮起三四级东北风，潮水缓缓上涨。由于征集的水手都来自福州、泉州等地，不熟悉航道，事先又未经过训练，协同不力，调度不灵，加上三个团没有统一指挥，通信联络不畅，造成各团船队自行航行。

25 日零时，金门岛守军一排长查哨时误触地雷，轰的一声巨响，守军全被惊醒，惊慌中以为解放军来犯，匆匆进入阵地。就在这时，借着微弱的月光，发现海面上有一大片黑压压的船队，以泰山压顶之势而来，遂按事先约定计划，连开三枪报信。这支船队是我主攻第二四四团，团长兼政委邢永生见守军已经发现我军，立即用电台向指挥所报告："离敌 5 里，立即开炮！"我军炮群骤然开火，火光映红夜空，金门大战拉开序幕。

在炮火掩护下，左翼二四四团于 1 点在金门岛琼林、兰厝间登陆成功。这一日是金门全年潮水最高的日子，蒋军在海滩的第一道防线，包括碉堡、铁丝网，几乎被水淹了一半，士兵站在碉堡里面的水中。主攻团船队顺风乘潮，猛扑海滩，收势不住，许多船只冲过了碉堡，船头插入沙滩。防守碉堡的蒋军不得不反过身来向后面射击。由于风浪太大，我官兵很多晕船，加之渔船腥味重，官兵闻不惯，大多呕吐，体力大减。邢永生指挥战士们纷纷跳海，以自制的三角架等泅渡工具，向敌阵突破。主攻团登陆后，被敌人坚固碉堡火力压制在空阔的滩头，几名“爆破英雄”身绑炸药包，爬到碉堡附近或冲进碉堡，与碉堡同归于尽。正在激战中，敌人坦克突然袭击，因部队没有反坦克武器，伤亡惨重，队形大乱，部队各自为战，冒死冲锋，前锋曾抵金门县城，终被打垮。部队打乱后，团长邢永生手中只掌握几个班的兵力，在一滩上耸立起一个两米高的竹竿，竿上挂一个大灯笼，上书“二四四团登陆点”，邢永生在灯笼下指挥作战。几辆坦克向这里扑来，邢永生喊道：“赶快向西突围，向二五一团靠拢！”

25 日 2 时，中路的两个助攻团二五一团和二五三团的船队被大风吹到古宁头一带。二五一团团长刘天祥、政委田志春和二五三团团长徐博、政委陈利华指挥部队迅速登陆。已经预知解放军进攻的国民党守军，以猛烈火力阻击。解放军不顾死伤严重，前仆后继，拼抢海滩。渡船乘着风浪，向海滩猛冲，海潮后退，几乎所有的船只都搁浅海滩。我军跳船登陆，迅速扫荡海滩守敌。天尚未全明，助攻两团占领海滩，在“有几个人打几个人的仗，不等待，不犹豫，向里猛插”的战术思想指导下，在没有按照原定作战计划，迅速将渡船返回的情况下，只留下一个营坚守海滩和船只，其余向纵深冲击，猛烈扩大战果。

二五一团先头营在金门岛西北部的安歧以北、林厝以东顺利登陆，右翼二五三团在西北角的古宁头、林厝间顺利登陆，两团随即向敌发起进攻，于拂晓前攻占了古宁头滩头阵地。

△ 登上金门岛的我军

至此，我第一梯队的三支登陆部队在 25 日凌晨 2 点分别登陆成功。

第一梯队登陆成功之前，二十八军前指已分别安排了三名军部参谋负责组织船队返航。临行前，该军副军长握着三位参谋的手说："你们别无其他任务，你们的任务就是组织和督促船队抵滩登陆后迅速返航，切记！切记！一定要迅速返航！"可是，部队成功登陆后，船队却没有返航。原来，第一梯队船只登陆时，在早晨2点钟左右，是涨潮的最高峰，国民党军原先设在海滩的障碍物多被潮水覆盖，许多船只冲到障碍物的上面，船底被挂住了，部队被迫在障碍物中下水，而船只却一时难以动弹，加上当时敌人的火力较猛，船工们纷纷躲避，各船抵滩也有先后，等到我军攻占了滩头阵地后，将到处藏身的船工召回返航时，大海已开始退潮，而且退得极快，不一会儿，潮水已经退到10米开外。

有几十艘返航的船只在离开金门岛时，又遭到敌滩头的排炮袭击，不少船只被击沉、击伤。后来，船队遇到国民党海军军舰的拦截，从古宁头返航的船队莫名其妙地误驶入敌军舰潜伏区，后又被我军情报船误当成国民党的增援船队，竟离奇地被我军布置在厦门岛、石码一线的远程炮群全部击沉。

与此同时，胡琏第十二兵团开始在后方登陆金门岛。解放战争初，胡琏为蒋军十二兵团副司令，司令为黄维。毛泽东是相当重视十二兵团的。该兵团号称国民党五大主力之一，在《毛泽东选集》中曾先后提及黄维144次。毛泽东并未提几次胡琏，但黄、胡一体，毛泽东当然是把他俩放在一个天平上的。毛泽东曾通告我中原和华东野战军："十八军胡琏，狡如狐，勇如虎。宜趋避之，待机取胜。"胡琏为人比较现实，并不一味蛮干。淮海战役中黄维和十二兵团在双堆集被我刘邓大军包围，胡琏乘战车突围。双堆集惨败后，胡琏到江西重组十二兵团。他提出"一甲一兵，一县一团；三县成师，九县成军"的征兵办法，在短短几月内就使十二兵团重新成军。我军逼近，他率十二兵团且退且练，至潮、汕时，一支新军已训练成型。蒋介石评价："有十二兵团就有台湾，有台湾就有中华民国。"胡琏被称"侠帅"。从潮、汕下海时，胡琏全部私人家当只有十根金条。他知此去必有恶战，召集军长、师长，当面分之，各得其一。胡琏离开潮、汕时，心知无论防舟山，防金、厦，当面都是我华东野战军，这也是他的老冤家之一。他亲自编了一本小册子《关于陈毅匪军》，对我三野的成长过程、构成要素、协同战法等，研究得比较透彻。

10月25日金门岛上炮火连天，但海上风浪奇大，料罗湾无码头，十二兵团无法登陆。当时登陆的方法是在岸边停一艘船，运兵船靠近岸船，人再上岸。

25 日早上，肖锋副军长、八十五师师长兼政委朱云谦等心急如焚。已经放亮的天空下，留下了一片惨烈的景象：指挥员们隔海看到了在敌军轰炸和炮击中燃烧的船只，原定运送 11000 人登岛作战的第二、第三梯队计划已经难以实施。无可奈何之中，他们向兵团领导请求立即派船只支援，可此时哪里还有什么船只？惨烈的金门攻守战，我军的强打猛攻给国民党的守军以极大的杀伤，为了保住台湾岛的前沿阵地，为了给台湾岛留下一个屏障，蒋介石决定不惜一切代价守住金门岛。

25 日凌晨 4 点，国民党海防第二舰队司令黎玉玺少将受命率舰队旗舰“太平”号，自澎湖基地开往金门岛增援。黎玉玺到达金门之前，已令驻守金门岛的国民党海军进行海上封锁。同时，胡琏兵团的十八军一一八师、十九军十四师、十九师五十二团和十一师的一个团，在坦克和炮兵的配合下于 25 日凌晨从料罗湾登陆。当时，解放军登陆部队离滩头阵地已达十多里路，胡琏看到这一情况，下死命令将该兵团主力十八军投入战斗，来了个反包围，又派迂回部队占领了解放军滩头阵地，切断解放军后撤的退路。

解放军二四四团团长邢永生，带领全团战友一直顽强战斗到 25 日中午 12 点，在全团官兵大多牺牲的情况下仍坚守阵地。二五一团的主力则一直与敌激战到下午 3 点，之后突出重围，与古宁头的二五三团会合。

二五一团副团长冯绍堂带领固守林厝的两班战士，苦战了整整九个小时，打退了敌人的七次进攻，后来为保存实力，也主动突围到古宁头与二五三团会合。我三支登陆部队在敌强我弱的情况下，一起会合至古宁头与敌激战。

整整一天一夜，我军滴水未进，而数倍于我的敌人则仗着人多势众，不断地轮换着包围解放军登陆官兵。就这样，战斗一直坚持到 25 日的黄昏，官兵们借助夜幕才又赢得了一个有利的作战时机。至此，解放军三个团的登陆兵力已损失半数以上。据岛上步话机的报道，第二四四团仅剩 700 多人，第二五一团剩下 1200 多人，第二五三团剩余人数较多，但弹药却十分缺乏。而国民党军队在黄昏前又投入较多兵力，企图将解放军首批登陆部队全部歼灭于古宁头，后被解放军借助夜幕打退。

在整个金门岛战役中，10 月 25 日晚至 26 日天亮前的一夜，是决定整个战斗成败的关键。当时，面对隔海的金门岛，我十兵团和二十八军前指的指挥员心急如焚。十兵团领导机关一面研究作战对策，一面再度派人搜罗船只。虽经多方努力，所汇集的船只只够载送四个连的兵力。二十八军前指决定由第二四六团团长孙玉秀，率领该团两个连及二五九团两个连，增援金门第一梯队登陆部队，并决定由孙玉秀负责整个登陆部队的指挥。25 日夜间，国民党部队最为担心的就是解放军进行增援，因此派飞机在海面上巡逻，并投掷了大量的照明弹。“太平”号旗舰也率两艘炮艇往返巡行于古宁头以北的海面上，拦截一切从大陆来的船只，并不断向大陆及古宁头方向炮击。面对如此困境，孙玉秀带领四个连的官兵，不顾炮火袭击，机动灵活，利用夜幕的掩护躲过了国民党海空军的巡查，终于在 25 日凌晨 3 时分别在湖尾乡和古宁头登陆成功。四个连分成两部分，从湖尾乡登陆的孙玉秀带领有二四六团的两个连，一登陆即歼灭了国民党军一个营，随后又向双乳山一带推进，并积极与第一梯队取得联系。从古宁头登陆的二五九团的两个连，一上岸就走进被国民党部队封锁了的区域，他们只得利用火力占领了几个碉堡，然后依据这些碉堡顽强抗击了整整一天，直到 26 日夜间弹尽粮绝而失利。

26 日凌晨，我第二梯队登陆的孙玉秀与第一梯队登陆部队取得了联系。不过，由于第二梯队增援人数实在太少，众寡悬殊且四面受敌而无法改变战局。26 日，是我进攻金门岛极为悲壮的一天。天亮后，岛上的情况急剧恶化，经过休整的国民党驻岛主力部队，又一次在海空军掩护下向古宁头、林厝、埔头一带猛烈反扑。据当天上午接到登陆部队传来的报告称，我二五一团、二五三团现存人数不过数百人！

26 日上午，胡琏兵团赶到金门，和汤恩伯等一起到前线督战。国民党步兵对古宁头久攻不下，胡琏、汤恩伯等要求台湾派飞机对村中建筑猛轰狂炸，再用坦克炮和火箭筒逐一抵近民房射击。

26 日深夜，早已弹尽粮绝、两昼夜未进粒米的我登陆部队已难以支持，孙玉秀、邢永生、刘天祥、田志春、徐博、陈利华在一个山沟里举行了临时作战会议，鉴于我军登陆的 10 个营已伤亡 5000 多人，已没有完整的连和营，决定将所存部队分为几股打游击，同敌人周旋到底。

22 时，二十八军前指在毫无办法可施的情况下，电告登陆部队，为保存最后一分力量，希望前线各级指战员机动灵活，从岛上各个角落，利用敌人或群众的竹木筏及船只，成批或单个越海撤回大陆，我们沿海各地将派出船只、兵力、火器接应和抢救撤回的人员。

26 日深夜之后，二十八军前指与登陆部队的联系逐渐中断。

27 日凌晨，我二五三团团长徐博来电说，该团一营 600 多官兵已在古宁头全部牺牲，剩余的 150 多人和二四四团的 70 多人正准备到海边找船，这是二五三团最后一次来电，之后，就音信杳无了。二五一团团长刘天祥最后一次同军前指通电说，我的生命不长了，为了革命没二话，祝首长好，新中国万岁！共产党万岁！毛主席万岁！刘团长的话还未说完，耳机内传来一阵爆炸声，刘团长光荣牺牲了。

26 日午夜，我登陆部队一部在夜幕的掩护下向北突围，在海边寻船未获的情况下朝东南方向转移，准备到山区与敌人长期周旋，以等待后续部队的到来。27 日上午，这部分官兵被敌发现，随即突围至双乳山附近。接下来再度与敌遭遇，激战中，我官兵又一次完成突围。然而，我完成突围的官兵遭到了国民党海军军舰的炮击，这些军舰绕到古宁头北面海上，用舰炮向地面炮火射击不到的死角轰击，在敌海陆武器的夹击下，有武器的官兵一直战至牺牲，没有弹药的官兵被俘。至 27 日上午 10 点，金门战斗基本结束。金门战斗结束，我少数突围成功的官兵仍坚持在山区打游击战，一直到 28 日下午，我军官兵仍在山崖、浅滩处与敌军周旋，在二四六团团长孙玉秀的带领下，悄然到达沙头。遗憾的是，在沙头附近再度被国民党军队合围，在突围无望的情况下，孙玉秀负伤后自尽，其余战士全部被俘。我二四四团团长邢永生负重伤后被国民党军队包围，被俘后不久即牺牲。我二五一团团长刘天祥牺牲后，政委田志春率 50 人打游击，终因弹尽粮绝被俘。我二五三团政委陈利华在打游击中被包围，战至最后牺牲。另据台湾出版的战史称，二五三团团长徐博隐藏在山洞一个多月，靠夜间出来到农田中挖番薯过活，后经国民党部队反复搜山而被俘。至此，我登陆部队包括船工、民夫在内的 9086 人，除部分被俘外，大都壮烈牺牲。

金门之战的失利，引起了全军、全国的震动，这次失败在我军战史上也是极其罕见的。过去战史上几次失利如长征中的湘江之战、红军西路军的失败及皖南事变损失人数也不少，但却没有一次是全军覆没，而这一次，却损失了全部投入作战的三个团 9000 多人！

金门失利后的第二天，二十八军副军长肖锋和政治部主任李曼村，面色惨白、失声痛哭地来到兵团叶飞司令员的办公室。叶飞司令员惨痛地对他们说："哭什么，哭解决不了问题，现在你们应该鼓励士气，准备再攻金门！这次失利，我身为兵团司令员，由我负责，你们回去吧。"肖锋、李曼村刚刚离开叶飞司令员的办公室，叶飞就收到了第三野战军的批评："查此次损失为解放战争以来最大者，其主要原因是轻敌和急躁所致。"同时，"要求十兵团将此次经验教训深加检讨"。

被俘战士受苦 30 年。金门战役我军被俘 4000 余人，其中 3000 人于 1952 年被台湾用渔船分批遣返大陆。这 3000 人一律被开除党籍、军籍，遣返老家种地。一部分人被定为叛徒，判刑。"文化大革命"中，3000 人统统受到批判，纵是农民也不能幸免。1983 年后，为这批苦难将士恢复政策，补发一点钱物，恢复党籍，按复员处理军籍问题。

11 月 1 日，十兵团党委扩大会在厦门老虎山洞召开。叶飞在会后给陈毅司令员起草电报，并报中央请求处分。毛泽东当时表示："金门失利，不是处分的问题，而是要接受教训的问题。"11 月 8 日，毛泽东又提出："以三个团去打敌人三个军，后援不继，全部被敌歼灭，这是解放战争三年多以来第一次不应有的损失。"中央军委同时命令叶飞总结经验，接受教训，准备再次攻金。

1950 年，朝鲜战争爆发，毛泽东决定停止解决金门的任务，集中全力剿匪。这样，叶飞将军和我十兵团的将士失去一次将功补过的机会。

1989 年 10 月，金门战役 40 周年的时候，叶飞登上厦门云顶岩，眺望金门。突然下起了雨，白发苍苍的叶飞拒绝家人要他避雨的要求，伫立山顶，任凭雨水将他浇得透湿。随从们发现，叶飞的双手在微微颤抖。

红旗插上海南岛

海南岛登陆战役是中国人民解放军陆军在没有渡海作战经验，没有海、空军配合，只有落后的运载工具的条件下进行的，是我军建军以来组织实施大规模渡海登陆作战的成功战例。

海南岛又名琼崖，是中国第二大岛，它的面积和战略意义仅次于台湾。对其进攻的难度，远远超出金门与舟山。当时盘踞在海岛上的国民党军总兵力近 10 万人，而且占据了海空优势。

在当时国民党军所占的四个主要岛屿中，它比金门、舟山距大陆都要远。琼州海峡是世界上流速最高的海峡之一。这给渡海航行造成困难。攻金门、舟山渡海距离都在 10 公里之内，我军的炮兵可以直接掩护航渡和登陆，国民党军的军舰只能在远处以火力拦截；进攻海南岛由于海峡较宽，不仅航渡距离远，登陆点也在人民解放军的炮兵火力射程之外，无法进行火力掩护，国民党军的军舰还可以直接到中流拦截。在海南岛上又驻有 20 多架作战飞机，可随时直接支援守岛的国民党军作战。四野渡海兵团还完全没有海空军的掩护，航渡工具只有木帆船，是以陆军单独向敌军陆海空三军的立体防御发起进攻。

对这一次比攻击厦门、金门规模更大的渡海作战，毛泽东十分关切，1949 年 12 月 16 日毛泽东出访苏联，但是在临行前仍研究了金门作战的教训，并于 12 月 18 日在途中亲自起草了对第四野战军司令员林彪的指示电报。这封电报可以说是人民解放军统帅机关第一次对于渡海作战规律的系统总结。电报强调指出：

渡海作战完全与过去我军所有作战的经验不相同，即必须注意潮水与风向，必须集中能一次运载至少一个军（四五万人）的全部兵力，与三天以上粮食，于敌前登陆建立稳固滩头阵地，随即独立攻进，而不要依靠后援。电报还举出三野第十兵团在金门战斗的教训是：于占领厦门后不明上述情况，以三个半团 9000 人进攻金门岛上之敌 3 万人，无援、无粮被敌围攻，全军覆灭。你们必须研究这一教训。

毛泽东同时还要林彪向粟裕调查了解渡海作战的全部经验，以免重蹈金门覆辙。

在苏联访问期间，毛泽东一直关注着渡海作战的准备工作，1950 年 1 月 10 日，他在苏联又致电第四野战军首长，提出“争取于春夏两季解决海南岛问题”。同时又分析了海南岛作战与金门作战的区别：

海南岛与金门情况不同的地方，一是有冯白驹的配合，二是敌军战斗力较差，只要一次运两万人登陆，又有军级指挥机构随同登陆，……就能建立立足点，以待后续部队的续进。

毛泽东电文中提到的冯白驹，是琼崖纵队司令员兼政委。琼崖纵队是以1927年9月海南岛农民起义队伍为基础组建的。这支人民武装经历了长期艰苦卓绝的斗争考验，终于创立了以五指山为中心的革命根据地。到1947年10月中央军委授予它“中国人民解放军琼崖纵队”的番号时，其已辖三个总队共10个团约2万人的作战力量。该部于1950年初，已解放了占全岛面积2/3的广大地区，成为支援我军渡海作战部队登陆海南岛的坚强力量。

在这封电报中，毛泽东又鼓励四野渡海兵团树立赢得海南岛作战的信心。确实如毛泽东所说的，进攻海南岛尽管在某些方面比进攻金门困难，可是也有有利条件。海南岛上的国民党大都是在被歼灭后刚刚重建的，装备和训练都不如胡琏部。

2月17日，即毛泽东结束访苏的同一天，他又根据中共中央转到苏联的四野渡海兵团的报告发出指示：

以运输准备确有把握而后动作为原则，避免仓促莽撞，造成过失。

四野渡海兵团认真研究了金门作战的教训后，在战前进行了较长时间的训练。组成渡海兵团的第四十军和第四十三军都是有光荣历史的英雄部队，是第四野战军的头等主力。第四十军的前身是东北野战军第三纵队，系抗战胜利后进入南满的八路军山东部队组成，成立后在东北解放战争中战绩卓著，是有名的“旋风队”。第四十三军的前身是东北野战军第六纵队，该部是人民解放军历史最悠久的部队。该军第一二七师最早的前身是1925年成立的国民革命军第四军第三十四团，后改称独立团，由叶挺任团长，是中国共产党最早建立的一支武装力量，以后参加过南昌起义和井冈山会师，红军时期就是红四军和红一军团的骨干部队，进军东北后也是主力之一。这两支部队过去从来没有水战的经验。

全军指战员中，除少数干部从山东进军东北时渡过一次渤海外，绝大多数同志还是生平第一次看到大海。海上练兵开始，一个连队登上船，80%的人呕吐头昏。出海归来，每个人好像害了一场大病，脸色苍白，吃不下饭。有的连队不懂气象，冒失出海后，遇着风暴，弄得桅断篷破，船底朝天。有的战士说："这次要革命到底（海底）了！"不少人对木船渡海作战产生了怀疑，希望上级解决登陆艇。

1950年的这个春天，琼州海峡显得分外热闹。解放军四十军和四十三军的战士们在这里展开了轰轰烈烈的海上大练兵。在海面上，龙腾鱼跃，人头浮动，战士们三五成群地抱着竹筒子做的三角架、四方架在风浪中漂流，熟悉水性，练习游泳，随着海浪的推涌一次次向岸上冲击。在岸上，成排成连的指战员在走浪桥，打秋千，只练得头晕眼花、天旋地转，才得以逐步克服晕船的困难。

为了增加实战经验，一些部队还有意冲到海峡深处，以寻机作战。不久，四十军在攻占涠洲岛时也进行了一次以木帆船渡海作战的尝试。3月5日，四十军的一个团在师参谋长夏克等人的带领下，趁着天黑乘小木船登上涠洲岛，经过海上和登陆作战，全歼守敌，并俘获436名国民党军人员，抢回了400多只木帆船。经过这两次海战，战士们对小木船的作战能力彻底相信了，士气高昂，在海边又进行了较长时间的实地演练，在三个月内就较好地掌握以简陋的器材渡海作战的要领。

四野渡海兵团经过精心的准备，根据海南岛的具体情况，采取了一系列新的作战方式。吸取作战敌情、海情不明即仓促发起攻击、上岸后立足不稳、第一梯队只以少数兵力登陆，以寡击众的教训，进行了为时三个月的周密准备，在广东全省先后征集到4000名船工和2100余艘船只，保证了一次运载10万人以上的登陆部队；决定先以小部队实行偷渡，和岛上的琼崖纵队会合，使大部队一登陆就能站稳脚跟；强渡时第一梯队就使用5万兵力，带足弹药粮食，准备不依靠后援独立发展。

当时，国民党设在岛上的"海南防卫司令部"系由国民党琼崖保安司令薛岳的属下以及逃到岛上的余汉谋部和"海南行政长官"陈济棠的部队三方组成的。辖有陆军五个军共19个师、海军第三舰队及海军陆战队一个团。配备有各型舰船50艘，空军有第一、三、五、二十大队，共计战斗机、轰炸机和运输机42架。"海南防卫司令部"的三军总兵力约为10万人。虽然在全中国迅速被解放的隆隆炮声中，海南守敌已成惊弓之鸟，惶惶不可终日，但是，薛岳自恃有海峡屏障，又占据着海空军优势，加紧部署构建环岛立体防御工事，以图长期固守。

为了保证“后方安全”，薛岳还命令岛上守军加紧清剿我军琼崖纵队，并摧毁该纵队的根据地和游击区。

薛岳在琼岛构成了环岛立体防御体系后，曾得意扬扬地用他的字号“伯陵”将这个防线命名为“伯陵防线”，声称其“固若金汤”。

1950 年 3 月 5 日 19 时，由四十军一一八师三五二团一个加强营（共 799 人），在一一八师参谋长荀在松的带领下，乘 13 艘木帆船，从雷州半岛西南端的灯楼角起航。军师的领导亲自到起渡点送行，并把一面绣有“渡海先锋营”的红旗授给 800 名勇士。13 只木帆船都是经过精心挑选的，船上全做了工事，人员、火器都是按单船独立战斗配备的。领航人员是琼纵的老同志，久经考验，深谙海性，就是闭上眼睛都可以摸过海去。荀在松参谋长是经过爬雪山、走草地的长征干部。团长罗绍福、营长陈永康、教导员张仲先，抗日战争时期就率领小部队活动在敌后，他们在指挥上，全是久经锻炼、机智果断的好干部。

先遣营 13 艘战船起航后，顺风顺流，向琼西北白马井登陆点驶去。然而，当他们距岛滩约 30 海里时，风突然停止了，木船只能靠人力划桨摇橹而行。

3 月 6 日拂晓时分，先遣营发现附近有几十只国民党军帆船行驶，为了隐蔽行动，便伪装成民船，尾随敌船队行进，当遇上敌海上巡逻机侦察时，战士们便模仿前面敌船的做法，给予相应的回应。这一招，居然骗过

四野部队南下

解放军做渡海作战准备

了天上的敌机。

中午13时，先遣营船队终于接近了预定的登陆点。被岛上守敌发觉，海面上敌两艘军舰对我军船队实施猛烈炮击；空中10架敌机俯冲扫射；岸上一个营的敌军依托坚固工事进行阻击。

先遣营的800名壮士，一面进行火力还击，一面奋力划桨，直逼岛岸滩头。下午2时许，在火速赶来的琼崖纵队一总队八、九团的支援下，终于击溃了登陆点守敌的阻击，成功登岛。

四天后，由四十三军一二八师三八三团一营及配属的九十二步兵炮连共1000多名指战员组成的第二个渡海先遣营，在三八三团团长徐芳春的带领下，分乘21艘木帆船，于3月10日13时从湛江市东南方向拔锚起航，扬帆直取琼东北地区的赤水港，于3月12日晨顺利到达文昌地区。

我军两批偷渡部队的成功登岛，令吹嘘防御体系“固若金汤”的薛岳气急败坏。他忙调集了六个团的兵力进攻文昌，企图趁我四十三军渡海先遣营立足未稳之际，一举围歼之。我先遣营在琼纵独立团和当地群众的紧密配合支援下，不仅全歼了敌暂编十三师三十七团的一个营，而且还击溃了这个师三十九团的进攻。战斗结束后，这支第二批渡海先遣营部队，很快转往琼东根据地进行休整，海南解放后，四十三军授予该营“渡海先锋营”和该营二连“渡海英雄连”的荣誉称号。

为实现整个兵团的大规模强渡海峡登岛，兵团决定由四十军和四十三军再各派一个加强团，向琼北地区实施正面偷渡攻击。1950年3月26日傍晚，由四十军一一八师三五二团主力和三五三团二营及炮兵大队组成的第一个先遣偷渡团的3000名指战员，在琼崖纵队副司令员马白山和一一八师政治部主任刘振华的率领下，分乘81艘木帆船，仍从雷州半岛西南端的灯楼角起航，向着琼西北的临高角一路顺风而去。

在一夜大雾的掩护下，到第二天上午5时至8时，该加强团各船先后在偏离预定地点较远的临高角以东20公里宽的滩头地段分散登陆。船向的偏离，将加强团的指战员们送到了琼岛守敌正面防御能力很强的区域，使他们经受了比前两批偷渡部队更加严峻的战火洗礼。

由于远离预定登陆点，岛上的琼崖纵队一时难以接应，加之所处地形利敌不利我，稍加犹豫或行动迟缓，便有被敌聚歼于滩头的危险。

在极端困难的情况下，饱经解放战争一系列重大战役锻炼的我军广大指战员，人人心目中抱着“枪声就是命令”的革命英雄主义气概，耳听目寻，自动朝着枪炮最为激烈的地段靠拢，使登岛部队保持了战斗力。

经过整整三天的血战，第一先遣偷渡团先后攻破和摆脱了敌六十二军、六十四军十多个营的层层阻击及尾追，终于在29日晚，在美厚村一带与接应的琼崖纵队一总队部队会合在一起。

3月31日22时30分，由一二七师师长王东保率领的共3733名指战员组成的第二先遣偷渡团88艘战船自雷州半岛东南端的博赊港扬帆出发，登陆点选在琼岛海口市以东的铺前港。

在船队穿越海峡中流后不久，即遭到已倍加防范的敌海军一艘大型战舰和2艘小型战舰的拦阻炮击。战斗空前激烈，我火力船上的指战员虽然伤亡很大，但他们个个视死如归，死死咬住敌舰不放，打得它火光四起、浓烟滚滚。大舰挨了打，两艘小舰自然不敢靠近，迫使大舰不得不开足马力夺路而逃。

该加强团三营八、九连的船队在战斗中脱离了编队，只顾朝琼岛驶去，却误在敌兵力较强的海口市白沙门岛登陆。结果陷入敌人的重重包围，在与敌血战一天一夜后，大部分指战员英勇牺牲。

加强团登陆前，琼崖纵队独立团和三总队一团已于4月1日凌晨赶到了预定接应点北创港与铺前港之间的塔市，全歼驻守滩头的敌守军两个步兵连和一个迫击炮连，紧接着又击溃敌两个团的阻击，于当晚会合加强团进至文昌地区隐蔽。

万船齐发海南岛

在不长的时间内，我军两批四支先遣偷渡部队均登陆成功，为迎接大兵团强攻海南打下了坚实的基础。

1950年4月10日，渡海作战兵团指挥所决定，兵团主力分两个梯队向琼北实施大规模强渡登陆。

4月16日下午19时30分，渡海作战兵团第一梯队共5万余人，分乘350只战船，分成东路、西路两编队，自雷州半岛南端各港湾同时起锚。

船队刚驶离岸边不远，便被敌海上巡逻队发觉，敌机一边打出串串耀眼的照明弹，一边对我军战船进行疯狂的轰炸扫射，战船上的我军指战员沉着应战。下半夜，敌海军又赶来偷袭拦截。在编队两侧护航的我火力船队，迅速展开战斗队形，尽量从不同方位接近敌舰，利用其火力死角，来他个“海上拼刺刀”。敌舰在挨了一顿“土炮艇”的机枪、手榴弹之后，只有灰溜溜地在远处乱放一通炮弹壮胆。

四十军护航火力船队的指挥船，航行中因发动机发生故障而脱离了编队，在黑夜中单船漂流，直到天亮时，才观察到一艘敌海军大型军舰追踪而来。为了避免与敌正面交火，他们用篷布将火炮遮盖起来，大多数战士下舱隐蔽，以堆满“货物”的民用运输船的面目来迷惑敌人。经过伪装的战船主动向敌舰迎了过去，使敌舰放松了警惕。当我战船贴近敌舰右侧时，指挥员黄宇一声令下，炮手们顿时掀掉篷布向其猛烈开炮，一时间30多发炮弹雨点般落到敌舰要害部位，使之起火冒烟，掉头急逃。“土炮艇”大显神威，居然无意间打跑了国民党海军第三舰队的旗舰——“太康”号，并使舰上的敌第三舰队司令王恩华在激战中身受重伤，不治身亡。

“木船打军舰”的奇迹，一时在我军传为佳话。该船战后被四十军授予“战斗英雄船”称号。一路血战，一夜拼杀，渡海作战兵团终于接近了琼岛。在琼崖纵队和先遣偷渡部队的策应下，兵团第一梯队于4月17日早上6时，全部踏上预定登陆的地域。

第一梯队上岛后，各部队按战役预定方案向守岛敌军防御体系的纵深扩大战果，直接威胁到敌海口市的安全。4月19日，薛岳调敌六十二军集结于澄迈地区拦截，同时命海口市的敌三十二军二五二师驰援该地。4月20日清晨，我一二八师在澄迈县城以北将其包围，展开攻势。薛岳又在我军外围构成了一层包围圈。我十五兵团司令员邓华部署兵力又将敌围住。在此次琼北围歼战中，我第一梯队全歼敌三十二军二五二师，重创其六十二军等敌主力部队，彻底捣毁了其环岛防御体系的核心阵地。4月23日清晨，我军攻占了琼山县城。上午8时，四十军一一八师与四十三军一二七师先遣团一道向海口市发起攻击，但敌守军已于22日夜间逃窜，我军未遇抵抗即占领了海口。

攻占海口后，我军第二梯队于4月23日19时起航，于24日凌晨1时至4时左右在海口市以西的天尾港沿岸登陆。至此，参加渡海作战的我10万大军全部登上了海南岛。

薛岳残部分三路南逃后，我渡海作战兵团立即展开追击战。从4月24日开始，四十军主力和四十三军一二八师、琼纵三总队、五总队及独立团组成东路追击部队，经万宁、陵水两地直插榆林、三亚地区，以切断敌退路。残敌自知大势已去，几乎没有哪个部队敢停下脚步负隅顽抗，他们唯一的希望是尽快逃到海边，坐上军舰也如他们的最高长官薛岳一样，到台湾去。

海南岛东线的万宁、西线的北黎、最南端的榆林等港，军舰海轮进出都较方便，便于敌人多路撤退，而海拔千米以上的五指山，这时却又成了我军多路平行追击的障碍。眼看敌人就要跑掉，群众办法多，急中生智，一好主意出现了：组织“快速部队”超到敌人前面去。于是迅速把敌人丢下的各种汽车搜集起来，又动员了不少商车，没有司机，就到俘虏群去找；动员他们立功赎罪。很快一支“快速部队”组成了，一个步兵营和一个炮兵连按战斗编组乘车；分秒不失，沿着公路追歼逃敌。此时，两个军的二梯队已陆续登陆，也立刻投入追击。步兵、“快速部队”和土炮艇齐出动，这几乎不是战斗，而是和敌人赛跑了。

第二天上午，追上了大股敌人。不到一小时就抓了 2000 多名俘虏。跑在最前的敌人，发现我“快速部队”追击就大肆炸桥、破路；桥路破了，人民群众很快帮我们修好。俘虏数字急剧增加，2000 人、4000 人、8000 人……迅速达到 1 万多人。

1950 年 5 月 1 日上午，我军占领北黎、八所，海南岛全境获得解放。

在这次解放海南岛的渡海作战行动中，我军共歼灭敌军 5 个师 9 个团，总计 33148 人，其中俘虏 26469 人，缴获一大批大炮、飞机、坦克和装甲车、汽车。击落敌机 2 架，击沉敌舰 1 艘、击伤 5 艘。我军亦伤亡 4614 人，其中 400 余人是在海战中牺牲的。

当天，中南军政委员会主席、第四野战军司令员林彪及政治委员罗荣桓、邓子恢、谭政，参谋长赵尔陆，政治部主任陶铸从武汉发出《告海南岛上全体指战员书》，热情洋溢地指出：你们的胜利，震动了全中国也震动了全世界。全国人民都为你们的胜利欢呼。由于你们的胜利，使我国南部边疆从此得到了安全的保障，使中南全区从此全面进入和平建设。给解放台湾和进攻一切岛屿的友军提供了可贵的经验并增强了胜利的信心。

解放海南岛烈士纪念碑

新华社北京 5 月 5 日播发了毛泽东以中国人民革命军事委员会名义，给中国人民解放军中南军区及广东前线林彪、罗荣桓、邓子恢、谭政、叶剑英、方方、邓华、赖传珠、冯白驹诸同志和参加海南岛战役全体军民的贺电，祝贺海南岛全部解放。

蒋介石泪洒成都

1949 年 11 月，蒋介石抵达重庆，李宗仁则出走香港。同时，我第二野战军从湖南、湖北进军西南，11 月 15 日占领贵州省省会贵阳，30 日攻占重庆。此前民国政府迁至成都，随即于 12 月 7 日宣布迁台湾台北。12 月 8 日至 10 日，民国政府五院院长、各部会首长、政府公务员及两蒋纷纷离开成都飞抵台北。12 月 9 日，云南省主席卢汉、西康省主席刘文辉分别在昆明、雅安宣布起义，解放军和平进军云南、西康两省。27 日，我军攻克成都。至此，中国大陆几乎全部解放。蒋介石政府仅能掌控中国东南沿海岛屿（台湾、金门、马祖、乌丘、东引、海南岛、舟山群岛、一江山岛、大陈岛、万山群岛）及西南（云南、广西、四川）部分山区。

蒋介石在追剿红军长征途中曾经说过三次这样的话：“川人不可小视。”而蒋介石的几个厉害对手朱德、刘伯承、邓小平也都是四川人。“生不离川，死不离湾”，这句话被用来形容与蒋介石半生渊源最密切的两个地方，一是四川，一是台湾。而四川尤其和蒋介石荣辱与共，命运相系。除了故里浙江之外，四川也是他最依恋、最钟情的一个省份。

蒋介石第一次到四川，是在 1935 年 3 月 2 日。他此行最大的目的，是至前线督军，视察剿共前线的战况。他的第二个目的是要借着剿共之便，招安境内的军阀势力，使得四川归顺南京政府。他企图打破过去四川军阀之间樊篱分明的防区，在川康区域内大肆整顿军队。蒋介石花了半年时光，基本完成了所谓“川政统一化、川军国家化”的目标。

为了整顿川军，蒋介石在四川办理“峨眉军官训练团”，调训包括四川、云南、贵州等省的地方军事干部，还有行政人员和团警干部，先后办了两期训练团。1937 年，四川与西康的地方军事武装，基本整理完成。在完成整军工作后，适值七七卢沟桥事变爆发。蒋介石在一次讲演中指出，辛亥革命虽然是起于武昌，可是肇其端的实际上是四川，因为，四川保路风潮，成为辛亥革命的导火线。所以，蒋介石告诉“峨眉军官训练团”的成员，革命起自四川，也会由四川来收获成果。抗战爆发后，四川省组成了六个集团军：第二十二、第二十三、第二十七、第二十九、第三十、第三十六等集团军，出川抗日。据张群日后表示，八年抗战期间，四川省共有300万名士兵和壮丁参加抗战。

1937年10月31日，国民政府发表宣言，并电告前线战士，中国政府将迁都重庆，“从事更持久之战斗”。在此同时，四川省省主席刘湘已抱病率师出征，1938年1月20日刘湘病逝汉口后，蒋介石以张群继任。

1938年10月，武汉沦陷，四川党政军要员联名电请蒋介石到四川主持大计。12月8日，蒋介石由桂林搭飞机到重庆，开启了蒋介石的四川时代。

战争硝烟很快扩散到四川大后方。1939年5月3日、4日，日军对重庆市连番滥炸，包括重庆市商业中心，人口最密集的住宅区，乃至中立国的领事馆及外国人开设的教堂及医院，都受到日军的轰炸，这次空袭，死伤人数超过1万人。

日军对重庆最严重的一次空袭行动发生于1941年8月底，日军出动数以千架次军机。蒋介石的黄山官邸亦遭重创。敌机轮番炸射，历时数小时，敌机离去的空当，蒋介石等人走出防空洞，远眺重庆市区，但见一片浓烟烈焰，蒋介石忧形于色，不胜凄怆。两小时后，敌机再次临空，二度猛炸。黄山官邸当天检查伤亡情况，三名侍卫人员不幸于轰炸中殉职，另有数人受伤。

从1938年12月8日，蒋介石与宋美龄到重庆，至1946年4月30日飞离重庆回南京，他们在渝度过了近八年的抗战岁月。

1949年11月14日，蒋介石、蒋经国父子，搭“中美号总统座机”到重庆，这是蒋介石有生以来最后一次重庆之行。下了飞机之后，蒋介石即乘车直抵位于白市驿机场和市区之间的林园官邸。在重庆盘桓了两个礼拜，蒋介石知道重庆大势不可为，打算从林园官邸坐车至白市驿机场离开重庆。哪知道通往机场的公路上，挤满了败兵和难民，多辆抛锚军车横在马路当中，阻挡了蒋介石座车的去路。蒋介石迫不得已，只好下车步行，走过好长一段泥泞不堪的公路，才得以重新上车，直奔机场。

抵达白市驿机场，已是11月29日午夜时分。蒋介石一言不发登上飞机，进了舱房，即行就寝。原本随从们以为等蒋氏父子抵达，就准备起飞离开重庆，哪晓得蒋先生心情坏到极点，未作任何交代，也没人敢问。

这时，随从人员得到情报，“距离机场不远的江津地方，已有我军先头部队活动的迹象。白市驿机场那时仅剩一个警卫营留守，特地派了一个警卫连，到江津附近搜索。警卫连到江津时，曾经打电话回白市驿机场，但不久即失去音信，显示机场周围已暴露在危机之中。顾祝同示意座机驾驶衣复恩去向蒋介石请示。刚起床的蒋介石面无表情地低声回答：“好吧！”破晓时分，蒋介石离开了重庆。

11月30日午后，解放军第十一军、第十二军、第四十七军先头部队五个营进入市区。在中共地下党组织策动下，市参议会、商会、工业会和“保民军”的代表温少鹤、蔡鹤年、周荃柏、任百鹏等四人专程到海棠溪迎接解放军。重庆正式宣告解放。

重庆及川东、川南广大地区解放后，蒋介石急令由秦岭山区撤至汉中、武都及川北地区的胡宗南集团加速南撤，企图在成都地区顽抗或向康、滇方向退逃；并令由川东撤退之孙元良第十六兵团及宋希濂、罗广文等残部，扼守岷江、沱江之线，迟滞解放军西进，掩护胡宗南集团南撤。

刘伯承、邓小平于12月6日命令第三、第五兵团疾速前进，会同第一野战军

▲ 1950年元旦，重庆市人民群众集会游行，庆祝西南解放

第十八兵团围歼胡宗南集团。

第三、第五兵团于 11 日开始，由南溪、自贡、内江、遂宁等地向成都周围地区疾进。15 日迫近岷江东岸之板桥溪、牛华溪。16 日黄昏强渡岷江，攻占乐山，并乘胜攻占峨眉县城。17 日，攻占洪雅。19 日，在沙坪遭遇宋希濂的部队，俘宋希濂，乘势进至名山、丹棱地区。在岷江东岸歼灭在沿岸设防阻击的胡宗南一部，并乘胜渡江，相继解放眉山、丹棱、蒲江，逼近成都外围。

我军 15 日解放简阳、仁寿。成都的外围战斗打响。19 日下午，攻占了邛崃。胡宗南撤逃康、滇的退路已经被完全截断了。成都地区东、南、西三面被团团包围，剩下的只有北面了。而贺龙的第十八兵团正等着他。至此，将胡宗南集团全部包围在成都地区。

犹存一线希望的蒋介石父子在 11 月 30 日清晨乘“中美”号专机逃离山城后，于当日上午飞抵成都。下午，蒋介石便在黄埔军校的黄埔楼内召见了张群、熊克武、王陵基、刘文辉等人，研究部署川西会战。在重庆已经失守、成都朝不保夕的情况下，蒋介石明白，川西会战其实是自欺欺人。他并非要在成都大打一场，而是要把从川北退下来的胡宗南部主力撤往西昌，固守西昌。假如西昌不保，再向西退至滇缅边境地区。

蒋介石准备将胡宗南部全部撤往西昌，以保存实力，同共产党长期周旋。对于目前尚驻守在川西平原的非嫡系部队以及一些从川东败下阵来的残余部队，则利用其与解放军纠缠，以掩护胡宗南的部队在川康边界从容部署。在胡宗南主力部队西撤之前，彻底解决刘文辉、邓锡侯等地方实力派的兵权。这是一个秘密的、一举多得的计划。

为了完成这一石三鸟的计划，蒋介石煞有介事地召见各方面的人员。

12 月 2 日上午，蒋介石召见了从川东溃败下来的第二十兵团司令官陈克非，委以“重任”。接着，又接见胡宗南的主力第十八兵团司令官李振，要他们向西昌集中，说：“西昌是他们最后的复兴基地，你到了那里，要据险坚守，把当地民众组织起来，持久作战，等待第三次世界大战的爆发。”李振这才明白：胡宗南部保卫成都是假，退往西昌是真。所谓川西决战，只不过是虚晃一枪罢了。

1949年12月3日，蒋介石主动向校长张耀明提出，说要“检阅本校官生，予黄埔生再次鼓励”。那一天，是黄埔第二十三期第二总队长李邦藩担任当日的校值星官。上午8时刚过，在迎宾乐声中，身穿黄呢中山服、头戴礼帽的蒋介石，在寒风中由张群、阎锡山、顾祝同、蒋经国、张耀明等陪同步上检阅台。

首先举行升旗仪式，青天白日旗在全场人员注目礼下冉冉升起，旗杆顶头的滑轮吱吱呀呀转动着，像是承受不了这“国旗”。突然，那片薄布在升到旗杆中间时，呼呼啦啦掉了下来，不知什么原因，升旗用的绳子从中间断了，旗与绳子从旗杆滑轮上一同溜了下来。本来沉闷无声的队列吵嚷起来。为了使阅兵分列式照常进行，升旗人员不得不费了九牛二虎之力，用最快速度放倒旗杆，重新挂上绳子，升起了这面被摔落在地的旗子。

这个升旗插曲，在现场的队列中引起了纷纷议论，很多人说“看来党国的气数将尽了”。本来蒋介石是准备在大会上讲话的，他那时的情绪可能也受到突然发生的落旗的影响，在讲了“同学们”一句话后，嘶哑的嗓子干咳了一声，眼中又噙满了泪水，讲不下去了。想必他触景生情，心中十分难过。他稳定了一下情绪，强打精神勉励学生，希望他们能够坚持到底，最后以凄凉的声调说道：“国家到了今天，已经是千钧一发的时候了。我们的国家，已面临生死存亡关头，复兴中华的责任已摆在你们的双肩上。这次，你们的西迁绝不是逃跑，我寄希望于你们，大家好自为之。”看来，蒋介石此时也不想多说什么了。不到10分钟，讲话就匆匆结束。

校值星官李邦藩请示后，便进行下一个项目，变换队形，开始阅兵。

队列前后各挪开一步，蒋介石和随行人员走下中正台，在校长张耀明、教育处处长代教育长李永中、总队长李邦藩等陪同下，穿行于官生队列中。蒋介石戴着白手套，同队列中徒手肃立行注目礼的排头、排尾官生握手，目视检阅，大有依依惜别之情。当时，阅兵场上气氛相当紧张，全体在场受阅官生全都像木偶一样立正站着，连眼珠也不敢乱转，耳边仍不时传来蒋介石的侍卫人员压低嗓音喊着“不准动！不准动！”的声音。

同学们见蒋介石须眉花白，距离上次检阅，仅仅时隔三个月，这位老校长的神情在学生们的眼里有了很大的变化，显然苍老憔悴了许多。第二十三期第一总队炮兵大队第一中队毕业生张启东在2010年接受采访时曾回忆说："人啊，经受不了大的波折。不说老校长他这时的个头有点萎缩，反正是苍老不少，而且精神头也是，不说萎靡不振，反正绝对是有所表现，看起来也就是说丧失了信心，自信心大打折扣，我当时确实就有这个感觉。另外，他讲，把反攻的希望寄托于第三次世界大战。我对这句话最反感，也是我印象最深的，对他最失望的。"

蒋介石的检阅用去了近一个小时的时间，实为首例。许多人视为殊荣，有的学生当即声泪俱下。蒋介石的检阅是为军校学生鼓劲，以掩饰当时的败势，但学生们都已知道，人民解放军已解放了大半个中国，国民党政权大势已去，学生们已经没有了当初报考军校时的兴奋，对蒋介石的接见和讲话也相当麻木，多数学生心里想的只是如何回到家乡。蒋介石的伤感情绪深深影响着受阅的学生，学生们的拘谨、不安情绪也深刻反作用于蒋介石。在一片肃杀悲凉的气氛中，蒋介石离开阅兵场。

此日，蒋介石在黄埔军校学生这里总算得到一些精神上的慰藉，军校学生得到的最大实惠是蒋介石特"恩准"每人一斤猪肉，作为犒赏。并特准赏给每个学生一枚银圆，但这枚银圆并没有发到学生手中，而是被扣在大队移作别用了。

这天的阅兵结束后，军校学生再也没有见到蒋介石公开露过面。

1949年12月13日后，成都一片混乱。当时在成都地区的国民党军总兵力为32万余人，其中胡宗南集团15万人，其他国民党军约17万人。

与此同时，人民解放军二野部队将胡宗南部死死地困在了川西平原。

12月22日，胡宗南为挽救其即将覆灭的厄运，在新津紧急召开军长会议，并在会上提出了"保卫"成都的三个方案。就在同一天，远在重庆的刘伯承、邓小平，向位于眉山、邛崃、大邑一线的第三、五兵团发出进攻成都的命令。

"川西决战"总指挥官胡宗南于12月23日，在四面楚歌中，爬上了早已准备好的飞机逃往海南岛。

二野各部队迅速占领指定位置后，一面构筑工事，积极阻击逃窜之敌；一面开展政治攻势，以不战而屈人之兵。12月21日，被围的川鄂边区绥署副主任董宋珩及十六兵团副司令官曾元在金堂地区首先宣布起义，这是四川境内国民党被包围部队瓦解的开始；24 日，敌第十五兵团司令官罗广文、第二十兵团司令官陈克非率残部在郫县、安德起义；25 日，国民党第七兵团司令官裴昌会率部在德阳起义；27 日，国民党第十八兵团司令官李振也派出代表，到简阳与解放军商谈投降事宜。这些将领的起义，使龟缩在成都地区的国民党军队一片混乱。

但是，接替胡宗南指挥的国民党军第五兵团司令李文仍执迷不悟，垂死挣扎。为使自己摆脱不利地位，李文急忙改变胡宗南既定的计划，决定率其所辖七个军分两路突围。一路从成都向重庆；另一路从新津沿邛崃向西逃雅安。

12 月 25 日，负隅顽抗的国民党军第五兵团司令李文被我三兵团第十二军阻击在邛崃一带。天刚蒙蒙亮，李文兵团部队在炮火掩护下，开始向十二军三十五师阵地攻击。敌人猛冲达 20 余次，战斗呈白热化。但英勇的我军战士终于用手榴弹、刺刀、铁锹把敌人打退。次日拂晓，敌人以团为单位，在炮火掩护下，向我军阵地全线发动攻击，双方反复争夺阵地，最终敌军被击退。这天，被围困在成都、简阳一带的国民党李振兵团宣布起义，李文兵团更加孤立了。

12 月 27 日，李文派人来我军阵地前表示愿意起义。经双方代表谈判，敌在犹豫时，我十二军三十四师集中力量消灭敌九十军，迫使李文放下武器。经一夜战斗，解放军消灭了国民党第九十军，俘敌 2 万以上，并活捉了军长黄仁。28 日下午 2 点，李文终于做出决定，命令部队全部放下武器。蒋介石在大陆的最后一支王牌军被歼灭。

成都平原上的围歼战至此胜利结束。成都，这颗镶嵌在川西平原上的明珠，终于回到了人民手中。

1949 年 12 月 9 日上午。一架飞机轰鸣着飞临战火包围中的昆明。这是张群奉蒋介石之命，到此筹备国民党国防部、陆军总部迁往云南的有关事宜的。但张群不知，此前，国民党云南省政府主席卢汉已经与中共方面联络上，正在筹划起义。张群没有料到，他刚下飞机，就被卢汉借开会之名扣押了。一起被扣押的还有第八军军长李弥和第二十六军军长余程万等重要文武官员。

此外，卢汉断然解除了国民党中央系统驻昆明机关与部队的武装，占领机场、车站和军事要地，扣留由成都经昆明至香港、台湾，由昆明准备开往成都等地的所有飞机及国民党官员，同时实行宵禁。

12 月 10 日早晨，五星红旗在昆明升起。昆明市和平解放了。卢汉在广播电台庄重宣布和平起义，并宣读了《昆明和平起义宣言》。蒋介石得知卢汉起义的消息后，气急败坏。对第八军和第二十六军进行改组，合组为第八兵团，由汤尧统一指挥，并许诺开始对昆明进行反扑。

对于敌人的进攻，卢汉虽然事先有所准备，但敌军约 6 万人，起义部队只有 4 万人，并多为才成立三个月至六个月的部队，又无炮兵等重武器。因此，在强大攻势面前，不得不收缩战线，一时间，昆明的形势十分紧张。

19 日，敌军对城防核心阵地发动全面总攻，到晚上 9 时，敌军组织敢死队，企图冲入城内。正在这万分危急的时候，卢汉收到刘伯承和邓小平的来电，说已命令第五兵团连夜用汽车运送部队，驰援昆明。随即，杨勇也来电告知：已派一个师兼程入滇，先头部队约 23 日可抵曲靖。这个消息传到起义部队，大大振奋了士气。尽管敌军猛烈进攻，仍未能得逞。

由于我第五兵团等部进展迅速，敌第八兵团被迫放弃攻占昆明的企图，仓皇南撤开远、建水一带。

我第四兵团为了完成军委给予的解放云南、巩固国防的既定任务，截击国民党第八兵团。陈赓命令一个军立即行军入滇，直出蒙自县夺取飞机场。命驻扎在百色的第四野战军两个师，沿着国境线进军，占领云南河口、金平一线。封锁了第八兵团的陆路通道。

汤尧慌了手脚，加紧了蒙自机场的空运，企图从天上溜走。

1950 年 1 月 13 日，我四兵团一个师进至砚山县城，得悉蒙自机场空运繁忙，尚未发现我军行动等情况，当夜该部只睡了 4 个小时，一昼夜强行军到达了蒙自城东，绕过了警戒部队，直插敌心脏。1 月 15 日 20 时，占领了机场外围，随即迅速向机场发起了攻击。激战一夜，16 日清晨，蒙自机场被全部占领。6 时左右，天将亮时，蒙自县城获得全部解放。

我第四兵团部队以九天九夜的强行军，突然从中路降临，敌人完全陷入一片慌乱。17 日拂晓，中路部队将逃敌压入个旧城内，经六小时激战，从三个方向突入城内，歼敌1900人，锡城遂告解放。18日，我中路追击的另一个师，发现敌二十六军二三七师企图向河帮渡口南逃。

于是，部队强行军先敌到达宜得，抢占了尼得克勒大山，堵住了敌人逃路。24日，我军对被围之敌发起总攻，活捉了敌陆军副总司令汤尧。

1949年12月10日，是蒋介石在大陆的最后一天。这天午间，蒋介石在成都陆军官校召见胡宗南、杨森、王陵基等开会。当天参加会议的文武官员一致要求蒋赶紧离开成都，返回台北，不要再前往西昌。下午2点，蒋介石在召见胡宗南后，蒋介石作例行的祷告午课，再与蒋经国合唱“国歌”。父子合唱“国歌”，这算是蒋介石父子与大陆河山道别的一种“仪式”。临出门，侍从人员劝告蒋介石走后门，勿走正门，因为刘文辉已经派了便衣人员，在成都军校大门附近布哨监视，蒋介石严词拒绝说：“我从那个门进来，也要从那个门出去。”蒋介石父子走出成都军校大门。

随行的“中美”号座机驾驶衣复恩在回忆录中说：“12月10日，成都整个局面已难控制，当天下午，蒋‘总统’及蒋经国即由少数侍从人员，循着小路护送到凤凰山。……我们从此离开大陆，飞向台北。千山万水，不胜依依，这一飞，竟成蒋‘总统’与这块土地的最后一别！”

其实，蒋介石早在1949年春节时，就预感到了败逃大陆的命运。

大年三十这天晚上，蒋介石在武岭学校礼堂举行除夕盛宴，慰劳驻扎在浙江溪口的警卫部队团以上军官，他向大家祝贺新春之后说：“诸位，家贫出孝子，国难出良将。党国之命运关乎诸位之荣辱，民众之生息！当我们走上坡路时，别人跟着我们跑，这不稀奇；而我们走下坡路时，你们从各地费了不少周折，来到我们跟前，这才是最难得的啊！”他两眼含泪，继续说：“反共不会孤立，美国必然会出兵干涉。上海有汤司令守卫，只要我们守住长江，守住上海，美国不可能不出兵。即使往最坏处打，也能打出个隔江而治的结局。来来，大家举杯，为我们反共大业的最后胜利干杯！”

蒋介石心中明白这很可能是在家乡度过的最后一个春节了，所以十分珍视。在这除夕夜，他又与儿孙辈一道，在祖居团聚饮屠苏酒，吃年夜饭，守岁放鞭炮。溪口方圆50里的父老乡亲都赶到溪口镇，向蒋氏父子拜年祝福。奉化乡间，每逢过年过节都时兴舞龙灯、踩高跷。除夕之夜，蒋介石暂时忘记战事，一家人也其乐融融。

经过除夕夜，蒋介石的心情稍有缓和。1月29日，大年初一早晨，蒋经国陪着专程来溪口的张群、陈立夫等，向蒋介石拜年。蒋介石苦笑着说：“念一年又过，新年如何，实难想象，但愿真能逢凶化吉又呈新气象。”然后大家一同去晋谒蒋母之墓，上山摄影留念，再同往报本堂敬祖，复受乡族亲友贺拜，又再到周围各处蒋家宗族祠堂，甚至驱车远赴宁波蒋公祠敬祖。晚上大家聚餐，并观剧。一天下来，热热闹闹，蒋介石的心情大为好转。

大年初二，蒋介石来到溪口武山庙，决定到武山求神灵指点。蒋介石从小跟随其母出入佛门，很迷信。在侍卫的簇拥下，蒋介石身穿黑袍，来到武山庙。他亲手燃上香烛祈祷。然后闭上双眼。捧起签筒，求了一签。只见是“中下”签。签上写的是“大意失荆州，关公走麦城”。他又求一签，上写“困居长坂坡，失陷落凤城”，下注“出师不利，丧妻失偶，早求退路”。蒋介石不禁一阵颤抖，站在旁边的侍卫忙说：“这种事，信则有，不信则无。”偏偏蒋介石是虔信不笃，斥责侍卫：“不许乱讲！武山庙的菩萨是很灵的。”

5月16日，三野七兵团二十一军兵分几路，向浙江南部挺进。一路势如破竹，锐不可当，浙江奉化溪口指日可下。

不知是何种心态所致，解放军的炮声隆隆可闻了，蒋介石却还在溪口没走。从南京走后，他一直躲在浙江奉化老家。炮声越来越近，蒋经国耐不住性子了：“父亲，‘太康’号前几天开到定海去了，俞局长和王世和的家眷都随军舰走了！”蒋经国最知道父亲的脾气，语气虽急，但仍没敢直言“走”的字眼，但含义很明显：这里除了我们家之外，再没有其他家眷了。

这时，俞济时赶紧趋前一步说：“看情况共产党已过鄞县，目标正向象山港挺进。”

稍作沉思，蒋介石长叹一声，对蒋经国说道：“到你祖母坟前告别吧，你去把方良和孩子们也叫来。”

儿媳、孙子都来了以后，蒋介石领着他们一同来到苍松环绕的蒋母墓前。

蒋介石刚一站在母亲墓前，就止不住老泪纵横。他撩起衣襟，颤巍巍地长跪不起，蓦然，大哭起来。

蒋介石身后，哭声一片。

◎ 1949 年 4 月，蒋介石带蒋经国最后一次到浙江奉化老家，前往他母亲的坟墓慈庵祭拜

对母亲的墓庐叩拜之后，蒋介石在蒋经国的搀扶下下了凤凰山，几辆轿车早已在那里等候。

蒋介石再回首望望这座山峰，慢慢地钻到了汽车里。

此一别，今生再难相见。溪水淙淙长流，武岭山烟雾弥漫。

蒋介石再一次潸然泪下。他此次出走，就再也没有回来过。

蒋介石前脚刚走，5 月 25 日，解放军第三兵团二军六十一师一八三团就赶到溪口。

上海黄浦江边有个像片树叶似的小岛，名叫复兴岛。这里离黄浦江的出海口很近。复兴岛东北面的码头上，停泊着装备精良的“太康”号军舰，码头四角，军警如林，江中巡逻的小炮艇，来往如穿梭。岛中有一座花木掩映的别墅。蒋介石从溪口退出以后，就一直住在这里。

来到上海后，连日来，蒋介石分批召见国军团以上干部训话，命令他们必须死守上海一年，等待国际局势的变化，等待第三次世界大战爆发，然后再行反攻，他到汤恩伯设在虹口公园附近的总部，听取汤恩伯关于防守上海的作战计划和部署，并作具体指示；他多次接见毛人凤，指示他临走前再杀掉几个和共产党一个鼻孔出气的民主人士。他三番五次催促上海市代市长陈良，要尽量加快抢运黄金白银及贵重物资的速度。

5 月 26 日晨，蒋介石望着炮声隆隆、硝烟弥漫的上海半边天，暗自神伤。

晚上，他离开了上海。

夜海茫茫，“太康”号像一只黑色的幽灵，在波谷浪峰间趺趺前行，蒋介石不顾海上风大浪急，在甲板上踱来踱去。

“父亲，还是回舱去吧，晚上风大，当心着凉。”蒋经国轻声地劝说道。

国民党军乘船败走台湾

沉默，很长一段时间的沉默。

"经国"，在死寂的沉默中，蒋介石突然劈头问道，"你说说看，我们为什么失败了？"

蒋经国心里清楚，这问题不是他能够回答的。

顿时，又一阵沉默。

"主要原因"，沉默一会儿后，蒋介石一字一板地说道，"我以为：第一，党心不一。我党有史 50 余载，从来没有统一。党心不一，政令不行，互相拆台，拿大家以私小家。第二，干部腐化，共产党骂我们党腐败，不能说他们骂的都是错的。第三，对老百姓笼络不力。凡此三，岂有不败之理？"

国民党军起义如潮

解放战争的胜利，除我军用"天津方式"消灭敌人外，瓦解敌军的工作取得了重大成就，加速了蒋家王朝的失败。

解放战争期间，国民党军队起义、投诚和接受和平改编共 188 万人，包括将领 1500 余名，涉及陆军 240 个师，海军大小舰艇 97 艘，空军飞机 128 架，在中国人民解放战争史上，谱写了极为辉煌的篇章。国民党军队起义、投诚呈现三次高潮。

第一次高潮，在抗战胜利后不久。比较而言，国民党军队在这一时期的倒戈数量不多，但政治影响很大。此时，敌我力量对比悬殊，很少有人能看到中国共产党的光明前途，蒋介石、陈诚曾要"三个月剿灭关内共军"，结果，"共军"不但没被"剿灭"，"国军"却接二连三地在战场上吃败仗，不少国民党官兵纷纷把枪口指向了蒋家王朝。先是 1945 年 10 月 30 日高树勋率新编第八军在河北邯郸起义，接着是 1946 年 1 月郝鹏举率第六路先遣军在山东台儿庄起义，再就是 1946 年 5 月 30 日潘朔端率第一八四师一部在辽宁海城起义。“走高树勋、潘朔端的道路”，在此后相当长的一段时间内，成了我军开展瓦解敌军工作的一个很震撼人心的口号。

第二次高潮，在 1948 年 9 月至 1949 年 1 月的战略决战期间，其中重大起义对战略决战的进程都起了重要的推进作用：吴化文率整编第八十四师的济南起义，使攻城时间缩短了一半多；曾泽生率第六十军的长春起义，使我军首创和平解放大城市的先例；何基沣、张克侠率第五十九军和第七十七军的三个半师在江苏贾汪等地的起义，让我军通过其防地迅速完成了对黄伯韬兵团的战役包围；廖运周的第一一〇师于淮海战场起义，使国民党“五大主力”之一黄维兵团的突围行动遭受了致命打击；傅作义率北平 20 万守军接受和平改编，千年古都免遭兵燹罹难，傅作义功彪青史。

第三次高潮，在我军“百万雄师渡大江”风卷残云之后。此时，国民党军队的最高统帅虽然还有偏安一隅重整旗鼓的念头，但军队已无斗志已日甚一日，成建制部队起义、投诚可谓之“风起云涌”，逾百万之众，任由国民党政权在风雨飘摇中土崩瓦解。

1949 年就有国民党海军巡洋舰“重庆”号舰长邓兆祥率官兵 570 多人于吴淞口外起义，加入中国人民解放军。继之“灵甫”号、“长治”号、“昆仑”号等 10 艘军舰和空军人员驾驶 20 多架飞机举行起义。国民党江阴要塞官兵 7000 余人，由总台长唐秉琳、游击炮团团长王德容等率领在战场上起义，使江阴要塞当即解放。在上海战役中，上海警备副司令兼五十一军军长刘昌义率部 3 万多人起义。就连蒋介石的“御林军”、南京首都警卫师师长王宴清也率部分官兵起义。

1949 年 8 月 4 日，国民党长沙绥靖公署主任兼湖南省政府主席程潜和长沙绥靖公署副主任兼第一兵团司令陈明仁等 30 多名国民党将领联名通电起义，湖南和平解放。第二天，毛泽东、朱德复电程潜：“此次先生及陈明仁将军毅然脱离伪政府，参加人民革命，义旗昭著，薄海欢迎。南望湘云，谨致祝贺。”8 月 25 日，新华社发表时评《湖南起义的意义》，指出：程潜将军及陈明仁将军等人的起义和他们的起义电文，不但为湖南和全国人民所欢迎，而且不能不在国民党残余力量中引起重大的反响。

1949 年 9 月，国民党西北军政长官公署副长官兼绥远省政府主席董其武和兵团司令官孙兰锋通电起义，宣告绥远和平解放。稍后，国民党新疆警备司令陶峙岳和新疆省政府主席包尔汉，率驻新疆的国民党军近 10 万人宣布起义，新疆和平解放。1949 年 12 月 9 日，在人民解放军向大西南进军过程中，国民党西康省主席兼二十四军军长刘文辉、西南长官公署副长官邓锡侯、川陕边区司令潘文华联名宣布起义，以及前面提到的国民党云南省主席兼云南省绥靖公署主任卢汉在昆明宣布起义。

和平解放西藏

1949年7月，西藏地方当局的反动分子勾结帝国主义势力制造“驱汉事件”后，中共中央即于9月2日、7日由新华社和《人民日报》分别发表社论和文章，指出“西藏是中国的领土，绝不允许任何外国侵略”。

新中国成立不久，10 月 13 日，中共中央指示西南局负责经管云、贵、川、康及西藏。此后，西南局负责人刘伯承、邓小平、贺龙即着手考虑进军西藏问题，并决定由十八军（军长张国华、政委谭冠三）担任这一光荣而艰巨的任务。

1950 年春节后，在十八军研究进军西藏的军党委会上，张国华军长传达了党中央和毛泽东主席关于和平解放西藏的方针。

3 月 29 日，十八军先遣支队从四川乐山出发，向西康的甘孜方向前进，揭开了我军进军西藏的序幕。

进藏部队广大指战员在高原艰苦环境中秋毫无犯的行动，也迅速地扩大着党的影响。他们切实遵守“三大纪律、八项注意”，尊重藏胞风俗习惯，宁可受冻也不住喇嘛寺院，宁可挨饿也不拿群众一粒粮食，还为群众挑水、打柴、春耕播种、送医送药，处处为群众做好事。这种全心全意为人民服务的行动，赢得了群众的初步信任，他们欣喜地说当年的红军又回来了，并积极支援进藏部队。

△ 1950 年 3 月 7 日，第十八军在四川乐山举行进军西藏誓师大会

中央人民政府命令解放军进军西藏的同时，多次通知西藏地方政府派代表团来北京商谈和平解放西藏的事宜，并由西康、青海派出和谈使者，还通过我国驻印度使馆多次敦促西藏当局。西康省著名爱国人士、白利寺的格达活佛，主动致电朱德、刘伯承要求去拉萨促进和谈。7 月 10 日，他以西南军政委员会委员、西康省人民政府副主席的身份，由甘孜起程赴藏。

但是，西藏地方当局自恃有帝国主义和扩张势力的支持，堵塞了和谈渠道，关闭了和谈大门。8 月 22 日，和谈使者格达活佛被害于昌都，劝和的“青海藏族代表团”被软禁于黑河（今那曲）。中央通过外交途径要求他们派代表于 9 月上旬到达北京的通知如石沉大海，毫无回音。西藏地方当局这时一面施展拖延手段，将其和谈代表滞留印度，借以争取时间；一面接收外国军援，扩充藏军，武装民兵，陈兵昌都，妄图阻止人民解放军进入西藏，并以金沙江为界，将西藏从祖国大家庭中分裂出去。形势的发展，迫使我军不得不以军事手段进占昌都，而后再做和平解放西藏的努力。

人民解放军于 1950 年 10 月 6 日发起了昌都战役。参战部队在进军中每个战士负重七八十斤，有的班长和党员要背 90 多斤。他们在海拔 4000 米的冰峰雪线上，在横断山脉的峰峦叠嶂中，风餐露宿，忍受着饥饿、疲劳和高原不适应带来的病痛，爬雪山，过草地，越冰河，跨急流，奋勇前进，由于我军进展神速，藏军无法抗拒我军的强大攻势。在我政治争取下，10 月 12 日，藏军第九代本格桑旺堆率部起义，10 月 18 日，新任西藏地方政府昌都总管阿沛·阿旺晋美命令藏军放下武器，至此，昌都战役胜利结束。

1950 年 10 月 20 日，2700 余名守卫昌都的藏军全体放下武器

昌都战役歼灭藏军主力 5700 余人，使西藏地方政府丧失了藏军总兵力近 2/3。它的胜利，粉碎了西藏地方当局以武力阻止我军解放西藏的企图，打开了进军西藏的大门。刘少奇兴奋地称它是“解放西藏的淮海战役”。

昌都战役的胜利，促使西藏上层统治集团迅速分化，在内部激烈的斗争中，爱国力量抬头，亲帝分子开始孤立。1951 年 1 月摄政大扎被迫下台，达赖喇嘛提前亲政。此后西藏地方政府一面派人前往昌都来摸和谈的底，一面又组织达赖及其主要官员出走亚东，准备和谈不成，随时外逃。

昌都战役后，党中央和中央人民政府继续大力从事政治争取工作。这时藏族上层人士和群众爱国热情空前高涨，阿沛·阿旺晋美和在昌都的 40 名西藏地方政府官员联名给达赖写信，以亲身经历阐述中央人民政府的政策，要求达赖尽快派代表和谈。在和平力量的感召下，1951 年 4 月，西藏谈判代表齐聚北京。

西藏和平谈判代表团沿途都受到了各地党政领导的热烈欢迎，阿沛·阿旺晋美到达北京时，周恩来总理亲自到车站迎接，使他们深受感动。此后朱德总司令举行欢迎宴会。5 月 1 日，阿沛·阿旺晋美在天安门上观看了群众的盛大游行，并见到了毛泽东主席。热情的欢迎和周到的接待使谈判得以在融洽的气氛下开始。

中央人民政府委任李维汉为首席全权代表，张经武、张国华、孙志远为全权代表。

谈判虽在一些问题上有所争论，但谈判始终是在友好真诚、充分协商的气氛中进行的。

争论较大的问题是要不要把班禅问题写入协议条款，这是关系到西藏内部团结的大问题。历史上达赖喇嘛和班禅之间，他们所主持的西藏地方政府（噶厦）和扎什伦布寺之间，一直保持着非常好的关系，只是到20世纪20年代初，十三世达赖和九世班禅由于种种原因，产生了仇视和对立，始终不能言归于好。中央人民政府认为此次不但要解决汉藏民族间的团结问题，也应解决藏族内部的团结问题，因此坚持要把这个问题写进协议条款。由于西藏代表坚决反对并拒绝讨论这个问题，双方各持己见，谈判出现了僵局。

经过20多天的协商谈判，5月23日双方在北京签订了《中央人民政府和西藏地方政府关于和平解放西藏办法的协议》，协议共17条，主要内容有：驱逐帝国主义势力出西藏，西藏地方政府积极协助人民解放军进入西藏，西藏军队逐步改编为人民解放军；在西藏逐步实行民族区域自治；实现西藏民族内部团结；宗教信仰自由，尊重藏民的宗教信仰和风俗习惯等。

5月24日晚，毛泽东主席举行盛大宴会庆祝协议签订。

这时，达赖还在亚东，中央任命张经武为中央人民政府驻藏全权代表。他立即绕道香港、印度，直去亚东劝说达赖回拉萨。张经武于7月16日向达赖面交了毛泽东主席的亲笔信，并反复宣传协议精神和党的民族、宗教政策。

△ 1951年5月23日，中央人民政府代表在《中央人民政府和西藏地方政府关于和平解放西藏办法的协议》上签字。一排左起：孙志远、张国华、张经武、李维汉；二排左起：拉乌达热·土丹旦达、凯墨·索安旺堆、阿沛·阿旺晋美、陈云、朱德、李济深

10月24日，达赖致电毛泽东主席表示完全拥护协议，要积极协助解放军进藏。

人民解放军兵分三路向西藏迈进，历时三个月。10月26日，解放军进抵拉萨，并举行了入城仪式，受到拉萨各界2万多人的隆重欢迎。

班禅于1951年12月19日向青海西宁启程返藏。习仲勋受中央之托，代表毛泽东主席和中央人民政府专程赴西宁为其送行。

1952年4月28日，班禅一行到达拉萨，同达赖喇嘛会晤，并交换了哈达。这一历史性的会见，表明西藏民族内部团结的局面初步实现。6月23日班禅返抵日喀则，正式行使扎什伦布寺寺主的权力，班禅大师的固有地位得以恢复。

1952年后，阿沛·阿旺晋美历任西藏军区副司令员，西藏自治区筹委会秘书长、副主任，西藏自治区人民委员会主席，西藏自治区人大常委会主任，自治区人民政府主席，中国佛教协会名誉会长。当选为第三届全国政协副主席，第三、四、五、六、七届全国人大常委会副委员长。

1959年，在党中央和毛泽东领导下，又平定了西藏上层反动分子的武装叛乱，使西藏的民主改革得以早日实现。

1957年，川、甘、青三省藏族地区的少数分裂分子聚集拉萨，成立了一个名叫“曲细岗珠”（汉语“四水六岗”的意思，泛指四川、云南、甘肃、青海等藏族聚集的地区）的叛乱组织，妄图将这些地区和西藏融为一体，建立一个“大西藏共和国”。

1958年4月20日，与西藏相邻几个省份的武装叛乱头目及藏军共5000余人窜入拉萨，与哲蚌、色拉、噶丹三大寺的代表秘密聚会，签订了正式盟书，决定把叛乱的武装力量全部统一在“曲细岗珠”组织之内，还划分了将来叛乱时各自承担的任务。6月18日，恩珠·贡布扎西等叛乱分子在西藏山南地区的竹古塘正式宣布成立“四水六岗卫教志愿军”（简称“卫教军”）。美国中央情报局一直秘密支持西藏叛乱分子。卫教军一成立，美国便给他们提供了武器弹药。噶厦（即西藏原地方政府，1959年3月废止）也全力支持这一叛乱武装，给叛乱武装发放粮食和武器弹药。卫教军成立后发展迅速，由最初的800多人很快扩展到1500余人。他们在昌都、黑河、山南、林芝、江孜等地策动当地反动分子，袭击人民解放军驻地和车队，破坏交通干线，抢劫物资。叛乱分子所到之处，烧杀抢掠，无恶不作，给西藏人民造成了深重灾难。

7月4日，达赖在布达拉宫举行仪式，正式接受叛乱组织“曲细岗珠”所献的“金宝座”。噶厦以达赖名义给藏、川、澳、甘、青500多名“曲细岗珠”组织成员回赠了礼品。接着，这些分裂分子给达赖呈送了一份报告，要求达赖领导“曲细岗珠”所涉及的地区，公开提出“保卫宗教”“西藏独立”“反对改革、反对共产党”的口号。

1954年9月11日，毛泽东在北京接见达赖与班禅

1958年7月21日，卫教军在拉萨以东80余公里处的争莫寺袭击了解放军一辆运输汽车，打响了武装叛乱的第一枪。1959年1月，叛匪血腥洗劫昌都西南约200公里的扎木（现波密）中心县委之后，又围攻泽当中共山南工委77天，围攻丁青县委90余天。叛乱中，这些匪徒不仅截断公路，炸毁桥梁，伏击车辆，袭击兵站，而且抢掠财物，奸淫妇女，杀戮无辜，破坏寺庙，连寺庙内敬神的灯油、灯盏也要夺走。嘉黎阿扎寺活佛和其管家叛乱后，捣毁佛像，焚毁经书，还把寺内的金银财宝抢掠一空。山南凯松溪长全村仅有50户人家，卫教军杀进村庄之后，洗劫了每户家庭，奸污了全村妇女，从10岁小姑娘到六七十岁的老太太无一逃脱叛匪的蹂躏。

与此同时，在西藏噶厦反动分子的指令下，青海、四川等藏区的叛乱武装开始聚集，向拉萨移动。西藏当地的叛乱分子和旧藏军主力，也化装起来，秘密潜入拉萨。西藏的形势极其严峻。

达赖喇嘛到西藏军区观看演出，成为反动上层发动叛乱的借口。

在西藏上层反动集团中，噶伦（旧西藏噶厦政府最高世俗行政官员）索康·旺清格列等掌握实权的高级官员，暗中勾结和支持叛乱武装。中央人民政府几次向噶厦提出警告：如果西藏地方政府纵容和包庇少数反动分子发动武装叛乱，中央将命令人民解放军坚决平息叛乱，发动农奴起来解放自己，彻底推翻封建农奴制度。但是索康·旺清格列等人置中央的警告于不顾，以为时机成熟，于1959年3月10日公然发动了以拉萨为中心的武装叛乱。

1959年2月7日，达赖喇嘛在布达拉宫会见应邀前往观看跳神仪式的西藏工委、军区负责人时，主动提出观看西藏军区文工团演出的要求，西藏军区副司令员邓少东等人当即表示欢迎。达赖喇嘛亲自确定了观看演出的时间（3月10日）和地点（军区礼堂）。

3月9日晚上，西藏少数反动上层对不明真相的拉萨僧俗民众说："达赖喇嘛10号要去军区赴宴，汉人准备了飞机，要把达赖喇嘛劫往北京；每家都要派一个代表去罗布林卡请愿，请求达赖喇嘛10号不要去军区。"这一谣言在市民中产生了很大影响。

3月10日，叛乱分子煽动不明真相的僧俗民众围住达赖喇嘛的住地罗布林卡，阻拦达赖喇嘛前往西藏军区礼堂观看演出，还打伤西藏军区副司令员桑颇·才旺仁增，杀害西藏自治区筹备委员会官员、爱国人士堪穷·索郎降措，并拖尸示众。叛乱分子还驱使部分群众上街游行示威，高喊"西藏独立万岁"等反动口号。叛乱分子还在罗布林卡召开了伪"人民代表会议"，出席的"代表"共100多人。会议由堪仲大喇嘛绒朗色、堪仲土登降秋、扎萨凯墨·索朗旺堆等人主持。他们说："军区有监狱，不能让达赖喇嘛去；现在西藏独立了，达赖喇嘛不能随便到中央去。会上宣布在西藏自治区筹备委员会工作的原西藏政府官员，从11日起一律不许再去办公。他们在会上还推出"代表"去当时印度驻拉萨总领事馆通知：西藏已经宣布"独立"。叛乱首领宣称"同中央决裂，为争取西藏独立而干到底"，他们指使拉萨及其周围的叛乱武装7000多人，在药王山、罗布林卡、布达拉宫及市郊各要地构筑工事，将西藏军区司令部和中央人民政府驻拉萨代表机关团团包围。

从3月10日至3月19日期间，西藏工委和西藏军区遵照中央的指示，采取了十分克制的态度，坚持不打第一枪。他们一方面向聚集在罗布林卡的索康·旺清格列等噶伦们提出警告，责令他们负责平息叛乱。另一方面中央驻藏代理代表、西藏军区政委给达赖喇嘛写信，争取他摆脱叛乱分子，珍重自身安全。

通过爱国人士，谭冠三先后于3月10日、11日和15日三次给达赖喇嘛写信。表示体谅达赖喇嘛的处境，关心他的安全，要求西藏地方政府立即予以制止叛乱分子的军事挑衅。达赖喇嘛亦于3月11日、12日和16日先后给谭冠三复信三封。信中表示，他已对地方政府官员等进行了“教育”和“严厉地指责”，并表示几天后还可能到军区去。

3月16日和17日，叛乱分子先后以“西藏独立会议”和“西藏独立国人民会议全体大会”的名义，给驻印度噶伦堡的西藏分裂主义分子发出两封电报，要其向在印度的藏胞宣布“西藏独立国”已经成立，并谋求印度政府的支持。

3月17日夜晚，噶伦索康等叛乱头目以所谓“汉人两发炮弹打到罗布林卡北围墙外，威胁达赖喇嘛安全”为借口，将达赖喇嘛及其家属劫出拉萨。他们渡过雅鲁藏布江，往山南方向去。3月31日，达赖一行经西藏错那县沙则进入印度控制区的当天，印度总理尼赫鲁就在印度人民院发表讲话，他说“印度政府给予达赖喇嘛政治避难”。达赖抵印度后，印度当局待之为上宾，企图通过培植达赖集团，对中国施加压力，达到其不可告人的目的。

3月18日，叛乱分子在拉萨市区贴出了“西藏独立国”的布告。20日凌晨，叛乱武装袭击前往拉萨河渡口执勤的人民解放军分队，向驻拉萨的解放军和中央代表机关发起了攻击。西藏自治区筹备委员会、外事处、人民医院、邮电局、贸易公司、西藏日报社、新华社西藏分社等单位，也受到了攻击。

西藏一小撮反动分子的分裂活动，早就引起了党中央和毛泽东的高度重视。中央军委和总参谋部于1956年在西南地区分别成立了三个作战指挥部：以成都军区司令员黄新廷为首的指挥部，简称“黄指”；以陆军第五十四军军长丁盛为首的指挥部，简称“丁指”；以驻藏的四个师和独立团，以及后来入藏的解放军联合组成了“西藏军区指挥部”。总参谋部负责协调和指挥各指挥部的作战。

1958年7月18日，中央人民政府驻藏代表、西藏工委书记张经武，西藏军区司令员兼第十八军军长张国华前往夏宫罗布林卡，会见达赖，阐明中央的立场。当时达赖感到紧张，表示将指示噶厦制止叛乱活动。但在三个月后，达赖召开的噶厦扩大会议却成了叛乱的动员大会。“曲细岗珠”武装，先后袭击青藏公路道班和山南工委驻地泽当。藏军也成建制参加叛乱武装。

1959年3月15日，毛泽东在武汉东湖接见了张国华和张经武。毛泽东说：“天要下雨，娘要改嫁。阶级本性决定他们要闹事。他们总以为他们还有资本，总是手中发痒。他们要叛乱，无非是想把你张国华（指解放军）赶走。”谈到改革时，毛泽东说：“我们确定西藏在第二个五年计划期间甚至更长的时间不进行改革，是真的，但他们总是听不进去，因为他们从根本上是反对改革的，坏事变好事。我早就说过，只要西藏反动派敢于发动全面叛乱，我们就要一边平叛，一边改革，要相信95%以上的人民是站在我们一边的。”毛泽东还谈到在平叛中，要把军事打击、政治争取和发动群众三者结合起来。毛泽东谈到了“关门平叛”和改革的方针、步骤等问题。他说：“如果达赖及其一群人逃走时，我军一概不要阻挡。无论去山南，去印度，让他们去。”

毛泽东这次接见张国华和张经武对西藏的平叛改革指明了方向，对百万农奴翻身解放，起到了不可估量的作用。

1959年3月19日，为了维护国家统一，巩固民族团结，彻底解放西藏人民，中共中央做出“彻底平息叛乱，充分发动群众，实行民主改革”的决定。

仅用了三天时间，驻藏部队就平息了拉萨的武装叛乱。

西藏军区于3月20日召开紧急会议，决定不待增援部队到达，即组织市内现有兵力平息拉萨市区的叛乱。

驻藏人民解放军在西藏军区政治委员谭冠三的指挥下，于20日10时对叛乱武装实施反击。步兵分队在炮火掩护下首先攻占了药王山，控制了市内制高点，切断了西郊叛乱武装与市区的联系。继而攻占罗布林卡。21日晨，对市区叛乱武装达成合围，并对小昭寺顽抗之敌予以全歼。在此情况下，大昭寺、布达拉宫的叛乱武装开始动摇，在强大政治攻势下，于22日拂晓缴械投降。

3月21日至23日，驻日喀则、黑河、阿里的解放军分别解除了这些地区的藏军武装，接管了地方政权。这样，解放军就完全控制了西藏几个主要城市，摧毁了叛军指挥中心，打乱了西藏上层反动集团的叛乱计划，为平息西藏其他地区叛乱创造了条件。

1961 年底，西藏地区的叛乱被彻底平息。

拉萨平叛结束后，西藏军区迅速调集兵力，平息山南地区的武装叛乱。1959 年 4 月 4 日，中央军委指示西藏军区发起山南战役，张国华司令员返回拉萨指挥。解放军出师十日，奔袭千里，仅以四个团两个营兵力，一举荡平叛匪老巢，控制了喜马拉雅山以北、雅鲁藏布江以南的山南地区，切断叛匪外逃通道，接管了日喀则、江孜、亚东、黑河（今那曲）、噶尔昆沙等地政权。

在西藏人民的支持下，平叛部队兵分五路，日夜兼程，连续奔袭，不断进剿，捣毁了叛乱武装的巢穴，迅速控制了整个山南地区，切断了叛乱集团与国外的联系，为平息西藏全区叛乱奠定了基础。

卫教军退出国境进入不丹后，又向南翻了几道丘陵式的雪地，最后进入印度，向印度缴械，变成了国际难民。退到印度的“四水六岗”主要成员恩珠·贡布扎西、朗杰多吉等共七人成立了决策核心，并接受达赖喇嘛的二哥嘉乐顿珠的领导。1960 年，在美国中央情报局资助下，叛乱分子在尼泊尔木斯塘秘密建立了游击基地。卫教军进行了重组，以此为依托训练，十多年间曾对西藏派遣小股人员，但收效不大。1972 年，中美关系改善，中央情报局中止了对游击基地的资助。1974 年，尼泊尔派兵取缔木斯塘基地，基地首领旺堆（恩珠·贡布扎西的侄子）被打死。卫教军从此寿终，成为历史上的一个名词。

经过 9 个月的平叛作战，驻藏人民解放军完全肃清了拉萨、山南、江孜地区的叛乱，基本平息了昌都、黑河等地区的叛乱，控制了主要城镇和交通干线。但边沿地区的叛乱仍未停止。驻藏人民解放军于 1960 年 2 月开始，集中主要兵力，在大股叛乱武装盘踞的思达、丁青、嘉黎、扎木之间地区，黑河、巴青之间地区，申扎、萨噶、定日之间地区，昌东南宁静、三岩地区和阿里地区先后组织六次进剿作战，歼灭叛乱武装 2 万余人。到 1960 年 7 月，西藏全区范围内大股叛乱武装被歼灭，取得了平叛斗争的决定性胜利。

1961 年，人民解放军进一步对分散在昌都东南地区和林芝、拉萨、那曲接合部地区以及其他地区的残余叛乱武装展开搜剿、侦捕。一些漏网的叛乱首领、小股武装陆续被歼、投诚。至 1961 年底，西藏地区延续近三年的武装

1959 年，中国人民解放军驻藏部队平息了西藏叛乱，受到拉萨市各界人民的热烈拥护

叛乱被彻底平息，经过政治争取投诚来归者，占 9 万叛乱武装人数的 42.8 %。人民解放军官兵牺牲 1551 人、负伤 1987 人。

在平息武装叛乱的同时，党中央和毛泽东决定立即在西藏实行民主改革。1959 年 5 月 10 日，毛泽东在接见德意志民主共和国人民议院代表团时指出：“……现在条件成熟了，不要等到 1963 年了。这就要谢谢尼赫鲁和西藏叛乱分子。他们的武装叛乱为我们提供了现在就在西藏进行改革的理由。叛乱分子拿起枪来打我们，这样就可以看清，他们谁是站在我们这边的，谁是搞叛乱的。”

1959 年 7 月 17 日，西藏自治区筹备委员会通过《关于进行民主改革的决议》，在西藏全区掀起了一场轰轰烈烈的群众性民主改革运动，一举摧毁了封建农奴制度，实现了百万农奴和奴隶梦寐以求的当家做主的权利。

1965 年 9 月 1 日西藏自治区宣告成立，阿沛・阿旺晋美当选为首任主席。1999 年，阿沛・阿旺晋美在《难忘的一九五九年——纪念西藏民主改革四十年》中写道：“在今天纪念西藏民主改革 40 周年的时候，回顾往事，我深深地体会到，没有共产党的领导，没有 1959 年开始进行的彻底的民主改革，就不可能有今天的社会主义的新西藏。”

★ 三　毛泽东漫步波罗的海

在莫斯科会见斯大林

1948 年的春天，毛泽东曾有一次未能成行的访问苏联的计划。

4 月华北的千里平原，春意盎然，一片葱绿，天气乍暖还寒。一天上午，一队卡车和骡马车组成的队伍，冒着阵阵凉风，平静地开进了河北省阜平县陈南庄，这是中共中央主席毛泽东亲自率领的部分中直机关领导同志来到了这里。

毛泽东在一户农家院落住下后，立即着手制订去苏联会见斯大林的计划。

“依我看，搞一支精悍的队伍完全行。”毛泽东在会上胸有成竹地说。

“主席亲自去，沿途安全问题恐怕不好办，目前不少地方没有完全控制在我们手中。”有人担心地说。

接着，有几个人也谈了类似的意见。

可毛泽东本人并不在乎，他叉着腰在屋里走了几步，挥挥手说：“我看没什么关系，弄一辆吉普车就可以悄悄开到中苏边境去，然后再请斯大林同志派人来接我们嘛！”

多数人对这个方案也不赞同，又不好反对主席的意见，于是，屋内出现了一阵短暂的沉默。

“是不是再征求一下苏联同志的意见？”有人提出了折中的建议。

“可以嘛！”毛泽东大手一挥，凝思片刻，口授了一份拍给苏联方面的电报。

没多久，斯大林就拍来了回电。电文中说：“中国革命战争正处于决定性的重要关头，毛主席作为最高统帅，此时不宜离开中国。如有重要问题商谈，苏方将派一位高级领导人作为斯大林的全权代表来中国，听取毛主席的意见，望中国同志和毛主席慎重考虑，三思而行。”

电文在各位领导人之间传阅后，毛泽东就此事又召开了会议。毛泽东说：“由于斯大林在世界反法西斯战争中的杰出贡献，由此对中国形势也产生了积极的影响，斯大林对中国革命，特别是对于夺取东北的胜利给予了很大帮助和支持，我们应该相信他。”

毛泽东的话打动了在场的所有人，大家经过研究分析，认为可以接受斯大林的意见，决定毛泽东暂时不去苏联了。

战略大决战胜利结束后，中国的政治形势已经十分明朗：中国人民革命战争在全国范围内的胜利已经不需要太长的时间了，国民党政府正像一艘破船那样将从历史上沉没。

蒋介石在军事上惨遭失败、政治上众叛亲离、经济上迅速崩溃的情况下，美国政府又拒绝了他所提出的增加美援和公开发表支持国民党政府声明的要求。在日暮途穷、内外交困、走投无路的情况下，1949 年元旦，蒋介石发表了一篇“求和”声明。宣称，在保存伪宪法、伪法统和保全国民党军队等条件下，愿与共产党商讨“停止战争、恢复和平的具体办法”。

一向同蒋介石存在尖锐矛盾的桂系首领李宗仁、白崇禧趁机以和谈为名，要逼蒋下野以取而代之。

这场越来越热闹的“和平”活动，使国内一部分人产生了不切实际的幻想。有一些中等资产阶级和上层小资产阶级分子，害怕革命的进一步发展会损害他们的利益，希望革命就此止步，或者带上温和的色彩。有的资产阶级右翼分子要共产党把人民革命战争“立即停下来”，反对“除恶务尽”。

在国际上，也出现了各种各样的议论，似乎中国人民的革命斗争应该适可而止。

早在解放战争之初，自信的斯大林曾从苏联给毛泽东打来电报，向他建议说：“你党应该维持国内和平，再不能打内战了，否则有把中华民族引向毁灭的危险。”

当这份署名为“菲利波夫”（即斯大林）的电报传到毛泽东手上时，

毛泽东看了看，随手把它放在桌上，淡淡一笑，风趣地说：“这事恐怕要问问全党和全国人民答不答应了。”他又向身边的同志进一步说：“人家说我们想打内战，可这内战是谁挑起的、谁制造的却没闹明白。”

这位从中国湖南走出来的共产党领袖素来有不受人指挥的性格，他有着与斯大林一样的自信和坚毅。所不同的是，毛泽东的自信是建立在对中国国情的深入了解和仔细分析之上的，而远在莫斯科的斯大林缺少的正是这样一点关键的东西。

毛泽东既没有盲目听从斯大林的建议，也没有去向苏联政府请求物质援助，他决心让历史来说话。

1948 年 12 月中旬，国民党政权已濒于灭亡，蒋介石又想利用苏联的影响来拖延战争的发展进程，他致函苏联政府，请求斯大林再次出面调停。斯大林保持了沉默，后来又吩咐只字不动把电报转给中共中央。毛泽东未予理睬。

当中国人民的胜利就要成为历史事实时，斯大林又派出一位政府要员到中国向中国共产党传送他的意思。

1949 年的 1 月 31 日，在西柏坡，中国共产党迎来了一批不平常的客人，他们的到来竟是这样的凑巧，几乎刚刚是与北平和平解放的同一时间。

迎来的贵客是苏联共产党中央政治局委员米高扬一行人组成的秘密访华团。他们的飞机在石家庄降落，然后乘吉普车来到西柏坡。

对于米高扬等的到来，中国同志给予了热情的接待，在条件还很差的情况下几乎倾注全力使苏联朋友感到满意。

米高扬笑容满面地在整洁舒适的农家窑洞似的屋里住下后，四处打量了一番。只见屋内粉刷洁白，桌上铺着白布，放着插满鲜花的花瓶，给人一种心情舒畅的气氛。

“好！好！没料到这儿的环境这么美妙。”米高扬拍拍松软的被子，显得很满意。

“这是毛主席和周副主席特地关照的，要我们在条件不好的情况下尽力照顾好苏联同志的生活。”负责接待的同志彬彬有礼地回答。

米高扬“嗯”了一声，在桌旁坐了下来，他望着窗外一片皑皑的白雪，似乎又勾起自己的记忆。

几年前，身为苏联部长会议副主席的阿纳斯塔斯·伊凡诺维奇·米高扬曾受斯大林的派遣，直飞南京同蒋介石政权进行过外交洽谈。当时斯大林的重心还是偏在南京政权一边的，他派米高扬去南京向蒋介石了解中国的战局进展和未来情况。当米高扬带着蒋介石请求苏联在军事上政治上给予全面援助的信函飞回莫斯科后，斯大林还一直相信蒋介石有能力控制中国局势，有可能达成与毛泽东联合组阁的协议呢！

当然，蒋介石最后的表现使斯大林彻底失望了，才有了苏联方面对中共的全面支持与声援。

毛泽东以及中国领导人与米高扬的正式而秘密的会晤开始了。

米高扬一行人在西柏坡整整待了七天。在七天中，毛泽东、朱德、刘少奇、周恩来、任弼时同他们进行了三次长时间的会谈，希望得到苏联方面对即将诞生的新中国予以全力的声援和支持，会议进行得极为诚恳，简朴的会议室内气氛平和而轻松。毛泽东面前的烟灰缸几乎每次都要让烟头塞得满满的，他亲自主持和参加了这次马拉松式的会谈。

对于毛泽东曾准备到苏联去的事，米高扬说：斯大林同志很关心中国革命形势的发展，经过研究，认为中国人民解放战争正处在关键的时刻，毛泽东同志不能离开指挥作战的岗位。同时，也考虑到安全问题和毛泽东同志的身体健康。因此，斯大林决定派我们来，听取毛泽东同志及中共中央的意见。

然而，米高扬等苏联同志在会谈中神态始终很严肃，不苟言笑，就是不表一次态。

“米高扬同志，您认为我们的看法合适吗？”

毛泽东用征询的眼光盯着对方。

“毛泽东同志，请允许我把您的意见带回苏联，向斯大林同志汇报吧！”

米高扬轻轻用手指弹弹桌面，显得很恳切。

当涉及又一个需要苏联同志表态的问题时，米高扬又微微耸耸肩头，仍显得十分严肃，认真地摇摇头说：“让我把你们的看法都带回去，行吗？”

毛泽东笑了笑，笑得很潇洒，他风趣地用手指指米高扬面前那本记得密密麻麻的工作日记说：“米高扬同志真是个速记好手呀。”

“哈哈哈……”

屋里发出了一阵阵轻松的笑声。

然而有时米高扬也发发火，他对自己带来的翻译不得力而十分不悦，有时竟拍着桌子责骂译员。好在有主人的周密考虑，那位译员才算没被他赶出会议室。

最后一次会谈中，毛泽东把人民解放战争的发展形势和步骤安排，以及新中国政权的性质、方针、外交等全面的考虑向米高扬和盘托出，以期用诚意表明中共方面的态度。

当米高扬听完后，他思忖了一下，皱皱眉头，偏起脑袋来说：“实在有些遗憾，我这次来这儿可只是带了两只耳朵来的，我回去后一定向斯大林同志全面认真地汇报。”

出于礼貌，毛泽东没有让他再为难了。毛泽东心里清楚，因为斯大林在中国革命的问题上的确犯过许多错误，因此他们现在不得不对中共领导人的意见要小心慎重起来。这当然不能说是一件坏事，毛泽东笑了笑，握住米高扬的手，没有再说什么，只是友好地点了点头。

当然，个性鲜明的毛泽东对米高扬的态度自然是不会很满意的。当天夜里，毛泽东站在自己房间里，与周恩来等领导人在分析着、研究着。

这些中共的高级领导人对苏联和斯大林的多次不支持中国人民的解放战争的态度也是知晓的。他们聚集在自己领袖身边，对米高扬这次所持的态度表示了各自的不同见解。

毛泽东一言不发，听着大家的意见。他扔下手中的红蓝铅笔，站起身来，一手叉腰一手指着墙上的大地图，看了看后，不紧不慢地说道：“到了这种时候了，我们眼看就要过长江了，还有人想阻止。说千万不要过长江，过了江就会引起美国的出兵，中国就有可能出现南北朝。”

毛泽东幽默地做了个手势，转过身来看看他的战友，又问道：“你们各位看呢？”

大家你看看我，我看看你，会意地笑了。

“是啊！”毛泽东坦然地挥挥手，干脆大声说，“我毛泽东可是管不了那么多了。”

随着毛泽东的话音，屋里发出一片笑声，中共的领导者们深知主席的话意，他们相信毛泽东的分析和判断。

毛泽东走到窗前，推开窗户，一手叉腰，一手拿着香烟，长长地吸了一口，久久地望着外边……

窗外，夜空深沉，万籁俱寂，四下出奇的安静，除了偶尔刮起的风声，大地沉睡得十分安详。

又一个清晨来临了，淡淡的朝霞给远方的地平线抹上了几道神奇的色彩，冬日的早晨自有它的迷人之处，那皑皑白雪像铺在大地上的一床白被子，柔和而厚实，令人心醉。

米高扬完成了使命，要回莫斯科去了。清晨，他迈着慢悠悠的步子来到一座高坡上，眼望着分布在这片山洼中的中共中央机关所在地，远处窗口那盏盏不灭的灯光还映着中共领导人埋头工作的身影。

米高扬感慨了，他努力在记忆中搜索着自己同中国国共两方高级领导人打交道的每一件事情、每一个细节，禁不住说："中国共产党的领袖们很坚定呀，他们正在按自己的意愿指挥一场改写中国历史的战争。"

米高扬忠实地带着斯大林的旨意来到了中国西柏坡，七天后又忠实地带着斯大林的旨意回到了苏联，结束了这次访华活动。

米高扬回国后，毛泽东始终坚定地按照中共中央的既定方向，一步又一步地把中国革命的形势推向新的高潮。

渡江战役胜利后，国民党的统治已土崩瓦解，新中国诞生在即，毛泽东认为，有必要派人去苏联，就许多重大问题同斯大林交换意见，以取得苏联对中国政治、经济、外交各方面工作的了解和支持。因此，中共中央组成以刘少奇为首的代表团，于 1949 年 6 月至 8 月，秘密访问了苏联。

6 月 21 日凌晨 1 时半，刘少奇、王稼祥陪同前往的苏联总顾问、苏联交通部副部长科瓦廖夫，及工作人员邓力群、戈宝泉和翻译师哲从清华园车站动身，经沈阳同高岗会合后到达大连，在这里换乘道格拉斯飞机，经伯力、赤塔、新西伯利亚等六个地方，于 26 日下午 2 点抵达莫斯科。刘少奇对脚下这块土地并不陌生，他是一位著名的工人领袖。1921 年，他就是在莫斯科学习马列主义理论和学习工人运动知识时加入中国共产党的。他熟悉了解苏共党和某些苏共领导人的情况，因此，选他作为中共代表团的团长是合适的。

莫斯科的初秋，天气是清爽宜人的，瑟瑟秋风缓缓吹着，红场大街上不多的人群也都行色匆匆。刘少奇一行驱车悄悄地驶进了克里姆林宫。

1949 年，刘少奇访问苏联期间在莫斯科宾馆的办公室里

苏联方面对刘少奇秘密来访表示了非常高的热情和相当友好的态度。中共代表团原准备主要同相同规格的苏共其他领导人会谈，然后礼节性地请苏联同志安排一两次同斯大林的会见就可以了，而斯大林却从头至尾关心和直接安排中共代表团和活动，而且亲自与刘少奇会谈了五次，这在斯大林接见外宾的历史上是不多见的。

第二天，刘少奇被邀请到斯大林在郊区孔策沃的别墅会见。双方坦诚平等地交换了意见。

7 月 2 日，双方进行第二次商谈。经请示毛泽东，刘少奇于 7 月 4 日向斯大林提交了一份一万多字的书面报告。通报了目前中国革命的形势、新政协会议与中央政府、外交问题和苏中关系的有关问题。斯大林完全赞同报告中的这些观点，在阅读时连续批了 15 个“对”字。

7 月 11 日晚 10 时，中苏双方举行正式会谈。会谈地点在克里姆林宫的联共中央政治局会议室。红色的地毯，典雅的桌椅，桌上放着俄罗斯风味的杯子和盘子，旁边还有香槟果酒之类的食品。尽管中国同志不太习惯主人的这种会谈形式，但他们还是十分尊重苏联同志的安排，客随主便是有着悠久历史的中华民族的礼仪传统。

会谈中，斯大林作了长篇发言，主要涉及中国民族资产阶级的问题、人民民主专政问题、外交问题、中苏关系问题、毛泽东访苏问题，他的观点同中共代表团的报告完全一致。整个会谈充满了热情洋溢、友好诚挚的气氛。

7月23日，双方就苏联向新中国提供3亿美元的借款达成初步协议，后于30日刘少奇同马林科夫在克里姆林宫签订正式协定。

7月27日，斯大林邀请中共代表团到孔策沃别墅赴宴，双方在席间继续进行会谈。在宴会上斯大林举杯庆祝中国革命的胜利，他诚恳地说："我从来不喜欢奉承人家。别人对我有许多奉承，我也觉得厌烦。我说中国马克思主义者的成就，苏联人及欧洲人要向你们学习，并不是奉承你们，不是说客气话。西欧人由于他们骄傲，在马克思、恩格斯死后，他们就落后了。革命的中心由西方移到了东方，现在又移到了中国和东亚。""关于马克思主义，在一般的理论方面，也许我们苏联人比你们知道得多一些，但把马克思主义的一般原则应用到实际中去，则你们有许多经验值得我们学习。在过去，我们已经向你们学习了很多。一个民族必须向另一个民族学习，哪怕是一个很小的民族，都有很多东西值得我们学习。"

刘少奇和中共代表团在会谈中闭口不谈斯大林的过错，只是再三对苏联人民对中国革命的支持表示感谢和敬意。斯大林感到有些不解，但他看到的是中共代表团成员的一张张真诚又坦率的面孔。

"我们是不是扰乱或妨害了你们呢？"斯大林的话里带着歉意和愧疚。

"没有。"刘少奇礼貌地回答。

1949年6月，刘少奇同代表团成员高岗、王稼祥在莫斯科合影

"毛泽东到重庆是有危险的，CC等特务有害毛同志的可能。当时，美国人曾向我们说：中国国民党要和平，为什么中国共产党不要和平？我答复说，'中国共产党的事，我们管不着。'"斯大林又解释说。

“你们在美国人参与的和平运动中是否受了损失，妨害了你们？”

“在和平运动中，中共中央的头脑是清醒的，但有个别的负责同志对和平有幻想，受了若干不大的损失。但那次和平运动很有必要，结果我们孤立了美蒋，使后来我们推翻国民党，打倒蒋介石，没有一个人说我们这样做得不对。”

“胜利者是不能被审判的。凡属胜利了的都是正确的。”斯大林抖抖烟斗，感慨万千地说。

中共代表团的访苏比预期的设想要顺利和富有成果，同时也进一步消除了隔阂，沟通了两党关系，为毛泽东的正式出访苏联打下了一个良好的基础。

1949 年 12 月 6 日，北京下了一场大雪，雪后初晴，阳光格外灿烂，古老的北京城四处洋溢着欢庆解放的气息，红旗和标语还不断出现在大街小巷。按照中共中央的周密安排，毛泽东率领的中共中央和中华人民共和国代表团今天从北京出发，登上访问苏联的专列。

这是新中国第一个出国访问的代表团，由第一次出国的毛泽东率领。就在前一天的中共中央政治局会议上，做出了“在毛泽东同志出国期间，中共中央委员会主席职务及中央人民政府主席职务由刘少奇同志代理，人民政协全国委员会主席由周恩来同志代理”的决定，毛泽东暂时放下国内的繁重事务，前去一个最先承认新中国的世界上第一个苏维埃国家访问，其意义十分重大。

北京前门车站，戒备森严，三步一岗，五步一哨，刚刚解放的北京，社会的安全问题还存在一些隐患，保卫部门实行的是人海战术。毛泽东从小车上健步走了下来，他容光焕发，神采奕奕。他身着一身灰色中山装，头戴呢帽，外罩一件大衣，微笑着与送行的人一一握手道别。

几乎所有的党和国家领导人都赶来车站为毛泽东送行。当毛泽东握住周恩来的手时，他风趣地说：“一言为定，我在莫斯科等你！”

“请主席放心，我们随后就到。”

列车鸣了一声长笛，徐徐驶离站台。

这趟编号 9002 的专列，是美国送给蒋介石的礼物，解放战争期间被人民解放军缴获。卧室、会客室、会议室甚至浴室一应俱全，十分高级。专列一共三组，毛泽东乘坐的主车在前驱车与后卫车中间，三组列车相距 10 公里左右。专列的服务员都经过了专门的挑选，给毛泽东开车的司机是北京铁路局一位经验丰富的机务处处长，他曾经受过战争的考验，政治上可靠，技术熟练，车开得既快又稳。

列车向着东北方向奔驰着。入夜，车窗外星光点点，毛泽东眼望着夜色覆盖的大地，思绪万千，心潮难平。他一支接一支地吸着烟，没有丝毫睡意。那片将要踏上的热土，不仅是列宁的故乡、世界无产阶级革命的策源地，而且与毛泽东的家庭也有着密切的联系。

1930 年 11 月，毛泽东的爱妻杨开慧在长沙牺牲后，抛下了三个未成年的孩子在上海四处飘零，后来在周恩来等人的帮助下，幸存下来的毛岸英、毛岸青被接到延安，而后又被送到苏联学习，他们与中共其他领导人、烈士、前辈的子女在苏联受到了斯大林的直接关照。其中，毛岸青在苏联生活了 20 年，毛岸英也学成回国。毛泽东的女儿娇娇与母亲贺子珍也在苏联生活过一段很长的时间，这一切都深深地印在了毛泽东的脑海里，他自然难以忘怀。如今，他以新中国的最高领导人的身份踏上这片辽阔的土地，怎能心情平静？

为了保证代表团的安全，中央军委调动了三个军的兵力进行护路，从北京至满洲里数千里的铁路线上，每一根电线杆旁都站着一名全副武装的解放军战士。

肩负着保卫毛泽东访苏重任的有公安部部长罗瑞卿、副部长杨奇清，中央军委情报部部长李克农，铁道部部长滕代远等同志。他们每到一站，总要下车检查一次，以便做到万无一失。

12 月 26 日，毛泽东的专列路经天津时，罗瑞卿刚刚踏上站台，天津站的保卫干部就跑来报告，说铁路员工在铁路边发现了一颗手榴弹。罗瑞卿接过一看，原来是一颗旧手榴弹，已经锈成了一个铁疙瘩，根本不可能爆炸。但他还是决定在天津站下车，把事情搞清楚。

车上的毛泽东却若无其事，仍然读书看报，不时和随行的工作人员了解沿途的风土人情。

旅途漫漫，火车迎着呼啸的寒风在北国大地上飞奔。

一次，中共情报专家李克农与毛泽东在车厢里聊天儿。

1949 年 12 月，李克农送赴苏访问的毛泽东至满洲里

“主席，你知道美国总统每天上班后做的第一件事是什么吗？”

毛泽东没有说话，他在等着李克农的下文。

“第一件事就是看情报要点，不然，这一天就不知该怎么办。”李克农不紧不慢地说。

“你呀，给我上起课来了。我和他不同，随来随看，不怕多，只怕少。这回去莫斯科，我还要和斯大林谈谈你们情报方面的事情呢。”

李克农将毛泽东一直护送到满洲里，才返回北京。

毛泽东曾说过：“李克农是中国的大特务，只不过是共产党的特务。”这是对被誉为“特务王”的李克农的最好评价。

回到北京后，李克农在中央社会部专门召开会议，布置对台湾保密局北京潜伏电台的侦破工作。在毛泽东出访前夕，台湾保密局头子毛人凤精心策划了一个颠覆毛泽东专列的暗杀计划。

毛人凤是浙江江山人，1898 年生。早年毕业于上海沪江大学，1935 年参加国民党军统特务组织，1945 年后，任国民党政府国防部保密局局长。他的阴险毒辣比戴笠有过之而无不及。

当时，毛人凤不仅掌握着保密局北平潜伏台，而且还控制着保密局东北技术纵队这支反革命武装。北平潜伏台专事与台湾的电信联络，而东北技术纵队，则从事重大暗杀、爆破等恐怖活动。其成员都经过臭名昭著的中美合作所严格训练，熟练各种特工技能。国民党溃退前，不少人潜伏下来，伺机而动。

在毛人凤精心策划的阴谋中的一个关键人物，是不久前由他亲自从中尉提升为上校的计兆祥。潜伏电台就设在计兆祥的房间里，他集台长、报务、情报、译电于一身，住处位于天安门附近的南池子九道湾 13 号，代号 0409。这里过去是王公要员的住地。解放后有不少高干住在这里，防范较严，也相对成了真空。计兆祥的活动十分猖狂，其电台被毛人凤称为“万能潜伏台”。

担任侦破“潜伏台”前线总指挥任务的是由公安部副部长杨清奇亲自点将的政保处的科长曹纯之，是一位经验丰富的老将。他从查敌人的活动经费入手，查到了计兆祥的姐姐计采楠的不明巨额汇款，从而找到了突破口。侦查组从计兆祥住处搜出了美制 25 瓦电台、手枪、密码本等作案工具，并从敌电报底稿中得知了敌人的暗杀计划。李克农来到了破案现场，对吓得魂不附体的计兆祥说：“不用怕，我今天来，是看你计兆祥发报技术的，就用这架电台，使用你原来的手法呼叫你们的毛局长。我说，你发，如何？”

“愿意效劳，愿意效劳！”计兆祥点头哈腰，马上动手，架了电台。接着，一束束电波从北京南池子上空飞向台北：

“毛人凤，经你精心策划，在中华人民共和国首都北京潜伏的万能台，你向美国人吹得神乎其神，发报只有两三次就被我们侦破了。我们有强大的人民民主专政，有雄厚的群众反特力量，你们的阴谋是不能得逞的。你们在中国大地上洒满了冤恨，你们活动到哪里，哪里就陷入人民的包围之中，我们的专政机关就会立刻侦破你们。你们如果执迷不悟，来多少，就歼灭多少，保你有来无回。你还有本事吗？你有本事来嘛！告诉你，给你讲话的是李克农，不要怕嘛！好好地听着：得人心者昌，失人心者亡。这是不可抗拒的历史规律。你们丧师八百万，有逃亡海岛的教训。你们现在寄人篱下，好景不会太长。人民政府对你们有国人共睹的政策，立功受奖、不咎既往。你若率部归来，我李克农可以保证你们的安全。告诉你，发报的报务员，就是你新提拔的中校万能台台长计兆祥。”

当译电员把电报送到台湾保密局局长毛人凤的手上时，他原先欢喜的面孔立刻涨得像猪肝，气得浑身发抖。他要孤注一掷，作最后的摊牌。

国民党保密局在大陆隐藏了三个技术纵队，分布在南京、广州和哈尔滨。在哈尔滨的东北技术纵队准备在毛泽东专列经过东北时，在满洲里、长春、哈尔滨发起三次行动。东北技术纵队司令马耐。代号 205，接到从香港转来的黄色烈性炸药后，准备在毛泽东回国时，派人将炸药埋在哈尔滨市郊，炸毁毛泽东的专列。我公安人员根据计兆祥提供的情报，在离哈尔滨不远的山林里张网以待。一个夜晚，一架无国籍标志的飞机低低地盘旋于这片山林之上，投下两个降落伞飞走了。名叫张大平、于冠群的特派员立即被我公安人员捕获。并缴获了美式卡宾枪、气象预测器、烈性炸药、无线电台等作案工具。第二天清晨，我公安人员化装成敌两个特派员，在松花江饭店一个高级客房里与敌东北技术纵队马耐接上了头，并从马耐手中套出东北技术纵队 170 人的花名册。随后，将这股敌人一网打尽。

“一个既好看又好吃的东西”

12 月 9 日，毛泽东的专列到达了“国门”满洲里。苏方赤塔州的党政军领导人和苏联外交部一位副部长来到边境线上迎接毛泽东。毛泽东同他们一一握手互致问候后，又登上了苏方的列车。

在不知不觉中，专列到了入境后的第一站奥特号波尔。苏方在这里布置了仪仗队欢迎。当毛泽东走下车来时，军乐四起，鼓号齐鸣。站台上整齐的仪仗队，一色新军装，他们手持步枪向中国领袖致敬。毛泽东大步检阅了仪仗队后，又登车前行。列车顶着凛冽的寒风，沿着漫长的西伯利亚铁路向莫斯科驶去。

西伯利亚的寒流是世界有名的，对于初来乍到的中国客人也毫不留情。车顶上、车窗前已开始挂上了一道道晶莹的霜花，星星点点，不停地抖动着。当列车到达西比尔斯克时，莫斯科方面把电话挂到了车上，询问毛泽东的身体状况，还需要什么帮助等。毛泽东让工作人员感谢苏联同志的关心，并说一切都好。

专列行至斯维尔德洛夫斯克车站，毛泽东下车散步，忽然头晕目眩，满头大汗。随行人员连忙扶他回到车厢。此后，他再也不到月台上散步了。

到了雅罗夫斯基车站后，专门从莫斯科早一天抵达的中国驻苏大使王稼祥登上毛泽东的专列，陪同他一起到达莫斯科。

王稼祥同毛泽东的关系非同一般。在关系到中国革命生死攸关的遵义会议上他投了毛泽东关键的一票，从而奠定了二人的伟大友谊。

“稼祥同志，你辛苦了，我这一回可少不得你这个苏联问题的专家哟！”

“记得斯大林 60 岁生日时，我们党还不怎么强大，人家也看不上我们。当时，我在延安发表了《斯大林是中国人民的朋友》一文，没想到他 70 岁生日时，我们已经夺取了政权，这是不以人的意志为转移的吧！”毛泽东抽着烟说。

“是的。从 1920 年 3 月共产国际为帮助中国革命，派出第一位使者维经斯基来华，到新中国诞生，苏联同志对我们的支持帮助我们是不会忘记的。”王稼祥深有感触地说。

两人交谈着，历历往事在他们面前一幕幕翻过。窗外，夕阳似火，茫茫雪原在金色的霞光照耀下发出令人炫目的光。

12 月 16 日中午，莫斯科雅罗斯拉夫车站悬挂着中苏两国国旗。车站的大自鸣钟敲响了 12 下后，毛泽东坐的专列到达了。他穿着皮大衣、戴着皮帽从车厢里走出来。走上去迎接的有：苏联部长会议副主席莫洛托夫、元帅布尔加宁、外交部副部长葛罗米柯、莫斯科市卫戍司令长官西尼洛夫中将以及其他有关领导人。朝鲜、蒙古、波兰、捷克斯洛伐克、匈牙利、罗马尼亚、保加利亚、阿尔巴尼亚、民主德国的大使、公使等外交官以及中国驻苏使馆全体人员也前来迎接。仪仗队已排列在站台上，先演奏了中苏两国国歌。毛泽东检阅了仪仗队后，站在麦克风前发表简短

△ 1949 年 12 月 16 日，毛泽东访问苏联，抵达莫斯科车站时，受到苏联党政领导人布尔加宁（右一）、莫洛托夫（右二）等的热烈欢迎

的演说，博得了暴风雨般的掌声。他说："十月社会主义革命之后，苏维埃政府根据列宁斯大林的政策首先废除了帝俄时代对于中国的不平等条约。在差不多三十年的时间内，苏联人民和苏联政府又曾几次援助了中国人民的解放事业。""目前的重要任务，是巩固以苏联为首的世界和平阵线，反对战争挑拨者，巩固中苏两大国家的邦交和发展中苏人民的友谊。"

仪式结束后，毛泽东随即进入黑色大轿车里，前往莫斯科南郊的斯大林在卫国战争期间的别墅。

这是一栋苍松翠柏环绕的住所，离莫斯科市中心几十里。房屋结构严谨结实，不但有布置华丽的会客室、饭厅和卧室，还有一层能避飞机大炮的坚固的地下室。当年希特勒围攻莫斯科城时，斯大林就在这所房子里指挥作战。

当天下午 6 点钟，毛泽东前往克里姆林宫拜会斯大林。这是毛泽东第一次同斯大林见面，会见安排在斯大林办公室的小会客厅里。

由一座座教堂和宫殿组成的克里姆林宫庄严神秘。一条护城河与红墙护卫着这座曾为莫斯科公国和 18 世纪前的帝俄皇宫。

作为主人的斯大林和苏联全体中央政治局委员莫洛托夫、马林科夫、贝利亚、布尔加宁、卡冈诺维奇、维辛斯基……已一字形地立于会见大厅的门口恭候，毛泽东健步走向斯大林，翻译师哲紧随其后。

"您好！"

"您好！欢迎您的光临！"

"非常高兴见到您！"

斯大林仔细地端详着毛泽东那高大的身材，红润的面孔，赞叹地说："好，好呀，真想不到你是这样年轻，这样健壮！"

"斯大林同志也很健康嘛！"毛泽东回答。

斯大林回过头来，把全体政治局成员逐个向毛泽东作了介绍，毛泽东一一同他们握手，而后，毛泽东也向斯大林通报了中方随行人员情况。

双方在会谈桌旁坐下来。毛泽东和师哲坐一边，斯大林和苏方人员坐一边。斯大林望着毛泽东，又赞叹说："伟大，真伟大！你们取得了伟大的胜利。你对中国人民的贡献很大，是中国人民的好儿子，我们真诚地祝你健康！"

毛泽东意味深长地说："我可是长期受打击、受排挤的人喔，有话无处说！”

“不，不……”斯大林没等翻译把话说完，就摇摇手说，“胜利者是不受谴责的，谁也不能去谴责一位胜利者。”

毛泽东听了这话，深沉地笑了，在场的所有苏联人也笑了。

“中国人民的胜利，加重了世界天平上革命力量的砝码，我们全心全意地祝贺你们的胜利，希望你们进一步取得重大的胜利。”斯大林态度严肃地说。

“我代表中国人民衷心感谢苏联人民长期以来给予我们的支持和帮助，中国人民是不会忘记朋友的。”毛泽东言语诚恳。

毛泽东的风度吸引了在场的苏联领导人。他们都极有兴趣地注视着毛泽东，对他话中的旁征博引听得津津有味。他们感到，他不仅仅是中国人民的伟大领袖，还是一位知识渊博的学者。

斯大林取下嘴上的烟斗，思索着问道：“我们双方这次可以做些什么事情呢？你们有些什么想法和愿望呢？”

“我们这次来是要完成一些事情的，是应该搞出一个东西来，它必须是既好看又好吃。”毛泽东一边诙谐地说着，一边形象地用手比画了一下。

苏方的翻译被难住了。他不知道怎么把话的意思表达出来，脸都急红了。

毛泽东的翻译师哲见此光景，忙把毛泽东的话做了解释：“毛主席的意思是说，好看就是指形式上好看，应该是冠冕堂皇才好；好吃就是说这个东西必须有好的内容，实实在在的。”

师哲解释后，苏方还是有些不太明白，他们相互看着，比比手势。斯大林也有些弄不明白毛泽东说话的意思，他想搞清楚毛泽东心里是怎么想的。

毛泽东慢慢地说：“我打算请政务院总理兼外交部部长周恩来到莫斯科来一趟。”

斯大林有些不解地说：“如果毛主席和我还不能确定要完成什么样的事情，周恩来总理到莫斯科来做什么呢？”

毛泽东平静地说：“周恩来到了就可以商量这件事了。”

尽管在这个问题上两位领袖没有都把问题谈清楚，但会见的气氛还是轻松、友好的，大厅里不时发出一阵阵的笑声。

礼节性的仪式，不需要多少时间。毛泽东告辞出来，又回斯大林别墅。

城里还有一栋接待的住所，位于奥斯特洛夫斯基街，那是一座小小的洋楼。但毛泽东多数时间是在郊外的斯大林别墅，因为这里安静，便于考虑一些国家大事。

第二天清晨，莫斯科笼罩在大雾之中。以《真理报》为首的苏联各大报纸，都在显著的位置报道了斯大林与毛泽东会面的消息，市民们都争相购买观看，反应十分热烈。人们清楚，中苏两个大国的“蜜月时代”开始了。

毛泽东与斯大林在莫斯科郊外的孔莱沃别墅进行了几次夜间的神秘会谈。每个人的座位前总摆着各类餐具酒杯，几瓶格鲁吉亚纯葡萄酒和伏特加酒、矿泉水放在中间，桌上还摆满各种新鲜蔬菜和羊肉之类的食品。

有一次，毛泽东对斯大林老把红白葡萄酒掺在一起喝发生了兴趣，可他坚持不让翻译问斯大林。斯大林敏感地责问翻译：“你们秘密地小声交谈什么，要背着谁？”

“是毛泽东同志问，您为什么总是把各类酒掺起来，而其他人为什么不这样做？”翻译费德林慌忙解释。

“那你为什么不问问我呢？”斯大林怀疑地说。

“请原谅，是毛泽东同志坚持不让我这么做，他认为，这样问您有一点不太礼貌。”

“唔。”斯大林点点头，接着又低沉地问，“而您这位译员觉得在这儿应该听谁的呢？”

斯大林又向毛泽东作解释：“这是我早年形成的一个习惯。我常饮白葡萄酒，但我相信红葡萄酒，在流放中我得了伤寒，一个狱中善良的医生悄悄给我饮用了少量红葡萄酒，从死亡边缘救了我。从那时起，我就深信，红葡萄酒可作药用。”

“这就是您喜欢红白葡萄酒一起喝的原因了吧！”毛泽东听完，哈哈大笑起来，在场的人也都笑了起来。

毛泽东这次访苏，正是斯大林 70 寿辰前夕。在 12 月 19 日，他致电斯大林表示祝贺。21 日斯大林生日这天，他又参加了在莫斯科大剧院举行的盛大祝寿会。晚上，富丽堂皇的莫斯科大剧院装饰一新，灯光通明，充满了喜庆色彩。

当斯大林和毛泽东以及各国代表团一同走上主席台时，全场掌声雷动，欢呼声四起。容光焕发的斯大林走上台后，首先把毛泽东和各国共产党代表团介绍给大家。所有人望着身材高大、气度不凡的毛泽东，不禁发出一阵阵的赞叹声。

苏联方面安排中国代表团在 13 个代表团中首先致辞。毛泽东在会上发表了热情洋溢的祝酒词："斯大林同志是世界人民的导师和朋友，也是中国人民的导师和朋友。中国人民在反抗压迫者的斗争中，深切地感受到了斯大林同志友谊的重要性。"台下观众三次全场起立，长时间地鼓掌和欢呼，斯大林也微笑着鼓起掌来。

文艺演出开始了，斯大林特意安排毛泽东同自己坐在一个包厢内，两人边看边交谈，显得亲密友好。

精彩的演出结束后，礼堂内所有的灯光齐明，照得全场如同白昼，观众们都回过头来鼓掌，有节奏地喊着：斯大林——毛泽东，斯大林——毛泽东。

在祝寿期间，世界各国共产党、团体、政府、有关人士和劳动人民，送给斯大林的寿礼很多。毛泽东和中国共产党、中国政府也向斯大林送了寿礼，有斯大林绣像、斯大林著作中译本，用象牙雕刻的宝塔和古瓶等。听说斯大林非常喜欢中国送给他的这些寿礼。苏联党按斯大林的指示，把各国送来的寿礼在莫斯科普希金美术博物馆展览。进门处，首先是中国展览室，五星红旗下面就是中国礼品和寿堂，寿堂上有毛泽东主席亲笔写的"福如东海，寿比南山"八个大字。

1949 年 12 月 21 日，毛泽东出席斯大林 70 寿辰庆祝大会

驻莫斯科的各兄弟国家大使还向斯大林致送了贺词。中国大使的贺词是用中文和俄文书写的。在苏联找不到中国书法家，中文是王稼祥亲自挥笔写的，并由王

稼祥和戈宝权文化参赞一块儿送到苏联外交部，呈送给苏联外交部部长维辛斯基。

毛泽东虽然在形式上受到高规格的接待，但苏方对实际问题却避而不谈。在祝寿大会的第二天，毛泽东就找柯瓦廖夫来住处谈话，并要他把谈话记录转交斯大林。

柯瓦廖夫将毛泽东提出的希望谈判中苏条约问题的记录很快交给了斯大林。12 月 24 日，毛泽东与斯大林又举行了五个多小时的会谈，但斯大林仍只字不提中苏条约。当毛泽东问起周恩来是否应来莫斯科时，斯大林却找了一个不成理由的借口，他说："政府主席现已来此，内阁总理又来，在对外观感上可能有不利影响。"这表明，斯大林仍不愿与新中国缔结新约。

毛泽东到莫斯科已经十多天了，参加给斯大林祝寿的各国代表团也纷纷离开莫斯科回国，唯独毛泽东留下来。虽然斯大林几乎每天让人打电话来询问毛泽东的生活是否安适，但却不提签约之事，也不再会见毛泽东，他采取了拖的办法，同时想进一步摸清毛泽东的底究竟是什么。

本来毛泽东这次来苏访问，对于签订新约抱着极大的希望，但没想到却受到如此冷遇，大大出乎他的意料，他的忍耐几乎到了最大限度。终于，当苏方的联络员柯瓦廖夫和翻译费德林来看望他时，毛泽东对他们发了火，他说："我到莫斯科来，不是单为斯大林祝寿的。你们还要保持跟国民党的条约，你们保持好了，过几天我就走。我现在的任务是三个：吃饭、拉屎、睡觉。"他明确表示了对斯大林不准备签订新约的不满。

这时，缅甸政府要求同中国建立外交关系，印度也于 12 月 30 日承认了新中国，英国也想承认新中国。这些国际上的新动向，促使斯大林认真对待毛泽东和中国政府的要求。

恰在这时，英国通讯社放风说，斯大林把毛泽东软禁起来了。消息一传出，苏联方面有些紧张。为戳穿谣言，经双方同意，毛泽东于 1950 年 1 月 2 日发表一个由苏方起草的答塔斯社记者问。

"中国国内军事形势怎么样？"记者问。

"进行得很顺利，蒋介石残余没有多少了。"毛泽东回答说。

"你在这里打算还待多久？"

“还等一个时期走。我逗留苏联时间的长短，部分地决定于解决有关中华人民共和国利益的各项问题所需的时间。”“在这些问题当中，首先是现有的中苏友好同盟条约问题，苏联对中华人民共和国贷款问题，贵我两国贸易协定问题，以及其他问题。”

答记者问 1 月 3 日在报纸上一发表，谣言不攻自破。西方谣言制造者意在挑拨中苏关系。却事与愿违，反而促使斯大林下决心签订中苏新约。同意周恩来来莫斯科，签订新约，废除旧约，从此，中苏谈判进入了一个新阶段。

毛泽东的心情豁然开朗，精神特别好。他一方面为下一轮中苏谈判作思考，另一方面利用周恩来未到达的时间到外地参观。

1 月 11 日，毛泽东在王稼祥大使陪同下，拜谒莫斯科红场上的列宁墓，并献了花圈。花圈的缎带上用中俄两国文字写着：“献给列宁——革命的伟大导师。毛泽东一九五〇年一月十一日。”

1 月 15 日，毛泽东一行抵达列宁格勒访问。参观了市内的艺术馆、基洛夫机器制造厂、卫国战争中列宁格勒战线的防御工事和十月革命时炮击冬宫的“阿芙乐尔”号巡洋舰，还前往基洛夫歌舞剧院，观看芭蕾舞剧《马亚捷尔卡》。

毛泽东执意要驱车前往波罗的海参观。波罗的海芬兰湾一到冬季，长长的海岸全结了冰，厚厚的冰层连成一片。毛泽东在一块宽阔的冰面上停了下来，他走下汽车，举目远眺，与十月革命的策源地之一——喀琅施达得要塞遥遥在望。毛泽东心潮起伏，他不顾工作人员的劝阻，迈着潇洒而轻快的步伐在冰面上走了起来。当他在一片冰坡前停下来时，有人上前劝他休息，他豪情满怀地挥挥手说：“我的愿望是从海参崴到太平洋的西岸至波罗的海再到大西洋的东岸；然后从黑海边到北极圈，把苏联的东西南北都走个遍。”

“真有气魄呀！”有人感叹地说了一声。随行人员顿时被毛泽东的博大胸怀所感染。

1 月 17 日，毛泽东一行返回了莫斯科。第二天上午，他接到了周恩来从途中给他打来的电话，两人在电话中谈了一个多小时，就一些重大问题交换了意见。

1 月 20 日，周恩来一行到达莫斯科。在莫斯科车站广场，苏方也举行了隆重的欢迎仪式。

周恩来率领的政府代表团抵达莫斯科后，毛泽东住的别墅开始热闹起来。

1月21日，周恩来同毛泽东一起参加了列宁逝世26周年纪念大会。1月22日，斯大林在克里姆林宫接见了周恩来，王稼祥和苏联外长维辛斯基也参加了会见。

从此，中苏双方的会谈又活跃起来，参观活动也多起来。

中国政府代表团的成员有李富春、叶季壮和伍修权。

一天，他们谈判回到大使馆，叶季壮说："苏联和要我们做的生意很多，最有趣的是他们提出要绿茶和江西南丰橘子。"

"要多少？"伍修权问。"说要几十吨南丰橘子和上万斤绿茶。"叶季壮回答。

"有这么大的生意可做，可以收入一笔外汇了！"伍修权说。

"其他物资也要，如大米、丝绸。看来，我们的外贸工作可以从苏联这儿首先打开窗口。"叶季壮蛮有信心。

"是的。最重要的是我们需要苏联的援助，我们刚建国，为了加速发展经济，没有外援不行。我希望几十个工业援助项目能谈成。"伍修权很关心工业的发展。

"就是给予援助，也不会是无偿的，建成还需要时日，倒是外贸创汇快。"叶季壮很重视外贸创汇。

王稼祥夫人朱仲丽问："你们知道江西的南丰橘子怎么被斯大林看中的吗？绿茶的典故也不知道吧？"

"不知道呀，你知道吗？"

"那当然！"

"那就给我们说说看。"

"这次毛主席来，送给斯大林一些南丰橘子。斯大林发觉这橘子小得可爱，尝了一个嚼了半天，觉得味儿很甜，又没有核，便吞下去。接着又剥了一个，只一口就吞下了，并且说，这橘子一口一个，又不用吐核，很好。斯大林说好，引起政治局委员们的食欲，个个胃口很大，一口一个地吃，还取名为'中国橘子'。"

叶季壮和伍修权听后，都大笑起来。

就这样，从1950年起，苏方便从中国进口几种橘子和绿茶，这两种东西从此也就誉满全苏了。特别是喝中国的龙井茶及其他绿茶，已经成为苏联的一种风尚。

1月22日，毛泽东、周恩来同斯大林等举行会谈，这是毛泽东与斯大林的第三次会谈。主要谈中苏条约问题、中国长春铁路问题、旅顺口问题、大连问题。这次会谈举行得相当顺利，在主要问题及原则问题上，都达成了一致，取得了重大进展。

从1月23日起，在毛泽东指导下，由周恩来、李富春、王稼祥同米高扬、维辛斯基、葛罗米柯、罗申开始就条约和协定的内容进行具体会谈。双方定案后，为了在名称上区别于旧的条约，中方提出在旧的名称的基础上加上“互助”二字，即为《中苏友好同盟互助条约》，苏方接受了。

1950年2月14日，在克里姆林宫斯大林办公室旁的一个客厅里隆重举行了《中苏友好同盟互助条约》签字仪式，在毛泽东和斯大林的亲自参加下，周恩来总理和维辛斯基作为双方政府全权代表，在条约文本上签了字。

签字仪式结束，在全体人员合影前，毛泽东和斯大林又彼此祝贺与问候。合影时站在中间位置的斯大林比毛泽东矮了些，他很机智地向前跨了半步，这样在第二天见报的照片中，斯大林和毛泽东几乎是一样高地并肩出现在全世界面前了。

1950年2月14日，毛泽东和斯大林出席《中苏友好同盟互助条约》及有关协定的签字仪式

毛泽东带领的访苏代表团中，陈伯达曾出尽了洋相。

在毛泽东访问期间，苏方安排文艺节目，王稼祥向毛泽东推荐和提议：可以去皇宫戏院观看著名芭蕾舞《天鹅湖》，但不要观看《罂粟花》。因为《罂粟花》是现代芭蕾舞，描写了苏联海军一士兵在上海黄浦江岸上，结识了一个中国妓女，接受她送的一枝罂粟花。他向妓女灌输革命思想，通过妓女将马列主义传播到中国。在演员表演的技巧上，这出戏有独特之处，但在内容上不符合实际，有大国沙文主义的色彩，有辱中国人。

毛泽东同意王稼祥的意见。出于外交礼节，派陈伯达等随行人员应付一下场面，并有大使馆中国外交官陪同。陈伯达身着中山装，脚穿锃亮的皮鞋，初看倒像个大学教授。但细瞧不得，因为他嘴大牙粗眼小，脖颈上淋巴腺结处，还有块难看的疤痕，这是他在延安患淋巴腺结核溃疡的产物，当时流出恶臭的黄脓。他去看《罂粟花》，颇有点儿兴高采烈，忘乎所以。毛泽东不来看，派他来看，似乎觉得自己地位多么高。他把民族的尊严、国家的荣誉抛之脑后，初次坐在这富丽堂皇的沙俄皇帝盖的大戏院的贵宾席上，沉醉地欣赏着。他竟忘了事先的叮嘱，不管内容如何，在闭幕的时候，竟然站起来大鼓其掌，经久不停，而且两只手举过头顶，猛拍着。

毛泽东知道后，很生气，对陈伯达说："就只有你对这种戏看得起劲，还站起来鼓掌，是代表了我吗？"

陈伯达满脸通红，十分狼狈，半天才说："是！我错了！"

《天鹅湖》的演出，毛泽东愿意出席欣赏。这天晚上，皇宫大戏院的气氛与往日不同，观众全都穿上节日的多姿多彩的服装，人们都注视着斯大林的包厢。斯大林这个包厢位于圆形的皇宫大戏院的二楼后面正中，被两边的小包厢簇拥着。过去，沙皇看戏也坐在这个包厢。

当乐队受令开始演奏悠扬的乐曲的时候，一阵暴风雨般的掌声响彻大厅，观众全都起立，朝着斯大林的包厢鼓掌，有的喊"乌拉"，有的做飞吻动作。这是因为斯大林与毛泽东出现了。两人同时向大厅中的观众频频招手，久久才坐下。

领衔主演《天鹅湖》的是天才的芭蕾舞女演员乌兰诺娃。毛泽东是初次欣赏芭蕾舞，兴趣很浓，两眼注视着演员的每个动作。

回到住地，毛泽东说："女孩子的本领真大呀，脚尖舞跳得那么好，一个大拇指怎样站稳的？男孩子就学不会吗？”当他知道女孩子在七八岁就得苦练时，他感到这种艺术很高超，演员也很了不起。

毛泽东这次应斯大林的邀请观看《天鹅湖》的演出，是在周恩来来莫斯科之后。周恩来也出席观看了演出。

2月15日晚上，中国驻苏大使馆在莫斯科市中心的“大都会”饭店举行盛大宴会，招待苏联党政和各界人士。为这个宴会，早在前两天，大使馆就忙得不可开交。在王稼祥领导下，草拟名单印发请柬，安排菜谱，布置接待人员，而且都做得十分细致。中国方面希望斯大林能参加。但斯大林过去从来不出席外国大使馆举行的招待会。只有在站台上迎接过一次美国总统罗斯福，从未迎送过外国元首。如果斯大林能出席这个会，则标志着中华人民共和国国际地位的提高，同时也是为祖国争得荣誉。

王稼祥对毛泽东说：“这次宴会，斯大林应该参加，我们已送了请柬。”

“当然，就看他来不来了。”毛泽东的心中也没有把握。

“那么，我设法争取。”王稼祥说。

于是，在这天上午，王稼祥亲自到克里姆林宫拜会了莫洛托夫，又带上了一张请柬，代表毛泽东把请柬交给莫洛托夫，然后诚恳地说：“莫洛托夫同志，我代表毛主席，代表五亿中国人民，请您将请柬亲自转交给尊敬的斯大林同志。今天晚上大使馆举行的盛大宴会，务必请斯大林同志莅临。因为这是我们中苏两国人民的心愿，也是世界工人阶级所盼望的，我个人也希望斯大林同志在百忙之中赴宴。谢谢莫洛托夫同志，请您一定将请柬亲自转交给斯大林同志。”当然，莫洛托夫也没有十足的把握，他倒是希望斯大林能参加中国同志的这次宴会。

参加宴会的共有500余人，除了苏联党政军机关最高领导人，还有各部门负责人，与我国建交的外交使节，苏联社会各界和文学艺术界知名人士，著名作家和诗人法捷耶夫、西蒙诺夫、爱伦堡、米哈尔科夫、特瓦尔多夫斯基以及歌唱家、舞蹈家、艺术家、科学家、汉学家等也前来参加。

毛泽东和周恩来早在8点就到了，苏联各方面的人也陆续到齐，离宴会正式开始还有五分钟，这时，苏联的最高领导人接踵而来，但不见斯大林。只有两分钟了，突然，宴会厅门前一阵骚动，掌声骤然响起，斯大林来了，他和王稼祥握完手，迅速走进宴会厅。毛泽东迎上来，和斯大林握手拥抱。

这时，整个宴会厅响起了掌声和欢呼声。

斯大林向人们招手，毛泽东也向人们招手，一群艺术家向斯大林和毛泽东这边涌来。

席间，周恩来首先发表祝酒词，他嗓音洪亮，没有用事先为他准备的讲稿，但所讲内容几乎和讲稿一字不差。他赞颂中苏两党兄弟般的团结，感谢苏联老大哥的援助；他的讲话使在场的苏联同志十分激动，不时报以热烈的掌声。

斯大林在暴风雨般的掌声中站了起来，显得从容不迫，他打了个手势说："请注意，我要讲话了。"他首先为毛泽东主席、为中华人民共和国的成就而举杯祝贺，强调说"中苏友好的兄弟般情谊要保持下去，周恩来总理的讲话也代表我的意思了"。但接下来他却话头一转，说："社会主义阵营要团结起来，可惜今天与会者中间少了南斯拉夫的同志，我感到很惋惜……"他放下酒杯，举起双臂高呼："团结就是力量！"

宴会进程中，气氛始终很热烈。毛泽东首先举杯祝斯大林健康，斯大林也几次举杯祝毛泽东和周恩来健康。与会者欢声笑语，不时发出一阵阵欢呼声和掌声。

这次盛大宴会是非常成功的，一直持续到午夜方散。

2 月 16 日晚，斯大林在克里姆林宫举行盛大宴会，欢迎毛泽东和周恩来。斯大林几乎是与毛泽东同时到达宴会厅的。

参加宴会的苏共政治局委员赫鲁晓夫光着头，个子不高，眼睛不大，眉毛淡稀，面色红润；米高扬，个子也不高，长形脸，留着短胡须，黑发，看样子很精干。

在宴会进行中间，毛泽东细声问王稼祥："能不能早点告辞，只因喝了酒引起头昏。"

王稼祥回答说："您不舒服，当然可以在主人没有宣布散席之前，提前告辞。"

师哲把此意翻译给了斯大林。

汽车驶向城内毛泽东的住处。进屋后，大家请他躺在卧室长榻上，然后退了出去。

大家心里都很不安。当过医生的朱仲丽走进卧室，见毛泽东脸面通红，气喘吁吁，吓了一跳，便躬身轻声问："主席，哪里不舒服？"

毛泽东没有回答。

"可以量血压吗？"

不等毛泽东回话，朱仲丽就开始摸他的脉搏。一分钟，两分钟，每分钟84次，没有发现心律失调和间歇脉。

"主席，脉搏正常。"

又量血压，也是正常。

"主席，血压正常，和往常一样。"朱仲丽说。

毛泽东笑笑说："刚才我是多喝一杯，神经兴奋了。"

"主席，请您闭眼休息一会儿，有事请按电铃。"

在外屋，李富春两肘支撑在圆形的小桌子上，一手夹着香烟，在皱着眉头思考什么。见朱仲丽出来，忙问："怎么样？主席没事吧？"

"一切都正常。诊断是疲劳加兴奋，也许有什么心事吧？"

李富春没有说什么。不过从他的表情上看，他心里是明白的。是啊，中苏会谈结束，毛泽东这次访苏可以说是成功的，但其中的微妙关系一般人是不了解的。

在代表团离开莫斯科的头天夜里，周恩来亲自清点了带来的礼物，其中给斯大林的是中国绸缎和屏风，其他领导人的也是绸缎和刺绣之类的物品。对苏联所有工作人员服务人员的礼品也是一人一份，全都写上名字。周恩来强调："不要漏掉一个人。"

第二天，这些普通劳动者接到礼品时，好多人禁不住激动得哭起来了。

2月17日早晨，毛泽东早早地起了床，他同往日一样，动手把自己的床铺收拾得整整齐齐，又把房间整理了一遍，然后点一支烟在沙发上坐了下来，把房里的一切看了看，好像是在同它们告别似的。

门轻轻地推开了，打扫卫生的女服务员端着水走了进来。她一见毛泽东早把房间收拾得井井有条了，不由得一阵激动。毛泽东的举动，使那些长期在斯大林身边服务的人员激动不已。今天毛泽东要走了，仍然早早地就把房间收拾好了，女服务员的眼睛一下子湿润了。她恭恭敬敬地向毛泽东鞠了一躬，不由得哭出了声来。

毛泽东笑着拍拍她的肩头说：“我们要走了，欢迎你到中国来做客哟！”

分别的时刻到来了，苏方全体服务人员全都赶来送行，不少人哭红了眼睛。他们觉得毛泽东和周恩来比起斯大林来，要亲切朴实多了。短短两个月来，中国领导人已和他们建立了很深的感情。

莫斯科车站广场人头攒动，前来送行的苏联同志早就等候在这里了，莫洛托夫代表斯大林给毛泽东送行。

“斯大林同志让我转告您，请您一定注意保重身体，在路上，在国内都应该保重。此外，保卫工作要做好，千万不能大意，这是斯大林同志再三让我转告您的。”

“感谢斯大林同志的关心，也请您转告我对斯大林同志的问候。”

长长的汽笛声划破长空，列车徐徐开动了，毛泽东等人从窗口探身向苏联同志挥手告别，送行的人们挥动着花絮，直至列车远去。

毛泽东从莫斯科归国前，中共中央东北局书记高岗、公安部部长汪金祥及有关领导同志，带上一批公安保卫人员，共同乘上一列向北驶去的专列，到中苏边境城市满洲里去迎接毛泽东。

满洲里，城不大，除火车站周围几栋白俄住过的小洋楼外，其他都是低矮的民房。他们选择离火车站最近的一栋小洋楼住下，以便勘察地形，布置警卫。

不久，铁道部公安局局长严佑民奉命从北京赶到满洲里。对保卫工作进行了分工：毛泽东从苏联回国途经东北期间，在火车上的安全

1950 年 2 月 17 日，毛泽东一行离开莫斯科回国

问题由他负责；沿线下火车，在地面上的安全问题由地方负责。

2月23日，中国驻苏联大使王稼祥给国内发来《关于回国后沿途接待问题的电报》，全文如下：

王大使转刘少奇、高岗二同志：我们一行因沿途参观，今廿三日可到伊尔库克。计廿六日可到满洲里，尔后拟于海拉尔、齐齐哈尔、长春、四平街、铁岭各停留一二小时至三四小时，到沈阳拟停留一二天。请高岗同志通知上述各地负责同志保守秘密，每处只要少数负责干部迎接招待，不要使多数人知道，尤其不要公开发表消息。尔后到打虎山、锦州、山海关、唐山、塘沽、天津，均拟略作参观，均要保守秘密。到北京下车时，亦只要有少数党内外人士（一百人左右）到车站接，不要使多数人知道，待到北京后方才发表消息。请照此布置为盼。

毛泽东

二月廿三日

2月26日，星期天。刚吃过早饭，忽然有通知说。毛泽东乘坐的苏联专列将于上午8点多路经外贝加尔斯克，9点左右即可抵达满洲里。滕代远、汪金祥及严佑民等人立刻紧张起来，按原计划，他们在满洲里火车站的站台内外布置了严密的警戒。

满洲里火车站很小，北面是苏联的站台，南面是我国的站台。因苏联铁轨比我国铁轨宽约10厘米，他们的火车过不来，需从苏联的火车上下来，路经一座平房，走过一段过道，才能换乘我国的火车。

毛泽东和周恩来等人在高岗、滕代远、汪金祥等陪同下穿过过道，踏上我方站台。

这时，周恩来从人群中走了出来，问站在专列车门口的滕代远：车位是怎么安排的？滕代远汇报：首节车厢给毛主席，其次是周总理，以后各节依次为代表团成员、随团工作人员、警卫人员、铁路和地方公安保卫人员。周恩来听后马上做了调整，说：“按照你们排列的顺序不变，首节车厢给越南劳动党胡志明主席。”

从满洲里开出的两列专列，路经海拉尔、喜桂图旗（牙克石）、布特哈旗（扎兰屯）、龙江，一直向东驶来。因途经大兴安岭，考虑到当地土匪尚未肃清，为预防不测，铁路两侧隔百米便设一个哨：两列外观上完全相同的专列，一列是载人的，另一列是空的，停站便前后调换位置。

专列驶进满洲里至哈尔滨的滨洲线上的小站昂昂溪。

每至大站停车，毛泽东都要从车厢里走出来，或在站台上徜徉；或是久久地站在一处，倒背着双手，举目凝望远方那银装素裹的北国风光；或是与车站的铁路员工及公安保卫人员谈话，问长问短。

昂昂溪车站的两侧都是一马平川，没有伊列克得至兴安岭之间那种山舞银蛇、原驰蜡象的壮丽景象，所以，毛泽东在站台上逗留了不长时间，即转身回到车厢。专列重新掉头，从滨洲线与平齐线的交叉点上转向朝东，路经杜尔伯特（泰康）、大庆（萨尔图）、安达、肇东直抵哈尔滨。

2 月 27 日下午 2 点多，专列徐徐驶进哈尔滨火车站。早已恭候在站台上的松江省委书记张策和哈尔滨市市长饶斌等，一等专列停下，立刻登车迎接。

毛泽东下榻于哈尔滨市南岗区颐园街 1 号的一座三层小楼房。这栋欧式建筑，是林彪在指挥东北野战军作战时住过的房子。由于林彪的代号为“101 号首长”，故此楼有“101 号楼”之称。

毛泽东、周恩来在“101 号楼”里未及小憩，即决定去哈尔滨机车车辆修理工厂视察。2 月的哈尔滨，正是风刀霜剑的世界。毛泽东刚从楼里出来，一阵寒风袭来，吹开了脖子上的围巾。跟随左右的中央警卫局局长汪东兴眼明手快，抢前一步，忙去缠好。

下午 3 时许，毛泽东、周恩来来到哈尔滨机车车辆修理工厂。毛泽东在与该厂中、苏双方厂长见面后，向中方厂长费立人问起工厂的各方面情况。谈话间，他忽然问道：“这个厂归哪儿领导？”

“归中长铁路局。”费立人立即回答。毛泽东侧过脸，面对旁边的东北铁路局局长余光生说：“是归你领导啦？”

“现在东北铁路局和中长铁路局分开了，不归我领导。”余光生未及思考，指着中长铁路局苏方局长说，“归他领导。”

毛泽东眯起眼睛，将手中已点燃的那支香烟重重地吸了一口，继而吐出烟云，意味深长地说："总的还是归咱们国家管呀。"

余光生似乎顿时领悟了毛泽东谈话的深刻寓意，马上修正原来的说法，指指铁道部部长滕代远："总的归他管。"

毛泽东、周恩来随即视察了这个厂的锻冶、机械、机修、机车4个分厂。当返回厂部办公大楼前时，太阳已经偏西了。

下午4时左右，他们驱车来到哈尔滨市南岗区喇嘛台附近五层楼的国际旅行社，在当时为该市最高的一座建筑。毛泽东、周恩来先是乘电梯上了五楼，继而沿着陡峭的外楼梯登上了楼顶平台。因电梯是由人开动的老式设备，里面装不了几个人，其他很多人是顺着防火的外楼梯攀到楼顶平台。

平台总共不过几平方米。在夕照下，迎着北国凛冽的寒风，毛泽东手扶平台上的护栏，左右眺望，俯瞰着哈尔滨这座全国解放最早的大城市的市容。年轻时曾四次来过哈尔滨的周恩来对这里了如指掌，他一面向远处眺望，一面不时地指点着，给毛泽东做介绍。滕代远则从哈尔滨是个铁路纵横交错、交通发达的城市的角度，在一旁插话，做着补充。

在平台上，毛泽东在倾听了饶斌关于哈尔滨市行政区划、工厂分布及人口构成等情况的汇报后指示说："要学会建设城市和管理城市，把消费城市变成生产城市。"

与毛泽东并肩站在一起的东北抗日联军著名将领、松江省人民政府副主席李延禄，1938年曾赴延安向党中央汇报过抗联的情况，后来留在延安东北工作委员会工作，与毛泽东很熟悉。毛泽东问他："你是抗联出来的，参加过东北抗联的人还有多少？"

"不多了。"李延禄回答道。随后抬起头，睁大眼睛反问："主席，您对东北抗日联军是怎么看的？"

"要告诉他们，东北抗日联军在极其艰难困苦的情况下开展游击战争，同日寇进行殊死的战斗，牵制了敌人的部分力量，这对于整个中国革命胜利是有历史功绩的。但是，也有缺点，主要是政治思想教育不够，有些脱离群众。"毛泽东说到此处稍微停顿了一下，想了想，接着又语音缓缓地论述下去。大意是：这支军队，除我们党派去的干部外，不少是由"土匪"改编的。官逼民反，所谓的"土匪"，大多是被压迫的穷人，由于不甘心为地主、富农、资本家当牛做马而上山。抗联和他们联合起来，一块儿打日本，抗日反满，这是好的。但由于缺乏政治思想教育，群众基础薄弱，因而很难建立起巩固的根据地，以致我们的损失很大……

李延禄在一旁不住地点头，他无疑为毛泽东的精辟论断和透彻分析折服。

最后，毛泽东嘱咐他说："要下功夫写一下东北抗日联军的历史，成绩不要抹杀，缺点也要写，写出来对党对人民有好处。"

李延禄诺诺连声，表示要力争完成毛主席交给他的这一光荣的任务。

当天晚上，毛泽东从国际旅行社回到住地"101 号楼"后，以他的名义举行宴会，招待从苏联取道中国回越南的化名为"孙先生"的胡志明主席。毛泽东对胡志明很尊重，亲切地称他"孙先生"，并站起来向他敬酒。宴会摆了三桌，上的都是珍贵的名菜。宴会结束后，毛泽东告诫当地负责同志说："没有客人，我们自己不要吃这么多菜，要节俭。"

饭后，毛泽东从一楼餐厅回到二楼客厅后，马上叫人把近期的《东北日报》《松江日报》等几种报纸找来看。

天已经很晚了，"101 号楼"里的工作人员为毛泽东收拾床铺。他一见到那张软床便面呈难色，说："软床睡不惯，给我弄张硬板床。"此时，夜幕沉沉，到哪儿去找硬板床？况且，即或能够搞到，则势必要惊动一些人，弄不好会借机混进来坏人，这是不能不防的。也是急中生智，"101 号楼"里的工作人员灵机一动：一楼厨房里的大面案不是可以做硬板床板吗？于是，大家七手八脚地将那个大面案擦干净，抬到二楼卧室。撤去软床，摆上大面案，铺好被褥，便是一张硬板床了。

大约是到苏联后，毛泽东为适应工作需要而改变了晚上不睡、白天不起的生活习惯。这天晚上，他应邀为松江省委题了"不要沾染官僚主义的作风""学习""奋斗"；为哈尔滨市委题了"发展生产"；为正在召开的哈尔滨市第二次团代会题了"学习马列主义"；又为《松江日报》题写了报头。之后不久就上床休息了。

2 月 28 日清晨 7 点多吃早饭，饭后，毛泽东即从哈尔滨起程，于当日上午赶到长春，专列停在火车站。长春市第一任女市委书记刘亚雄准备了十几辆轿车，分别载着毛泽东一行观光市容。

而后，汽车停在长春市银行大楼门前。毛泽东、周恩来被请进银行二楼休息室，听取刘亚雄关于长春市恢复战争创伤、进行市政建设的情况汇报。当刘亚雄谈到，由于战争的原因而使该市人口骤减，从原来的 100 多万人下降至 20 多万人，因之闲置的房屋很多，有些不法之徒将这些房屋的门窗拆下来再到黑市上倒卖时，毛泽东郑重地说："这是人民的财产，现在到我们手里了，会有大用处的，一定要把房子管理好。"

他见坐在身边的银行行长高翔很拘谨，便主动向他问话："你多大了？"

"虚岁 26 岁。"高翔噌地从座位上站起来，怯生生地回答。

"是一个娃娃行长，"毛泽东扑哧一乐，用手去拉他说，"小鬼，坐下谈吧，没关系。"

毛泽东饶有兴致地同高翔攀谈起来，对这位"娃娃行长"所回答的问题，总的来说很满意。但当高翔讲述银行大楼非常坚固，用的钢筋连接起来，可绕地球一周等营造规模时，毛泽东严肃地说："不要替帝国主义吹嘘嘛"，"这都是中国劳动人民的血汗建造起来的，是中国人民劳动成果。"

毛泽东离开长春市银行，车队未走来时的斯大林大街。原来，在毛泽东到达长春之前，必经的斯大林大街早已实施了戒严。车队所到之处空无一人。撩开轿车里的窗帘向左右的各个路口、胡同看去，只见士兵们都横着上了枪刺的大枪，用力推挡向外拥挤的人群。对此，毛泽东深感不快。车队从斯大林大街向右拐，驶进市区繁华的街道，经二马路、长江路，绕了一个大圈子后才驶抵火车站。

毛泽东回到专列上，对长春市主管警卫的军队和公安的同志进行了严厉批评："你们是怎么搞的？搞得那么紧张，把老百姓都堵到胡同里，不让出来，想让我脱离群众啊？……进城了，当'大官了'反而不自由了，还要受管制。"

但当时从安全保卫的角度讲，长春市之所以戒备森严，并非没有特定情况。不久以前，他们刚刚破获了一起台湾当局为收集毛泽东苏联之行及回国途中活动而派遣来的特务案，敌我斗争错综复杂，实在是不得已而为之。

2 月 28 日晚上，专列从长春火车站出发。3 月 1 日凌晨，抵达沈阳南站，下榻位于中山广场的辽宁宾馆，毛泽东仍住在二楼。

3 月 1 日上午，毛泽东、周恩来和胡志明来到太原街 1 号苏联专家招待所，慰问住在那里的上百名苏联专家。招待处处长芦竞如，是从苏联回国的女同志，很干练，俄语也讲得好。寒暄一毕，她即请毛泽东讲话，由俄文翻译、中央翻译局局长师哲在一旁口译。毛泽东言简意赅，首先对苏联专家表示热烈欢迎，接着说："中国人民的伟大朋友斯大林同志派你们来帮助中国搞建设，是对我们最大的支援。你们在工作上生活上有什么困难，请不客气地提出来，我们一定尽力帮助解决，听说你们的夫人和孩子都没有来，我们和斯大林同志提一提，想办法把他们都接来。"小礼堂里轰地响起愉悦的议论声，随之爆发一阵热烈的掌声。

从太原街 1 号苏联专家招待所回来，车队驶进靠着中山广场的中国医科大学校园。这所大学的前身为中国工农红军中央军委卫生学校，延安时期校址在柳树店，离杨家岭很近。校长兼政委王斌是长征老同志，与毛泽东接触颇多。1941 年毛泽东为中国医科大学第 14 期毕业生题写的著名题词"救死扶伤，实行革命的人道主义"，就是应王斌之邀而题写的。

当车队从中国医科大学南面的校门开进去时，迎候在校部门前台阶上的有王斌，还有副校长陈应谦、副校长兼政治部主任阙森华等，急忙步下台阶，欢迎首长们的光临。

毛泽东一行先在基础二楼走廊里浏览了各种玻璃瓶子中保存的教学标本，继而边走边聊，步入会议室。宾主尚未坐稳，王斌便指着茶几上早已摆好的文房四宝请题写校名。毛泽东知道，这个学校外面挂的校名牌子是郭沫若手笔，遂幽默地回答说："郭老是大书法家，他既然已经写了，我可不敢造次。"在轻松的谈话气氛中，毛泽东说："建国了，你们也从延安搬过来了，但是，还得把人民的医科大学办得更好。"

当天晚上，在辽宁宾馆大厅举办了一场舞会。周恩来把当时沈阳市的京剧名演员尹月樵和唱评剧《小女婿》出名的韩少云拉到毛泽东跟前，做了引见介绍。

3 月 2 日，毛泽东去中共中央东北局参加党代会，并在会上谈了访苏观感，而后参观了北陵公园。

3 日上午，毛泽东、周恩来参观了沈阳橡胶一厂。在视察过程中，毛泽东向年轻的厂长曹维东详细地询问了工人的生活、学习及生产情况。当曹维东汇报到解放后一年来轮胎产量已经超过旧政权时期的两倍时，毛泽东点了点头，露出笑容。周恩来见曹维东很年轻，勉励他说："二十几岁当厂长很了不起，橡胶的用途极广，中国的橡胶工业大有希望，希望你们把橡胶工业发展起来。"

当天下午，毛泽东一行启程回京。天擦黑儿，列车从沈阳出发了，风驰电掣般地向北京方向开去。

3 月 4 日，毛泽东一行回到北京。

★ 四　与强敌的较量

毛泽东的两难抉择

1950 年 6 月 25 日，朝鲜半岛爆发内战。

朝鲜半岛像一截凸出的树干，从亚洲大陆北部向东南延伸，伸入太平洋的黄海与日本海之间，面积仅占亚洲总面积的 1/200。自 1910 年 8 月朝鲜沦为日本帝国主义的殖民地后，朝鲜人民即长期遭受日本帝国主义的残酷剥削和压迫。第二次世界大战后期，苏美两国政府代表在 1945 年 7 月举行波茨坦会议期间，协调了对日本的军事行动。1945 年 8 月 10 日，苏美两军开始从陆地和海上同时向朝鲜半岛的日军进攻。日军在苏美两军强大攻势下，于 9 月 2 日战败投降。在日军投降后，苏美两军又以 38 度线为界，分别驻扎在朝鲜半岛的南北地区。本来，38 度线只是一条临时军事分界线，苏美两军也只是暂时驻扎。但是，朝鲜南部在美国的扶持和导演下却于 1948 年 8 月 15 日单独成立了“大韩民国政府”，选举了曾在美国居住了几十年的李承晚为总统。人口 2100 万人。朝鲜北部人民针锋相对，也于 1948 年 9 月 9 日宣布成立了“朝鲜民主主义人民共和国”，任命金日成为内阁首相。人口 900 万人。从此一个完整的朝鲜半岛一分为二，“三八线”成了一条互相对立的界线，北部“朝鲜民主主义人民共和国”坚持社会主义制度，南部朝鲜“大韩民国”则实行资本主义制度。在两种不同社会制度对立的情况下，双方矛盾日益加深，政治和军事摩擦斗争日益尖锐化，战争空气逐步升高，终于爆发了南北朝鲜之间的内战。

战前，军事实力北方胜于南方。北方军队 13.5 万人，南方 9.8 万人；北方坦克 150 辆，南方 27 辆；北方火炮 600 门，南方 89 门；北方飞机 196 架，南方 32 架；双方都有步兵师 8 个。

战争是由李伪政权挑起的。1948 年 8 月，南朝鲜与美国签订秘密协定，提出“北伐第一”的口号，从 1949 年 1 月至 1950 年 4 月，李承晚在三八线发动了 1274 次进攻，作为试探。1950 年 5 月，李将其陆军 8 个步兵师中的 5 个调到三八线附近。美国务院顾问杜勒斯访问朝鲜，到三八线视察，检阅伪军。

6 月 25 日拂晓，李伪军越过三八线，分三路向北朝鲜进攻，侵入 1 公里至 2 公里。

朝鲜内阁举行非常会议，下午 6 时，部队予以反击，李伪军向南溃逃，形势对其极为不利，北朝鲜军追至三八线南 3 公里至 5 公里。

朝鲜战争本来是一个国家的内战，但是，美国政府从其称霸世界的全球战略出发，迫不及待地采取了武装干涉朝鲜内战的反动政策。

7 月 7 日，美国操纵联合国安理会通过紧急决议案，提出立即组成“联合国军司令部”，接着，杜鲁门任命了美国驻远东部队总司令兼驻日盟军总司令麦克阿瑟担任所谓“联合国军”总司令。先后纠集了世界五大洲 16 个国家的军队，组成“联合国军”。企图首先消灭前进到南朝鲜的朝鲜民主主义人民共和国人民军，然后越过三八线，占领北朝鲜，以达到控制整个朝鲜半岛，作为其侵略远东地区军事基地的目的。

朝鲜局势的巨变，引起了中国政府的高度重视。由军委副主席周恩来于 7 月 7 日主持召开了中共中央军委扩大会议，决定立即组建一支东北边防军，尽快开往与朝鲜相邻的鸭绿江以北地区布防待命，以保卫我国东北边防的安全，并随时准备渡江援助朝鲜民主主义人民共和国。军委扩大会议后，中央军委即于 7 月 13 日命令驻华南地区原第四野战军十三兵团所属三十八军、三十九军、四十军和驻黑龙江地区的四十二军共 4 个军组成“东北边防军”。此外，又抽调炮兵 3 个师和 4 个高炮团，1 个工兵团、1 个战车团、1 个汽车团，于7月底到8月中旬全部车运到鸭绿江北岸之本溪、凤城、辽阳、安东（丹东）、通化、集安、宽甸等地集结待命。

东北边防军所属部队统由东北军司令员兼政治委员高岗领导，并任命十五兵团司令员邓华为十三兵团司令员兼政治委员，另调洪学智、韩先楚为副司令员，解方为参谋长，杜平为政治部主任。上述部队至8月中旬先后到达了鸭绿江边的特定地区，旋即开始进行政治动员，充实人员，改换装备，加紧训练，积极进行各项准备工作。

此时，朝鲜战场的形势是，朝鲜人民军已于8月中旬前进到朝鲜半岛南部，解放了南朝鲜约80%的广大地区。但当人民军前进到洛东江边时，因江上的重要桥梁全部炸毁，加上李伪军七个师的残部和先后到达南朝鲜的美军几个师，都收缩在洛东对岸以釜山为中心的只有1万多平方公里的狭小地区内，且兵力集中，装备精良，朝鲜人民军进攻受阻，双方形成胶着状态。同时，美军不断增加兵力、准备反扑，并出动数百架飞机，轰炸朝鲜北部城镇和交通要道，严重破坏了朝鲜人民军的后方供应线，人民军的处境越来越不利。

最先感到朝鲜战局会发生逆转的是十三兵团的司令邓华、副司令洪学智等人。他们在给毛泽东的电报中说："北朝鲜人民军各个击破和歼灭敌人的机会已成过去。""估计敌人将来反攻的意图，可能一为以一部分兵力在北朝鲜沿海侧后几处登陆，做扰乱牵制，其主力则于现地由南而北沿主要铁道、公路逐步推进；一为以小部兵力与对方周旋，抓住人民军，其主力则在侧后大举登陆，前后夹击，如此，人民军的处境会很困难。"

在中南海居仁堂，有一排戒备森严的平房，被人称为"白虎节堂"。这里是总参作战室。作战室里，大方桌上，玻璃板下压了军事地图，墙壁上也挂满了地图和各种表册资料。1950年8月的一天，几名参谋正在翻阅资料，研究军事地图，被毛泽东称为"洛阳才子"的雷英夫拿了一支粗大的红蓝铅笔，一边轻轻在左手心上敲，一边凝望地图沉思默想。他是河南省孟津县人。1938年参加八路军，同年加入中国共产党。在抗日战争时期，任连政治指导员、游击支队宣传员，抗日军政大学学员，军委总参谋部一局科长、叶剑英参谋长军事秘书；解放战争时期，任北平军调处执行部执行处科长、副处长、代处长；中华人民共和国成立后，任周恩来总理军事秘书，军委作战部一局副局长兼总参谋部作战室主任。

此时，他凝神注视着地图上的朝鲜半岛，对朝鲜战局产生了担忧和疑虑。

"哈里曼和沃尔特斯已经到了东京吗？"雷英夫急切地问。

“昨天已经到达。”有人回答。

艾夫里尔·哈里曼是美国杜鲁门总统的顾问，弗农·沃尔特斯是哈里曼的军事助手。

“看来，美国人是要有大的阴谋和行动了。”雷英夫不无忧虑地皱起眉，手中那支粗大的红蓝铅笔在面前摆了一下，“我们一起讨论讨论，把情况汇总一下，摆出几条来，看看他们可能干什么？”

在总参作战室内，紧张的分析研究延续到下午。意见归纳出六条，要不要向上级反映呢？雷英夫在犹豫。

他知道，从红军时期开始，我军决定战略战术的是统帅人物。毛泽东是举世公认的大军事家、大策略家，抗日战争和解放战争中，无论战略还是具体战役上的决策都是由他做出。参谋人员只为决策提供情况和意见，做一些具体技术工作。

但他知道，新中国成立后，统帅人物都日理万机，再不能像过去那样集中主要精力钉住军事作战。总参的主要任务是为统帅部提供军事情报及谋略参考，责任重大。天黑时，雷英夫拿定主意，到西花厅面见周恩来。

“总理，我们作战室反复研究，认为朝鲜战场埋伏着很大危险。”雷英夫小声报告。

“唔？”周恩来微有震动，望住雷英夫，“有什么发现吗？”

“我们发现美国人很可能要搞登陆作战。”

周恩来的目光在雷英夫脸上停留几秒，忽然一闪，走向地图前，很快地说：“你讲吧。”

“我们分析归纳出六条根据。”雷英夫指点地图说，“麦克阿瑟把美伪主力十几个师都摆在了釜山三角洲的滩头阵地上，我们计算一下，平均八平方公里摆一个师，他的一个师差不多2万人。这些部队既不走，也不增援，固守阵地，干什么？从战略上看，势将吸引住朝鲜人民军的全部主力。我们怕这是有战略意图的。”

周恩来沉思着微微点头。

“美国驻日本的两个师，是他的预备队，战斗力很强。根据情报，这两个师没有增援朝鲜战场的动向，也没做防守日本的准备。他们要干什么？并且两个师中有一个是陆战队。”

周恩来听完第二条，眉毛一下子拧紧，显然明白了其中的含义。

“第三，麦克阿瑟和他的第八集团军都是登陆作战的老手，靠这手他在太平洋战争中叫日本人吃尽苦头，一败再败。他对登陆作战不仅有丰富经验，而且海空力量又占绝对优势。还有一条，这个人绰号是‘堑壕里的士兵’，第二次世界大战中不止一次冲在士兵前边，一年里两次负伤，获得七枚银星奖章。这个人勇敢，喜欢冒险。”雷英夫介绍完麦克阿瑟的禀性，又把手指向地图，“他登陆作战，攻占尼多罗岛、吕宋岛以及其他几个岛屿时，五角大楼曾说太冒险，但他都干了，并获得成功。”

周恩来再次沉思着点头：“他当然要千方百计发挥他的长处。”

“第四，朝鲜半岛南北长 3000 里，而东西最窄处只有 100 多公里，像个冬瓜。最利于分割，而登陆点又很多，元山、铺南浦、仁川、群山港……”

“会在哪里登陆呢？”周恩来沉吟着思索。

“朝鲜人民军打到洛东江，主力全投入釜山一带，后方很空虚。我们分析西海岸的仁川是麦克阿瑟的登陆点。这里人民军没有多少部队，是汉城的外港，又是战略要地，潮水落差大，地势危险复杂，容易被忽视，而麦克阿瑟恰恰喜欢搞出人意料的惊人之举！”

周恩来沉思良久，眼皮一眨：“说下去，说完！”

“第六条，迄今为止，无论朝鲜还是苏联对敌人这一手似乎都没有很好的精神准备。我们分析认为，表面形势很好，实则极险，一旦美国在仁川登陆。切断给养和退路，人民军主力就会被包围……那是绝境，会出大乱子。”

雷英夫话音未落，周恩来即大步走向电话机。

“主席，我是周恩来！雷英夫到我这里来，讲了他们作战室对朝鲜战争的一些预测和判断……他们认为美军有可能在朝鲜北部登陆。”

“这个雷英夫，还有作战部的李涛，你带他们到我这里来一下。”毛泽东说。

不一会儿，周恩来、雷英夫、李涛来到菊香书屋毛泽东的办公室。

“这就是雷英夫。”周恩来说。

“噢，英夫，英俊丈夫，好嘛，坐吧！”毛泽东和雷英夫握握手，笑着说。

“主席想听听你对朝鲜战局的分析，你不要慌，慢慢讲！”周恩来说。

雷英夫点点头，表情有些局促。他是一个30岁左右的年轻人，过去由于工作关系虽然经常接触中央领导同志，但像这样面对面地向毛泽东汇报自己对某一个问题的看法还是第一次，因此，神情难免有些紧张。

“你说说看，你是怎么得出这个结论的？”毛泽东注视着雷英夫说，他觉得这个年轻人肯动脑子思考问题，有自己的独到见解。

“我看过有关麦克阿瑟的资料，他这个人惯于岛屿作战，并善于在后方搞突然袭击。而朝鲜是半岛形状，有利于发挥他的特长。”雷英夫急促地说着，不时地抬手抹一下额头上沁出的汗水。

“他有什么所长啊？”毛泽东又问了一句。

雷英夫知道毛泽东善于知己知彼，他除了暗中佩服，说话时特别小心谨慎。

“麦克阿瑟常常利用美国的海、空军优势，实施机动登陆作战。美军在太平洋对日作战时，他就采用这种方法。他在指挥攻打马努斯和洛斯内格罗斯岛的战役中，便在日本人的鼻子底下，冒险实施两栖登陆攻击，取得胜利。在美军进攻吕宋岛的战役中，他以主攻部队在林加延湾海岸登陆，向马尼拉进军，同时以一部分兵力在苏比克海湾西北的海岸和马尼拉湾南面的纳苏格布海岸登陆，封锁巴丹半岛和科雷吉多尔岛，切断日军的退路，并从马尼拉的后方向马尼拉进攻。现在，麦克阿瑟的第八集团军困守南端的釜山港，还有新从美国调来的几个师在日本集结，没有投入使用，如果他把这些部队用舰艇运到朝鲜中部的港口登陆，那就切断了人民军的退路，这样，人民军就可能腹背受敌。”

毛泽东一面听着汇报，一边看着地图，在深深地思索着。

“那么，你们看，美军有可能在什么地点登陆？”毛泽东缓缓地问道。

“按照邓华、洪学智他们的估计，敌人在平壤和汉城附近的港口登陆的可能性大。”李涛考虑了一下说。

“我看，在元山、仁川、群山等港口之中，仁川登陆的可能性最大。”周恩来思考着说。

“我们分析，是在仁川！”雷英夫跟着说。

仁川是朝鲜中部西海岸的一个港口，距汉城仅 40 公里，是朝鲜国土东西最狭窄的“蜂腰部位”。美军如在这里登陆成功，就等于在北朝鲜军队的后方把朝鲜国土拦腰斩断，从而使在南朝鲜土地上的北朝鲜军队陷入包围之中，北朝鲜军队将会在由釜山展开的扇形战场上两面受敌，其后果十分严重。

“那么，仁川是否适宜登陆呢？海水有多深，大军舰是不是开得进去？你看过有关方面的水文资料吗？”毛泽东看着雷英夫说。

“这个，没有……”雷英夫一时答不上来，他还没有想到这一点，脸上微微发红。

“主席，我立即通知情报部门准备这方面的资料！”周恩来说。

“我看这件事马虎不得，应该立即向金日成通报一下，提请他们注意！”

“你看是否给我们驻朝大使倪志亮发报，让他把我们的意思转告金日成？”

“就这么办。还要电告兵团，要邓华加紧准备，一定要在 8 月底，最迟不得超过 9 月底做好一切准备工作。”

雷英夫的预测没有错。

1950 年 9 月 15 日凌晨，“联合国军”总司令麦克阿瑟坐在他的“麦金莱山”号旗舰上，嘴里叼着他的玉米芯烟斗，面对汹涌澎湃的大海和他待发的舰队，心潮起伏。他已秘密地从日本和太平洋地区调遣了强大的陆、海、空军兵力，乘朝鲜人民军主力南进到洛东江边受阻，后方交通供应断绝的情况下，由他亲自指挥的 7 万多兵力，在 200 多艘舰艇和 500 多架飞机的支援下，在朝鲜的西海岸仁川港实施登陆。

在这之前，为隐蔽他仁川登陆的企图，他搞了一系列军事佯动：他下令所有的电台和报刊大肆宣扬联合国军要在釜山进行反攻的消息；他在朝鲜东海岸命令“密苏里”战列舰舰队上的巨炮几乎摧毁了海岸上所有的炮台和海岸阵地；命“特里姆盖”号航空母舰和“海伦娜”号巡洋舰在平壤外港和南浦一带炮击。他特别在人们最容易考虑可能登陆的群山港附近 50 公里范围内的公路、铁路等目标进行了酷似登陆前的猛烈轰炸。麦克阿瑟的伪装对他的军事行动起了一定程度的作用。

凌晨 2 时，随着一团火光和一声巨响，仁川登陆的火力准备开始了。四

1950 年 9 月 15 日，美军在仁川登陆

艘巡洋舰和八艘驱逐舰在离海岸很近的地方，在不足 45 分钟的时间内，把 2845 发炮弹倾泻在月尾岛上。小岛霎时陷入一片火海之中，随着惊天动地的爆炸声，月尾岛上的所有生灵都荡然无存。

仁川登陆使麦克阿瑟想不到的是，当美军登陆部队开始在仁川泥泞的海岸上爬行的时候，仍然受到了北朝鲜人民军队的顽强抵抗。李大勋上尉指挥的人民军海防炮兵连的全体指战员与阵地共存亡，直到炮身被烧热弯曲或被敌人的炮弹炸断为止，前仆后继，击沉和击毁敌人四艘舰艇。最后，炮兵和步兵同登陆的敌人展开了白刃战，直至壮烈牺牲。

在一片火海中，美海军陆战队乘登陆艇向海滩冲击。下午 17 时 30 分，美军登陆仁川，在一夜之中，美军 1.8 万多人占领仁川城。

随后登陆部队在美国第八集团军司令沃克中将指挥下，疾速向汉城方向进攻，将朝鲜人民军的后方交通线拦腰截断。此时正在洛东江对岸布防的美军和南朝鲜军队约 10 个师，也配合在北面的登陆部队开始向北进攻，对朝鲜人民军形成南北夹击之势。人民军腹背受敌，遭受到严重伤亡和损失，被迫沿山间隘路向北撤退，遂使已取得的胜利前功尽弃，而且形势日趋恶化。

美军于 9 月 26 日攻占了汉城。此时，美国总统杜鲁门指示麦克阿瑟："假设俄国人或中国人没有宣布进行干涉的意图或没有进行实际干涉，你可越过三八线，消灭朝鲜军队。" 9 月 29 日，大批"联合国军"和南朝鲜军队进抵至三八线附近。

9 月 30 日，周恩来在庆祝中华人民共和国成立一周年大会上发表讲话说："中国人民绝不能容忍外国的侵略，也不能听任帝国主义对自己的邻人肆意侵略而置之不理。”同一天，他还召见印度驻中国大使潘尼迦，请印度政府转达中国对美国的警告：“如果美军越过三八线，中国将出兵援助朝鲜民主主义人民共和国。”

然而，麦克阿瑟认为中国政府的严重警告不过是“虚声恫吓”和“外交上的政治讹诈”。他吹嘘说：“如果中国在战争开始后的两个月内进行干预的话，那就可能有决定性的意义，而现在我们再也不怕他们干预了。”

在朝鲜人民处于十分危急的时刻，我国驻朝鲜民主主义人民共和国大使馆于 9 月 30 日晚在使馆地下室仍举行了国庆招待会，朝鲜党和国家领导人应邀出席。会后，金日成首相召见中国驻朝大使倪志亮和参赞柴军武，当面提出：“希望中国尽快派集结在鸭绿江边的十三兵团迅速过江，支援朝鲜人民军作战，反击敌人。”

10 月 1 日，麦克阿瑟又向朝鲜民主主义人民共和国发出“最近通牒”，要求朝鲜人民军“放下武器停止战斗，无条件投降”。夜间，南朝鲜陆军第三师开始越过三八线向朝鲜北部进犯。

战争的火焰在中国边界燃烧，刚刚成立的新中国又面临一场严峻的考验。毛泽东亲自主持召开了政治局会议，决定采取重大决策。

近些年来，一些曾长年在毛泽东身边工作过的同志回忆说，出兵抗美援朝的决策是毛泽东主席一生中最难做出的决策之一。为了确定这一决策，毛泽东主席多少天睡不着觉，反复思考后才下了最大的决心。

在长期的战争生涯中，毛泽东对于自身的安危并不在意。1947 年国民党重点进攻陕北时，毛泽东坚持不向安全地区转移，只带少数人转战陕北以牵制敌人的重兵。有一段时间，身后国民党军追兵的篝火都可看到，毛泽东仍然安定自若。可是每逢遇到重大的战略决策问题，毛泽东却常常是日夜焦虑，反复思考，经常多少天睡不着，而做出抗美援朝的决策又是其中最突出的一次。

出兵入朝同美帝国主义作战，这个思想准备虽然早就有了，可是最后下这个决心又是很不容易的！

支持朝鲜人民进行反侵略斗争，这是中国共产党人的一贯立场。中朝两国是长期的友好邻邦，20 世纪初日本侵占了朝鲜以后，许多朝鲜革命者来到了中国，和中国共产党长期并肩战斗。解放战争期间，有数万在华的朝鲜人参加了中国人民解放军，在东北野战军中，就曾建立过两个以朝鲜同志为主体的独立师。同时，以金日成为首的朝鲜革命政权和苏联在北朝鲜的驻军一起，曾给予东北解放区多方面的帮助。确实如同毛泽东所高度评价的那样：“我们中华人民共和国灿烂的五星红旗上，染有朝鲜革命烈士的鲜血。”朝鲜战争爆发前，中央军委就已将在中国人民解放军中服役的朝鲜同志连同武器一起送回朝鲜。战争爆发后，中国也给予朝鲜各种支持。应该支持朝鲜人民反抗美国侵略，对此中国共产党党内和国内各民主党派的意见都是一致的。

当时需要反复研究的问题，主要是新中国有没有力量出兵朝鲜同美国作战，能不能打赢这场战争。有人认为出兵是引火烧身，也是出于这种考虑。由于中国共产党已经成为一个要为 5 亿人民的国家负责的执政党，不像在农村根据地那样不怕打烂坛坛罐罐，出兵的决心确实一时难下。在当时敢于同美国较量，这确实需要相当的胆略。从中美双方的力量对比上看，1950 年美国钢产量达 8772 万吨，工农业总产值达 2800 亿美元。而同年中国钢产量只有 60 万吨，工农业总产值只有 446 亿元（大约能折合 100 亿美元）。美国还拥有原子弹和各种世界上最先进的武器装备，并有世界上最大的军工生产能力，仅各种弹药每年就可生产数百万吨。而这时中国人民解放军的武器装备基本上还是战争缴获的陈旧的杂式武器，国内不仅不能生产各种重型武器，弹药的年生产能力也仅有几千吨。这时苏联的工农业总产值也只相当于美国的 1/3，苏联在第二次世界大战中所受的重大损失也未完全恢复，虽然有核武器却难以直接打击美国本土，所以苏联不愿因援助朝鲜而冒和美国发生冲突的危险。斯大林更没有估计到中国敢于出兵，只是通知中共中央：“金日成同志到中国东北组织流亡政府。”

从 1950 年国庆节开始，在毛泽东主持下中共中央领导核心在毛泽东所住的菊香书屋的东厢房连续举行会议，反复讨论出兵援助朝鲜的问题。中央政治局成员和有关方面的领导人陆续到会，使得会议不断扩大。

毛泽东彻夜未眠，于 10 月 2 日凌晨 2 时急电召高岗即行动身来京开会；下午 3 时左右，毛、朱、刘、周、高岗及代总长聂荣臻等在颐年堂开会。会议根据朝鲜战争的形势，初步把我国出兵入朝的时间定在 10 月 15 日。会议临结束时，毛泽东又提议，将今天开会情况以他的名义摘要电告斯大林。

毛泽东在为中共中央起草的致斯大林的电报中表示："我们决定用志愿军名义派一部分军队至朝鲜境内和美国及其走狗李承晚的军队作战，援助朝鲜同志。"

在10月2日的决定做出后，中共中央还想争取最后一线希望来避免中美双方的交战，并准备通过这一努力，表明我国的出兵确实是迫不得已。10月2日深夜，周恩来受中共中央的委托紧急约见印度驻华大使潘尼迦。10月3日1时，周恩来待潘尼迦赶到，马上请他向印度总理尼赫鲁报告，并转告美国和英国政府，我国希望朝鲜问题和平解决，如果美军超过三八线，我们不能坐视不顾。事后证明，美国政府在当日就得到这一信息，可是仍然不予理睬。10月3日以后，中共中央继续开会讨论出兵问题。毛泽东让大家尽量摆出出兵的不利条件，到会的中央领导人也都发言表示了自己的意见。从国内恢复国民经济的需要，从当时的财力物力及双方装备技术相差悬殊考虑，出兵确实是很困难的。林彪就是以美军一个师拥有数百门炮，我军的一个师

油画：决策出兵

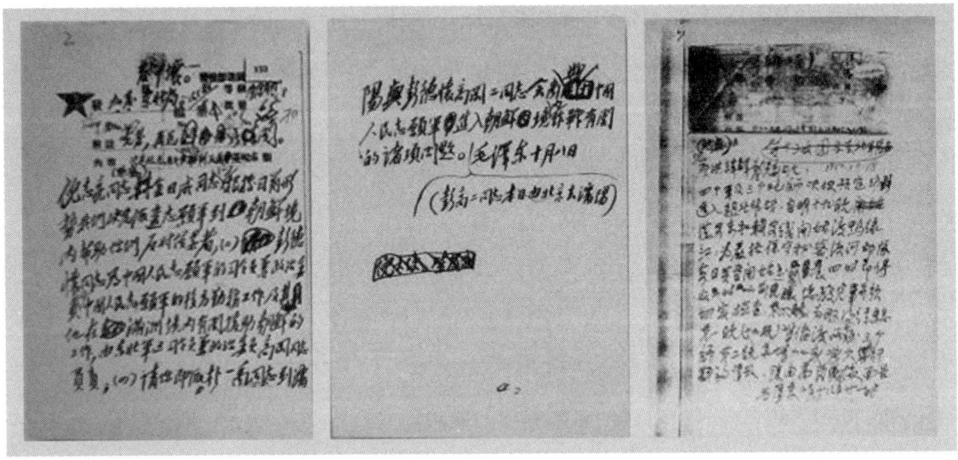

图为毛泽东手书，通过中国驻朝大使转交金日成的信

才有十几门炮，且没有制空权等客观条件为理由，不赞成出兵入朝作战。毛泽东当时表示："你们说的都有理由，但是别人危急，我们站在旁边看，怎样说，心里也难过。"

彭德怀临危受命

"我和少奇、朱总与总理商量过，打算让你挂帅出征，怎么样？"毛泽东征求林彪的意见。

"主席和几位中央领导同志让我带兵去朝鲜，这是对我的信任。大敌当前，作为一个军队的领导人，为捍卫我们神圣的祖国领土，率兵出去打仗，这是神圣的义务，也是责无旁贷的。"说到这里，林彪为难地说，"只是我这几个月来身体很不好，老出虚汗，四肢无力，头晕眼花，睡不好，吃不好。个人流血牺牲是小事一桩，我怕担负不了这样的重担，是不是派一名比我更强、身体更好的同志去。"

林彪的态度，出乎毛泽东的意料，他怎么也没想到，自己多年一手培养的爱将，到了关键时刻却不听从他的命令。但毛泽东毕竟是有修养的大政治家，他不动声色地说："身体不好，那就好好休养吧，如果中南医疗条件不好，到北京来治疗吧。身体是革命的本钱，没有一个好身体，怎能担负起重要工作。”

“感谢主席的关心！”不知是林彪心中内疚，还是怕毛泽东看透自己内心的秘密，顷刻，他动情地说：“从上井冈山起，我就在主席亲切教导下成长，我虽然跟着主席打过不少胜仗，但我也犯过不少错误，由于长期艰苦的战争环境，弄得一身是病，在敌人把战火眼看就要烧到我们祖国大门口的时候，没能奔赴疆场，我心里十分不安，我感到对不起主席的多年培养。……是否先派别的同志去抵挡一阵，等我治疗一个时期，只要身体稍微好转，我立即去朝鲜战场。”

“好吧”，毛泽东不冷不热地说，“你看谁去合适？你推荐一个嘛！”

林彪怎么也没想到毛泽东会让他推荐出征的人选。他沉思了一会儿，然后不慌不忙地说：“我斗胆建议，彭德怀同志合适！彭总在一方面军的时候，他一直跟主席在一起打仗。抗日战争时，他也指挥和组织过大战役，他不但有指挥大规模战役的军事才华，而且身体也好。据我看，彭总能担任此重任。”

“好！你的意见，我可以考虑，和政治局商量再定。”

没过几天，毛泽东又和刘少奇、周恩来、朱德等人研究出征的问题。

几位决策人对林彪拒绝出国作战，有些失望，也感到震惊。几个人面面相觑，谁也没有发言。毛泽东望望他们说：“我提一个人怎么样？彭德怀同志可担此重任，他有指挥大规模战役的军事才华，身体也好，大家看看怎么样？”

“德怀同志对党对革命事业忠心耿耿，任劳任怨，是一位难得的帅才。”刘少奇表示同意。

“德怀同志是最理想的人选了。”朱德接着道，“从内战到抗战，到三年解放战争，他指挥了不少大战役，是一位无私无畏的帅才。一脑袋个人打算的人，就算是有那么一点歪才，也未必都能充分地发挥出来。”

“那就请主席和彭总当面谈谈吧！”周恩来道。

10 月 4 日，周总理安排去接彭德怀的飞机飞往西安。为了严守秘密，只是对彭德怀说毛泽东主席请他立即乘飞机到北京开会。当他来到颐年堂前时，周恩来首先迎出来与彭德怀握手：“彭总，会议在下午 3 点就已开始了，来

彭德怀

不及等你。”

政治局委员们见彭德怀赶来参加会议，都站起来和他握手。毛泽东说：“老彭，辛苦了，你来得正好！美帝国主义军队已越过三八线了，现在政治局正在讨论我国准备出兵援朝的有关问题，大家正在发表意见，请你也准备谈谈你的观点。”

彭德怀来京前，满脑子里装的是如何建设开发大西北的经济问题，对中央召开这样的紧急会议，思想上并无准备。从几个同志的发言中，他才知道出兵支援朝鲜民主主义人民共和国有些不同意见。毛泽东说：“你们说的都是理由，但别人处于国家危急时刻，我们站在旁边看，不论怎么说，心里很难过。”

第二天上午9时左右，邓小平受毛泽东委托来到彭总下榻的北京饭店。他和彭总两人在房间交谈约一小时后，即同车去中南海。

“老彭，据朝鲜来的情报，美军和南朝鲜军队正在大批越过三八线，因此政治局今天下午还要继续开会。你彭老总是怎么考虑的？”

“主席，昨天晚上我几乎没有睡觉。我把你讲的四句话，反复思考了几十遍，我拥护毛主席出兵援朝的英明决策。”

“嗯，好哇！还是你彭老总有战略远见，看来你是百分之百地支持我的意见啰！”

毛泽东高声说：“我们有些同志，只看眼前，看不到将来，更有人被美国的飞机、大炮吓破了胆！我们过去不是也经历了优势装备的敌人吗？”

“老彭，你看，带兵去支援朝鲜人民作战，这样艰巨的任务，派谁挂帅合适呢？”停了一下，毛泽东又征询地问。

彭德怀建议说：“林彪同志对东北、朝鲜的情况熟悉，最好由他带兵入朝。”

“算啦，算啦，他已经请了病假。人家有病，总不能不叫他治。其实他的病都在脑子里，怕在朝鲜打不好，面子上不好看噢。”

“常委几个同志商量的意见，这副重担，还是请你彭老总来挂帅，这是一场比保卫延安更艰苦复杂的战争，不知你的身体情况怎样？你可能思想上还没这个准备吧，你考虑有什么困难？”毛泽东说到这里，两眼注视着彭德怀。

“主席，我这个人的脾气你很了解，我服从中央的决定！”

毛泽东说：“这我就放心了。”“给你 10 天做准备，初步预定 10 月 15 日。关于部队更换苏联装备和空军支援问题，恩来同志即刻去莫斯科与斯大林同志商谈，尽快解决。”

10 月 7 日晚，毛泽东在菊香书屋内设家宴为即将赴朝的彭德怀送行。席间只有毛岸英作陪。

“彭叔叔，我要第一个报名去当志愿军。”当时在北京机器总厂工作的毛岸英说。

“主席，这怎么行？”

“岸英想去朝鲜参战，你是司令员，收不收他这个兵哟？”

“去朝鲜有危险，你在工厂好好干，也是支援了抗美援朝。”

彭德见毛泽东端起了酒杯，已明白了毛泽东的意思。

“德怀，那我就替岸英求个情，你就收下他吧！”

彭德怀劝阻说：“你让岸英跟我到朝鲜前线去，我懂得你的意思，你是想给全党带个头。但是自开慧同志牺牲后，岸英从小受苦，长期不在你身边生活，我看还是别让岸英跟我去，就留在主席身边照料吧！”

“老彭，这杯酒是我为你们壮行的酒，祝志愿军在你彭大将军指挥下旗开得胜！”

三人碰杯，一饮而尽。

毛岸英于 1922 年 10 月 24 日于湖南长沙小吴门外的清水塘出生。从小就随父母奔波，1924 年到上海，1925 年回韶山，1926 年去广州，之后，又赴长沙，奔武汉。大革命失败后，毛泽东把妻子杨开慧和三个儿子岸英、岸青、岸龙送到长沙板仓岳父家，自己去领导秋收起义，毛岸英在母亲身边生活了三年。

1930 年 10 月 24 日，毛岸英随妈妈杨开慧及保姆陈玉英一块被军阀何键抓走，关进协操坪监狱。杨开慧在狱中受尽了敌人的种种酷刑，可她始终坚贞不屈。敌人见硬的不行，于是又改变策略。一天，他们把杨开慧请到客厅坐下，对她说：“只要你在报上发表和毛泽东脱离夫妻关系的启事，你就可以马上得到自由。”

敌人得到的只是杨开慧的冷笑。

1930 年 11 月 14 日下午 1 时，29 岁的杨开慧于长沙浏阳门外的刑场上被反动派杀害。当地亲友和农民冒着生命危险连夜把烈士的遗体运回板仓，埋葬在青松环绕的山坡上。8 岁的岸英哭喊着妈妈，在心里埋下了复仇的种子。

杨开慧英勇就义后，经熟人出面说情、作保，毛岸英和陈玉英被释放，鉴于杨宅被严密监视的危险境地，在党组织的周密安排下，60 多岁的杨老太太向振熙和 20 多岁的李崇德舅妈扮成走亲戚的样子，领着岸英兄弟三人坐火车前往武汉，而后改乘轮船到达上海。

毛泽民和夫人钱希均当时在上海党中央出版发行部搞地下工作，他们把三个孩子安排到我地下党领导的中国互济会办的上海大同幼稚园。1931 年 4 月，由于顾顺章的叛变，上海党中央机关遭到严重破坏，大同幼稚园被解散，岸英兄弟暂时寄养在公开身份为牧师、实为中央特科人员的董键吾家。后因“白色恐怖”严重，董键吾又去武汉工作，岸英兄弟生活无着，开始流浪街头。老三岸龙在几次迁移中病死，岸英、岸青曾在烧饼铺当学徒，挨打受骂，受尽折磨。逃出店铺后，两人靠卖报纸、拾破烂、捡烟头，帮助推人力车维持生活。

杨开慧和儿子毛岸英、毛岸青

上海的中央特科经过改组后，陈云负总责，潘汉年担任二科科长。时任中华苏维埃政府国民经济部部长的毛泽民恰派苏区对外贸易总局局长钱之光出差西安、上海，

1930 年（左起）毛岸龙、毛岸青、毛岸英三兄弟在上海大同幼稚园

毛泽民就委托钱之光打听毛泽东三个孩子在上海的下落。钱之光见到了潘汉年，便把这个任务当面交给了他。随后，上海特科几乎动用了全部力量进行查找。董键吾的直接上级徐强也将任务布置给了在特科负责机要工作的妻子李云。查找工作从 1935 年秋开始，到 1936 年夏天终于有了线索，有人反映说，住在一个破庙里的两个孩子的情况基本符合查找的目标，于是组织上派人去核实，才找到了流落街头五年，历经辛酸的岸英兄弟俩。后来，党组织通过在白区的统战关系，由国民党高级将领张学良作介绍，乘东北义勇军李杜将军去西欧以考察为名，前往召集旧部时，委托他把毛岸英、毛岸青带出国。李杜当时虽不知道这两个孩子是毛泽东的后代，但他为人豪爽、富有正义感，又在向共产党靠拢，便立刻答应了下来。

1936 年 6 月，李杜将军办好各种出国手续，带着岸英、岸青和董键吾的儿子董寿琪从上海十六铺码头登上了法国“海法克斯劳德泽尔”号邮轮启程，经香港、西贡、孟买、苏伊士、地中海，于 7 月底到达法国马赛港。然后改乘火车到巴黎，在巴黎留半年后，又乘车前往莫斯科。先住共产国际中国代表团宿舍，后进入莫斯科市郊的莫尼诺第二国际儿童院和在伊万诺夫城的国际第一儿童院学习。

1942 年 5 月，在苏联卫国战争中，担任国际儿童院共青团支部书记和伊万诺夫市列宁区团区委委员的毛岸英用俄文给斯大林写了一封信：“我是一名普通的中国青年，我在您领导下的苏联学习了五年。我爱苏联就像爱中国一样，我不能眼看德国法西斯的铁蹄蹂躏您的领土，我要替千千万万被杀害的苏联人民报仇。我坚决要求上战场，请您一定批准我的请求！”落款写上

"谢辽沙"和"毛泽东的儿子毛岸英"。信发出后十天无消息，便又写了第二、第三封信，都石沉大海。

有一天，苏军政治部副主任兼苏共驻共产国际代表曼努意尔斯基将军到国际儿童院视察，毛岸英要求他帮助进军校学习，被毛岸英热情感动的将军同意了他的要求。于是，毛岸英先后来到苏雅士官学校快速班，莫斯科列宁军政学校和伏龙芝军校学习，并于 1943 年 1 月加入了苏联共产党。军校毕业后，毛岸英获中尉军衔，被任命为坦克连的指导员，在白俄罗斯第一方面军参加了苏军的大反攻。千里长驱，一直攻克柏林。1945 年初，苏联卫国战争取得了胜利，斯大林在莫斯科接见了毛岸英，并赠送小手枪一把，以作纪念。

然后，毛岸英进入莫斯科东方语言学院，学习政治经济学。他当时已23岁，无法抑制要投身到祖国解放事业中去的愿望，就要求回国，并得到了父亲的同意。当时正好有苏联红军将军级外科医生阿洛夫和内科医生米尔尼柯要去延安给毛泽东和其他领导同志担任医护工作，他们同机飞回延安。

1946 年 1 月，毛岸英乘一架苏制伊尔 –18 新型客机从莫斯科起飞，经新疆，飞西安，秘密来到延安，回到了 18 年日夜思念的父亲身边。在机场，毛泽东迎上前去，张开双臂，紧紧抱住自己的儿子，凝视着比自己个头还高的儿子，第一句话就说："你长得这么高了！"

毛岸英紧紧地搂着自己的父亲，不断地呼喊着："爸爸，爸爸，我多想你啊！"听着儿子的呼唤，毛泽东的眼睛湿润了。

在延安清凉山麓的王家坪院子里的石桌旁，毛泽东仔细询问了毛岸英在苏联的学习情况。又问："你在苏联经常读中国的书吗？"

"经常读的，能找到的我就找来读。"

"读过什么中国的小说吗？"

"读过《红楼梦》《水浒传》，还有鲁迅的作品。《红楼梦》里的诗词不大好懂。"

毛泽东把读《红楼梦》的要领告诉了毛岸英，又慈祥地对岸英说："你在苏联长大，国内的生活你不熟悉。你在苏联大学读书，住的是洋学堂，我们中国还有个学堂，这就是农业大学、劳动大学。"

一天，毛泽东给毛岸英介绍一位劳模吴满有说：“这就是我给你找的劳动大学的校长，你过去吃的是面包牛奶，回来要吃中国的小米！”他又指着岸英对劳模说：“我现在给你送一个学生，他进过外国的大学，没有进过中国的大学。”

劳模恐慌地说：“咱叫什么大学，咱啥也不懂。”

“我知道的你都知道，你知道的我还不知道。他还是娃娃，我就拜托你，你要教他种地嘛，告诉他，庄稼是怎么种出来的，怎么多打粮食。”毛泽东说。

“那我行。”劳模心中有底了。

毛岸英到离延安城 15 里外的吴家枣园，与劳模吴满有同吃同住同劳动。50 天后，因胡宗南进攻延安，郝村长把岸英送回毛泽东身边。毛泽东仔细打量着儿子，只见岸英头上扎着白洋布手巾，身着灰土布汗褂子，两条又粗又黑的胳膊放着油彩，脸也晒黑了，跟陕北农民小伙一个样子了。毛泽东满意地笑了，他风趣地说：“好呀，白胖子成了黑胖子！”

郝村长在一旁赞不绝口：“岸英是个好后生，他学会了驮粪、刨地、犁地、播种……”

毛泽东摸着儿子双手上的一层厚茧子，满意地笑着说：“这就是你在劳动大学的毕业证书！”

从“劳动大学”回来，毛岸英在中共中央宣传部工作。1947 年 3 月，胡宗南进攻延安，他又告别父亲，参加中央土改工作团，东渡黄河，到山西临县郝家坡进行土改。8 月至 10 月，又随同中央工作团来到平山县西柏坡参加全国土地会议。11 月至第二年 5 月，又去山东渤海地区搞土改复查工作。

1948 年 7 月，毛岸英从渤海之滨回到西柏坡，在中宣部担任编辑助理。在这里，毛岸英与早在延安时期就认识的刘思齐确定了恋爱关系。他俩征求毛泽东的意见，希望能够结婚。

“你正在学习，学校还没毕业，现在结婚不怕影响你的学习吗？”毛泽东问刘思齐。

“结婚后好好安排安排，不会影响我的学习。”

“你还小，着什么急呀，反正我同意你们结婚，等一等好不好？”

“好，听爸爸的。”毛岸英说。

1946年，毛泽东与毛岸英在延安

两人离开毛泽东住处后，不一会儿，岸英又回到毛泽东的房间。

“你怎么又回来了？”

“我今年26岁了，我想结婚以后，好专心致志学习和工作，这样，就不必在这方面花费那么多时间和精力了。”

“你的意思，是不是让我同意你们结婚呀？”

“是的。”

当时，毛泽东向儿子发了一通脾气：“你再急也不能违反纪律，我们规定军队连长以上的干部，不到30岁不能结婚，你凭什么不到30岁就要结婚？就因为你是我毛泽东的儿子，就可以搞特殊化？你们两人都不够条件，尤其是思齐，她不满18岁。解放区的婚姻法规定，男满20岁，女满18岁才能结婚，这一条，思齐不够条件结婚。”

岸英没料到父亲会跟他发这么大脾气，转身就走了，刚走到院子里，一下子就晕倒了，值班的哨兵急忙把他扶到一间房子里。

过了几天，岸英向毛泽东作了检讨，承认了自己的错误。

1949年9月，进城后的毛岸英和刘思齐商量好了婚期。在征求了思齐的妈妈张文秋的意见后，岸英又来到了父亲面前。

“你们准备怎么结婚呀？”毛泽东问。

“我们商量好了，越简单越好，我们都有随身的衣服，也有现成的被褥，不用花钱买东西。”岸英回答说。

“这是喜上加喜，应该艰苦朴素，但结婚是一辈子的大事呀，我请大家吃顿饭，你们想请谁就请谁。”

10月15日，婚礼在中南海举行。岸英和思齐在晚饭前都赶到了中南海。晚上七八点钟时，刘少奇、周恩来、朱德、谢觉哉、李富春及王光美、邓颖超、

毛岸英和刘思齐结婚照

康克清、王定国等人陆续来到中南海菊香书屋，并带来了小小的纪念品。大家欢聚一起，非常高兴。

婚礼结束后，毛泽东拿出一件去重庆谈判时穿的黑色的皮大衣送给岸英和思齐，他风趣地说："我没有什么贵重礼品送给你们，就这么一件大衣，白天让岸英穿，晚上盖在被子上，你们俩都有份。"在场的人忍不住大笑起来。

新中国一成立，毛泽东就想到了回家乡看看。但是，由于当时国事繁忙而抽不出身来，所以，他决定要他的大儿子毛岸英代他回韶山省亲。

1927 年农民运动高潮中，毛泽东信誓旦旦在韶山毛震公祠宣告：30 年革命不成功，我毛润之就不回韶山！如今革命胜利了，农民兄弟们喜笑颜开地传颂着：毛泽东是真命天子，如今在北京坐了金銮宝殿啦！

中南海菊香书屋毛泽东的办公室里，来自湖南亲友的书信像雪片似的飞来，有询问毛泽东带出去的家乡子弟下落的；有要求证明 ×× 烈士身份的，有要到京城会会"真龙天子"的"同学少年"……毛泽东读着这一封封饱含深情的信，感慨万千，仿佛又回到了几十年前的故乡，那个血雨腥风、赤色风云的三湘大地……30 几年过去了，毛泽东领导的中国革命胜利了，他多么想回家乡看看啊！但建国伊始，百废待兴，国务繁忙的毛泽东实在难以回去。

1950 年 4 月末，毛岸英和刘思齐一起回中南海吃晚饭。席间，毛泽东点着桌上的干辣椒对岸英说："你给单位请个假，回韶山老家看一看。再去看看外婆她老人家，到板仓给母亲扫扫墓。"说到"板仓"两个字，毛泽东顿了一下。刘思齐第一次发现开国领袖毛泽东的感情竟是如此细腻，便小声说："我也去。"

毛泽东笑了："想去认门啊？下一次叫岸英带你去。现在你在读书。"毛岸英笑着为刘思齐夹了一块鱼，开玩笑道："这次你就'余'下吧。"从9岁起就离开家乡出外闯荡的岸英在即将回湘前夕非常激动，夜不能寐。他在日记中写道："人终究是个有高度感情的动物，离别已经近20年了，对于人生来讲，这不是一个短时间……"

一个多月后，毛岸英正式成行，回韶山省亲。临行前，他去向父亲辞行。毛泽东很关切地对毛岸英说："你现在不仅是我毛泽东的儿子，而且是一名干部了。但你还年轻，没有什么生活和社会经验，这次回湖南，一定要谦虚谨慎。你这次回湖南的重点，去老家韶山看看，代我问乡亲们好！"

毛岸英听父亲说完后，正要离开，毛泽东又叫住了他说："岸英，现在从湘潭到韶山还是小路，你回去时还得骑马，但是到韶山时你不能骑马，一定要在离韶山10多里地远的银田寺下马，然后步行回家，这是我们对家乡、对家乡人民最起码的礼貌。""见了乡亲们要有礼貌，辈分大的男人北方叫爷爷，我们韶山称阿公，女的喊娭地，长辈喊伯伯、叔叔、婶婶、阿姨，同辈的以兄弟相称，不要没大没小的。再一点，要入乡随俗，不要有任何特殊，老百姓最不喜欢摆格的人。"岸英心领神会，用道地的韶山话回道："晓得啰，爹爹，还有么子吩咐的？"毛泽东给他逗笑了，递给他一个皮包，用手指指说："这里的一些票子，是我多年的积蓄，看到真正困难的乡亲，你就见机行事吧，俗话说，'空

毛岸英与外祖母及杨开智夫妇

手进门，猫狗不理’，……你看着办吧！”

5 月下旬，正是芙蓉国里朝晖灿烂、风轻日丽的时候，毛岸英穿着深蓝色卡其布制服，回到了阔别近 20 年的家乡。他这次回韶山，坐火车先到长沙，特地去拜望了外婆和舅舅一家。毛岸英手持毛泽东亲笔写的祝寿信，给 80 岁的外婆向振熙祝寿。老人紧紧抓住毛岸英的手，说：“没有变，没有变，和小时候长相一个样，一个样。”20 年过去了，怎么会没有变呢？毛岸英的变化真是太大了，可在慈祥的外婆眼里，他永远是自己身边的孩子。毛岸英递上父亲送给外婆的两棵东北野生大人参。外婆没有牙的嘴半天闭不拢，说了一遍又一遍：“一棵是开慧的，一棵是润芝的。”老人的言外之意，是说女婿替女儿多孝敬了一份。那天，毛岸英和外婆、舅舅全家照了一张相。

第二天，由湖南省委派出一个排的解放军战士护送，毛岸英和舅舅、舅妈回到板仓，给敬爱的母亲祭墓。来到棉花岭，这个一米八〇的大汉，砰的一声跪在母亲墓前，泣不成声：“妈妈、妈妈，儿子回来啦——这次回来真不容易啊，妈妈啊，我一定好好学习，好好工作，做出成绩为你报仇！报仇！……”泪眼迷离中，他仿佛又看到了 20 年前那个令人心悸的日子——1930 年 10 月 24 日，他的 8 岁生日，特务范瑾熙等带着 56 个枪兵，押着妈妈、保姆孙嫂和 8 岁的岸英，从板仓押到白水，由白水坐火车去长沙，亲爱的母亲从此一去不复返……岸英痛彻心扉的悲切号啕令旁边的亲人和战士们眼红鼻酸……

5 月 19 日到达湘潭县株洲镇。湘潭县 1949 年 8 月 11 日和平解放，8 月 23 日成立了湘潭县人民政府，辖 11 个区。今天的湖南株洲市即当时的湘潭县第一区株洲镇。那时，湘潭县还没有通火车，湘潭县副县长毛特夫和在县城工作的毛远翔得到消息，赶到株洲镇接毛岸英，再辗转到湘潭县城。因当时乡下不通汽车，三人于当天骑马回韶山。

毛特夫是韶山老党员毛新枚的长子，毛新枚于 1927 年 6 月被国民党杀害。1929 年，毛泽民写信将毛特夫接到上海，1930 年介绍他入党。毛远翔则是毛泽东房兄塾师毛宇居的亲侄子，比毛岸英小两岁。人逢故旧路途短，三位毛氏兄弟一路骑马，说不完的话。下午到达银田寺时，毛岸英翻身下马，毛特夫问：“怎么哒？天不早了，今天不赶回韶山冲？”

"不，临来时父亲嘱咐我，要早点下马走着回家。"

"真的？毛主席真的这样说的？"毛特夫和毛远翔又惊又喜地问道。毛岸英笑着点点头。

农历五月的天，孩子的脸，说变就变。快到韶山的时候，天下雨了，岸英他们挽起裤腿，打着赤脚跑到当时乡政府所在地毛鉴公祠。党支部书记毛仁秋和支部成员们正在那里等候。

岸英打着赤脚进村的消息很快传遍了韶山冲。在韶山的族谱中，有"虎踞龙盘""灵秀聚锺"的描述，老一辈的韶山人都传说舜帝曾到过韶山，在韶峰上吹箫弄笛，演奏"韶乐"，留下了"韶山"这个名字，也留下了这个风水宝地将会产生"真命天子"的奇妙传说。大革命时期，湖南军阀何键也听到了这一传闻，曾派人来挖毛氏祖坟，想挖断毛泽东的"龙脉"，结果自然是无功而返。在韶山人眼中，少年便立下凌云志的石三伢子毛润之实在是个当代"天子"了。现在毛泽东的长子回乡省亲，"太子"的称呼自然是亲切而又贴切的。于是，"太子回来啰！""太子回来啰！"便在人们的口头传开了。几个胡须花白的老阿公更是激动得话都说不清了："到底是毛泽东的儿子，没得架子，好有礼性的，竟走了 20 多里山路进村，有马都不骑。"

毛岸英穿着一件洗得发白的旧军装，戴着军便帽，穿一双大头皮鞋，乍一看，活像一个农村基层干部。当他听到有人在喊："太子回来啰！"出乎意料地吃了一惊，脸色苍白地连忙张开双臂，诚恳地对乡亲们说："要不得，要不得，大家千万莫咯样讲，我爸爸不是皇帝，他是人民的仆人，千万莫再咯样喊了，要是爸爸晓得了，会'谩它'（生气）的呢？乡亲们就叫我岸英或岸英同志，阿公叔子们喊我小毛伢子也行！"

韶山人为岸英的坦诚感动，经他这一招呼后，再没人喊他"太子"了。不过，一些托他办事的人，后来还是改不掉，仍然称他"少主席"。刚刚解放的韶山人，对于"同志"的称谓毕竟还很不习惯。

在毛鉴公祠，毛岸英转达了父亲对家乡人民的亲切问候后，人们争着拉岸英到自己家里去住。毛岸英一一谢绝了。

党支部书记毛仁秋抓住毛岸英的手，说："我们请你去周家外婆（周陈轩，毛泽覃的岳母）那里去住。"

“周外婆快70岁了，不要打扰老人家。明天我专程去拜访她。今晚我就在这里睡门板，陪陪祖宗老子吧！”

毛仁秋笑了，说：“本来应听你的，你不知道韶山冲里的晚上冷得很，难熬。到我们家去做客，也行。”

毛岸英摆摆手：“谢谢。大家都忙了一天，不打扰了。我在北方熬惯了的。”

支委毛乾吉建议到隔壁借张床，毛岸英再次反对，坚持和毛特夫、毛远翔一人下块门板睡觉，又快又好。

当地同志坚决不依。你一言我一语地说，毛岸英是党和政府派来的使者，是中国人民敬爱的领袖毛泽东与杨开慧烈士的亲生骨肉，是党培养出的优秀干部，要是冻坏了身子，那怎好交代？

毛岸英从容地站了起来，向人们拱了拱手，说：“大家的心意我心领了。睡门板能保持艰苦作风，锻炼身体，我爸和许多革命前辈都睡过，我也学会了。”毛岸英兴致勃勃地回忆了参加陕北土改的一件事情。一次在一位老农家谈话至深夜，外面下起鹅毛大雪，老农家三代人只有一个炕。老人要毛岸英上炕，那怎么行。毛岸英架起门板，和着大衣躺下。“我年轻体壮，挺得住。不信，比比谁先打鼾？”大家笑了。毛岸英诚恳地劝大家去休息，说着下了一块小门板。大家劝他换块大的。毛岸英说：“短了可以加条板凳。我也可以屈腿睡。”

“那怎么舒服？”“大丈夫能伸能屈嘛。”毛岸英的自律和风趣，引得笑声再次响起。

翌日清晨，毛岸英来到毛泽东旧居上屋场。周围的乡亲们闻讯赶来，岸英热情地和大家招呼，高兴地对大家说：“爸爸工作忙，不能亲自回韶山看一看，要我回来看望乡亲们，并要我代他问乡亲们好！”这时，一位双目失明的颤巍巍的老人拄着拐棍走过来，老人恭恭敬敬地自我介绍：“我是满阿公，我来看望毛岸英先生。”毛岸英见状，赶紧起身让座，让老人坐下，“您老人家就是邹满阿公啊！爸爸常对我讲起，您就叫我岸英好了。”吃饭的时候，他亲自给满阿公添饭、敬菜，一边吃一边拉家常。吃完后，又为他打来洗脸水。满阿公要走了，岸英拉住他的手，把自己津贴里省下的钱送给他。老人激动得连连说：“你真是毛主席教育出来的好伢子，对我这个残疾人这样好，这样尊敬。”毛岸英恭敬地说：“邹满阿公，看您老人家说的哪里话，如今穷苦人翻了身，新社会应该尊敬老人。爸爸工作忙，不能来看你们，爸爸说了，有机会就接你们去北京看看。”

东茅塘是毛泽东祖居。这天雨下个不停。毛岸英将皮鞋提在手里，赤脚冒雨来到东茅塘毛瑞和老人家。毛瑞和躺在床上，面黄肌瘦，家里已经断粮三天了，锅里、碗里尽是野菜，岸英看了难过极了，他夹了一筷子野菜放在嘴里尝了尝，掏出手帕包了一包，塞进衣袋里准备带回北京去，然后含着泪水摸出 5 万元钱（相当于现在 5 元钱）塞到瑞和阿公手里：“瑞和阿公，我没么子东西送您，这点小意思，您就先拿着去看看病吧。千万莫着急。我们韶山刚解放，土改没完成，乡亲们日子过得很苦。等土改后，我们可以分到田地，日子就会慢慢好起来的。”一席话说得毛瑞和老泪纵横，感激涕零。就这样，像撒胡椒面一样，东家 5 块，西家 10 块，临行前毛泽东平时省下的津贴再加上稿费的收入很快就所剩无几了。

棠佳阁是毛泽东外婆家，也是毛泽东小时候成长的地方。这天，毛岸英沿着他父亲青少年时代走过的滴水洞盘山小道，来到了棠佳阁。文运昌等几个老人老远就来接他。热情的外婆家人用当时来说已近乎奢侈的一桌丰盛饭菜招待毛岸英。席间，那位父亲常跟他提起的文运昌老人举起酒杯文绉绉地说：“今日岸英贤侄光临寒舍，堪称盛会，我等生平难得，实属幸莫大焉，让我们共同举杯，为毛主席的健康长寿，为新中国的繁荣昌盛，干杯！”另一位文涧昌老人歉意地说：“按我们的风俗，招待贵客最客气的是摆蛋糕席。可是今天没做得赢（没来得及）。”毛岸英接过话头，高兴地指着席上的笋子炒肉、小炒山蕨、清炖蘑菇等浓厚地方风味的菜肴说：“哪里哪里，这些都是名副其实的山珍美味，在北京是很难吃到的。今天劳烦诸位伯父伯母如此费心，小侄实在是担当不起呀！小辈唯有用‘为人民服务’的实际行动，来报答父老乡亲的深情厚谊。”

六天后，岸英依依不舍地告别了韶山冲，带着乡村的所见所闻和父老们的深厚情谊回到了北京。

毛岸英回到北京后，毛泽东就急不可待地向儿子询问起家乡的事来。他对家乡的一草一木，对存在的问题和发生的变化等，询问得是那么详细。

毛岸英这次代父亲回韶山省亲，实际体现出了毛泽东的浓浓故乡情，体现了毛泽东对故乡和故乡人民的深深眷念。毛岸英回韶山只是为毛泽东还愿而已。

毛岸英血洒疆场

10 月 8 日晚上，倪志亮大使和参赞柴军武将一封电报交给金日成首相，金看后高兴得两手一拍说："太好了！"他立刻分别拉着倪、柴两人的手进入会议客厅，随后拿出几瓶酒请倪、柴一起喝酒言谈。其间他一再对中国人民的大力支援表示深深的感谢。

斯大林担心苏联空军参战，可能会引起苏美之间的直接军事冲突，有诱发第三次世界大战的危险。所以，他在与周恩来的谈判中表示，苏联可以先给中国 20 个师的武器装备并尽快运到满洲里，但是苏联空军目前尚未准备好，暂时无法出动。

毛泽东收到周恩来发自莫斯科的电报后，于 10 月 13 日下午，再次在中南海颐年堂主持了中央政治局紧急会议，一致认为，即使没有苏联空军的支援，也必须立即出兵援朝。会议结束后的当晚，毛泽东给仍在莫斯科的周恩来拍发了火急电报。

1950 年 10 月 19 日，中国人民志愿军入朝作战

政治局紧急会议结束后，毛泽东还与高岗、彭德怀进一步研究了志愿军出国时间、渡江方案。最后确定志愿军各部于10月18日或19日分批渡江，先在平壤以北适当地区组织防御，待机歼敌。

10月19日清晨，彭德怀、高岗由北京乘飞机火速赶回安东。

当天黄昏时分，太阳向西边的山峦沉下去，鸭绿江水缓缓地流淌着。彭德怀乘着吉普车，带领一个指挥班子随志愿军先头部队跨过鸭绿江大桥，沿着陡峭的山路，贴近鸭绿江往东驶去。这是志愿军过江的第一辆车。

23日黄昏，毛岸英搭乘志愿军政治部组织部部长任荣的车也从长甸河口浮桥渡过鸭绿江，迅速与彭总会合。他们在江南岸走过的所有村庄、桥梁、道路都差不多被敌机轰炸过了，到处是一片废墟，路上挤满了往北撤退的人群。

大榆洞是志司的总部。这里本是有上百年历史的铜矿区，只见在南北两座大山之间，有一条东西走向的深沟。沟中有一条蜿蜒的小路，在路两侧，是一些挨得紧紧的简易工棚。在南山一条小沟岔子旁边，有一个圆圆的矿洞，洞中阴暗潮湿，岩石上的渗水正在不紧不慢地往下滴着。

柴成文把彭总安排到了山沟茅棚中的中华人民共和国驻朝鲜民主主义人民共和国的大使馆里。

21日上午9时，由朝鲜外相朴宪永与柴成文陪同彭德怀在矿洞旁的铁皮木板房子里会见了金日成。

“欢迎彭德怀同志，欢迎中国人民志愿军，我可是久仰您的大名呀！”首相操着鸭绿江北岸的东北话说。

金日成的话使彭德怀产生了一种亲切感。他知道，在抗日战争时期，金日成曾在我国吉林、通化一带率领抗日联军一部与日寇展开过长期的游击战争，那时，自己是八路军的副总司令，对东北抗日联军艰苦卓绝的斗争比较清楚，对杨靖宇、李兆麟和金日成的名字早已熟知，想不到，他们会在此时相见。他赶忙说：“你好，金日成同志，毛泽东同志让我代表他向你问好！”

两人坐下后，金日成又说：“感谢毛泽东主席，感谢中国共产党，也感谢彭德怀司令员及时来支援我国！”

“我是奉毛泽东主席的命令，把志愿军带过鸭绿江了，这仗我是否能打好，要靠首相和朝鲜同志多多帮助。从现在开始，我们就并肩作战，对付美帝国主义侵略者！”

△ 彭德怀与金日成交谈

金日成介绍说，他还有3个整师，一个半坦克师，炮兵、工兵2个团。彭德怀也向金日成介绍说，志愿军在10天之内要过江4个军，12个步兵师、3个炮兵师，约26万人。第二批24个师正在调集，第三批也开始集结了。接着，他们又讨论了下一步的军事计划。

毛岸英在志愿军总部和其他同志一样没日没夜地工作，没有享受过任何特殊待遇，也没有向任何人透露过自己的出身。除少数领导外，一般人都认为他是一个年轻、能干的俄语翻译。

据彭德怀的军事秘书杨凤安回忆：毛岸英平易近人，彭德怀司令员多次提出要毛岸英与他一起吃饭，毛岸英谢绝说，都是一样的饭菜，和办公室的参谋们一起更好些、更随便些。毛岸英除担任俄语翻译工作外，办公室没有再分配他其他任务，但毛岸英积极主动地参与办公室的各项工作，所以，大家对他都很尊重。

1950年11月7日，第一次战役刚刚结束，朝鲜首相金日成和苏联驻朝鲜大使拉佐瓦耶夫来到中国人民志愿军总部所在地朝鲜朔州以东、北镇西北的大榆洞，再次与彭德怀司令员会晤。毛岸英担任翻译工作，这是毛岸英到朝鲜后首次担任翻译。他用流利的俄语向拉佐瓦耶夫翻译了彭德怀介绍志愿军第一次战役的情况和即将发动第二次战役的计划。当晚，毛岸英连夜在蜡烛下整理了会谈的翻译记录。

志愿军司令部所在地大榆洞，是当地的一个旧矿，比较引人注目。志愿军司令部附近又集中了四部电台，收发电报比较多。美军通过空中侦察和无线电测向，发现大榆洞是志愿军的重要指挥机关。所以，美军飞机经常在大榆洞志愿军司令部上空盘旋侦察，活动频繁，有时还俯冲扫射。志愿军一些领导人担心彭德怀司令员的安全问题，给党中央和毛泽东主席发电报。

11 月 21 日，周恩来得知志愿军司令部不大重视自身安全，以中共中央名义致电志愿军司令部党委："为保证志司指挥机关及其领导同志的安全，中央责成志司党委应成立决议，规定志司驻地应经常变动，电台应分散安置，防空洞必须按标准挖好，并布置地下办公室。凡遇敌机来袭，负责同志必须进入地下室，任何同志不应违背。" 11 月 24 日，毛泽东又致电彭德怀等志愿军领导人，指出："请你们充分注意领导机关的安全，千万不可大意。""此次战役中敌人可能使用汽油弹，请你们研究对策。"

根据中共中央和毛泽东的指示精神，志愿军党委常委专门召开会议，研究志愿军总部的防空和彭德怀司令员的安全问题。会议决定，志愿军司令部机关全体人员于 25 日前疏散到各自的工作岗位，彭德怀司令员的安全由洪学智副司令员负责。

为做好第二次战役的准备工作，毛岸英和几名参谋人员，奉命深入高射炮阵地了解情况。在路上遇上敌机的轰炸，一颗没有响的炸弹落在了志愿军某连正在抢修的一座公路桥的桥墩下面的水里。三个战士潜入冰水中，把一颗一米长盆口粗的定时炸弹抱出水面。他们用绳子拴住定时炸弹的凤翅，拼命往岸上拉，毛岸英急忙跑上前去帮着拉绳子。指导员认出他是总部的同志，忙上前阻拦："同志赶快躲开，这很危险！"毛岸英执拗不离开，高声回答说："我也是志愿军呀！"

炸弹捞上岸后，一个战士把炸弹扛起来，拼命往江岸背后跑，毛岸英也冲上前去抱着炸弹的尾巴往前跑，他已听到炸弹肚子里发出咔咔的响声，炸弹随时都会爆炸。他们跑出几百米后，追上来的连长上前一把抓住毛岸英，拉着他一口气跑出很远，回头一看，见定时炸弹正在地上打磨磨转，便用手把毛岸英按到地下，就在这时定时炸弹爆炸了，江滩上碎石乱飞，像是下了一阵暴雨。

天很快黑下来了。毛岸英跟随高炮团长往山坡上走。这山上本来没有路，是附近的上百名朝鲜阿妈妮带着各种工具在积雪中铲开了一条通往山顶的小道。毛岸英见战士们正把一门炮往山上推，当炮被推到半山腰拐弯时，炮轮子把下面的一块石头碾了下来，一万多斤的大炮随着往下滚动，人们前拉后推，仍挡不住大炮往下滑动。在这危急时刻，毛岸英奋不顾身扑向山涧沿边的那个大炮轱辘，嘴里大声喊着："推住啊！"这时，又冲上几个人来，硬是把下滑的大炮给顶住了。

11月20日前后，我高炮部队打下敌B-29重型轰炸机两架，歼击机两架，击伤多架，高炮团俘获两名美军飞行员。彭德怀要毛岸英找俘虏谈话，探听一下美机是否继续轰炸的问题。

押送美军俘虏的吉普车被朝鲜阿妈妮围住了。她们把美国飞行员拉出车来，问他们为啥要轰炸妇女和儿童。美军飞行员吓得跪在了地下，拉住志愿军战士的手不放。毛岸英上前用英语对美军飞行员说："你们狂轰滥炸杀害了许多妇女儿童，你们哪里还有点人道主义！你们发动的是非正义的战争，轰炸妇女儿童是犯下滔天大罪！"

一个上校说他们是军人，要服从杜鲁门总统和麦克阿瑟总司令，现在知道认罪了，只要不杀他们就向上帝发誓，不会再干杀人的勾当了。

毛岸英问道："你们为什么这样轰炸呢？"

"因为你们害怕飞机，我们用大轰炸就能打到鸭绿江边，回家过圣诞节。"上校回答说。

"就凭你们的轰炸能抵挡住志愿军的进攻吗？你们是有些妄想吧。"

"美国的空军威力无比，我们的地毯式轰炸，地上连一头牛也活不成，可以清扫陆军前进的障碍，同时挡住你们的进攻。因此，我们要轰炸，轰炸，继续大轰炸！"

美被俘飞行员狂妄的话使毛岸英获得了敌人还要轰炸的情报。

11月25日，东方还未看到曙光，人们还在熟睡，大榆洞便吹响了防空警报。解方参谋长领着司令部的同志钻进南山的一座大矿洞，杜平主任领着政治部的同志钻进附近山沟的一座地下涵洞，其他总部首长钻进距离"彭总作战室"二三百米远的一座小矿洞。

"妈的，飞机怎么还不来？"躲在洞里的人探出头来不耐烦地骂道。

"敌人是不是吃了安眠药，睡不醒了！"

由于防空警报时常响起，志司人员在心理上既警惕又麻痹，你炸你的，我干我的。10点过后，毛岸英对高瑞欣说："高参谋，我想回作战室看看，不知文件都放好了没有。"

"等一等吧，警报还没解除呢！"高瑞欣嗫嚅着。

"不用怕！我看飞机一时来不了，就是来了，哪会偏偏炸中这个地方。"

高瑞欣看到毛岸英冲出了防空洞，就赶快追了过去。毛岸英来到作战室，脱掉身上那件杨凤安送给他的呢子大衣，就坐下来处理电报文稿，高瑞欣忙着在火炉上热饭。

上午11点左右，四架B–26轰炸机排成战斗队形，像令人生厌的秃鹫终于出现了。大家见它掠过大榆洞上空一直向北飞去，以为这几架飞机是去轰炸北边的鸭绿江大桥，都没十分在意。唯有在作战室值班的办公室副主任兼作战处副处长成普急忙走进里间屋，晃动还在睡觉的彭德怀，大声喊："彭总，敌机来了，赶快进防空洞！"

彭德怀睁开惺忪的睡眼，虎着脸恼怒道："飞机谁没见过，你这么怕死呀！"

一句话把成普给噎住了。正当成普目瞪口呆怔然无措时，恰好洪学智破门而入，其实他跑过来也是叫彭德怀防空的。成普如同见到了救星，赶紧催洪学智把彭德怀叫起来。

在志愿军总部，谁都知道只有洪学智不怕彭德怀。洪副司令员是一个乐天派，常常在嘻嘻哈哈之中就把正经事给办妥了。他平时喜欢和彭德怀开个玩笑，这又增添了彼此间的几分亲昵。洪学智掀开彭德怀身上的被子，大声喊："彭总，飞机来了，快快快，快躲飞机去！"

彭德怀把眼睛一瞪，骂道："洪麻子，你这么怕死呀！"

"不但我怕死，我还怕你死呢！美帝没打倒，我们谁都不能到马克思那里去报到。"洪学智伸手拖起彭德怀，在他的身后推搡着，绕过正在办公的毛岸英，向门外的防空洞走去。

"你松开手，我自己走。"彭德怀说。

"杨凤安，把彭总的办公用品拿来！徐亩元把彭总的铺盖卷起来，和行军床一起拿到防空洞去。"出门的时候，洪学智又叮嘱毛岸英一句，"岸英你也快点！"

毛岸英头也没抬，应了一声，忙着清理他手中的电报。

送走了彭德怀，成普松了一口气，点上一支烟悠闲自在地吸起来。此时，毛岸英也登记完了电报，从子弹箱里抓起一个大苹果，边吃边说：“对付彭总，还是洪副司令员有办法！”

突然，人们听到一阵轰鸣，原来敌机从北边又飞回来了，再一次掠过作战室上空。这两天敌机老是飞临大榆洞，来往反复就是不投弹，令成普产生了疑窦：敌机刚刚北去又折返，莫非要耍什么鬼花招？他扔掉手中的烟蒂，几步跳到门口抬头一望，不禁大吃一惊，只见头顶上有几十个银白色的亮点，这是敌机正在投掷凝固汽油弹。

“不好，快跑……”成普的话音未落，炸弹就像下饺子一样铺天盖地地砸了下来，单是房顶上就掉下十几颗汽油弹。顿时，熊熊烈火奔腾汹涌，眨眼间蔓延成一片火海。成普被爆炸掀起的气浪推到了沟里，半边衣服烧着了，半面脸上烧脱了皮，幸好没有昏厥，他就地一滚，把自己身上的火扑灭了。

警卫团五连一排战士正在矿洞“营房”里学唱歌，突然听到叭叭叭几声报警的枪响，接着就是震耳欲聋的爆炸声，随之天在摇、地在颤、人在晃，如同八级地震一般。

就在战士们进入警戒状态、做好迎战准备的时候，指导员邵发亮突然从洞外冲进来，气喘吁吁地说：“不好了，作战室被炸！一排长，立即派一个班过去，把文件抢出来！”

一排长带一班郭班长和 11 名战士立即出动。他们冒着敌机的扫射、轰炸，毫不犹豫地扑向火场，一次次冲进房里，抢出一堆堆文件和地图。

隐蔽在防空洞里的彭德怀正在对着作战地图凝思默想，听说作战室里还有人，他扔掉手里的铅笔，一跃而起大声吼道：“都是谁？怎么没疏散？快去救人！”说着就想往外跑，却被警卫员景希珍死死抱住。

敌机投完炸弹，俯冲扫射了一阵，摇摇摆摆地飞走了。彭德怀听说毛岸英还在里面，顿时情急，冲着起火的作战室大叫：“岸英，你快跑出来……听见没有，快跑出来呀！”

一时间，火场外聚集了不少人，毛岸英的好友赵南起急得直跺脚，眼里溢出了泪花。一向沉着刚毅、稳如泰山的彭德怀站在人群的最前面，神情焦躁不安。

“同志们，到火堆里去扒！”邵指导员大声提醒道，“动作要快，无论如何也要把人找到！”

没有时间找工具，战士们就赤手空拳迎着火舌扑上去。他们的头发烧着了，眉毛烧光了，身上的衣服起火了，双手烧伤，但谁也没有在意。

“这里有人！”火海中有人大喊一声。

郭班长等人循声扑过去，只见一个人倒在墙角下，全身是火。大家一边扑打他身上的火苗，一边往外拖。

“这里还有一个！”又是一声呼喊。

透过迷茫的烟雾，只见桌子下面压住一个人，身子烧焦了，脸烧煳了，辨不清模样。大家把带火的伤员拖起来，由郭班长背着冲出了火海。

彭德怀的脸色像块烧铸的青铁，双眉紧锁，俯身察看伤员，用低沉而又急促的口吻催问正在检查伤员的军医：“怎么样？”

军医摇摇头说：“都已经……”

“抢救，抢救！”

军医再次俯下身去检查，然后无可奈何地对彭德怀说：“心跳、呼吸早已停止，救不过来了。”

大家看着地上两位惨不忍睹的烈士遗体，分不清谁是谁。经作战室的同志回忆，毛岸英个子高一些，戴着一块德国造手表，腰间有一把斯大林赠送的手枪。根据这些特征，人们才把两位烈士的遗体区分开来。

志愿军总部人员回国前在毛岸英烈士墓前致哀

彭德怀凝视着毛岸英的遗体，紧紧咬住嘴唇，不让眼眶里的泪水溢出来。他把目光转向远方，用凄楚的声音说："唉，为什么偏偏把岸英给炸死了？"说罢挥挥手，转身离开了现场。大家望着彭总蹒跚的背影，心里难过极了。

下午 3 点，彭德怀召集志司党委开会，当解方请示要不要把岸英牺牲的消息报告给毛泽东时，彭德怀铁青着脸，沉吟半晌说："岸英同志为国捐躯光荣，我想迟早都是要报的，迟报不如早报，今天就上报。岸英的死我有责任，给中央的报告我来写。"

彭德怀伏身于一张小木桌上，手中的笔拿起又放下，放下又拿起，拿了几十年枪的手却怎么也拿不稳那支笔。纸短情长，落笔千钧。他写了一遍，撕掉了，又写，又撕，短短几行字的电文竟写了一个多小时。

军委并高（岗）、贺（晋年）：

我们今日 7 时已进入防空洞，毛岸英同三个参谋在房子里。11 时敌机四架经过时，他们四人已出来。敌机过后，他们四人返回房子内，忽又来敌机四架，投下近百枚燃烧弹，命中房子，当时有两名参谋跑出，毛岸英及高瑞欣未及跑出被烧死。其他无损失。

志司

25 日 16 时

周恩来读完电报愣住了，他的心和手都颤抖了，眼里噙满了泪水。再三斟酌，在来电后面写道："刘（少奇）、朱（德），因主席这两天身体不好，故未给他看。"

1951 年 1 月 2 日，周恩来让江青与叶子龙给毛泽东送去彭德怀 1950 年 11 月 25 日的电报，并附了一封信给毛泽东和江青。

当时毛泽东正坐在沙发上，他抬头一看，只见叶子龙满脸悲情，泪涌眼眶，于是敏感地问："子龙，出什么事了？"

江青掉下泪珠哽咽着说："主席，你一定要挺住。"

毛泽东已有很长时间没接到毛岸英的信了，以为是军务繁忙，现在他似乎预感到了不幸，忙问："是不是……"

叶子龙双手递上文件夹，放在最前面的一页是周恩来的信：

主席、江青同志：

毛岸英同志的牺牲是光荣的，当时我因你们都在感冒中，未将此电送阅，但已送少奇同志阅过。在此事发生前后，我曾连电志司党委及彭，请他们严重注意指挥机关安全问题，前方回来的人亦常提及此事。高瑞欣亦是一个很好的机要参谋。胜利之后，当在大榆洞及其他许多战场多立些纪念中国人民志愿军的墓碑。

周恩来

一月二日

毛泽东的嘴唇颤抖着，但是没有哭，没有眼泪。他眨了一下充满血丝的眼睛，目光开始慢慢移动，望着茶几上的烟盒。李银桥帮他抽出一支烟，再帮他点燃，随之便听到像陕北老农民吸烟时发出的嗞嗞声，他想用辛辣的烟味来压住那份痛苦的心潮。屋里静默了很长时间，没有人说话，没有人走动，但大家都感受到了毛泽东对长子的眷念和痛惜之情。

毛泽东吸完第二支烟，把烟头拧灭在烟灰缸里后，沙哑地发出一声催人泪下的叹息："唉，战争嘛，总要有伤亡，没得关系，谁让他是毛泽东的儿子呢……岸英是个苦孩子，从小没了娘，后来参加战争，没过上几天好日子。"

毛岸英的不幸牺牲，强烈地震撼着毛泽东的心灵。白发人送黑发人，岸英走得太早了，他只有 28 岁，结婚才刚满一年。回想起来也非常凑巧，当年毛泽东去上海出席中共一大时，也是 28 岁，也是刚结婚一年。父子两代同样在这种状况下身临险境，父亲则死里逃生，而他的儿子却壮烈牺牲了。

毛泽东是人民爱戴的领袖，同时也是一位慈祥的父亲，有着同常人一样的舐犊之情。他凝望着窗外那早已萧条的柳枝，轻轻苦吟着《枯树赋》：昔年种柳，依依江南。今看摇落，凄怆江潭。树犹如此，人何以堪。

1951 年 2 月 20 日晚，彭德怀回国汇报朝鲜战场情况。最后，他还向毛泽东详细汇报了毛岸英牺牲的经过，并以内疚的心情检讨说："主席，你让岸英随我到朝鲜前线后，他工作很积极。可我对你和恩来几次督促志司注意防空的指示不重视，致岸英和高参谋不幸牺牲，我应当承担责任，我和志司的同志们至今还很悲痛。”

毛泽东听罢，一时沉默不语。他伸手去拿烟，两次都没有将烟从烟盒里抽出来，最后还是警卫战士帮他取出香烟。他大口地抽着，两眼凝望窗外。然后，毛泽东抬起头来，沉痛而缓慢地对彭德怀说：“打仗总是要死人的嘛！中国人民志愿军已经献出了那么多指战员的生命，他们的牺牲是光荣的。岸英作为无产阶级战士、共产党员，他尽到了自己责任。你要回去讲，岸英是志愿军的一名普通战士，不要因为是我的儿子，就当成一件大事。不能因为是我、党主席的儿子，就不该为中朝两国人民的共同事业而牺牲。世上哪有这样的道理呀！哪个战士的血肉之躯不是父母所生？”

毛泽东强忍住丧子的巨大悲痛，日理万机地工作着。可是儿媳刘思齐每周来看望他时，总问收到岸英的信没有？为何不来信？为了思齐的学习，毛泽东强颜欢笑瞒了儿媳两年，独自承受着精神和感情上的痛苦。岸英牺牲两年之后，朝鲜停战协定签订了，思齐似乎已从一直没收到岸英的来信中悟出了什么。毛泽东决定让儿媳知道此事，他把周恩来请来一起和思齐谈。周总理轻声委婉地对思齐说，为抗美援朝保家卫国，无数牺牲了生命的战士，人民永远不会忘记他们，“岸英也是其中之一！”思齐听到这一消息，立时痛不欲生。毛泽东脸色苍白，木然地坐着；思齐伏在爸爸的肩上，极度悲痛地哭着。总理让思齐躺在沙发上，当他摸着主席的手时，心里一惊，与思齐耳语：“你要节哀，你爸爸的手都冰凉啦！”思齐又哭着去安慰爸爸。

主席和儿媳互相劝慰，都各自把悲伤压在心里。主席对思齐说：“战争嘛，总是要死人的。不能因为岸英是我的孩子，就不应该为中朝人民而牺牲。”

1990 年，中共中央办公厅经警卫局全面清理毛泽东留下的遗物，就在这次清理工作中，人们有出人意料的发现：在仓库的一个柜子里有一批衣物。

毛泽东生活管理员 69 岁的吴连登回忆说：“每年夏天的时候，这些衣服都拿出来晒，这些东西到底是什么时候留下来的，怎么回事，那个时候，我们也说不清。所有的东西，都普通得不能再普通，但是却叠得整整齐齐，一看就是精心收藏起来的。当时账上就反映得清楚，就是那一柜子基本上都是装的他的遗物。那柜子并不大，但是这个东西呢，这个柜子里分得清楚，这

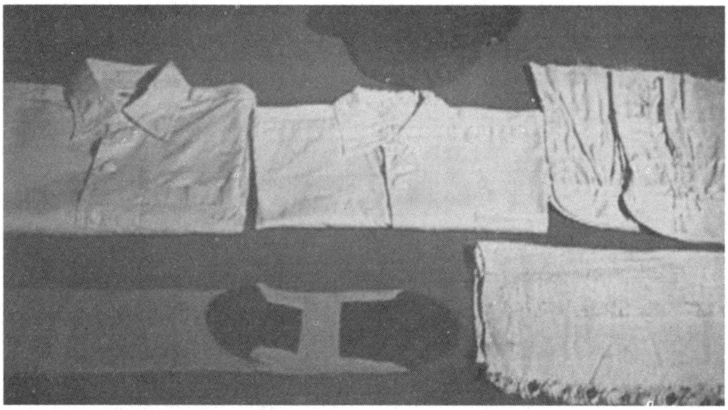

毛泽东悄悄收藏的毛岸英的遗物

就是毛岸英的。”

原来这衣物是毛岸英的，是毛泽东悄悄收藏的。

身为父亲的毛泽东，为什么要如此珍重地保留儿子的遗物呢？这其中难道有什么风俗习惯，或者特别的讲究？

毛泽东的堂侄66岁的毛岸平回忆说：“并没有这个风俗，韶山人历史上，家里去了人以后，一般把那些东西都烧掉。没有保留遗物的习惯。”

不合风俗，并非习惯。毛泽东却瞒住了所有的人，悄悄将儿子的遗物保存在身边，一藏就是20多年。20多年，8000个日日夜夜，这位父亲独自守候的，是一份何等割舍不断的思念！这份父爱，是何等魂牵梦萦！

“万岁军”

志愿军入朝后，采取“诱敌深入，集中优势兵力，各个歼灭敌人”的方针，前期以运动战为主，从1950年10月25日至1951年6月10日进行了五次战役。

第一次战役是10月25日至11月5日。我志愿军第一批先头部队跨过鸭绿江后，原计划占领平壤以北，组织防御，稳住局势。但敌先头一部已抵鸭绿江。于是，我军抓住敌人东西两线相距83公里的缺口，以两个师在东线阻击敌人，主力隐蔽于西线，袭击敌人。

21日晨，我四十军之某师在温井西北两水洞与李承晚伪军遭遇，我军消灭了李承晚伪军一个营，又乘胜追击，在温井、云山地区用12个昼夜歼敌1.58万人，打退美伪军的追击，立稳了足跟。

在大榆洞志司召开的总结会上，三十八军军长梁兴初受到了彭德怀的尖锐批评。会议开始，先是邓华进行战役总结，接着是彭德怀发言。他说：这一次战役虽然胜利了，可问题还是不少，如果不解决这些问题，第二次战役我看是打不好的。我们要从第一次战役中接受教训，我本人也要接受教训。他接着开始点名批评：六十六军在龟城方向没有抓住美二十四师，放跑了敌人，你肖新槐带六十六军入朝是来打仗的嘛，又不是逛风景，不知道要钉住敌人？东线四十二军两个师负责牵制美十师，任务虽完成了，但伤亡过大。

彭德怀停了一下，嗓音提高，继续说：但有的部队出现问题不是由于没有作战经验造成的，而是拖拖拉拉，执行命令不坚决！梁兴初来了没有？

“到！”梁兴初一听点自己的名字，心想，不好，彭总明明看见我来了，还问我来了没有。

众人的目光一下转向梁兴初。

“啪！”彭德怀的大手往桌上猛地一击，满座皆惊。

“你梁兴初胆大包天，你有什么了不起！”彭德怀怒发冲冠，“娘的，老子让你打熙川，你们说熙川有黑人团，什么鸟黑人团，吓了你自己！”

“嗡”地一下，梁兴初觉得脑袋发胀，热血上涌。梁兴初当过红军第一任侦察连连长，历来以打恶仗闻名，从红军到解放战争时期，他九次负伤，战功赫赫。在解放战争中，他指挥部队四战四平，三下江南，四保临江，打出了威名。后来，他指挥“十纵”在著名的黑山阻击战中，孤军奋战，抗击五倍于我的从葫芦岛增援锦州的敌军，为四野全歼廖耀湘兵团立下一功。他调任三十八军军长以后，率部进军广西，完成战略大迂回任务。在长期的革命战争中，梁兴初向以“虎将”著称，想不到在入朝后的第一次战役中，因其一一二师未赶到指定位置，全军延迟了进攻时间，使熙川伪八师弃城南逃。

彭德怀的骂声仍在继续着：“都说你梁大牙是铁匠出身，是一员虎将，我彭德怀还没领教过，什么虎将，我看是个鼠将。一个黑人团就把你吓住了！”

“下面的情况摸得不准，我们也……”梁兴初试图解释几句。

“你他娘的临阵怯逃！”

“三十八军还是主力嘛，而且是来日方长。”邓华接口说。

“什么主力，主力个鸟！”彭德怀把手一挥，大声说。

梁兴初受不住了，两腿微微发抖，不由自主地说：“不要骂嘛……”

彭德怀见梁兴初不服，大发雷霆：“不要骂，老子就是要骂！你延误战机，按律当斩，骂你算是客气，我彭德怀别的本事没有，斩马谡的本事还是有的！”

梁兴初窝了一肚子火，会后没吃饭就赶回了军部。

1950 年 11 月 25 日，第二次战役开始了。

麦克阿瑟发现我军只四个军番号，断定我只有 7.86 万人，是“象征性出兵”，提出仍要打到鸭绿江，回去过圣诞节。于是发起“圣诞攻势”，集中约 20 万人以西线为主分东、西两线发动进攻。

志愿军司令部制定了“诱敌深入，在运动中消耗和歼灭敌人”的方针，派一支部队向敌后纵深迂回，切断美军南逃退路，配合正面部队在运动中将敌分割围歼。彭德怀在布置任务时说：“向敌人侧后实施战役迂回，搞断敌人退路，把南逃北援的敌人隔开，关系到这个战役打得赢打不赢喽。”最后彭总把这个艰巨的任务交给了三十八军。

战斗打响后，三十八军首先攻占德川，歼灭韩军七个师，毛泽东专门发来了“祝德川大捷”的贺电。而后，五天五夜强行军，成功地穿插到三所里、龙源里、松骨峰，切断了敌后路。

西线之敌被我军引至定州、太川、妙香山等地，我主力六个军将其分割包围。25 日黄昏，乘其立足未稳之际，我军发起围歼战，击毁汽车 6000 辆，坦克、炮车 1000 多辆。

南逃之敌为了夺回生路，拼命地向三十八军扑来；北援的敌人为了接应南逃的溃军，也疯狂地扑向三十八军。三十八军承受了最大的战场压力，整个战场杀得天昏地暗、日月无光。

1950 年 11 月 30 日，在松骨峰发生了惨烈的阻击战。松骨峰是个半土半石的小山包，它位于龙源里的东北，与三所里、龙源里形成鼎足之势。它北通军隅里，西北可达价川。其主峰标高 288.7 米，从山顶往东延伸 100 多米就是公路。

在漆黑的夜晚，一一二师的三三五团一营三连在天亮前爬上了松骨峰，还没有来得及修工事，蜂拥南撤的美军第二师就顺着公路来了。位于最前沿的八班，在美军距阵地只有 20 米距离的时候，机枪手杨文明首先开火，立即把第一辆汽车打着了。五班的爆破组也把第二辆坦克打着了，汽车和坦克堵塞了公路。片刻之后，美军组织起向松骨峰的攻击，朝鲜战争中一场最惨烈的战斗就这样开始了。

美军的飞机疯了一般，擦着中国士兵的头顶把大量的炸弹和燃烧弹投下来。美军的炮弹密雨似的打在我军阵地上。三连阵地上一片火海，至中午，全连只剩下不到一半儿的人了。

13时，美军上千人开始了向松骨峰阵地第五次冲锋。他们出动了飞机、坦克和火炮，向这个小山包进行了长达40分钟的猛烈轰炸。排长牺牲了，班长主动代理，班长牺牲了，战士主动接替，炊事员和通信员也参加了战斗。指导员杨少成的子弹已经没有了，他端着刺刀冲向敌人，当六七个美国士兵将他围住的时候，他拉响身上剩下的最后一颗手榴弹，和敌人抱在一起。邢玉堂被美军的凝固汽油弹击中，他带着呼呼作响的火苗扑向美军，连续刺倒几个敌人，最后紧紧抱住一个美国兵，咬住他的耳朵，两条胳膊像铁钳一样箍住敌人的肉体，直到两个人都烧成焦炭。最后阵地上仅剩下了七个人，仍顽强地坚守了阵地，击退了敌人的进攻。

黑夜中，三十八军在顽强地与敌厮杀。副军长江拥辉登上指挥所的最高处，放眼南望，冷月寒星辉映的战地，阵阵炸雷撕裂天空，“轰隆隆，轰隆隆”连绵不断。几十公里长的战线上，成串成串的曳光弹、照明弹、信号弹在空中交织飞舞，炮弹的尖啸，手榴弹、爆破筒、炸药包发出的闷哑的爆炸声，在峡谷中回响不息。敌我双方在公路沿线犬牙交错地激烈战斗，敌人遗弃的大炮、坦克、装甲车和各种大小汽车，绵延逶迤，一眼望不到头，到处是散落的文件、纸张、照片、炮弹、美军军旗、伪军“八卦旗”以及其他军用物资。

▲ 1950年11月30日，三十八军在松骨峰激战

这天晚上，也是志愿军司令部最紧张的一个晚上。彭德怀披着大衣，整夜不停地起草电报，他已经连续六

个昼夜没有合眼了，他面容消瘦，眼睛青肿，但当前线传来胜利消息的时候，他显得极其兴奋，亲自起草了一个嘉奖电报：梁、刘转三十八军全体同志：此战役克服了上次战役中个别同志某些过多顾虑，发挥了三十八军优良的战斗作风，尤以一一三师行动迅速，先敌占领了三所里、龙源里，阻敌南逃北援。敌机坦克各百余终日轰炸，反复突围，终未得逞。至昨（30 日）战果辉煌，计缴仅坦克汽车即近千辆，被围之敌尚多。望克服困难，鼓起勇气，继续全歼被围之敌，并注意阻敌北援，特通令嘉奖，并祝你们继续胜利！中国人民志愿军万岁！三十八军万岁！这个嘉奖电报起草好之后，连几个副司令员都对这个“万岁”的称呼提出了异议，汉语中赞扬的词汇很多，能不能换一个，但是彭德怀坚持“万岁”。军长梁兴初，在前线接到彭德怀的这个电报的时候，流了泪。

“二次战役”的胜利，“万岁军”起了关键性作用。他们以伤亡 2279 人的代价，取得了毙伤敌 7485 名、俘敌 3616 名的战果。

抗美援朝中，“万岁军”先后参加了第一、二、三、四次战役和汉江南岸保卫战等战役、战斗，共歼灭“联合国军”5.6 万余人，为抗美援朝战争的胜利做出了重要贡献。

第三次战役，是 1950 年 12 月 31 日至 1951 年 1 月 8 日。中朝军队进行的进攻战役。此役，毙伤俘敌 1.9 万余人（其中志愿军歼敌 1.2 万余人），占领汉城，将战线推进到 37° 线附近地区。作战中，志愿军伤亡 5800 余人。此役粉碎了敌人妄图据守三八线既设阵地以备再犯的企图，扩大了中朝两国人民和军队的国际政治影响，推动了祖国人民抗美援朝、保家卫国运动的持续高涨。

第四次战役，是 1951 年 1 月 25 日至 4 月 21 日。中朝人民军队在艰难困苦的条件下在三八线南北地区进行的防御战役。此役历时 87 天，毙伤俘敌 7.8 万余人（其中志愿军歼敌 5.3 万余人），使“联合国军”平均每天付出近千人伤亡的代价才前进 1.3 公里。志愿军伤亡 4.2 万余人。中朝人民军队完成防御任务，赢得时间，掩护了志愿军后续兵团集结，为进行第五次战役创造了有利条件。

第五次战役，是 1951 年 4 月 22 日至 6 月 10 日。中朝人民军队共投入了 15 个军的兵力，经 50 天奋战，毙伤俘敌 8.2 万余人（其中志愿军歼敌 6.7 万余人），挫败了“联合国军”以侧后登陆配合正面进攻，在朝鲜蜂腰部建立新防线的企图，摆脱了第四次战役时的被动局面，锻炼了新入朝的部队。经过这次较量，“联合国军”对中朝人民军队的力量重新做出估计，不得不转入战略防御，并接受停战谈判。这次战役由于发起时间提前，准备比较仓促，战役歼敌目标企图过大，进攻纵深过远，志愿军伤亡 7.5 万余人，因而取得的胜利不够圆满。

1951 年 6 月 23 日，苏联驻联合国秘书马立克提出关于和平解决朝鲜问题的建议。6 月 30 日，李奇微发表声明表示愿意接受，7 月 1 日金日成和彭德怀也声明赞成谈判。

美国《新闻世界》报道：一个美国司令官在美国政府命令下，打起白旗，前去和敌人举行谈判，在美国立国 175 年历史中，这是头一次。

1951 年 7 月 10 日，双方开始举行停战谈判。美国企图以“军事实力”配合谈判，致使朝鲜战争出现边谈边打的局面。中朝军队贯彻“持久作战，积极防御”的方针，构筑坑道，英勇抗击，大量歼灭敌人的有生力量。1952 年 10 月 8 日，双方谈判中因战俘问题闹僵，美宣布谈判无限期休会，为了迫使中朝方面接受无理要求，10 月 14 日，美对我发动“金化攻势”，向金化以北上甘岭地区发动了极其猛烈攻势。

上甘岭是志愿军中部战线战略要点五圣山的前沿阵地，位于五圣山主峰南 4 公里处，总面积约 3.7 平方公里，是上甘岭的天然屏障。

1952 年 11 月 25 日，上甘岭战役胜利结束

自 10 月 14 日至 11 月 25 日，志愿军进行了上甘岭战役。双方在 3.7 平方公里的狭小地区，陆续投入作战兵力共达 10 万人。其中，“联

合国军”6 万余人，志愿军约 4 万人。敌人出动飞机 3000 余架次，妄图占领志愿军两个连扼守的上甘岭阵地，它所倾泻的炮弹，平均每天 2.4 万多发，最多时一昼夜 30 多万发。每天出动飞机平均 80 多架次，多时达 250 多架次。上甘岭山头几乎被削低了 2 米，山上的石头被轰击成 1 米多厚的粉末。在整个战役的 43 天内，我军打退敌人 670 多次冲锋，歼敌 25000 多人。击落击伤敌机 270 余架，大口径火炮 61 门、坦克 14 辆。当时美国新闻界写道：“美军的伤亡达到一年来的最高点。”

美国新闻界称这次战役“实际变成了朝鲜战争中的‘凡尔登’”。志愿军指战员的机智、勇敢、坚毅、顽强、无畏，被人们誉为“上甘岭精神”。

美军在战场上没有捞到好处，便又回到谈判桌旁。

在停战谈判中，李克农实际是我方代表团的总指挥。作为中国的情报之王，李克农多次受到毛泽东的夸奖。因此，在考虑赴朝谈判领导班子的人选时，毛泽东首先想起了时任外交部常务副部长兼中央军委情报部部长的李克农。同时，毛泽东还选配了一位对国际关系颇有研究，且文思敏捷、才华横溢，时任外交部政策委员会副主任兼国际新闻局局长的乔冠华，作为李克农的助手。

李克农、乔冠华受命后，毛泽东专门接见了他们。毛泽东对李克农说：“是我点了你的将！”然后，便和他们就停战谈判的有关问题进行了长时间交谈。当时李克农正犯哮喘病，平时靠药物控制病情，但他深知事关重大，仍抱病出征。

7 月 5 日，李克农的谈判班子从北京站启程赴朝。

7 月 6 日上午，金日成在平壤东北约 15 公里的作战指挥部里接见了李克农、乔冠华、柴成文一行。后来，李克农与金日成结成了好友，以至战争结束后，金日成每次来北京，总不忘给李克农送上几坛他爱吃的既酸又辣的朝鲜泡菜。

随后，他们和朝鲜同志组成了“中朝代表团”，于当天傍晚动身出发，7 日凌晨便抵达汉城。第二天上午，谈判双方便召开了首次联络会议。7 月 10 日上午 10 时，正式谈判便在开城来凤庄一间长 18 米、宽 15 米的大厅里拉开了序幕。

按照中朝两国协议，朝鲜停战谈判由李克农幕后主持，掌握全盘，乔冠华协助。对外以朝方为主，他们两人不露面。出于安全保密考虑，按照中国人的习惯给代表团和李、乔分别规定了代号，称代表团为“工作队”，称李克农为“李队长”，称乔冠华为“乔指导员”。

中朝代表团分为三线：一线由南日、边章伍等负责直接出面谈判；二线由乔冠华、柴成文等负责往返联系；三线则由李克农直接与中共中央联系并与朝鲜最高层协商，同时掌握谈判工作的方针大计和全部过程。他们每天的工作都是一环紧套一环，既紧迫又井然有序，并且是夜以继日。

朝鲜谈判是一场针锋相对的“白刃战”。双方常常剑拔弩张。

8月10日，围绕着军事分界线的问题，双方的斗争达到了高潮。会谈开始后，中朝代表发言完毕，美方代表却拒不回答，会场上出现了长时间死一般的寂静。秘书长柴成文有点急了，他悄悄走出会场，来到会场外的一座帐篷里，问李克农怎么办，李克农冷静地写了三个字：“坐下去！”

柴成文将纸条带回会场，在中朝代表手中传递，大家看到了李克农的指示，一个个都沉住了气，和李美代表比赛起“打坐”来，终于以整整2小时12分的沉默对抗创下了谈判史上的空前纪录。

10月25日，谈判地点从开城移至城东南8公里处的板门店。这里虽然日后扬名世界，而在当时连一个村庄都算不上。在荒凉的土地上，只有四间无人居住的小屋。

赴朝不久，李克农收到了老父去世的电报，他没有告诉别人，强忍泪水，把电报悄悄装进口袋。

夜晚，李克农独自走到帐外，在黝黑的天空下，面对西南方向鞠了三个躬，以遥祭父亲的在天之灵。他一生投身革命，长年在外奔波，无法照顾家庭，真是忠孝不能两全。1946年母亲去世时，他正在北平军调部紧张地工作；这次父亲病逝，自己又远在异国他乡。他想着想着，泪水不禁夺眶而出，从此直到谈判胜利结束，素爱整洁的李克农没有刮过胡须，以此纪念自己的父亲。

在毛泽东、周恩来的全力指挥、导演下，李克农和彭德怀，一文一武、一弛一张；一个谈得耐心，针锋相对丝毫不让；一个打得坚决，毫不手软。双方斗谋斗力、斗智斗勇，几经周折，其间还曾多次出现敌人突袭我军和谈

彭德怀在停战协定文本上签字

判人员驻地等流血事件。最后，经过两年多的唇枪舌剑及“大炮、炸弹和机关枪的辩论”，双方终于在 1953 年 7 月 27 日达成并签订了朝鲜停战协议。在签字的前一天，李克农提出，双方司令员不到现场签字，而由双方首席代表签字生效，然后再各向本方司令官送签互换文本，因为从汉城传来消息，李承晚很可能派人来板门店搞刺杀活动。美方对李承晚似乎也有些不放心，因此，这一建议被双方接受。

7 月 27 日，板门店格外热闹，世界各国记者云集会场，朝鲜停战协定签字仪式将在这里举行。双方首席代表南日和哈里逊从东西两侧走进会场，这两个充满敌意的军官彼此未说一句话，也没有正眼看对方一眼，在短短的几分钟内各自签字完毕便扬长而去。

协议签字生效这一天，李克农一直处于高度的亢奋状态。连续几个晚上，他躺在床上浮想联翩，辗转难眠，多次流下激动的泪水。

7 月 28 日上午 9 时 30 分，身材高大、目光炯炯的彭德怀，倒背着双手，大踏步地走进开城来凤庄签字大厅，胡子刮净的李克农领着杜平、乔冠华、张明远、肖全夫、李逞瑞等人跟随走进会场。

彭德怀拿起毛笔在停战协定文本上签了“彭德怀”三个大字，几十名记者们一拥而上，争着拍下了这一历史性的镜头。

★ 五　保卫新生人民政权

失败者的疯狂报复

1949 年 10 月 1 日，中华人民共和国宣告诞生。已溃逃到台湾孤岛上的蒋介石，并不甘心自己的失败，他一面指挥华东、华南、西南等地区的残兵败将进行负隅顽抗，一面出动大批飞机窜到上海、南京、杭州、广州等大城市及沿海一带狂轰滥炸，进行骚扰破坏。朝鲜战争爆发后，蒋介石更加得意忘形，以为“反攻大陆”的时机已到，一面磨刀霍霍，整军备战，一面派遣大批特务潜入大陆活动，企图里应外合，“光复大陆”，气焰十分嚣张。蒋介石逃窜台湾后，在大陆遗留和有计划潜伏下来的土匪、特务等反革命分子数以百万计。当时仅西南地区就有土匪百万，特务 8 万。另外还有一批坚持反动立场的反动党团骨干、恶霸分子以及反动会道门头子。仅据中共华北局统计：旧社会遗留下来的一贯道等会道门组织，不仅人数众多，而且许多地方的基层党政人员也都深陷其中，受其左右。在会道门活动方面，河北发现有 401 种；山西 150 种；平原 82 种；察哈尔 50 余种；绥远 20 余种；北京 38 种；天津 10 余种。华北区反动的一贯道道徒约 150 万人，代县不到 3000 名党员中，有 18% 参加了一贯道。察省雁北地委调查了 900 名党员，即有 500 名参加一贯道，其中 100 名党员宁退党不退道。这些会道门中的大多数，特别是一贯道和龙华会，已为特务组织所掌握和利用，成为反革命活动的有力工具。

从 1950 年春到秋的半年多时间里，在新解放区就有近 4 万名干部和群众积极分子遭到反革命分子的杀害。全国有 34 座县城遭土匪围困。1950 年内，仅广西一地就有3000多名干部被杀。贵州被杀害的干部群众有2000多人，全省80%以上的各级地方政权被捣毁。北京电车公司的特务分子一次就纵火烧毁电车59辆。

他们狼狈为奸，互相勾结，啸聚散兵游勇地痞流氓，煽动胁迫落后群众，或以土匪游击战的方式，或策划反革命暴乱，袭击围攻地方政府，甚至颠覆夺取基层政权。1950年1月至10月，全国各地发生反革命暴乱818次。

他们公开抢劫财物，奸污妇女，制造恐慌，破坏社会安定。北京解放初期的地痞流氓活动猖獗。绰号“一拳镇西单”的流氓头子金玉田，身带匕首，流浪街头，结伙作恶，打群架，调戏妇女，无恶不作。

他们制造散布谣言，蛊惑人心，离间党群关系，诋毁党的政策，损坏共产党和人民政府的威信。在许多偏远地区和农村，造成了民众的惊恐不安。

他们受美蒋特务机关的授意与派遣，或伪装积极、投机钻营打入我党政军机关及经济、文化部门，或建立与发展反革命组织，或建立反动武装，充当美蒋的别动队与坐探。

他们制造了一个个暴乱、一桩桩血案。

1950年1月25日，在广西恭城，瑶乡大地还吹着阵阵寒风，银殿山顶还披着茫茫白色。凌晨，匪首余伟年指挥匪徒40余人围攻嘉会乡人民政府，我军政人员被迫撤走；晚上10时，400余名匪徒围攻和平乐乡人民政府；第二天，全县13个乡的大批匪徒向县城集结。26日下午，1000多名匪徒包围了莲花乡工作队驻地，在突围中，工作队30多名同志牺牲。

参加暴乱的反革命匪徒有4500人，长短枪2400余支，其中进攻县城的有2700人，机关枪10挺，步枪1500余支；而守城解放军只有54人，工作队80余人，总计不足150人。

1950年2月5日，二野六十军一七八师政治部主任向璃接到准备去某国担任我驻外使馆武官的通知，在他从新都县石板滩返回成都的路上，在离成都仅9公里的龙潭寺遭土匪拦截，警卫班9人牺牲，向璃及6名战士被俘遭杀害，并被残忍地肢解。

2月17日，是大年初一，我四十五军工作团一男一女两同志经广西贵县庆丰乡松村时，被新塘村大地主邓志明下属匪徒捉去，将男工作队员挖肝割肉与众土匪烹煮吃了，女同志被其奸污后又交众匪轮奸，后残忍杀害。3月3日，邓匪又把被俘的我三位同志开膛挖肝，大摆人肉宴。

3月25日凌晨，数千名土匪包围了花溪附近的贵州大学，并在中午攻进了农学院，杀害学生4人，掳去65名男女学生，并在工学院抢去教职员工和学生的大量生活用品。

1950年春天，隐藏在广州中央医院的20多名国民党潜伏特务，将在医院住院的解放军伤病员“二级战斗英雄”、排长曾献玉，做截肢手术的炮兵团参谋长杨仲明，负重伤的战士曾鸣涧、段雨东先后杀害。

4月29日，安徽省蒙城县天门道道首刘金兰令手下的总坛主胡诚心在蒙城北关召开暴动会议，分派了各分坛主攻打蒙城的具体任务。5月5日凌晨，数千名天门道道徒分别在蒙城四周的张集、板桥、黄寨、宫桥等地集结开坛拜祖，然后，擂鼓为号，乘大雾通过涡河浮桥，一齐涌进城内，分别攻打县委驻地、县公安局、县监狱及解放初蒙城县大队驻地，造成我人员和财产的重大损失。

1951年2月，一场大火突然降临湖南零陵县城。古城街头顿成一片瓦砾，数千人无家可归。

零陵县地处湘南，县城设在芝城镇，即今永州市。这里风景秀丽、历史悠久。历代文人骚客，在此无不留下赞美和感叹。柳宗元的《永州八记》和《捕蛇者说》更是其中的千古佳作。然则，这也是一座多灾多难的古城。早在唐元和七年，这里就遭受过连续三个月的火灾，为此，当地人专修了火神庙，祈保平安。

2月20日上午，零陵军民正在县城集会声援抗美援朝和欢庆元宵佳节。11时许，突然响起一阵阵凄厉的火灾报警声，给群情激昂的人们泼来一场冷雨。顿时，城内一片混乱，呼儿唤女，鸡飞狗跳……转瞬间，弥天大火冲上天空。由于北风很大，火势迅速蔓延开来，一栋栋房屋在啪啪作响的烈火声中倒塌。

大火一直持续到下午5时。大火过后，城内一片瓦砾，惨不忍睹。据统计，这次大火共烧毁街道大约600米，房屋500多栋，伤亡19人，全城近1/10的人无家可归，财产直接损失达当时币制159亿元！

侦破小组经过几天几夜的奋战，纵火案的全过程终于真相大白。公安机关先后逮捕了 96 人。其中大都是原国民党、三青团的骨干分子和历史不清的人员。

组织纵火案的敌特组织是“湘桂粤黔边区人民反共自卫救国军零陵支队”。总部设在香港。张景星是支队负责人。

张景星，零陵白塘人。1947 年从湖南大学毕业，在校时加入了国民党。他一直做着当官从政的美梦。1949 年中华人民共和国的成立敲碎了他的美梦。因此，他对共产党抱有刻骨仇恨。表面上交出了零陵县国民党党员名册。实际上却贼心不死，扩展反革命组织，伺机进行颠覆破坏活动。

1951 年 1 月 19 日下午，他密谋策划纵火，鼓动说：“你们放一把火，给 5 万元，多放多给。放火成功之后，香港总部还有重赏。”

20 日放火后，他仍然假装镇静，照样在街头摆摊，窥测动静，又指使人在群众中散布大火是天灾，“解放时拆城墙，不应该拆掉防火塔……”

然而，再狡猾的狐狸也逃不过猎人的眼睛。人民政府布下的天罗地网终于使他最后走向刑场。

镇反中的罗瑞卿

在开国十大将中，如果说罗瑞卿大将在文韬武略、叱咤风云等方面与其他人有着差不多的经历，那么，他那一米八几的个头，在众多将星中却是首屈一指的。因而他获得了“罗长子”的绰号。毛泽东就不止一次说过：“天塌下来怕什么，有罗长子顶着呢！”

1949 年 2 月下旬，时任华北军区政治部主任兼第二兵团政治委员的罗瑞卿，受命带领兵团溶编了由北平和平投诚的原国民党一个军，随后便率部进驻石家庄，进行休整，并学习讨论第四野战军强攻天津城的经验，准备实施太原战役。

3 月上旬，罗瑞卿赴西柏坡参加中共七届二中全会。在会议期间，他申请随即将南下的第四野战军行动。彭德怀得到信息后，也要求把罗瑞卿调到他那里去。毛泽东见四野和一野都争着要罗瑞卿，一天便笑眯眯地对前来请求的罗瑞卿说：好哇，你现在是个香饽饽，都要抢你呢！不过，是南下还是西去，待打下太原后再定，说不准还会有别的任务呢！

4月初，太原解放，罗瑞卿被任命为市军管会副主任，协助徐向前主任做好接收太原城的工作。但这时他仍然向往着到前线，心想无论是南下还是西去，只要上战场就行。

6月初，中央军委周恩来副主席的一个电话，却使这位深情眷恋战场的将军，如淋一头露水，满腹狐疑。电话告诉他：立即向继任政委李志民交代工作，把一切交代清楚后，即来北平重新安排工作。军令如山，罗瑞卿虽然想象不出这时会有什么事情这么急，但还是遵命迅即办完交接手续，并同杨得志、李志民、耿飚等一一话别，便匆匆登上了去北平的火车。路上，他问同行的徐向前司令员，除了打仗，中央会安排他什么工作。徐老总也是丈二和尚摸不着头脑，说不出个所以然来。只是告诉他，军人以服从命令为天职，让干什么就干什么，决不能挑肥拣瘦的。

次日到达北平。不多久周恩来便约罗瑞卿去谈话，开门见山地告诉他，中央要他出任即将成立的中央人民政府的公安部部长。罗瑞卿听后一怔，马上提出还是希望随四野南下，或者能去彭总那里。他解释说，自己没有做过社会工作，这方面没有经验，建议由中央社会部部长李克农出任这一职务更为合适。

“你不是也在红四军、红一军团当过保卫局长吗？”周恩来不容他推辞地说，“各人有各人的事，李克农有李克农的安排，你就不要讲价钱了。”听到周恩来的话，罗瑞卿又想起火车上徐老总的嘱咐，心里虽然还是不太情愿，但也就不再坚持自己的意见了。

周恩来最后告诉他：“你的工作是中央决定的。今晚毛泽东还要接见你，你就不要再提上前线的事了。”

当晚，毛泽东在西山双清别墅接见罗瑞卿。一见面毛泽东就叫着绰号说：“你这个罗长子哟，听说你不愿干公安部长，还要去打仗？现在要建立新的国家政权了，我们都不干，都想去打仗，那行吗？”罗瑞卿连忙解释说，经过周副主席说服，他想通了，坚决服从中央决定，并表示一定要当好主席和中央首长的大警卫员。毛泽东听后，摆摆夹着香烟的手说：“不只是要你当

新中国第一任公安部部长罗瑞卿

好几个中央首长的警卫员，而是要当好新生国家的警卫员，当好人民政权的警卫员。你这个公安部长担子不轻呢！”

7月6日，军委公安部在北平宣布成立，不久便开始正式办公。新中国成立后，公安部立即划归政务院领导，在当月召开的有400多名干部参加的全国第一次公安高干会议上，周总理语重心长地说：“你们是国家安危，系于一半。国家安危你们担负了一半的责任。军队可以是备而不用的，而你们是天天要用的，是一时也离不开的。”罗瑞卿听了，深感自己肩头责任的重大。

不久，罗瑞卿又被任命兼任北京市公安局局长。这样全国、首都公安工作的担子就全部压在了罗瑞卿的身上，他感到责任更加艰巨了。

在罗瑞卿的建议下，公安部下设政治保卫局、经济保卫局、治安行政局、边防保卫局、武装保卫局、人事厅和办公厅，共六局一厅。接着，他请示中央和中央军委，调来徐子荣、雷经天、卓雄、邓少东、蔡顺礼等高级干部，又从华北补训兵团、华北军政大学、华北革命大学、苏南公学以及各地的党委系统，抽调了大批骨干力量和青年知识分子，为公安队伍建设奠定了坚实的基础。

罗瑞卿担任公安部部长后，按照党中央和毛泽东的指示，首先率领公安队伍在首都，并指导全国开展荡涤旧社会一切污泥浊水的斗争。

在北京，他直接领导对全市反动党团的登记工作，严密组织对警、宪、特等敌伪人员的查处。到1949年9月底，共清查登记敌特、反动党团骨干7000余人，缴获各类枪械近100支，基本上摧毁了国民党潜伏在北平的反动力量。为新中国的成立，创造了良好的政治环境，受到了党中央和毛泽东的称赞。

与此同时，罗瑞卿还亲自领导首都和全国的查禁烟毒、封闭妓院、取缔娼妓的运动。到1952年底，在中国肆虐百余年的烟毒被彻底肃清，流传数百年的妓院、娼妓等淫乱活动也得到了彻底根除。成千上万名沉沦于苦海的妇女获得了解救，走上了新的生活。

有一次罗瑞卿到上海，他皱着眉头，走进“大世界”竖立着哈哈镜的大门后，在人群中挤着、看着那些说书的、卖唱的、演文明戏的、唱越剧的层层人群；看着那些摆地摊的，兜售淫书、淫画和裸体照片的。只见在每层楼的通道边上，站满了手里抱着暖水袋的中年妇女、少女，甚至未成年的幼小的姑娘。在她们身边总有几个打扮得妖冶的老婆子，拉着行人的衣襟说：“找个姑娘玩玩吧……”回到寓所以后，罗部长激动地来回在餐厅的地板上走着，大声地说：“这些东西，这些吸血鬼，这些流氓恶霸，这些高利贷……连同这个‘大世界’，统统要消灭掉！消灭掉！这是罪恶，这是耻辱……我们的责任是要从这些坏蛋们的手里，真正解放这些不幸的人！要报告市委，做出计划，对这个‘大世界’进行彻底改造！要给那些不幸的妇女检查身体，医治疾病，安置职业。救济她们的不幸的父母和子女！取消所有的明的、暗的、半明半暗的娼妓，变相的妓院、舞厅、地下餐厅……”上海市委采纳了他的意见，彻底清除了这些浮在表面上的垃圾，改造了“大世界”。不久，“大世界”便变成了上海工人娱乐休息的场所。

罗瑞卿十分注意开展隐蔽战线上的斗争。这是一条见不到火光、闻不到硝烟，但又异常紧张、尖锐复杂的斗争战线。

朝鲜战争爆发后，龟缩在台湾的国民党蒋介石，认为反攻的时机已到，便加紧向大陆派遣间谍特务。有空投的，有从海上偷渡的，还有从边境潜入的，并以“杀死一名部长，奖励十条黄金”为诱饵，使一批亡命之徒铤而走险，把暗杀目标钉在一些高级干部和重要民主人士身上。当罗瑞卿向毛泽东汇报这些情况时，毛泽东饶有风趣地说：他们很不简单嘛！海、陆、空都出动了。这就叫作“海里爬上来，陆地钻出来，空中掉下来。不过，他们折腾得再凶，怕是在罗长子面前也讨不了好去呢！”

毛泽东说得很轻松，罗瑞卿却不敢掉以轻心，立即从全国抽调精兵强将，投入这一斗争。他反复强调：“必须大力加强侦察工作，加强秘密地打入敌人内部的工作。”“应在我们可靠骨干指挥之下，以能否发现、接近敌人并与敌人战斗的作用为主要标准。”

9月下旬，罗瑞卿向毛泽东汇报，为控制敌人交通线和运送破坏器材的运输线，准备选择一些人设法打入敌人内部去。毛泽东听后很感兴趣，指示说："为了取得敌人的信任，必要的时候，也可以甩几个手榴弹，烧两间茅房子，到敌人那里去报告，只要不死人就行。"说得两人会心地哈哈大笑。也就在这次会谈后不久，名噪一时的国民党特务段云鹏，便落入了罗瑞卿设置的法网。

段云鹏，自幼习武，能飞檐走壁，解放前是京津一带有名的飞贼，处号"赛狸猫"。1946年为军统北平站所收买，当上了国民党特务。北平解放前夕，为破坏国共和谈，恐吓民主人士，他在原北平市市长何思源家里搞爆炸，使何的一个女儿当场死亡，何夫妇受重伤。北平解放后，他逃到台湾，但贼心不死，先后于1949年9月和1950年5月两次潜入京津地区，发展特务人员，策划多次爆炸事件。他甚至想利用熟悉中南海地形的特点，阴谋再次潜入北京，行刺毛泽东、刘少奇、周恩来等党和国家领导人。

罗瑞卿得到这个情报后，决定采取欲擒故纵的策略，派秘密人员诱骗段贼入境，终于将这个自命不凡，声称任何人对他也奈何不得的飞贼，在第三次潜入大陆，刚刚到广州时便被捕获，除掉了这个祸害。当罗瑞卿将这个情况报告毛泽东时，毛泽东听后诙谐地说："你们莫要这么性急嘛！他不是飞贼吗？让他飞一个样子看看嘛！"

在此前后，我公安人员还先后除掉了企图在广州刺杀叶剑英的赵一帆；混入我中央机关内部企图暗害中央领导人的高元龙；妄图在上海暗杀陈毅的刘金德等敌特分子。还把几批空投到东北地区，企图搞反革命暴乱的敌特和数名美国间谍悉数就擒。把敌人一次次阴谋利用"五一""十一"重大节日搞爆炸，制造重大事件的图谋彻底粉碎，使新中国革命政权日益巩固，毛泽东、周恩来等党和国家领导人对此非常满意，多次指出：国家政权的巩固，公安战线功不可没！

镇反运动一开始，罗瑞卿就大抓对人民群众的教育动员工作，他要求公安机关要当好宣传员，处处去讲反对反革命。把反革命搞得"老鼠过街，人人喊打"！

他在中央宣传工作会议上建议：宣传、公安部门订合同，拟订一个时期切实具体的工作计划；宣传、公安部门组织互助组，协同工作。1951年6月，公安部派 15 个工作组下去视察镇反工作时，他又邀请中央宣传部派人参加。同时，还介绍一些做宣传工作的同志到各地去采访。他说，如此才能创造出可观的“公安文化”。

实际上，罗瑞卿自己就是一个非常出色的宣传员。在北京，他到中央和北京市的机关、学校中去；到政务院、政协、各界人民代表会议上去；到中央各部门召开的全国性会议上去，宣传镇压反革命。他出差外地，也像在北京一样，深入到干部中去，深入到群众中去，深入到各种会议上去做宣传。

他的讲话，总是根据听众层次的差异，随着变化着的情况，在不同场合、不同时期，侧重点有所不同。他讲道理深入浅出，通俗易懂，令人折服；他语言生动，铿锵有力，极富鼓动性。听过他讲话的干部赞叹：就像听到胜利的锣鼓声，令人精神振奋。

在镇反结束后，为了总结经验教训，进一步加强公安队伍建设，罗瑞卿多次建议公安干部看一下江苏省昆剧院演出的昆剧《十五贯》。

这一出戏写的是苏州一个叫尤葫芦的肉铺老板借了十五贯钱，约邻居秦左心第二天一起下乡买猪。尤葫芦回家后对其养女苏戍娟戏称十五贯钱为卖她所得。苏戍娟信以为真，连夜离家出走。此时赌徒娄阿鼠闯入尤家，见钱起意，杀死了尤葫芦，拿了钱仓皇离去。第二天秦左心如约来到尤家，见尤葫芦已被杀而其养女又不在，便一面报官，一面同邻里去寻找苏戍娟。苏戍娟离家后不久即迷路，恰遇到携十五贯钱的伙计熊友兰，两人偕行，在路上被邻里揪入官府。无锡知县过于执见熊有十五贯钱便认定熊、苏二人通奸谋财，杀死尤葫芦，判二人死刑。苏州知府况钟监斩时发现此案疑点，于是面见不关心群众疾苦的巡抚周忱，争得半个月复审时间，亲赴现场勘查，微服到百姓中暗访，平反了熊、苏的

△ 昆剧《十五贯》剧照

冤案，抓住真正的杀人凶手娄阿鼠。

罗瑞卿又向毛泽东推荐此戏。毛泽东看了后说：“这个戏所有剧种都要演。搞肃反就是要有反必肃，有错必纠。”罗瑞卿要求公安部的干部都要看这一出戏，看完后要组织座谈，要学习况钟搞好调查研究，平反冤狱，而不要去学对百姓疾苦漠不关心的巡抚周忱和主观主义、刚愎自用的无锡知县过于执。他认为，过于执一开始拘留熊、苏不能算错，错在他不做调查研究，轻率判决，因此剧作者为他取名“过于执”。周恩来评价说：“我们有的官僚主义者比戏中的巡抚还严重，这巡抚是我们的一面镜子。《十五贯》中‘见都’一场那面堂鼓就很好嘛。你要见他，他官僚主义，不见你；你一击鼓，他就只好出来了。……我们现在有些官僚主义者恐怕连这个巡抚都不如呢。”周恩来对这出戏的艺术性和演这出戏对戏剧事业的意义也作了充分评价。他说：“一出戏救活了一个剧种。《十五贯》有丰富的人民性和相当高的艺术性。”

“蚍蜉撼树谈何易”

在镇反中发生的最触目惊心的重大反革命事件，就是1950年10月1日国庆节前夕，美帝国主义间谍阴谋炮轰天安门检阅台的反革命案件。美帝国主义间谍李安东、山口隆一等在美国战略情报局、东京美国占领军总部和前美国驻华大使馆北京武官处的策划和指挥下，绘制了天安门形势图，准备在中国国庆大典时，用“六〇”迫击炮炮击天安门检阅台，杀害中国共产党和国家领导人。这一罪恶阴谋，由于在9月26日被公安机关破获，才未能得逞。

1950年9月27日，北京的东单大街一早就已车水马龙，热闹非常。上午9点左右，一个伊拉克女人肩披一条印花绸巾，风姿绰约地来到东单的北京国际电讯电报邮局。她飞快地办完邮寄手续就匆匆地走了。在马路对面的“北方皮货”商店里守候监视她的一个高大、肥胖的日本人，见女人从邮局出来，确信邮件已经发出，便跟随着女人向东四方向走去。

就在发信人自以为万无一失时，他们的这封信已被摆在了监视他们许久的北京市公安局侦查处处长狄飞面前。从字面上看此信似乎只是一封购销通知。信件的投送地址用毛笔写着：

日本国东京都涩谷区

神泉町20番地7号第一绿C管理室

经过秘密检查，信件的内容是：

CLC总部：所购灭火机定于10月1日发货。一切按既定的计划进行。致以热烈的问候！

山口隆一

一切并无异样之处，但狄飞处长一分析就感觉有蹊跷了。首先，CLC是一个间谍组织，并没有消防器材方面的业务，为何要购买消防器材，而且选在北京？再看信中，还附有一张用铅笔绘制的天安门地形草图，并画出了射击天安门检阅台的指示目标：从御河桥上放的灭火机上，一条又粗又黑的抛物线直指天安门城楼中央的毛主席画像。

狄飞大吃一惊，预感到问题严重。拍照后他立即向公安部侦查处处长李国祥作了汇报。李国祥马上召开了案情分析会。会上，大家都感到此信件中隐藏着一个大阴谋，今天是9月27日，再过四天，就是国庆一周年的日子，届时，党和国家领导人将登上天安门城楼，与民众共同欢庆这个盛大的节日……这个日子也正是信中的那个“发货”日。他们将“发”什么“货”？如果把“发”的“货”与草图上的抛物线联系起来……

“我这就去向中央请示！”问题太严重了。李国祥匆匆赶往中南海。

中共中央政治局委员兼北京市市长彭真同志在西花厅听了汇报，并看了证据，也感到事关重大。他指示李国祥：“这很可能是炮轰天安门、杀害毛主席和中央领导同志、破坏我国庆的大案！事不宜迟，迅速破案！”

其实，早在1950年7月，随着朝鲜战争的爆发，中国公安部一局一处侦查科的曹纯之就已经开始有针对性地收集国际间谍的材料，目标很快锁定在北京东四三条一个美国人设立的机关——“美国新闻处”。

“美国新闻处”实际上是美国战略情报局驻华机关的分支机构，经常出入这里的，是长期居住在北平和天津的德国、意大利、日本等战败国的侨民。

这些战败国侨民中的部分人以前的身份曾是间谍，“二战”结束后被美国收买，继续从事间谍活动。

通过多日观察，李安东首先进入了侦查视线。很快，外线侦查员就掌握了与李安东联络密切的意大利人哲立、日本人山口隆一、德国人甘纳斯，以及东交民巷法文图书馆经理魏智等人的情况。

李安东，意大利人，又名汤尼，住北京市甘雨胡同乙 17 号，公开身份是天津老世昌公司在京的代理人。此人于 1919 年来到中国。“七七事变”以后，李安东在华北地区为日本侵略军搜集情报。1948 年 3 月，他又接受美国驻华大使驻北平武官处上校武官包尔德所下达的间谍任务，并收罗了日本、德国等特务为其充当情报员，继续进行间谍活动。

山口隆一，日本人，公开身份是法国人魏智在东交民巷开设的法文图书馆中文部图书目录编辑，也是被包尔德收买的间谍。

甘纳斯，德国人，曾是纳粹党徒。1938 年，他来到北京，任德国宝世公司北京代理人。1940 年，他与李安东相识，与李安东一起为美国间谍搜集情报。公开身份是西市汽车行的经理。实际上，这个汽车行只有一辆小卧车，供他使用。

哲立，意大利人，1921 年来到中国，曾任意大利驻天津海关总督。日本投降后，他与美国间谍机关发生关系。北京解放后，包尔德离京，带走了他的老婆俄国女人霍尔瓦特伊芙娜，他现在是无业侨民。

马力悦，意大利人，北京迺兹府的天主教堂主教。1946 年来到中国，李安东以每月给他薪俸 140 美元、每次交通费 5 美元为条件，命令他提供中国的情报。

在侦查员对李安东等进行全面监控时，1950 年 9 月 25 日，一个年轻女人走进了哲立的住所。下午 4 时，侦查员沈继宗返回侦查科汇报，该女子叫程梦，住北京迺兹府大街 770 号，1950 年毕业于燕京大学音乐系，现任北京师大音乐系助教。解放前程梦在燕京大学就读时，跟苏联人霍尔瓦特伊芙娜学过钢琴。

很快，居委会报告：程梦大姐程娜最近从香港来京探亲，程娜丈夫是英国人，在香港开银行，解放前在北平时与包尔德有过交往。

曹纯之当即派侦查员辛立学、沈继宗和翻译张宝英到程娜住处执行搜查任务，但遭到了她的严厉拒绝。曹纯之立即驱车赶到。曹纯之环视屋内各处，突然手指梳妆台问：“这个检查了没有？”

“没有。”张宝英回答说。

“检查！”张宝英拉开梳妆台的小柜子，只见里面有一个美国产脂粉盒。一打开，露出半截名片，经检查是原驻华上校武官包尔德的。

曹纯之严肃地对程娜、程梦说：“包尔德的公开身份是美国驻华大使馆北平武官处武官，他的秘密身份是美国战略情报局在华机关的负责人。你们受包尔德的指示到我们中国首都来进行间谍活动，这一条，就是罪证！”

程娜说：“我这次来是看母亲的，受丈夫朋友包尔德的委托，以半截名片为凭，请哲立先生帮助卖掉霍尔瓦特伊芙娜存放在我妹妹家里的钢琴。妹妹已经和哲立联系了。”

“卖钢琴？伊芙娜和哲立，他们过去和现在都是夫妻，都有权卖自己的钢琴，还用得着包尔德做主吗？”

“他让我代问哲立好，并告诉他我们的洋行银根紧，生意不太好！”

“这是间谍用的语言，是在向他们下达指示！”

当晚，曹纯之把程娜请到公安部，客气地说：“你到这里来会更安全，把问题说清楚就行了。”

程娜哽咽了，说：“我是中国人，愿意做对祖国有利的事。”

“我打算让程梦做你的联系人，好吗？”程娜点了点头。

在北京海德曼咖啡馆里，程娜按照曹纯之的指示，把半截名片交给了哲立。哲立十分欣喜，然后，他驾驶一辆灰色的小轿车飞快地来到李安东的住处。

想入非非的李安东，正急切地等待着包尔德从香港派人送来的联络暗号。只要对上名片就等于包尔德向他们下了最后的命令，这样，他震惊全世界的计划就要实施了。

原来，1949 年包尔德逃离大陆前，曾与李安东有次密谈。李安东毫不掩饰地说他那里还藏有一门 Stokes 式迫击炮，还有几十枚炮弹等武器，说：“我计划将来会有机会使用。”

“遇到什么机会使用呢？”

“我想等中共政府在天安门举行集会时，可以在天安门试一试。”

包尔德立刻许诺：“李安东先生，如果你们的计划能够成功，我们可以给你们50万美元！事成之后，美国战略情报局可以保证你们到美洲或欧洲去自由地从事自己的商务，去做一个百万富翁！”

此次包尔德正是在美国战略情报局特务头子杜诺万的授意下，通过程娜向李安东发出行动信号的。李安东接过哲立从上衣口袋里掏出的半截名片，又从书架上取出一本意文书，从折叠处取出另一半名片，然后在检测镜下仔细辨认：“OK，联络暗号完全准确！”

李安东眼睛里闪着凶光，命令道：“你立刻就去告知山口隆一，马上与东京方面联系！”

从中南海回来的李国祥处长一到公安部便向曹纯之交了底：“彭真同志定了，要求国庆前破案。我看明天行动吧！”9月28日，6点15分，一阵清脆的哨音刚落，全副武装的侦查员们已集合好了。李国祥下达作战命令：经过侦查，美帝间谍分子企图在国庆节炮轰天安门，谋害伟大领袖毛主席等党和国家领导人，制造国际混乱。据此，公安部命令：依法逮捕李安东、山口隆一、甘纳斯、哲立等间谍分子！

一辆辆吉普车、卡车、摩托车呼啸着奔向目标。

晨曦中的北京甘雨胡同一片宁静。山口隆一正闭目静坐，口念经文，突然屋外响起震耳的马达声，魏智惊慌地跑进来：“不好了，共产党来人了！”

破获炮轰天安门反革命案

山口隆一下意识地伸手到办公桌上拿手枪，被冲进来的侦查员沈继宗一把按住。“你被捕了！”沈继宗出示逮捕证。山口隆一大声吼叫：“我抗议！我犯了什么法？”

“你以商人的名义寄往东京的是什么信件，你自己明白！”沈继宗一针见血地指出，“你们名义上购买高射程灭火器，实际上是向东京美国盟军司令部情报处报告炮轰天安门的计划，还有精心绘制的天安门地形图，企图在‘十一’谋害毛主席和我国政府领导人，难道这不是犯罪吗？”

9月28日，李安东起得很早。按计划，他今天应把拆卸分散的迫击炮零件集中起来，做好射击的准备。一大早，他就准备开车去隐藏迫击炮零件的迺兹府教堂。这时，屋外传来急促的脚步声。侦查员辛立学、张宝英推门进来：“李安东先生，我们是中华人民共和国公安部侦查员，现奉命逮捕你！”李安东一愣，毛茸茸的手腕子被戴上了手铐。同时，哲立也在隐蔽的住处成了阶下囚。

与此同时，侦查人员在迺兹府的天主教堂也展开了大规模搜查。身披主教大衣的马力悦用生硬的中国话拒绝说：“这里是教堂，不许你们侵犯教堂的尊严！”

“对不起，你无权拒绝我们的检查。你在中国，应该遵守中国的法令！这也是对你负责！”

侦查人员在壁炉内左侧发现藏有迫击炮的零售部件，于是一一取出炮座、炮架，韩复光拿起炮筒、炮架，熟练地用腿一夹，用手一扭、一合，便迅速地拼成了一架Stokes式迫击炮。然后，把十几颗炮弹往旁边一字摆开，气愤地说：“这就是间谍的罪证！”美国间谍炮轰天安门的阴谋彻底破产。

1951年8月17日，中国人民解放军北京市军事管制委员会军法处对这个案件进行了判决，主犯李安东、山口隆一被判处死刑。甘纳斯和哲立被判处有期徒刑，刑满后驱逐出境。

1950年6月，中共中央、中央军委曾多次发出指示，要求各部队必须限期剿灭土匪，并建立和发展地方武装和坚决镇压反革命的活动，于是，解放军各主力部队相继抽调一大部精干兵力参加剿匪斗争。各剿匪部队采取军事进剿、政治瓦解与发动武装群众相结合的方针，大力宣传和执行“镇压与宽大相结合”的政策，消除群众惧怕报告的顾虑，主动揭发、劝降、争取和协助部队剿匪。在党的政策感召下和群众的配合下，许多土匪改过自新、缴械自首，许多土匪家人劝夫、劝父、劝子弃暗投明，争取宽大处理。据统计，西南地区1950年4月就歼匪85433人，投诚者有38676人。经过军民协同作战，反复清剿，截至 1950 年 6 月初，全国范围内的武装股匪大部已被剿灭，共歼匪 98 万人。

1950 年 3 月，在大举剿匪的同时，中共中央又发出《关于严厉镇压反革命的指示》，各级政府遵照中央的指示，对各类反革命分子也进行了清查和镇压。在农村，结合土地改革开展反恶霸、斗地主。在城市中逮捕和处决了一批反革命首要分子，破获了大批特务间谍案件，并勒令反动党团骨干、特务等反革命分子进行登记；对罪恶昭著、顽固狡赖、隐瞒欺骗、拒绝或逃避登记者，予以严厉制裁。在一些地区，还通令取缔各种反动会道门及秘密反动组织。

1950 年 6 月 6 日，中共七届三中全会在京召开。毛泽东在会上强调：不要“四面出击”，我们当前总的方针：“就是肃清国民党残余、特务、土匪，推翻地主阶级，解放台湾、西藏，跟帝国主义斗争到底。”

6 月 14 日，中央人民政府通过关于成立人民法院的决定，并明确规定其主要任务是：“运用司法秩序，惩治危害人民与国家利益、阴谋暴乱、破坏社会治安的恶霸、土匪、特务、反革命分子及违抗土地改革法令的罪犯，巩固人民民主专政。”人民法院的普遍建立，弥补了司法机关力量之不足，为镇反斗争增添了新的斗争武器。

7 月 23 日，政务院和最高人民法院联合发布了《关于镇压反革命活动的指示》，要求各级人民政府对一切反革命活动采取严厉的及时镇压，并继续贯彻“镇压与宽大相结合”的政策，以期团结人民，孤立反革命分子。

人民解放军湘西剿匪

7 月 26 日至 8 月 11 日，最高人民法院、最高人民检察院、司法部和法制委员会共同组织召开了首届全国司法工作会议，中央领导到会对司法工作的主要任务及基本路线作了明确的指示，为统一司法战线的思想和进一步开展镇反斗争进一步指明了方向。

在中共中央和中央人民政府的领导下，经过全国人民的努力，到1950年9月底，镇反斗争已取得很大成绩。全国除广东、广西、福建、浙江及解放最晚的西南地区尚有部分股匪外，其他地区的武装股匪均已消灭，共剿匪100余万人。仅西南地区就剿匪85万人，缴获各种枪支40余万支。湘西、湘南数十年来匪患不绝，也基本上被肃清。破获一大批特务间谍案件，逮捕特务分子13797人，缴获潜伏电台175部。据北京市公安局统计，从北京解放到1950年9月底，共破获特务间谍案177起，逮捕特务1565人，拘捕、登记特务及反动党团分子3822人，集中管制、劳动改造1763人，交群众管制2059人，还逮捕反动会道门头子120人。

新中国成立后的一年，镇反工作虽取得了很大的成绩。但在工作中也确实存在着严重的右倾偏向。当时担任司法部部长的著名民主人士史良，在认真分析了32个地区的镇反工作报告后，颇有感触地说：各级人民司法机关对反革命活动虽曾予以打击和镇压，并获得了一些成绩，但检讨起来却有“镇压不足，宽大有余”之憾。群众对此很不满意，说：“天不怕，地不怕，就怕共产党讲宽大。”

1950年10月10日，中共中央向各地发出《关于纠正镇压反革命的右倾偏向的指示》。10月13日，政务院和最高人民法院联合发出《关于人民司法机关须迅速清理积案的指示》。接着，最高人民法院召开了各大行政区分院、华北五省及北京、天津两市院长会议，公安部召开了第二次全国公安工作会议，两会认真学习、讨论

公安部部长罗瑞卿做镇压反革命的动员报告

川东匪首黄云卿被人民解放军剿匪部队捕获

了中共中央和中央人民政府的指示，揭发、批判了“宽大无边”的右偏向，并对大规模开展镇反斗争进行了具体的研究和部署。

12月26日，《人民日报》发表了《彻底纠正曲解“宽大无边”的偏向》的社论，嗣后，公安部部长罗瑞卿，司法部部长史良，最高人民法院院长沈钧儒以及著名民主人士许德珩、章伯钧等纷纷撰文，对“宽大无边”的右倾偏向的表现、危害、原因进行分析和批判，在广大人民群众中引起了强烈反响，对纠正右倾偏向起到了巨大推动作用。

自“双十”指示发出到12月底，从中央到地方，从党政机关到广大人民群众，经过三个月的努力，右倾偏向基本上被扭转，一场声势浩大的镇反运动蓬勃兴起。

“双十”指示发出后，毛泽东统筹全局，曾多次电令督促各地，要求各中央局、分局、省委、大中城市市委、各大军区及军党委，直至县委，都必须向他和中央及时做镇反工作的专题报告，对各地送来的报告，他都废寝忘食、夜以继日地批阅，发现经验，就及时推广；察觉问题，就立即采取措施。从1950年11月至1951年6月，毛泽东批转各地的镇反报告，为中央起草的电报指示及有关信件即有129件。仅3月30日这一天，就批阅转发了中南局、湖南、山东及空军党委等4份镇反报告，还发指示电报及有关信件各一份。

1950年11月14日毛泽东给华南分局去电，对广西提出严肃批评：广西剿匪为全国最差者，其原因必有严重缺点。并令叶剑英立即前往广西帮助剿匪，务必在6个月内肃清匪患；待有成绩再回，否则不要回来。11月16日他在转发西南军区（剿匪简报第4号）的批语中，再次提出批评。中南军区根据毛泽东的指示立即开会研究落实办法，并决定派政治部主任陶铸前往广西，同叶剑英一起共同帮助广西抓剿匪工作。11 月 17 日毛泽东又电告陶铸：在广西应久留一些时间，直至剿匪问题基本解决再回。11 月 22 日，毛泽东又电告广西省委：必须限期剿灭股匪，加速进行土改，发展地方武装和坚决镇压反革命活动。12 月 29 日毛泽东又电告中南军区第二政委邓子恢：对广西剿匪望加紧督促，务于 1951 年 5 月 31 日前彻底完成任务。

广西党政军领导在叶、陶的指导下，遵照毛泽东的多次电示，深刻检查“宽大无边”的右倾偏向，研究制定剿匪作战方案。发动党政军民协同剿匪部队作战，把集中兵力，重点进剿武装股匪与反霸肃特、收缴民间枪支相结合，迅速取得重大进展。到 12 月下旬即歼匪 55891 人，处决匪首、惯匪、恶霸及其他反革命首要分子 3000 余人，使匪焰大降，民气大伸。毛泽东接到广西 12 月 28 日镇反情况及下一步剿匪计划的报告后，于 1951 年 1 月 2 日与 9 日两次复电省委书记张云逸，对广西镇反成绩及剿匪计划给予褒奖肯定。

1951 年 1 月 16 日叶剑英向毛泽东报告：广西剿匪大为开展，已歼匪 9 万余，并镇压了一大批反革命分子。毛泽东 24 日复电叶剑英，广西剿匪“成绩很大，我及中央同志都很高兴”。在此基础上，毛泽东向广西驻军提出了更高的要求。

经过广大军民半年的艰苦奋战，到 1951 年 5 月中旬，广西全省境内除少数散匪逃到边境山林外，武装股匪基本被消灭。

1 月 17 日，毛泽东读到中南局转来的湘西四十七军的“镇反”报告，发现湘西 21 个县仅军队就处决了匪首、恶霸、特务 4600 余人，并且还准备在今年由地方再处决一批。毛泽东肯定了四十七军的做法，指出“这个处置是很必要的”。“只有如此，才能使敌焰下降，民气大伸。如果我们优柔寡断，姑息

△ 解放军张贴《告匪特书》，号召匪特悔过投诚

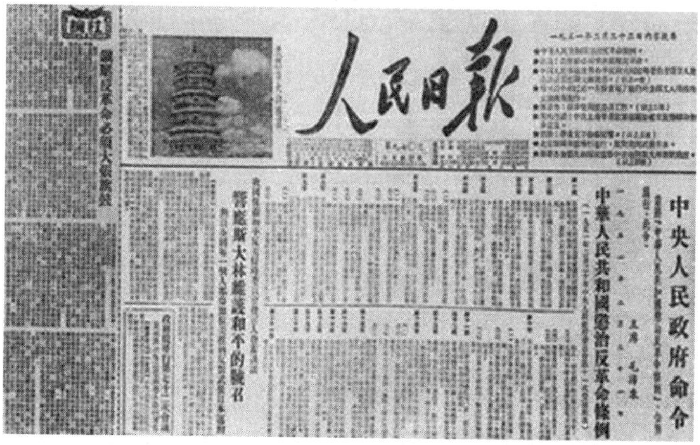
人民日報

中央人民政府命令

中華人民共和國懲治反革命條例

主席 毛澤東

《人民日报》公布的《中华人民共和国惩治反革命条例》

养奸，则将遗祸人民，脱离群众。”

1月21日，他在给上海市委的电报当中，明确告诉后者：“在上海这样的大城市，在今年一年内，恐怕需要处决一二千人，才能解决问题。在春季处决三五百人，压低敌焰，伸张民气，是很必要的。南京方面，请华东局指导该市市委好好布置侦捕审讯，争取在春季处决一二百个最重要的反动分子。”

1月29日，见到公安部对中南军政委员会公安部逮捕19823人，在省级机关内亦逮捕160人，担心如此内外不分地实施逮捕，容易引起广大干部的恐慌与思想波动的报告时，他亦明确告诫公安部称：“湖北做得很对，不要去泼冷水。”

2月5日，中共中央西北局报告，两个月已捕500多人，并处决了500多人，虽然总体看“杀得不狠，处理缓慢”，但“执行镇反计划，一定求稳，批准杀人一律在省上”，毛对此却批示道：“其判死刑者则经专署批准执行”即可。

1951年2月21日，中央人民政府又公布了《中华人民共和国惩治反革命条例》（以下简称《条例》），对各类反革命分子的惩处作了具体而明确的规定。这不仅表明了中央要坚决、彻底、干净、全部镇压反革命分子的决心，同时也为公安、司法部门提供了统一的量刑标准，为广大人民群众提供了强大的法律武器。自此，镇反运动大张旗鼓地展开，迅速掀起高潮。

《人民日报》自2月23日至6月5日陆续发表了《为什么必须镇压反革命》《对于反革命的宽容就是对人民的残忍》《逮捕反革命分子归案法办》《处决反革命首恶分子》《镇压反革命必须大张旗鼓》《再论镇压反革命必须大张旗鼓》《加强在城市中镇压反革命工作》《警惕反革命分子的报复破坏活动》《放手发动群众控诉与检举反革命分子》《打倒麻痹！人人都来防范和扑灭

反革命活动》等社论，大力宣传镇反政策，批判各种错误认识，介绍各地经验，揭露反革命罪行，起到了良好的导向作用。毛泽东、刘少奇、周恩来、朱德等党和国家领导人，在各种会议和场合反复强调镇反斗争关系党和国家的前途与命运，一再号召要坚决镇压一切反革命破坏活动。公安部部长罗瑞卿，司法部部长史良，最高人民法院院长沈钧儒以及许德珩、章伯钧等著名民主人士都纷纷撰文、做报告，阐述镇反斗争的重要性。各民主党派也纷纷召开会议，学习座谈《条例》，发表声明和谈话，坚决拥护和支持镇反的决策。2 月 28 日，毛泽东还提议将《条例》、彭真在审议《条例》上的镇反报告、《人民日报》社论及史良的《坚决正确镇压反革命活动》一文编印成册，广为传播，并组织党内外人员认真学习。全国各地也都迅速行动起来，采取召开群众会、干部会、座谈会、各界人士联席会、协商委员会扩大会、控诉大会、公审大会以及利用电影、戏曲、幻灯、广播、报刊、传单、小册子、举办反革命罪证展览等多种形式，广泛宣传，发动群众，使党的镇反政策家喻户烧，人人皆知。据北京市公安局统计，共召开各种动员会 29626 次，参加群众累计达 338 万人次。天津召开各种动员会 21400 次，参加人数累计 220 万人次。上海组织大小不同规模的反革命罪证展览 800 余次，并印发了大量宣传品，到处是学习《条例》，讨论镇反的热潮。据河北省八个地区四个城市的不完全统计，共召开审判控诉大会 653 次，被害人登台控诉反革命罪行的 3693 人，参加群众达 390 万人。

北京是全国大中城市中率先大张旗鼓镇反城市之一，其规模声势之大，宣传发动群众之广，空属空前，为全国的城市镇反树立了榜样，提供了经验。北京于 3 月 24 日又在中山公园举行了各界代表联席扩大会。参加会议的各方面的具有代表性的人物 5000 余人。先由罗瑞卿做了《关于彻底肃清反革命的破坏活动的报告》，历数反革命分子的罪恶活动，然后将反革命分子一一押赴会场，由 17 名苦主登台控诉。会议一直进行了近六个小时，自始至终群情激昂。3 月 25 日，北京市人民政府将 199 名美蒋特务、惯匪、恶霸及反动会道门头子分押几个刑场枪决。5 月 20 日至 22 日又用同样的方法判决各类反革命分子 505 人，处决 221 人。在处决反革命分子时，成千上万的群众涌向刑场，争相目睹反革命分子的可耻下场。在通往天桥刑场几里长的路上，许

1950 年下半年和 1951 年上半年，中央人民政府领导全国人民进行了群众性的镇压反革命运动。通过这场斗争，给了反革命势力以毁灭性的打击，提高了广大群众的政治觉悟和组织程度，使人民民主专政得到空前的巩固。图示为 1951 年 3 月 24 日北京市召开的市、区各界人民代表扩大联席会议，公审反革命分子。

多群众自动扫路洒水，说："让刑车过时不起尘土，好清清楚楚地看看这些反革命分子的下场。"

中共中央先后四次向全国批转了北京市的经验，《人民日报》发表社论和许多文章，详尽介绍、宣传北京市的经验，中央电台将北京市召开公审控诉反革命分子大会的实况向全国播放。全国各地借鉴北京市的经验，迅速展开了声势浩大的镇反运动。3 月 29 日，天津市召开了各界代表 15000 余人参加的联席扩大会，根据各位代表的一致要求，处决了 193 名反革命首恶。太原于 4 月 5 日召开了市、区各界人民代表的扩大联席会议，当场宣布处死了一批反革命。全市 5000 多架收音机全部开放，重要街道及群众集中场所均安置了喇叭，据不完全统计，群众在 10 万人以上。很多商店居民把收音机摆在街头，聚精会神收听大会上的报告和控诉。14 所大中学校就有 7000 多人收听。大会宣布为死难烈士同胞致哀时，收听广播的群众也低头致哀；大会喊口号，群众也喊。山大医学院 650 人听到农民控诉时泣不成声，很多人也流下泪来。

4 月 25 日至 29 日，上海召开由万余人参加的公审控诉大会，并将实况向整个华东地区播放。会议期间接到控告反革命分子的电话 4664 次，信件 5816 封，有 1739 个单位在收听广播时进行表决，一致要求从速严惩反革命，共处决反革命首恶 294 名。广大市民敲锣打鼓放鞭炮，像庆祝解放一样欢呼市政府的镇反行动。在此期间，沈阳、济南、南京、广州、重庆、西安等城市也都镇压了一大批反革命分子。

各地大张旗鼓地镇压反革命，使敌焰大降，民气大伸，人民群众与反革命分子作斗争的热情更加高涨，积极协助政府控告、揭发、缉拿、追捕隐藏、逃窜的反革命罪犯。如曾勾结帝国主义惨杀李大钊等 20 余人的军统特务吉世安；帮助日寇逮捕和杀害抗日女英雄赵一曼的主谋吴树柱；残杀刘胡兰的凶手刘全宝、侯雨田；制造京汉铁路“二七”惨案、杀害工人领袖施洋、林祥谦的主要凶手之一赵继贤；等等，都纷纷落入法网，受到人民的惩罚。

毛泽东在纠正宽大无边的同时，又及时提出镇压也应当有边，无边是不对。从 1951 年 5 月起，毛泽东和中共中央决定实行谨慎收缩的方针。并实行两个重大措施：一是收回原来下放给下级的捕人批准权和杀人批准权。从 6 月 1 日起，全国除现行犯外，捕人权一律收回地专一级，杀人批准权一律收回到省级。二是对犯有死罪的反革命分子大部采取判处死刑缓期执行的政策。这是毛泽东的一个创造，是古今法典里找不出的一种刑名。这个政策的实行，可以保证十分之八九的死罪分子不杀。这两项有力措施的提出，从根本上防止和纠正了镇反高潮中曾在一些地方发生的乱捕

1951 年 1 月 20 日，上海召开镇反动员群众大会

乱杀的“左”的偏向。

1951年5月10日至16日，第三次全国公安会议在京召开。会议根据公安部部长罗瑞卿的报告及毛泽东的指示，于15日通过《第三次全国公安会议决议》（以下简称《决议》），并经中共中央批准发至中央局及省市、区党委。《决议》全面地分析了全国镇反的形势，肯定了自“双十”指示颁发7个月以来，纠正对待反革命“宽大无边”的右倾偏向的成就，并提出了防止发生“左”的偏向，保证镇反运动继续健康发展，所采取收缩的方针的具体部署，明确要求：各地杀反革命的数字，必须控制在一定比例以内：在农村中，一般应不超过人口的1‰；在城市中以0.5‰为宜；对党、政、军及文教、工商、宗教及各民主党派，各人民团体内部清出来的应判死刑的反革命分子，一般以处决十之一二为原则，其余十分之八九均应采取判处死刑缓期执行，强迫劳动改造以观后效的政策。并明确规定，凡介于可捕可不捕之间的人一定不要捕，可杀可不杀之间的人一定不要杀。对混入党政机关内部的反革命分子的逮捕与判罪由大行政区和大军区批准，有关统一战线的重要分子须报中央批准，以昭慎重。《决议》指出：从6月1日至9月30日的4个月内，全国城乡必须在党委统一领导下，从各方面调集大批得力干部，采取突击方式，抓紧积案清理，分别做出杀、关、管、放的处理；对于混入党政机关内部的反革命分子，必须从现在开始，利用夏秋两季，有计划地加以清查。

到9月底，全国性的镇反运动已取得决定性胜利。10月23日，周恩来在全国政协一届三次会议上做“政治报告”时也再次强调指出：目前全国极大部分地区，在对于土匪、恶霸、特务、反动党团和反动会道门等五类反革命分子，实行逮捕、处决和关押了其中大量的首恶分子以后，这些反革命残余势力已经受到了极其严重的打击。全国土匪已基本上肃清了。但是，镇反运动在全国范围内发展还不平衡。因此，为了彻底肃清反革命残余势力，就必须在全国范围内继续进行镇压反革命的斗争。全国各地，特别是镇反不彻底和镇反落后的地区，遵照中央的指示和第四次全国公安会议精神，继续开展了打击各种反革命分子的斗争。到1952年10月，全国80%左右的反革命分子已受到杀、关、管各种惩处。为夺取镇反斗争的彻底胜利，公安部召开了第五次全国公安会议，全面地总结了两年来的镇反工作，提出了下一步的任务。年底，全国镇反运动胜利结束。在镇反运动中，全国共歼灭土匪240余万人，关押各种反革命分子127万人，管制23万人，杀掉71万人。

在处理反革命分子时，人民政府坚持了镇压与宽大相结合的原则，“首恶者必办，胁从者不问，立功者受奖”。对于贵州省长顺县女土匪程莲珍的争取就是典型的一例。

程莲珍乳名程幺妹，系长顺县广乡顺朝摆村人。她少女时由于长得窈窕高挑，皮肤细嫩白皙，面容清秀，被当地群众称为大美人。由于名声在外，就被该县水波龙乡板沟寨有钱有势的大地主陈正明知晓，将程幺妹娶为二房，人称陈大嫂。由于陈正明家中有枪有家丁，程莲珍跟着他走村串寨，就成为出入各种场合的压寨夫人。她天生聪明，不但学会了骑马，也学会了打枪。陈正明在世时程莲珍生有一女孩，陈正明病死后，陈姓近房为抢夺陈正明的千顷良田，纠集了一伙人围攻程莲珍的住处，并乱枪射击。程莲珍知道来者不善，便和家丁一起关上大门，在院内和楼上进行还击，凭着有利的地形和过硬的枪法，程莲珍手拿双枪，带领着家丁打死了三个围攻的歹徒。围攻的人见同伙有死有伤，况且程莲珍已有防备，再围攻也占不到便宜，便抬着尸体撤退了。从此，程莲珍“双枪女人”的名声远近闻名。

陈正明留下大量的财产，虽然程莲珍打退了抢夺财产的人，但仍有许多人在伺机准备抢夺她的财产。她为保住财产，就与惠水县白日乡乡长、原国民党第八十九军的一个营长罗绍铨攀亲结友。罗绍铨的随行副官罗绍凡，看上了程莲珍的美貌，经过一段时间的交往，和她过起了同居生活。两人还不断地到水波龙乡下去收租、处理家务。

1949年11月1日至30日，人民解放军先后攻占贵阳、重庆并逼近成都，国民党军兵败如山倒，纷纷溃逃，逃跑时潜伏下大批特务，并收买大量土匪武装。罗绍铨等便与土匪勾结，在惠水一带活动。

1950年3月21日，惠水匪首董全和、韦殿初、罗绍铨等趁人民解放军主力参加成都会战、惠水县城守军较少之机，纠集匪众攻打惠水县城。就在密令下达的同时，他们又以反共救国军团长陈大嫂的名义在大片布依族聚居的乡镇张贴布告，鼓动乡民们于3月20日前，自带粮食武器集中在惠水县摆角寨待命。一些不明真相的布依人赶到摆角来，不少人还带着口袋、绳索、扁担，准备打进惠水城扛回盐巴、布匹。罗绍铨、程莲珍率匪部进攻县城的北门，被解放军守城部队击退。各路土匪头目便聚集在距县城五公里的雅羊寨开会，企图再次攻打县城。这一消息被村民得知并报告了解放军守城部队。解放军立即将这个村寨包围，经过两夜一天的紧张战斗，除部分土匪逃脱外，大部分土匪被歼灭。

此次战斗结束后，各路土匪元气大伤，匪团长罗绍铨和罗绍凡、程莲珍一起，带着他们的残兵 100 多人返回老巢，在距县城 15 公里、惠水与长顺两县交界处活动。当时，乡、村人民政权逐步建立，剿匪指挥部又先后组织部队和民兵进行拉网大围剿。不久，匪首罗绍铨在马脚坡被解放军剿匪部队击毙。混战中，罗绍凡和程莲珍率七八个追随者漏网。

1952 年 6 月，上级部门决定成立一个追捕小组，侦查追捕罗绍凡、程莲珍。组织上考虑到吴开荣是本地人，又当过侦察员，便决定由他配合贵阳分区情报科杨科长共三人，组成一个追捕小组。吴开荣经过一个多月的工作，走访群众，在陈罗的老巢安插耳目，但始终没有发现他们的蛛丝马迹。

在大军压境、部队民兵搜捕的情况下，其他土匪和随从见势不妙都逃走了，只剩下罗绍凡和程幺妹二人，他们已经无处藏身了。程幺妹决定去贵阳二戈寨投奔她的姑妈。并约定罗绍凡过一段时间到贵阳她姑妈那里找她。

程幺妹潜逃不久，罗绍凡也化装潜入贵阳。住在城基路一个小客栈内，同黔西、普定来贵阳找活干的几个人去抬河沙，挣钱维持生活。一个月后，他被惠水到贵阳的群众认出，群众将情况向县公安局举报，县公安局将在工地上抬沙的罗绍凡抓获，并供出了程幺妹的下落。

分区立即组织了由军队、地方相结合的追捕小组，搞清了二戈寨程幺妹姑妈龙三奶的住处后，追捕组直奔二戈寨找到了龙三奶，但程幺妹早就跑了。经过讯问，龙三奶交代，程幺妹已嫁给四方河的班永华。

追捕组又连夜赶到班永华家里。班永华交代说：“我老婆生了一个女孩，这个孩子落地后就死了。第二天就不见她的人影，不知跑到哪里去了。”

班永华没有说谎，追捕组的线索又中断了。追捕组返回来将龙三奶抓起来严厉审问，龙三奶最后做了彻底交代。原来，程莲珍嫁给班永华后，住了一段时间，见村里有人开始怀疑她的身份，如惊弓之鸟的她便在一个雨夜，跑回了龙三奶那里。当时追捕她的风声很紧，龙三奶也不敢把她藏在家里，就把她隐藏于龙里县混子场乡侄儿龙德稳处。追捕组找到龙德稳后，龙德稳交代程莲珍已跟随贵定县水田寨的韦汤巴走了。追捕组经过一番劳苦奔波，找到贵定的韦汤巴，韦汤巴说程莲珍已到距他家 40 多里远的龙里县大新乡韦万书家去了。

原来，有一次，韦万书的母亲到集上卖豆腐时认识了打扮成农妇的程莲珍。那时韦万书的妻子生孩子难产大出血，死了。闲聊中，韦万书的母亲得知程莲珍想找一个出身好的人家下嫁，于是想到了自己的儿子。程莲珍声称自己的丈夫死了，她经常受小叔的欺负。韦万书的母亲把自己儿子的情况一说，程莲珍当时就同意了。来到韦万书家后，程莲珍平时很少出门，勤快麻利，手又特别巧，一天能缝一件长衫，她对人和蔼，但很少与人说笑。

在获悉程莲珍躲在龙里县后，贵州省有关部门非常重视，为了不打草惊蛇，决定先要摸准程莲珍所在地的情况，然后派出飞虎小分队前往龙里捉拿程莲珍。

为了确保万无一失，工作组决定将村里的男人调到乡里开会，然后又找来绝对可靠的民兵，配合“飞虎队”捉拿陈大嫂。赵化一将几个人分了一下工，为了确保不走漏任何风声，所有人只准进村不准出村。“飞虎队”悄悄地潜入村里，韦万书正在家做饭，“飞虎队”的几个人冲进去却没有发现陈大嫂。队员陈凤美便用枪指着韦万书问陈大嫂哪里去了。韦万书惊恐地说：“她到邻居家里吃酒去了。”

见事情没有暴露，大家悬着的一颗心才放下来。赵化一连忙把人员重新分布了一下。这时一个意想不到的情况发生了，一名队员听到狗叫，大声对韦万书说：“把狗管好。”没有想到这个时候程莲珍刚好从邻居家里出来，听到陌生人说话，她马上意识到不好，转身要跑。这时陈凤美一下子扑上去将她抓住，赵化一几个人也一起上去将程莲珍按倒。起初她不承认自己的是程莲珍，陈凤美叫出了她的小名后，她知道再隐瞒也没有用了，才做了交代。

程莲珍被抓，来看她的人人山人海。因为这以前她被传得神乎其神，大家都没有见过，许多人就是怀着这种好奇心赶来的。程莲珍先关在长顺一段时间，本来省里要召开汇报会，后来改成庆功会，当时 1000 多人的大操场上聚满了人，她自己也感到必死无疑。

对于程莲珍是杀是留，当时有两种不同的意见。对于一般群众来说，她是个女匪首，罪大恶极，理应处死。但对于少数民族来说，她是一个为数不多的女强人。

怎样处置这个女匪首，省军区专门召开了会议。当时，凡拒不投降的中队长以上匪首，只要抓住就枪决，而且批准权限也放得很宽，一个区长点头可以立即处决。像程莲珍这样的匪“团长”就更必死无疑了。但也有人提出了另一种意见：长顺、惠水、紫云一带，还有一些四处逃窜的散匪，特别是几个少数民族的匪首还没归案，为了弄清他们的下落，程莲珍能否暂缓处置，以毒攻毒。

过了几天，在省军区党委会上，有人更进一步阐述了“不杀”的理由：她是少数民族妇女，虽然卷进匪乱，但是所起的破坏作用并不像传说的那么严重，如今大股土匪已消灭，留下还可用她去争取散逃的土匪向政府自首，在新的形势下，也许会起到有益的作用。

1960年7月4日，程莲珍成为县政协委员

意见一时难以统一，于是贵州省军区把杀与不杀的理由及程莲珍的详细情况均呈报给西南军区。西南军区参谋长李达要启程赴朝鲜参观，他指示把此案暂且放置一下，等回来时再研究处理。

1953年3月下旬，李达从朝鲜归来，在北京住了几天，受到毛泽东的接见。他汇报了西南地区的剿匪工作，专门谈及程莲珍的情况。

李达说：“主席，这个女匪首，下面有的要杀，有的要放。”

毛泽东用肯定的语气说：“不能杀！”说完，他拿起一支烟，慢慢地划着火柴，点上，深深地吸了一口，陷入思索中。

李达看出主席还有话说，就静静地坐在那儿听候指示。

毛泽东手中的烟吸到 1/3 后，以他特有的幽默语气说："好不容易出了一个女匪首，又是少数民族，杀了岂不可惜？"

"主席的意思是？"李达试探地问。

"人家诸葛亮擒孟获，就敢七擒七纵，我们擒了个程莲珍，为什么就不敢来个八擒八纵？连两擒两纵也不行？总之，不能一擒就杀。"

李达领悟了毛主席的话，非常认真地说："主席，我们照您的指示办。"

1953年4月，李达来到贵州省军区，传达了毛泽东关于释放程莲珍的指示。

6 月 5 日，惠水县城关镇召开了数千人的群众大会，由法院院长宣判，当场释放了程莲珍。就这样，一个"罪该万死"的女匪首，竟又奇迹般地活了下来！为了防止发生意外，政府派了一个工作组到长顺县做工作，后来又到惠水的老影院大会场召开群众大会，宣传政策。最后省里研究，同意程莲珍的要求，在赤土的一个布依寨给她分了一套房子，两层的，锅碗瓢盆也都是共产党送的，程莲珍就在那里住了五年。

程莲珍无论如何也没有想到政府会放她，她擦去感激的泪水，发誓要报答毛主席的救命之恩。被放了没几天，她就到落草为匪时经常活动的惠水、长顺交界地带，找到那些没有投案的土匪及家属，讲自己的亲身经历，讲共产党的宽大政策，还三番五次钻进一些土匪藏匿的山洞，面对面地劝降。在一个多月的时间里，就有 22 名匪徒向人民政府投降。有几个号称"八大金刚"的匪首，特别凶狠狡猾，群众说他们杀人就像杀鸡一样，连眼皮也不眨。尤其是岑正学、陈老毛、陈登安三个人，拒不投降，程莲珍动员他们家属去劝降多次，均未奏效。于是她带着部队进山搜剿，将这三个顽匪一一击毙。

以后，不仅惠水、长顺，连紫云一带潜藏很深的匪徒们，还有几个匪"首"，也闻风回头，相继向政府投降了。

程莲珍经常说，她的这条命是毛主席给的，她要做一些对社会和国家有益的事情。

她一直想到北京去看一下恩人。后来毛泽东主席逝世了，程莲珍得知后，在家里设了灵堂，哭得昏死过去好几次。

★ 六　谁也不能为其说情

揪出“老虎”十余万

1951 年冬，北京落下了第一场雪，丰泽园变成了一片琼瑶琉璃世界。

当时，反贪污、反浪费、反官僚主义的“三反”运动正在全国轰轰烈烈地开展。毛泽东工作了一夜，天刚放亮，他站起身，搓搓脸，朝门口走去。

刚开门跨出门槛一步，毛泽东猛地站住脚，他惊喜地仰天凝视，只见天空纷纷扬扬正落下洁白的雪花，他的目光又移向被大雪覆盖的松柏、屋顶、墙头和庭院，久久不动，像是在倾听那雪花落地的沙沙声。

卫士见毛泽东在门口发愣，急忙抓住扫帚去扫路。毛泽东不时回头打量着自己留在雪地上的脚印，目光中闪着孩子一般的新奇和喜悦的神色。

“不要扫！”毛泽东急切地喊着，眉头也皱了起来。卫士轻轻把扫帚放下。

毛泽东小心翼翼地走下台阶，缓慢地迈着步伐，走走停停，他不忍心踏坏院子里白莹莹的积雪，就从廊檐下走出庭院后门，沿着中南海散步。

忽然，毛泽东面对一株苍松停了下来，凝视着那墨绿的松枝和挂在松枝上的洁白积雪，严肃地沉思着。

“你贪污了没有？”毛泽东望着松树和积雪，突然问了卫士长李银桥一句。

“没有！”李银桥坦然地回答。

“你现在不贪污，你以后贪污不贪污？”

“不贪污！”

“那就好。你来的时候像这些雪，以后也要保持，要洁身自爱，反腐蚀，不要叫糖衣炮弹打中。”毛泽东指着松树上洁白无瑕的积雪说。

“我一定照主席说的办！”

“你不贪污，你有浪费没有？”毛泽东又问。

“浪费现象，可能没有完全杜绝。”李银桥诚实地回答。

“浪费也一样可耻。不贪污，还要节约。节约每一滴水，每一度电……”

李银桥静静地听着，心中不时泛起阵阵波澜，两年前，中央从西柏坡进城时毛泽东的话仍在人们耳边回旋。

是啊，时间过得真快，转眼间，共产党取得了天下，大批干部由偏远的乡村走进了城市，他们大部分都保持和发扬了党的优良传统，“考试”合格。但也有极少数的干部却禁不住糖衣炮弹的攻击，时间不长就败下阵来，贪污浪费，腐化堕落，有的甚至于变成了人民的罪人。

毛泽东极端痛恨腐败，他决不容许腐败分子逍遥法外。

1951 年 11 月，北京已有几分寒意。在一个万籁俱静的夜晚，中南海菊香书屋灯火通明。毛泽东正在批阅东北局书记高岗关于开展增产节约运动，进一步反贪污、反浪费、反官僚主义斗争的报告。报告中列举了沈阳市在部分单位中揭发出 3629 人有贪污行为，东北贸易部检举和坦白的赃款达 5 亿元人民币，浪费现象和官僚主义也很严重，东北铁路系统积压上千亿元的材料无人处理。

毛泽东深感事情的严重性。11 月 20 日，他要中共中央将东北局报告转发全国，要求全国各级党政军领导重视东北的经验。这是毛泽东向全党发出进行“三反”斗争的第一个号令。

1951 年 12 月 1 日，中共中央发出《关于实行精兵简政、增产节约、反对贪污、反对浪费和反对官僚主义的决定》（以下简称《决定》），正式拉开了“三反”运动的序幕。

12 月 8 日，中央又发出《关于三反斗争必须大张旗鼓进行的电报》。

毛泽东从 1951 年 12 月 31 日上午 11 时到 1952 年 1 月 1 日上午 7 时半，连续 20 个小时处理中南军区的报告，并派秘书罗光禄乘飞机直飞武汉。当日下午 5 时半，毛泽东又邀请十几位民主人士和党内几位负责人在颐年堂举行团拜会，并发表元旦祝词，号召我国全体人民和一切工作人员一致起来，大张旗鼓地、雷厉风行地开展一个大规模的“三反”的斗争，将这些旧社会遗留下来的污毒洗干净。

自《决定》下发后，许多部门都行动起来了。

中央机关于1951年12月31日下午召开了党政军各部门处长以上数百人参加的党委扩大会议，由中纪委主任薄一波、中央机关总党委第二书记安子文宣布中央决定和做动员报告，限期1952年1月1日至10日，各院委、部、会、院、署、行、局、处及其下面的一切单位，务必发动群众斗争，实行坦白检举，于1月11日送来报告。如有违者，不论部长、行长、署、局长、处长、科长或经理，一律撤职查办。

1月9日，周恩来总理又召集中央、华北及北京、天津两市的高级干部及各界代表人物2300余人，在北京召开“三反”动员大会，亲自作动员。

毛泽东对“三反”运动极为重视，他夜以继日地批阅各地报告，代中央起草决议、指示、批语、电报、信件等。整个“三反”运动期间，这样的文件就有233件之多。

1952年1月中旬，运动的重点已开始转入清查和打击严重的贪污分子阶段，即所谓打“大老虎”阶段。

1月19日，中直机关总党委召开有1000余人参加的高级干部会议，宣布要集中力量打“老虎”。

1月23日，毛泽东起草了《关于三反斗争展开后要将注意力引向搜寻大老虎的电报》，指出，党政军民学各系统都必定有大贪污犯，要将注意力引向搜寻“大老虎”，穷追务获，不要停留，不要松劲，不要满足于已得成绩。第二天，又指示各地：每个省、每个大城市及各大军区单位都有100只至几百只“大老虎”，如捉不到，就是打败仗。

政务院财政经济委员会副主任李富春于1月30日在中财委党组会上做“打虎”总结报告时，曾提出判定“大老虎”的六条标准：个人贪污1亿元以上者；贪污不满1亿元，但对国家经济造成很大损失者；满1亿元以上的集体贪污案的组织者、主谋者；贪污5000万元以上，但性质严重；使国家损失在1亿元以上者；全国解放时隐瞒各级国家财产或官僚资本未报，价值在1亿元以上者等。嗣后，李富春将这六条向中央做了报告，2月2日毛泽东将李富春拟定的六条标准批转全国省（军）以上党政军各级党委参照执行。

2月10日，毛泽东在对《关于华北军区后勤部捉虎报告》的批语中再次强调：大贪污犯是人民的敌人，要增加“打虎”的勇气，坚决彻底干净全部地将他们肃清，而不应有丝毫的留恋或同情。

在“打虎”斗争高潮中，各地也不同程度地出现过一些过火行为，以致发生强拉硬凑，或逼供、诱供、假供的情况，因而伤害了一些好人。中央发现这些苗头后，及时采取措施进行了纠正。毛泽东指出：个别单位已发现用逼供的方法打虎，结果打出的不是“真虎”而是“假虎”，冤枉了好人。各地如出现这种情况请予迅速纠正。

2月22日，毛泽东在转发华东军区党委《关于打虎情况和部署的报告》的批语中再次指出：“要注意调查研究，算大账，清查老虎真假，严禁逼供信。”全国1000元以上的“老虎”先定29万，后改为10万5000人。

到1952年3月，大部分地区的“三反”运动进入审理、定案、处理阶段。中共中央于3月5日发出了《关于处理贪污浪费问题的若干规定》，提出处理贪污浪费问题的原则：对绝大多数情节较轻又彻底坦白，立功自赎者，从宽处理；对少数情节严重恶劣或隐瞒欺骗、拒绝坦白者，应从严惩治；对浪费问题亦应以严肃的态度，分别情况，予以适当解决，以教育干部，团结群众。

3月11日政务院颁发了中纪委《关于处理贪污、浪费及克服官僚主义错误的若干规定》。

此规定按照“严肃与宽大相结合，改造与惩治相结合”的方针，对贪污、浪费问题规定了具

1952年，北京在中山音乐堂公审贪污犯宋德贵等七犯人

体而明确的处理办法。对贪污分子的处理规定：

凡贪污未满 100 万元者，只要彻底坦白，真诚悔过，保证不再犯，不当贪污分子对待，也以免予处分和追缴贪污款物；凡超过 100 万元未满 1000 万元者，只要情节不严重恶劣，彻底承认错误，可以免予刑事处分，但应视情况给予行政处分，并酌退贪污款物；对情节恶劣又拒不坦白者予以刑事处分。

凡贪污超过 1000 万元，未满 1 亿元的贪污分子，可依其情节轻重，坦白认罪程度，退赃及检举主动情况，分别给予适当的刑事处分，或免刑给予行政处分，应尽可能追缴贪污款物。

凡贪污 1 亿元以上的贪污分子，一般按其情节轻重，给予不同刑事处分，追缴贪污款物。但自动坦白退出赃款赃物，有检举立功者，也可免予刑事处分，给予行政处分。

4 月 21 日，中央人民政府颁布了《中华人民共和国惩治贪污条例》，为惩治贪污犯罪提供了统一的标准和法律武器。

1952 年 10 月 25 日，中共中央批准了中央政策研究室《关于结束“三反”运动的报告》，宣告“三反”运动胜利结束。据统计，全国政府系统参加“三反”运动的达 850 万人至 900 万人，受到处分的占 4.5％左右。县以上党政机关（未包括军队）参加“三反”运动的人数为 383.6 万人，共查出有贪污行为 1000 万元以上的 10.5 万余人，约占参加“三反”运动总数的 2.7％。经审理定案，绝大多数免予处分，部分给予行政处分，对少数贪污数额巨大，手段恶劣，态度顽固，给国家造成严重损失者，给予严厉制裁。判处有期徒刑的 9942 人，判处无期徒刑的 67 人，判处死缓的 9 人，判处死刑的 42 人。

刘青山与张子善

1949 年 8 月，天津地委和天津专署成立后。刘青山和张子善分别从冀中八分区和十分区调来，担任了地委书记和专员。

刘青山，1914 年生，河北安国县人，雇工出身，1931 年 6 月加入中国共产党，曾参加高（阳）蠡（县）农民起义，被国民党反动政府逮捕入狱。历任冀中区任河县委书记、八地委组织部部长、地委书记、天津地委书记。

被捕前任石家庄市副书记。

张子善，1914 年生，河北省深县人，学生出身，1933 年 10 月加入中国共产党，翌年被国民党反动政府逮捕入狱，曾作绝食斗争与卧轨斗争。历任献县县委书记、八地委组织部部长、地委书记、天津地委副书记兼专员，被捕前任天津地委书记。

刘青山、张子善是从大搞“机关生产”而走向犯罪、跌入深渊的。

机关生产，即党政机关搞生产活动。新中国成立初期，百废待兴，国民经济十分困难。为了解决当时刚建立起来的各级政权机关的财政经费问题以及人员的穿衣吃饭问题，中央和各级党政组织曾做出过一系列关于开展机关生产的规定；但这是暂时性的，都是一种特殊时期的过渡性的措施。

1949 年 8 月，天津地委和天津专署在天津市西面 30 里的杨柳青镇成立。杨柳青镇是中国北方历史名镇。初名“流口”，后复名“柳口”。金贞祐二年（1214）置“柳口镇”，为本镇行政建置之始，元末明初更今名。

清代之前，杨柳青镇先后隶属章武、平舒、鲁城、武清、静海、天津等县，民国时期隶属天津县，新中国成立后，先后隶属河北省、河北省天津专区、静海县、天津市南开区、天津市西郊区。

此镇地处水陆通衢，历史悠久，有万户人家，以特产木版年画而名扬全国。镇中央有一处宽敞高大但已破落不整的宅院，据说原是一个石姓富豪的房产，叫石家大院，成为地委、专署的办公地点。

天津专区位于京津两大城市之间，下辖静海、大城、任丘、文安、永清、安次、武清、宝坻、宁河、霸县、青县 11 县及杨柳青、汉沽、胜芳三镇，人口 400 多万人。全区地处九河下梢，地势低洼盐碱，历史上涝灾连年不断。1950 年夏，全区 14 个县镇暴雨铺天，大水漫地，使刚刚获得翻身解放的广大农民，生活又处于极为困难的境地。而身为地委书记的刘青山，身为地委副书记、专员的张子善，不但不积极带领群众进行生产自救，渡过灾害，反而不顾灾民死活，全身心都扑到“机关生产”上。

刘青山自走马上任那天起，逢人就宣扬他眼中的“机关生产”怎么好怎么妙。在任两年，两条“政绩”尽人皆知：一是借口身体不好，在津长期“养病”，基本没干工作；二是以养病为名，在津大搞“机关生产”，几乎什么都不干。

在经济上，他们贪得无厌。

他们苛剥政府以工代赈救灾粮款。

1950 年秋及 1951 年春，河北省政府决定以工代赈修治天津专区境内的潮白、海河、永定、大清、龙凤等五道河流。国家对治河民工给予适当的粮款补贴报酬。

1950 年秋，刘、张从中苛剥 6 亿元。

1951 年春，河北省为河工拨粮 1800 余万斤，刘、张掠取粮 220 万斤，折款 22 亿元。

他们还盗用机场占地赔款 4300 多万元，违法动支水利专款 10 亿元；非法动用干部家属救济粮 17.5 万斤；违法拼凑地方财政，非法动用地粮公产达 29.862 亿元；骗贷银行巨款，盗用灾民造船款，骗贷天津市银行贷款 50 亿元；动用宝坻县庄洼水库区 108 个村庄灾民造船款 4 亿元；进行投机倒把，胆大妄为。

他们只要有利可图，有钱可赚，他们什么都敢买，也什么都敢卖；扰乱市场，牟取暴利。

1951 年 4 月，天津市木材市场价格上涨，刘、张冒充军人，穿着军装，持天津军区司令部执照和天津地委九号证章，一次就骗购木材 4000 立方米，运回天津市进行商业投机活动。

他们公行贿赂，高薪利诱瓦解国营工业技术人员；勾结奸商，破坏国家经济建设。

他们共贪污 171 亿余元巨款，供其挥霍享受，由革命的功臣堕落为人民的罪人。

在思想政治上，他们也忘乎所以。

刘青山为压制党内民主，建立自己的封建统治秩序，曾说："我这是马克思、列宁主义在天津地区的具体化。"因此，在天津专区出现了一个所谓的"刘青山思想"。

张子善则说天津地委内只能有"一个头"、一个领袖。有人在"七一"纪念大会上高呼"向我们英明的领袖张专员致敬！""在英明领袖张专员领导下前进。”

而张则对人说：“应该向该同志学习。”

刘青山有几句口头禅，随时随地张口即出：“老子们打天下，小子们来享受。”“天下是老子打下来的，享受一点还不应当吗？”

“革命胜利啦，老子该享受享受啦！”

诸如此类，皆是这位将“马列主义具体化”的“思想家”的“名言”，句句不离“老子”“享受”。

在生活上，二人极端腐败。

刘青山以“养病”为由，向组织伸手要公款，动辄数千万元，而且堂而皇之地署名“共产党员刘青山。”钱到手稍慢了点，即大哭大闹，声震屋瓦，叫嚷什么“批准我养病不照顾”，拍桌子摔板凳，搞得鸡犬不宁。

在担任天津地委书记的两年时间里，刘青山长期以“养病”为由住在一栋典雅考究的二层小洋楼内，该楼因而又被人们私下里称之为“刘公馆”。

这座小洋楼位于天津城内的马场道18号，马场道是现在天津著名的“五大道”之一，曾经是外国租界，一座座风格迥异的小洋楼鳞次栉比。石家大院虽然条件不错，但分配给刘青山的两间宿舍与这座洋楼比起来，自然天差地别。

住进洋楼的刘青山，从里到外气象一新。据《人民日报》1952年1月4日第三版《党的生活》记载：“一位老战友出差路过天津，顺便去看望刘青山。一到马场道18号，就觉得特别不自在，等见到刘青山，这位老战友简直不相信自己的眼睛。刘着一身毛料西装，足蹬明晃晃的黑皮鞋，俨然一副绅士派头。再看刘的住处，钢丝床、大衣镜、沙发。地板亮得能照见人影。刘青山变得陌生了，变成了另外一个人。”

刘青山到省里开会，听到天津地委有人反映他生活腐化、闹享受，大动肝火，于是称病返回，开始对揣测他的可能反映他的人骂大街，挨个找到，骂得对方狗血喷头。有的被当众骂哭，有的挨骂后坚决要离开天津，有的当即要求调动。刘青山甚至连张子善也卷进去骂，并致书一封且同时呈信省委、地委，满纸歪理却气势非凡，抱怨照顾他不好，状告地委不执行省委意见，指责张自私、有宗派；而当面指着张的鼻子斥之为“糊涂蛋”。

刘青山是个“汽车迷”。

20 世纪 50 年代初期，轿车极为罕见，连战争时期缴获的破旧的美式吉普也很少，天津地委机关只有一辆，供处理紧急事务用。刘青山一来，就把这辆美式吉普霸占了，机关用车几乎成了他私人专车。

1950 年夏，刘不顾国民经济困难和机关经费紧张，动用 36000 多元资金，从香港进口两辆最新样式的美国高级轿车。他出入于酒楼饭店、舞厅戏院，该吃的都吃了，该玩的都玩了，该享受的也都享受了。山珍海味也有吃腻的时候，为了吃好玩好，刘青山自有“学问”。有一则是吃饺子不要韭菜馅但要韭菜味。北方的冬天很少见到韭菜，物稀则贵，即使在天津这样的大城市，冬天吃韭菜馅的饺子，也是极个别富有人家享用的东西。他经常吃就发现了问题，冬天的韭菜馅虽鲜爽香美，但有些辣气，而且吃多了不好消化。于是刘青山指使炊管人员，要吃饺子，要吃韭菜味不吃韭菜馅。

炊事员很为难，恐怕“狗不理”“鸭子楼”的名厨也没做过这种水饺。他们反复试验，终于找到一种办法：猪肉、虾仁、炒鸡蛋并白菜心剁烂搅馅，包时每个饺子里放几根洗净挑好的茎粗叶宽的韭菜，茎根包在饺子皮褶外，捏好后下锅，煮熟后捞出，趁热捏住露在外面的韭菜根茎，将包在饺子里的韭菜叶一齐抽出来。盛盘端上去，刘青山一吃，连声叫好。

刘青山这个人，老粗出身，性子粗，态度蛮横霸道，又好大喜功，办事爱要粗胳膊。而张子善呢，学生出身，心细，工于心计，很虚伪，权力欲很强。二人一明一暗、一硬一软、一狼一狈，所以在危害别人谋取共同利益这方面很容易搞到一起。

与整日不干工作、到处吃喝拿要享乐的刘青山相比，“英明领袖张专员”颇为“坚守岗位”，坐镇杨柳青镇“石家大院”，主持全面工作，倒是貌似“勤勤恳恳”。但是，他的挥霍铺张程度丝毫不亚于刘青山。

张子善在审查中交代，他每个月光高档香烟就要吸八九条，衣着上由粗布到细布再到皮毛，饮食上先是非细粮不可，再到酒肉必备，行则非轿车不坐，两年时间里竟然换了五辆小轿车……

据后来专案组查证，仅直接用于两人生活挥霍的公款，刘青山就耗费了 1.83 亿元。按当时的粮价计算，可购买小米 110 多万斤，相当于当时 3070

名干部一年的定量标准。

而张子善更是挥霍了 1.94 亿元——这还仅是有据可查的，据张子善交代，他在 1951 年 7 月，一次就销毁了两人支取公款挥霍的三四百张单据。

1951 年 10 月，天津专署副专员李克才向河北省委组织部揭发了刘、张的若干违法乱纪事实后，引起了河北省委的高度重视，并进行了调查。

10 月下旬，由河北省委组织部部长、省纪检委副书记薛迅带队的河北省委纪律调查组来到了天津地委机关。在严格保密的情况下，调查组先后找了几十名党员干部个别谈话，很快掌握了刘青山、张子善在机关生产中违法乱纪的事实和生活中的腐化堕落行为。

1951 年 12 月 14 日，河北省委向华北局报告："我们一致意见处以死刑。"12 月 20 日，华北局将处理意见上报中央，提议"将刘青山、张子善二贪污犯处以死刑（或缓期二年执行），由省人民政府请示政务院批准后执行"。

12 月下旬，华北局通过河北省委征求了天津地委及所属部门对刘、张两犯量刑的意见。结果是：地委在家的 8 个委员的一致意见是处以死刑。地区参加讨论的 552 名党员干部的意见是：对刘青山：同意判处死刑的 535 人，判处死缓的 8 人，判处无期徒刑的 3 人，判处有期徒刑的 6 人；对张子善：同意判处死刑的 536 人，判处死缓的 7 人，判处无期徒刑的 3 人，判处有期徒刑的 6 人。

毛泽东对此案极为关注。12 月 29 日下午，毛泽东主持召开中央书记处扩大会议，研究对刘、张一案的处理意见。经过慎重考虑，并征求党外人士意见，中共中央决定同意河北省委的建议，由河北省人民法院宣判，经最高人民法院核准，对刘青山、张子善判处死刑，立即执行。

根据毛泽东的意见，《人民日报》在 1951 年 12 月 30 日头版将刘青山、张子善贪污侵吞国家资财的犯罪事实公布于众，同时发表了河北省委关于开除刘、张二人党籍的决定。在公审大会召开之前，曾在冀中担任过区党委书记，看着刘、张成长，时任天津市委书记的黄静找到薄一波说，刘、张错误严重，理应判重刑，但念其在战争年代出生入死，有过功劳，是否向毛主席说说，不要枪毙，给他们一个改造的机会。薄一波表示，中央决定了的事，恐怕不宜再提了。而黄敬坚持要薄一波向毛泽东反映，薄一波只好如实向毛泽东转达了黄敬的意见。毛泽东听后说，正是因为他们两人的地位高，功劳大，所以才要下决心处决他们。只有处决他们，才有可能挽救 20 个、200 个、2000 个、20000 个犯有各种不同程度错误的干部。

毛泽东一直对党和政府内部的腐败分子深恶痛绝，严惩不贷。

早在土地革命战争时期，新生的苏维埃政府就曾严惩过腐败分子。当时，中央总务厅在负责中央政府大礼堂等建筑工程施工过程中，群众反映管理人员可能有贪污现象。经中央工农检察部对总务厅工作进行检查，果然发现总务厅厅长赵宝成严重渎职，几个月间浪费三四千元，查出管理处科员左祥云贪污百余元。中央人民委员会于 1932 年 12 月 28 日做出决定，将官僚主义作风严重的总务厅厅长赵宝成撤职查办；总务厅管理处处长徐毅拘押究询；贪污犯左祥云由司法机关判处死刑。瑞金县财政部会计科科长唐仁达，利用职务之便贪污 2000 余元，中央人民委员会也决定将其移交法庭审判，结果被处以极刑。苏维埃中央执行委员会委员、于都县苏维埃政府主席熊仙璧以权谋私，挪用公款 50 元做私人生意。案发后，中央执行委员会发布命令，撤销其一切职务，交司法机关判刑 3 年。

在 1937 年的延安，当时发生了一起轰动一时的“黄克功桃色事件”。毛泽东“挥泪斩马谡”，一个勇冠三军的红军将领被公审枪毙了。

黄克功少年时代参加红军，跟随毛泽东经历了井冈山的斗争和二万五千里长征，是“老井冈”中留下来不多的将领。当时，黄克功仅仅 26 岁，年轻、英俊、身材修长，笑起来很有感染力，加上其丰厚的经历，很受人的追捧。

刘茜当时才十五六岁，为了革命来到延安。她容貌清秀，被分到抗日军政大学四队学习，队长就是黄克功。刘茜选择了黄克功。刘茜和黄克功谈恋爱后，又把爱情转向了另一个人。

已调到陕北公学的刘茜，给黄克功捎了封信，构成黄克功去找她的契机。1937 年 10 月 5 日晚饭后，黄克功将心爱的白朗宁手枪装进口袋，正巧，抗大训练部的干部黄志勇饭后在溜达，黄克功便拉着他向陕北公学走去。就在公学门前的河边，黄克功遇到刘茜等一群学员。学员们见到队长，都很客气。刘茜却没吭声，冷冷地望着他。

黄克功随即招呼刘茜："咱们走走好吗？"陕北公学的女学员走了，黄志勇也借故走了。

黄克功那天晚上同刘茜在河滩上面对面站立了一阵后，便开始对刘茜另有所爱进行责备。在他看来，自己身经百战从没有失败过，哪能在这场爱的战役中失败。他不服输。他责备她，要她回心转意，甚至骂她。但他面对的是他从没遇到过的对手。她不但没有悔意，反而声称他们之间不存在婚约，双方都有权找所爱的人。

"要不是爱上别人就宣布咱俩结婚。"黄克功看着刘茜灰布帽下的眸子，带着嘲弄、轻视的目光。他拔出了枪，拉住她的一只胳膊："你答应不答应？"他试图使她在枪口下改变主意，没想到她那眸子里的目光更锋利、更仇恨和更冰凉了，这使他感到了绝望。

一个响亮的巴掌，打在黄克功的脸上，他颤抖了一下。但她那冰冷的目光还在抽打他……

他又把枪口对准了她的脑门，枪响了。

高等法院将黄克功收监。

这种骇人听闻的案件，在当时的延安是绝无仅有的。一时间，人们议论纷纷。不少人也纷纷出面讲情，有一些老井冈也通过不同渠道向毛泽东讲情，毛泽东不为所动。

终于，黄克功案件交给了人民公审。来自各学校、部队和机关的万余人按指定地点静静地坐着。延河水轻缓地在流淌。

毛泽东和张闻天在不远的延河对岸朝这里张望着。直到审判大会快要开始时，毛泽东才背着双手，低着头走开……

陕甘宁高等法院刑庭的法官、陪审员、起诉人、证人、辩护人和法警进入了会场。刑庭审判长雷经天等人，宣布开庭后，起诉人与证人先向大会陈述了黄克功事件的全部细节。随后，各单位代表发表了对这一事件的分析、要求，以及结论性的群众意见，然后等着法庭审判。

黄克功讲述最后一个愿望："……死刑如果是必须执行的话，我希望我能死在与敌人作战的战场上，如果允许，给我一挺机关枪，由执法队督阵，我要死在同敌人的拼杀中。如果不合刑律，那就算了。"

休庭片刻后重新开庭，审判长庄严地、一字一顿地宣布了判处黄克功死刑，并立即执行。黄克功便跟着行刑队，穿过坐在东北侧的人群，向刑场走去。

就在黄克功走到会场边时，只见一匹快马在会场外停下，一位工作人员翻身下马，径直向审判长雷经天走去。雷经天起来接过那位工作人员送上来的一件东西。主席台上先传出声音："信，毛主席的信。"那声音很小。很快，"毛主席的信"像风一般传遍会场。黄克功在会场边也听到了。他自己停住了脚步，他比任何人都关心这封信。原来，他在审判前，专门给毛泽东写了一封信，承认了自己的罪行，请毛主席定夺。

大会主持人招手让黄克功回到原来的位置上，因为信中建议要当着黄克功本人的面，向公审大会宣读：

雷经天同志：

你及黄克功的信均收阅。黄克功过去的斗争历史是光荣的，今天处以极刑，我及党中央的同志都是为之惋惜的。但他犯了不容赦免的大罪，一个共产党员、红军干部而有如此卑鄙的、残忍的、失掉党的立场的、失掉革命立场的、失掉人的立场的行为，如赦免他，便无以教育党，无以教育红军，无以教育革命，根据党与红军的纪律，处他以极刑。正因为黄克功不同于一个普通人，正因为他是一个多年的共产党员，正因为他是一个多年的红军，所以不能不这样办。共产党与红军，对于自己的党员与红军成员不能不执行比一般平民更加严格的纪律。当此国家危急革命紧张之时，黄克功卑鄙无耻残忍自私至如此程度，他之处死，是他自己的行为决定的。一切共产党员，一切红军指战员，一切革命分子，都要以黄克功为前车之鉴。请你在公审会上，当着黄克功及到会群众，除宣布法庭判决外，并宣布我这封信。对刘茜同志之家属，应给以安慰与体恤。

毛泽东

一九三七年十月十日

随着雷经天的声音停止，大家再将目光转向黄克功时，他才如梦一般醒来，跟着行刑队重新走出会场。

当时的延安正像一块巨大的磁石，吸引着不少热血知识青年和进步人士不远千里，历尽艰难，慕名来到延安参加革命。在此案的问题上，共产党的态度如何直接影响到延安军民的情绪。而毛泽东的坚决果断，“挥泪斩马谡”，平息了人们的疑惑，重申了共产党及军队更为严格的纪律要求。此后，延安风气始终井然有序。

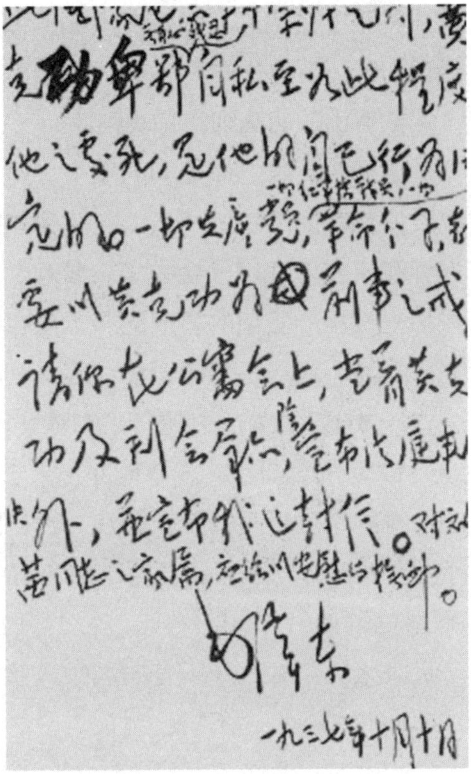
克功卑鄙无耻残忍自私至如此程度
他之处死，是他自己的行为决定的
一切共产党员、一切红军指战员、一切革命分子，都要以黄克功为前车之戒
请你在公审会上，当着黄克功及到会群众，除宣布法庭判决外，并宣布我这封信。对黄克功之家属，应给以安慰与体恤。
毛泽东
一九三七年十月十日

毛泽东给雷经天的信的手稿

后来，毛泽东在谈到“三反”这段历史时说，我们为什么要杀刘青山、张子善，我们杀了几个有功之臣也是万般无奈。我建议重读一下《资治通鉴》。治国就是治吏！“礼义廉耻，国之四维。四维不张，国之不国。”如果一个个都寡廉鲜耻，贪污无度，胡作非为，国家还没有办法治他们，那么天下一定大乱，老百姓一定要当李自成！国民党是这样，共产党也是这样。杀张子善、刘青山我讲过：“杀他们两个，就是救两百个、两千个、两万个啊，……事出无奈，不得已啊！问题若是成了堆，就是积重难返了啊！崇祯皇帝是个好皇帝，可他面对那样一个乱摊子，只好哭天抹泪地去了哟。我们共产党不是明朝的崇祯，我们决不会腐败到那种程度。不过，谁要搞腐败那一套，我毛泽东就割谁的脑袋！我毛泽东若是搞腐败，人民就割我毛泽东的脑袋！”

1952 年 2 月 10 日是“三反”运动开展后第 70 天，《惩治贪污条例》颁行前 70 天，刘青山、张子善，因巨额贪污盗窃罪，经毛泽东亲自批示，被河北省人民法院依法处决。

在中共河北省党的第三次代表会议上，省政府接受省委建议，下令逮捕刘、张二犯。会议进行到第九天，1951 年 11 月 29 日，下午 5 时，省公安厅依法将张子善逮捕。张正在下榻的保定市西关一家饭店里吃饭。用他自己的话说：“一看到公安人员亮出逮捕证，一下子全蒙了。”

刘青山的情况则富有戏剧性。

逮捕刘、张的命令同时发下，可执行时，刘不在国内，而是作为中国青年友好代表团的正式成员、农民青年的代表，出席奥地利首都维也纳召开的世界和平友好理事大会去了。参观、访问、联欢，到处受到欢迎与款待；走在风光旖旎的蓝色的多瑙河畔，坐在世界音乐之都金碧辉煌的大厅里，也很光彩得意。只能是暂缓逮捕，等其回国后再执行。经主管部门批准，河北省公安厅做出了决定，并进行了布置安排。

11 月的莫斯科，天寒地冻，大雪纷飞，但在火车站的月台上，还是挤满了一排排个子高高的苏联姑娘。她们的脸蛋冻得红红的，兴高采烈地摇动着手中的鲜花，向以郭沫若为团长的 20 多名中国青年的友好使者欢呼致意。仅 35 岁的刘青山，能以一国代表之身份置临这种场合，无论从哪个角度，都是一种莫大的荣耀，令所有的同龄人羡慕不已。可是，刘青山脸上在笑，心里却不时冒些冷气，不时乱跳几下，仿佛有什么凶兆。当国际列车风驰电掣地奔向祖国时，他怎么也高兴不起来了。

在几天乘车时间里，刘青山心情烦乱，动不动就发脾气。嫌卧铺车厢暖气不足，嫌服务员倒的水不热，嫌饭菜不对口味，反正横挑鼻子竖挑眼，摔摔打打，骂骂咧咧，好像邪魔附体似的。

列车在天津站停下，上来两个穿便服的陌生人，走进代表团的软卧车厢。

心怀鬼胎的刘青山，一瞥见来人走向自己，立刻警觉到不对头了。

“刘青山同志，请您下车。”

“不，我要随代表团一块进京。”刘青山看上去镇定自若，内心非常紧张。

来人严肃地盯着他，声音不高，但异常威严坚定：“你必须下车，这是组织的决定。”

一声炸雷在刘青山的脑壳里爆响，他愣了片刻，垂下眼睛。一切都明白了。

天津车站月台上，停着一辆中型吉普。刘青山刚走下火车，一名执法人员即走上前，将逮捕证一亮：“刘青山，经河北省人民检察署批准，你被逮捕了！”

当晚，刘青山、张子善二犯被分别关押在河北省公安厅机关后面的一排灰砖平房里。时间是 1951 年 12 月 2 日。

早在 1951 年 11 月下旬，在河北省委召开贯彻中央开展“三反”运动精神的第三次党代会上，根据被揭发出来的刘青山、张子善的贪污罪行，省委省政府当即决定，成立以省主席杨秀峰为主任，省委组织部部长薛迅为副主任，省检察署检察长孙光瑞、省监委主任李国华、省法院院长宋志毅为委员的调查处理刘、张案件委员会，责成由孙光瑞、李国华、宋志毅组成办案组，孙光瑞为组长，负责侦讯刘青山、张子善贪污案。随即，省检察署成立了刘、张案件侦讯办公室，并抽调省公安厅李定一处长加强侦讯工作。

听说要受审查，刘青山拍桌子吼道：“出什么事了，还能开除老子的党籍！”开始，他满不在乎，照吃照喝，并不把侦讯人员放在眼里，什么也不说。张子善害怕了，吃不下、睡不着，问什么回答什么。侦讯中，办案人员发现刘、张二人犯了毒瘾，坚持不住，为了保证侦讯质量，经请示省委后给他们吃点药。刘青山开口了：“你们别问了，我有两个本子，你们取来自己看吧。”此后，刘青山开始吃不下饭、睡不着觉，半夜里往往猛地坐起，不知所措。

1951 年 1 月 18 日，依照法律程序，孙光瑞签署了由河北省人民检察署对刘青山、张子善特大贪污案的公诉书。公诉书认定，刘、张在治理潮白河、海河、永定河、大清河等工程中，利用职权，勾结奸商，贪污、浪费、盗窃和非法骗取、挪用公款等项共 1716 多万元（旧币）。

刘、张贪污案从揭发到判决，前后只用了两个月零二十天。

二犯被捕关押后，监审人员没动他们一指头，审讯是异常严肃认真的，在生活上远比通常的囚犯优待，元旦和春节时，伙食更好一些，但不给酒。二犯吃、住均实行隔离。

判决之前，孙光瑞和省委秘书长李子光到看守所与刘青山、张子善做了最后一次谈话，刘青山说：“枪毙我吧，可以教育更多干部。”而张子善问：“能上诉吗？”“拿我做个典型吧，处理算了，在历史上说也有用。”这是刘青山的遗言。“伤痛！万分伤痛！现在已经来不及说别的了，只有接受这血的教训！”这是张子善的遗言。

临刑前一天，即 1952 年 2 月 9 日，二犯被引到一处共用晚餐，菜肴较丰

1952年2月10日，保定公审大会现场

盛，还有一瓶酒。张子善被押72天，刘青山入监69天，此举为破例首次。

二犯一见这场合，脸就白了。

监管人员说：“明天省里开公审大会，对你们进行宣判。组织希望你们能表现好一点，不要再给共产党丢脸。”

刘青山好像问了声这是什么意思，监管人员没正面回答，只是说：你们还有什么话，有什么要求，尽管讲。这里的含义已再明白不过了。

二犯一听，全愣了。过了一会儿，刘青山提出要见一见中央来的人；张子善也说有此要求，并说要见省委领导。刘、张毕竟是多年的“高干”，了解党内情况，断定这等大案惊动了中央。确实，有中央领导人来至保定，但没有见他们的意思。刘青山见监管人员不应声，又催促转达。监管人员令二犯坐下，然后沉稳地说：“这是中央的决定，是毛主席亲自批示的，你们应该向人民低头认罪。”

二犯周身一震，如同炸雷轰顶。

屋里死一般的寂静。刘青山闭合双目，长出一口气；张子善呆呆地看着面前的酒菜，潸然泪下。

刘青山长叹一声，端起酒杯一饮而尽，接着又自己斟满，说声：“老张，喝！”

张子善没动酒杯，偏过脸擤了把鼻涕，唏嘘着，拿起桌上一盒前门烟，手指颤抖不止，好不容易才抽出一支。

刘青山两眼发红，又是仰脖一梗。

冬夜漫漫。两间灰房子里，烟头那微弱的光亮在昏暗中闪现，彻夜未断——人生最后一个夜晚，他们都想些什么呢？痛恨、忏悔、认罪；委屈、抱怨、不甘；童年、故乡、战友、亲人、天堂、地狱、生前事、身后名……然而，不管想什么，怎样想，都晚了，太晚了！

1952年2月10日，农历壬辰年正月十五，星期日。

古城保定，河北省省会，笼罩在一片愤激、严峻的气氛之中。在河北省委政府领导下，河北省法院组织临时法庭，在省会保定市召开了2万人参加的公判大会。

从上午10时起，许许多多整齐的队伍，从四面八方会聚于保定市体育场，井然有序地就列于指定位置。参加这次公审大会的，有省级、保定市、保定专区的党、政、军机关和群众团体的领导人员、全体干部工作人员和指战员，有唐山、石家庄、秦皇岛三市及其他九个专区的各级机关团体和群众的代表，并特别邀请了因受刘青山、张子善剥削而遭受灾难的天津专区的灾民代表、治河民工代表及被害群众代表参加。据准确统计，到会人数共计21800多人。

与此同时，保定市内1000多台收音机打开开关，60多个广播喇叭接通电源，近万人或守坐在收音机旁，或围站在广播喇叭下。他们也在看表。

与此同时，唐山市组织了67000多人，石家庄市组织了55000多人，全省唐山、石家庄、邯郸、邢台、通县、天津、沧州、衡水、定县九个专区及各市、县、镇的机关团体干部和人民群众，近20万人在有组织地收听大会实况。

刘青山、张子善出现在万众面前。

刘青山，头戴名贵的水獭皮帽，身穿样式考究的藏青色呢子大衣，足蹬光亮可鉴的皮靴；而张子善，一身板挺的深蓝色呢子制服，头戴呢帽，脚上也是一双黑皮鞋。二人俨然一副“首长”打扮，从头到脚都是当地委书记、专员时去开会或赴宴时的装束。只是，二人各自并拢且前伸的手腕上，多了一副冰凉的手铐；胸前多了一块一尺宽二尺长的白布，上面分别用毛笔书写“大贪污犯刘青山”“大贪污犯张子善”，因而衬得刘青山的紫黑脸更黑了，张子善的黄白脸更白了。

薛迅在大会上控诉了刘青山、张子善的罪行，省主席杨秀峰宣布了最高人民法院的死刑核准令。

当宣判后，刘青山、张子善低头站在台上，面如死灰。刘青山的嘴唇嚅动两下，仿佛嘟囔了一句，像是忏悔像是抱怨像是诅咒。张子善的膝盖一软，未待身后一直警惕着的民警扶持，又硬硬地站直了。

保定东关大校场，空阔而寂寥。

省委根据中央领导的有关指示，详细地研究了处决刘、张二犯之事，决定了几项措施，交代与行刑人员及善后单位执行：子弹不打脑袋，打后心；殓尸安葬，棺木由公费购置；二犯之亲属不按反革命家属对待；二犯之子女由国家抚养成人。

这些决议事先也对刘青山、张子善讲明。二犯听后，放声大哭。

两声枪响，震彻长空大地。全保定市、全河北省、全中国都听到了。

两个共产党的高级领导干部，两个为建立新中国立下功劳的英雄，因极度贪污腐化而被党和人民押上断头台，这在我们新生的共和国历史上，尚属首次。

刘青山、张子善伏法后的第二天，《人民日报》《河北日报》《天津日报》等均以醒目的大字标题在头版报道了公审大会的消息，与此同时，中央及各省、市、自治区的报纸、电台也都对此迅速做了报道。香港一家右派报纸禁不住惊呼："共产党杀了共产党！"

应当这样说，共产党杀了共产党的败类！

几个月的"三反"运动，使党的正气至少 20 年昌盛不衰！

杀了两个人，管了几十年！

人们纷纷议论：

共产党真了不起！江山是坐定了！

★ 七　一场新的“淮海战役”

陈云在上海

陈云，1905 年 6 月 13 日出生在江苏省青浦县练塘镇的一个贫苦农民家庭里。曾用名廖陈云。他 2 岁丧父，4 岁丧母，和姐姐一直生活在舅父家中，靠裁缝出身的舅父微薄的收入维持生计。但他天资聪慧，刻苦好学，在练塘贻善小学读完初小，经校长推荐免费进入颜安小学。毕业后到上海商务印书馆当学徒，后来当了店员。1925 年加入中国共产党，并担任了商务印书馆下属支部的书记。

1926 年至 1927 年，陈云参加了上海工人为配合国民军北伐而举行的三次武装起义。1930 年 9 月在中国共产党六届三中全会上被选为中央候补委员。1931 年 1 月在中共六届四中全会上补选为中央委员，5 月任中央特科书记。1933 年 1 月到达中央革命根据地瑞金，继续参加党中央及全国总工会的领导工作。1934 年 1 月中华苏维埃共和国第二次全国代表大会时，陈云在开幕式上当选为主席团成员，闭幕时又当选为中央执行委员会委员。1935 年 1 月，陈云参加了在长征途中召开的遵义会议，他积极支持毛泽东的正确主张，在关键时刻投了毛泽东一票。会后，他和张闻天、毛泽东一起被指定为会议内容的主要传达者。为此，他起草了一份《遵义政治局扩大会议传达提纲》，对“左”倾错误路线进行了有力批评，对毛泽东的正确路线则作了全面肯定。

为了重新建立起与共产国际的联系，将红军长征和遵义会议的有关情况及时通报给共产国际，并相机恢复党在上海的组织和活动，毛泽东等人经过慎重考虑，决定派长征以来一直随红五军团行动的中央代表、具有在白区工作丰富经验的陈云去完成这一重要使命。红军渡金沙江后不久，陈云按照原定计划，在红军到达天全县后，悄悄地离开了长征队伍，由熟悉四川情况的当地地下党员席懋昭陪同，从灵关殿经荥经、雅安到达成都、重庆，随后到达上海。为便于陈云等的行动，红军在灵关殿故意让被俘的天全县教育局局长逃走，由他在路上“巧遇”陈云等人，随后在他的带领下顺利地避开了敌人的追击部队。

陈云到上海后，发现上海党组织遭到敌人严重破坏，一时难以接上关系，便去找还是在上海商务印书馆工作时就认识的章乃器先生。通过章乃器，很快见到了章的弟弟、从事党的秘密工作的章秋阳。为安全起见，章秋阳把陈云安排到自己的爱人家里隐居起来。同时，组织上也派了原商务印书馆党员孙诗圃和上海煤炭业店员罗希三，对陈云进行掩护。

在做了这些安排后，陈云一方面通过潘汉年的弟弟潘渭年告诉时在香港的潘汉年立即来沪；另一方面又通过章秋阳找到当时上海临时中央局的浦化人等，了解上海党组织的情况，并着手实施恢复上海党组织的计划。陈云还通过章秋阳找到了瞿秋白的夫人杨之华和何叔衡的女儿何实嗣。她们与共产国际驻上海联络部有联系。但是，不久之后，上海临时中央局、中共江苏省委又一次遭到严重破坏，浦化人等上海临时中央负责人被捕。共青团中央局也遭到破坏。中共驻共产国际代表团了解到上海的险恶形势后，指示陈云以及在上海的其他重要领导人立即前往莫斯科。

1935 年 9 月，在宋庆龄的帮助下，陈云和陈潭秋、杨之华等躲过敌人的追踪，坐上了一条苏联的货船，辗转来到莫斯科。陈云到达莫斯科后，代表中共中央向共产国际介绍了中国的最新情况，通过陈云的介绍，共产国际领导人更加了解了中国共产党和中国革命的特殊情况，对毛泽东等的了解也更加全面。这对后来共产国际公开支持毛泽东在中共党内的领导地位是有很大关系的。可以说，陈云对确立毛泽东在中国共产党内的领导地位有着直接的贡献。

随后他进入列宁学校学习，并在东方大学任教。

1937 年 11 月，陈云回到延安，担任了七年的中央组织部部长。1942 年，主持陕甘宁晋绥五省联防财经办事处，工作很出色。从 1944 年起任中共中央

新中国成立之初的陈云

西北局委员、西北财经办事处副主任兼政治部主任，主持陕甘宁边区的经济工作，在十分困难的条件下，卓有成效地执行了毛泽东提出的“发展经济，保障供给”的总方针。为根据地的经济发展做出了重要贡献。解放战争时期，他主持东北财经委员会的工作，顺利实现了东北全区财经工作的统一管理，较早地把经济稳定下来。

新中国成立后，陈云担任中央人民政府委员、政务院副总理兼财经委员会主任、重工业部部长、中央书记处书记等职，主要领导财政经济工作。

新中国成立初期，我党接收的是国民党留下的烂摊子。长年的战争已经使中国的经济濒临崩溃。当时，全国到处是战争创伤，工厂停工，交通瘫痪，物价飞涨，人民生活十分困难。1949 年 3 月，毛泽东在中共七届二中全会上说：如果我们在生产上无知，不能很快地学会生产工作，不能使生产事业尽可能迅速地恢复和发展，获得确实的成绩，首先使工人生活有所改善并使一般人民的生活有所改善，那我们就不能维持政权，我们就会站不住脚，我们就会失败。资产阶级也看到了中国共产党面临的经济困难。但他们却想看共产党的笑话。他们认为，中国共产党会打仗，会搞政治工作，但在经济方面、管理城市方面，毫无办法。他们想趁机搞乱经济，趁乱捞一把，在经济方面给共产党一个下马威，进而把共产党挤出城市。因此，解放军一进城，资产阶级就向共产党发起了挑战。

向中国共产党挑战的主要是上海的资本家。当时，上海资本家的势力很大，他们控制了上海的物资、货币、国内外贸易，不法资本家利用他们手中掌握的经济实力，向新生的人民政权发起了猖狂进攻。

在这一猖狂进攻面前，共产党只有接受挑战，在经济上打胜这一仗，才能在上海站住脚，并进一步稳定全国经济，恢复和发展生产。选谁去当统帅？已经内定担任新中国政务院总理的周恩来经过慎重考虑，向毛泽东推荐了陈云。

早在20世纪30年代初，周恩来就认识了陈云。当时陈云在上海开办一些商业机构，为党筹措经费，很有经济头脑。他经营的商业企业赚了很多钱，都交给了中央，为此，陈云还受到中共中央和共产国际的表扬。陈云后来在延安时期及东北解放区工作时在领导经济建设上的突出成就，周恩来也十分钦佩。

因此，在考虑指挥同上海的不法资本家打经济仗主帅的人选时，周恩来才向毛泽东推荐了陈云。而毛泽东也对陈云特别赏识。陈云在江西革命根据地与毛泽东的观点相和，在遵义会议上对他的支持以及在延安主持中央组织部工作时的创造性和原则性，对接收沈阳的经验都倍加赞赏，曾专门把陈云写的一篇《接收沈阳的经验》一文批发给全党学习。1949年2月，毛泽东还特地把陈云请到西柏坡，与他彻夜长谈。他的心里已经把陈云作为新中国主管经济的人选了。当周恩来向毛泽东推荐陈云时，两人不谋而合。

中央考虑，要先把中央财政经济委员会组建起来，组建一个指挥部。

1949年5月31日，中央发出了刘少奇起草、经毛泽东修改审定的《中国人民革命军事委员会关于建立中央财政经济机构大纲（草案）》，这个大纲确定，中财委是党统一领导全国经济工作的机构，同时确定了中财委的机构设置、人员配备、工作职责。6月4日，周恩来在北京饭店召开的中共党政机关负责人和各民主党派人士会议上宣布：陈云、薄一波负责筹备中财委。陈云在会上就组建中财委的目的、中财委的任务、组织机构等问题作了说明。在组建中财委的过程中，陈云决定，把中共中央财政经济部与华北财经委员会合并，组成中财委。这样，经过很短一段时间的紧张筹备工作，7月12日，中财委正式成立了。陈云任主任，薄一波任副主任，办公地点在北平城东的九爷府，当时有干部300多人。

新中国成立后，陈云仍任中财委主任，薄一波、马寅初、李富春、曾山、贾拓夫、叶季壮为副主任。陈云是新中国经济工作的杰出领导人之一，一向以“稳健、唯实”作风著称。

新中国成立初期我国面临的财政经济形势十分严峻。1949年与全国解放前的最高年份比较，农业总产值下降20%以上，工业总产值下降一半；交通

1949 年 10 月 21 日，政务院财政经济委员会成立时合影，前排左六为陈云

严重破坏，城乡交流阻塞，津浦、京汉、粤汉、陇海等主要铁路干线，没有一条可以全线通车，公路有 1/3 不能使用；人民生活严重下降。更为突出的困难是，连续 12 年的恶性通货膨胀严重地影响着工农业生产的正常进行和人民生活的安定。从 1937 年 7 月到 1949 年 5 月，国民党政府发行的货币，从法币到金圆券，共增发了 1400 多亿倍，同期物价上涨了 8400 多亿倍，达到了天文数字。全国解放前夕，国民党政府的货币几乎成了废纸，城市中到处以金条、银圆、美钞、港币为交换手段，广大农村则普遍流行着以物易物。总之，国民党政府留下的千疮百孔的烂摊子，需要新生的人民政府抓紧治理，尽快地建立起新的经济秩序。

新中国的国有经济，随着接管城市过程中没收官僚资本企业逐步建立起来。到 1950 年初，合计接管官僚资本的工矿企业 2885 家，金融企业 2400 余家，职工 129 万人。铁路 2 万多里，机车 4000 多台，构成了新中国成立初期国有经济的主要部分。同时，人民政府还废除帝国主义利用不平等条约获取的在中国的经济特权，收回长期被帝国主义盘踞的中国海关，把 172 个海关调整为 70 个。当时海关有正副税务司 69 人，全是外国人，帮办 244 人中有 219 人为外国人，总巡 288 人全是洋人。

对于美、英、法等国在中国的1000多家外资企业，12万工人，我国政府通过管制、征用、代管、转让等方式收归国有。

在党中央的领导下，以陈云为主任的中央财政经济委员会成功进行了稳定物价和统一财经的重大斗争。

在物价狂涨的情况下，政府宣布，人民币为唯一合法货币。但投机商人对此置若罔闻，公然对抗政府法令。南京的四大百货公司开始用银圆标价，其他商店闻风而动，相继仿效，拒用人民币。人民银行发行的人民币，早上发出去，晚上又差不多全部回到了人民银行。人民币的信用受到了严重的威胁。上海资产阶级宣称：解放军进了上海，人民币进不了上海，公开在大街上卖银圆。

针对这一情况，人民政府曾采取抛售银圆的办法以稳住市场。但10万银圆刚一抛出，即被投机分子全部吃进，不但没有稳住市场，投机之风反而愈演愈烈。上海游资和投机分子的实力太大了，靠抛售的办法是无法稳住市场的。据说当年日本占领上海时，为了稳住上海的市场，从东京一次运来五吨黄金，但投下去之后却如泥牛入海。

1948年底，人们在上海街头挤兑黄金

新中国成立之初的上海证券大楼

陈云认为，应采用强硬手段查封上海证券交易所，严惩投机分子。接到这一指示后，华东财委和上海市军事管制委员会立即通过报纸和广播敦促少数奸商和投机分子停止从事银圆等的投机生意。但投机分子对此置若罔闻。在劝说无效的情况下，上海市军管会于1949年6月10日上午10时派出上海市军警分五路包围了投机分子操纵市场的大本营——证券大楼。

为了保证将投机分子一网打尽，上海市军管会事先做了周密的准备。9日，他们先派出公安局的少数骨干化装进入证券大楼了解情况，熟悉地形，依靠原我党设在证券大楼里的秘密工作人员对证券大楼中各投机商号、经纪人的违法活动进行秘密调查，确定了一批应予扣押审查人员的名单。

上午8时许，上海市公安局局长李士英首先率领200余名便衣干警按预定部署分散进入证券大楼，分五个组控制了各活动场所和所有进出通道。10时左右，上海市警备司令宋时轮率警卫部队一个营，分乘10辆大卡车到达证券大楼，对其实行包围。这时，分布在大楼现场的公安人员也亮出身份，命令所有人员立即停止活动，接受检查。从上午10时到午夜12时，公安人员分头搜查了各个投机字号，并登记了所有被封堵在大楼内的人员及财物，然后，命令全部人员到底层大厅集中，听政府代表训话。集中到大厅的共有2100人，除根据事先确定的名单当场扣押238名送市人民法院外，其余1800余人经教育陆续放出。

突袭证券大楼，一举取得了胜利。但证券大楼以外的上海滩上到处还能听到贩卖银圆的叫卖声和银圆的撞击声。这些银圆的贩卖、投机活动一日不绝，上海的物价也就一日难以平稳，人民币的信誉也就难以确立和巩固。

于是，上海市的军管人员决定改变策略。他们换上便衣，深入民间，在人民群众的帮助下，顺藤摸瓜，抓获了一大批银圆贩子，并采取分化瓦解的政策，用了不到一个星期的时间，大的银圆贩子基本上都被抓获，小的银圆贩子也不敢再从事这一活动了。从此，上海的金融投机生意基本绝迹。

物价暂获稳定后，不法资本家和投机分子内心并不服气，仍伺机与人民政府较量。他们扬言："只要控制了'两白一黑'（即大米、纱布、煤炭），就能置上海于死地。"于是，投机分子拼命抢购国营公司的粮食、纱布等物资，甚至高息拆借资金抢购、囤积物资，想以此从经济上把共产党斗垮。在长期恶性通货膨胀的影响下，向有"工不如商、商不如囤、囤不如投"的说法。因此，当时上海从事棉纱棉布投机生意的商号很多。与 1937 年相比，1949 年全上海棉纱字号从 60 家发展到 560 家，棉布字号从 210 家发展到 2231 家，糖行则从 82 家发展到 644 家。这些商号多以买空卖空或囤积商品为主。产业资本也普遍囤积原材料和制成品，有的还抛售空头栈单或抢购业外商品。有些名为"工厂"，却既无设备又无厂房，实际从事投机生意。

陈云认为，"人心不乱，在城市中心是粮食"，人民政府与投机资本的再次较量势不可免。还是在 10 月初，陈云在发给中央的电报中就指出：目前财政赤字仍然很大，且须收购大量物资，必须继续增发货币，从去年底到今年 8 月底关内货币发行额已经从 185 亿元增加到 4851 亿元，增加了 25 倍，在这一时期物价已上涨了 15 倍，估计 8 月至 12 月的财政赤字为 6700 亿元，收购棉花等物资约需 4000 亿元，合计共需 1 万亿元，除 8 月已发行的 2000 亿元外，还须发行 8000 亿元，即在 4 个月内发行数额尚须增加两倍。在这样的情况下，要想停止物价上涨是不可能的。

陈云的预测很快被市场证实。自 10 月 15 日起，以沪津为先导，华中、西北跟进，全国币值大跌，物价猛涨。不出一个月，物价平均指数：京津涨 1.8 倍，上海涨 1.5 倍，华中、西北大致相同。这次涨价的主战场仍是上海，主要物资则是纱布。在不到一个月的时间内，上海的棉纱价格上涨了 3.8 倍，棉布上涨了 3.5 倍，由此带动了其他物价跟着上涨。

1950年6月6日，陈云在中共七届三中全会上做关于财政经济工作的报告

陈云对形势进行了分析后认为，投机活动最为猖獗的是上海，北方的投机势力很可能集中冲击粮食，为避免两面受敌，他决定首先抓住粮食，稳定北方地区。

10月20日，陈云急电东北，要求紧急调拨一批粮食支持华北市场。并派曹菊如赶赴东北，坐镇沈阳，保证东北每天发一列车粮食到北京，在天坛用大席囤存粮食，而且必须每天增加存粮席囤，让粮贩子看到，国家手中有粮食，使其感到无隙可乘。果然，京津两地的粮贩子看到东北的粮食源源不断地运往北京，未敢轻举妄动。

陈云又腾出手来全力对付上海的投机势力。

12月12日，中财委召开了全国城市供应会议。陈云在会上讲话，并对全国范围内统一调度粮食的工作做了具体部署。会后不久，四川即征集了2亿公斤大米支援上海。

为了确保在粮食问题的较量上万无一失，陈云对东北和四川这两个坚强的后盾特别关注。1950年1月23日，他再次致电东北方面，指出：本月上海米价猛涨，估计春荒难关过不去。华中、四川调给上海的公粮，或因山地集中不易，或因船运量小，何时与能否调到，实在把握不大。由于米价贵，进口的外米能否很快运来，亦属疑问。希望东北再收买一批大米或稻子。

1月26日，他又致电中南财委并转中南交通会议，要求他们设法组织公私船只接运由重庆到宜昌的大米，并运到上海。

经过两个月的准备，在上海周围完成了三道防线的布置，即第一道，杭嘉湖、苏锡常一线；第二道，江苏、浙江、安徽急速运粮；第三道，由东北、华中、四川组织抢运。这几道防线合在一起，政府手里掌握的周转粮就有十几亿斤，足够上海周转一年半，北京、天津、武汉等大城市的粮食也得到了补充。

陈云为使投机商人在此次行动中得到教训，提出的策略是：目前抢购风盛时，我应乘机将冷货呆货抛给投机商，但不给其主要物资。等到收缩银根、物价平衡，商人吐出主要物资时，我应乘机买进。陈云将其意见电报中央，毛泽东阅后也当即批示：即刻发，发后再送刘、朱。

按照陈云部署，天津先后从东北调集粮食3000万公斤，准备布匹35万匹，棉纱5000件。上海准备棉布110万匹，棉纱28000件。汉口准备棉布30万匹，棉纱8000件，西安准备棉布40万匹。在周密布置和充分准备后，选择市场物价达到最高峰的1949年11月25日，在全国各大城市统一行动，集中抛售。

上海等地的资本家和投机势力，千方百计大量囤积粮食，如同疯狂的赌徒一样，把他们所能调动的头寸都押在这个赌注上，坐等暴利像黄浦江水一样源源向自家流来。投机商们囤积粮食一直到1949年农历年三十的晚上，然后，烧香拜神，等待正月初五财神爷上门。

正月初五到了，粮食市场“红盘”开出，出乎投机商们意料的是，粮食价格不但没有上涨，反而连续下跌。在陈云和中财委的统一部署下，上海广泛开设国营粮店，并连续抛售了1亿多公斤大米。逼得投机商不得不在亏本的情况下把囤积的大米全部吐了出来。

刚开市时，上海等地的投机商看到有棉纱售出，即拿出全部资金争相购入，有的甚至不惜借高利贷。当时，上海的借贷甚至出现了以日计息的现象，上海人称为“日拆”，这在上海、全国甚至全世界都是罕见的。投机商们打着自己的如意算盘，据过去经验，纱布价格一天之内涨好几次，吃进纱布后，当天转手，不但可以应付日拆，还可以获高利。然而，这次他们却打错了算盘，上海等地的国营花纱布公司，源源不断地抛售纱布，而且一边抛售，一边降低牌价，投机商知道大事不妙，也开始赶紧抛售手中的纱布，但他们抛得越多，市场行情跌得越快，上海的纱布价格，一天之内下降了一半。投机分子叫苦不迭。

为使投机分子受到彻底打击，政府规定所有国营企业的钱一律存入银行，银行不向资本家企业贷款；私营工厂不准关门，工人工资必须照发；国家的税金不能迟缴，迟缴一天，罚税金额的3%。

有人向陈云反映说，这样做是不是太狠了，陈云说：不狠，不这样，就天下大乱。

在这场斗争中，资本家和投机分子，两面挨耳光，再也受不住了，不得不要求政府出面，买回他们吃进的棉纱。于是，政府乘机以极低的价格买进了大量的棉纱。陈云指挥的这场战斗，干净、利索，使投机分子受到了严厉的打击。有些资本家血本无归，应付不了日拆，跳楼自杀，有的卷起铺盖逃往香港。

事后，上海的一位著名资本家说：“6月银圆风潮，中共是用政治力量压下去的，此次则仅用经济力量就能稳住，是上海工商界所料不到的。”

另一位资本家说：“商务印书馆那个小个子（指陈云）真行！”经过几个回合的较量，资产阶级和投机分子元气大伤，彻底认输，再也不敢在市场上兴风作浪，持续了十多年的有如脱缰野马的通货膨胀终于被制服。

到1950年，上海和全国的物价迅速稳定下来。毛泽东曾高度评价稳定物价斗争的胜利，称它的意义“不下于淮海战役”，并极为称道陈云的理财能力。他借用诸葛亮在《前出师表》里叙述刘备夸奖向宠将军的话——“将军向宠，性行淑均，晓畅军事，试用于昔日，先帝称之曰能”，称陈云的理财能力为“能”。

在中共七届七中全会第三次会议上，陈云同刘少奇、周恩来、朱德一起被推举为中共中央副主席的候选人，毛泽东对陈云评价道：“至于陈云同志，他也无非是说不行、不顺。我看他这个人是个好人，他比较公道、能干，

毛泽东、周恩来、刘少奇、朱德、邓小平、陈云等在七千人大会上

比较稳当，他看问题有眼光。我过去还有些不了解他，进北京以后这几年，我跟他共事，我更加了解他了。不要看他和平得很，但他看问题尖锐，能抓到要点。所以，我看陈云同志行。”这表明毛泽东对陈云在新中国成立前七年主持中央财经工作的才能和贡献是充分肯定的。

宏伟的第一个五年计划

发展国民经济第一个五年计划（1953—1957 年）的编制和实施，为发展中国社会主义工业化奠定了初步基础，是实现过渡时期总路线的一个重大步骤。

“一五”计划是边编制，边实施，边修改和补充，前后共花费了 3 年多的时间。“一五”计划正式文件是在开始执行（1953 年）两年多后才最终形成的。

1952 年初，根据周恩来的提议，中共中央成立了由周恩来、陈云、薄一波、李富春、聂荣臻、宋邵文六人组成的领导小组，负责组织领导“一五”计划的编制工作。

为了征询苏联政府对“一五”计划的意见及商谈苏联援助我国经济建设的具体方案，8 月，中共中央决定组织代表团，以周恩来为团长，陈云、李富春为副团长，带领 30 多名专家访问苏联。

当时没有大飞机，一架飞机只能坐 16 人。中共代表团分乘三架飞机，从北京西郊机场起飞，飞了三天，第一晚在伊尔库斯克，第二晚在新西伯利亚，第三天才到莫斯科。到达莫斯科后，陈云和我国的专家一起，在苏维埃旅馆下榻。

这次代表团的主要任务是就第一个五年计划和苏联有关方面交换意见，重点是争取苏联的援助。在莫斯科，周恩来、陈云等与苏方代表进行了长达一个月的会谈。其间，周恩来和陈云两次会见了斯大林。

苏联领导人详细研究了中方提出的计划，对计划方针和要达到的目标表示欣赏，但对计划本身提出了异议。他们认为，这个计划草案，还不能算是五年计划，不仅不是计划，即使作为指令也不够。斯大林在会见周恩来、陈云时还就中国的“一五”计划提出了一些原则性的建议。他认为，计划草案中考虑的五年中工业年平均增长 20% 的速度是勉强的，建议降到 15% 或 14%。他还强调，计划不能打得太满，必须留有后备力量，以应付意外的困难。

经过一个多月的紧张工作，会谈取得了圆满的成功，苏联同意帮助中国设计一批企业并提供设备。争取到苏联对中国工业化的援助，是中共中央代表团这次访苏的最大成果。

9 月下旬，周恩来、陈云先行回国，留下李富春和一大批专家与苏联专家一起做进一步的工作。

回国后，陈云把中财委日常工作交给薄一波，在 1952 年底至 1953 年初，根据苏方的建议，全力以赴地对“一五”计划进行了第三次编制。由于长期夜以继日的工作，积劳成疾，陈云病倒了。1953 年 3 月，他不得不暂时离开工作岗位，到外地休养。这样，编制“一五”计划的工作也暂停了下来。五年计划未定，计划的第一年只能通过年度计划来体现。1952 年 12 月 22 日，中共中央发出《关于编制 1953 年计划及长期计划纲要的指示》，确定制订五年计划的一些重大问题。

1953 年 3 月，斯大林逝世，但苏联对援助中国“一五”计划的态度仍然十分积极。4 月，苏联政府经过研究，就中国“一五”计划的问题给予了正式的答复意见，并就中国“一五”计划的有关内容编制了一些详细的图表等，供中国参考。苏联帮助中国建设的一些项目也基本上确定下来了。于是，新成立的国家计划委员会根据这些意见，对“一五”计划进行了第四次编制。这一次，陈云因病在外地休养，未能参加。

第一个“五年计划”的宣传画

但是，第四次编制

的“一五”计划仍不能令人满意。而这时，按照预定的时间，“一五”计划已进入实施阶段了。

1954年初，根据工作发展的需要，中央决定成立由陈云、高岗、李富春、邓小平、邓子恢、习仲勋、贾拓夫、陈伯达组成的五年计划纲要编制八人工作小组，陈云任组长，以加快“一五”计划的编制。毛泽东要求计委从2月15日起，一个月内，拿出初稿，后计委的同志感到时间太紧，压力很大，请求延长一些时间，毛泽东只同意给他们延长五天的时间，要求3月20日必须拿出初稿。

各部和计委迅速展开工作，陈云组织了由他和张玺、梅行、周太和、邱纯甫五人组成的小组。张玺是计委的副主任，周太和和邱纯甫是陈云的秘书，梅行是请来的笔杆子。五个人昼夜兼程，开了14次会，用了15天的时间，将材料进行了归纳、整理，并于4月初拿出了第五次编制的五年计划纲要初稿。于4月15日印好后，送到了毛泽东手里。6月29日至30日，陈云就“一五”计划的有关问题向中央政治局扩大会议作了汇报。国家计委的《中华人民共和国发展国民经济第一个五年计划草案（初稿）》正式出笼。

在编制计划时，陈云强调的基本立足点是自力更生，没有盲目、教条地搬用外国的经验。他说：“苏联专家搞的表太复杂，不能完全照办，必须和我们的现状结合起来。中国是农业国，不可能把每家有几个鸡、几头猪都统计起来。中国开始建设时，计划的线条是粗的，将来由粗到细。”

陈云的这种态度得到了毛泽东的肯定。

10月，毛泽东、刘少奇和周恩来在广州集中一个月左右的时间，共同审阅了国家计委提出的《中华人民共和国发展国民经济第一个五年计划草案（初稿）》。11月，陈云主持召开了十一次中共中央政治局会议，对“一五”计划的初稿提出了若干修改和补充意见。经过中央政治局讨论和毛泽东、刘少奇、周恩来的审阅，中央责成国家计委对五年计划纲要草案再做进一步修改。

1955年3月31日，党的全国代表会议对陈云主持起草的“一五”计划草案进行了审议，并决定原则通过这一草案。6月，中央委员会根据全国党代会提出的意见，对草案再次进行了修改。7月30日，全国人大一届二次会议审议并正式通过了“一五”计划。11月9日和12月19日，国务院先后颁布命令，将“一五”计划下达各地和各部执行。

“一五”计划确定的基本任务是：“集中主要力量进行以苏联帮助我国设计的156个建设单位为中心的、由限额以上的694个建设单位组成的工业建设，建立我国的社会主义工业化的初步基础；其中心，是发展以重工业为主的工业基本建设。”

“一五”计划建设的规模是巨大的。在五年内，全国经济和文教建设的投资总额为766.4亿元，折合黄金7万万两以上。用这样巨大数量的资金来进行国家建设，这在旧中国的历史上是根本不可想象的，只有在共产党领导下的、全心全意为人民谋利益的政府，才可能这样做。

第一个五年计划开始的时候，虽然我国的工业已经恢复并且超过历史上的最高水平，但是工业化的起点仍然很低。1952年现代工业在我国工农业总产值中的比重只有26.6%，重工业在工业总产值中的比重只有35.5%。毛泽东说：“现在我们能造什么？能造桌子椅子，能造茶碗茶壶，能种粮食，还能磨成面粉，还能造纸，但是，一辆汽车、一架飞机、一辆坦克、一辆拖拉机都不能造。”我国仍然是一个落后的农业国家。在这样的历史条件下，中国参照苏联的经验，选择了一条优先发展重工业的工业化道路。

“156项工程”项目是中苏双方经过多次商谈才确定下来的，有的是中方先提出，有的是苏方先提出。1949年12月，毛泽东率代表团访苏。中苏双方经过谈判，于次年2月签订了《中苏友好同盟互助条约》，并签署了关于苏联向中国移交中长铁路、旅大军港的协议。就是在这次访问中，还商定由苏联援助并贷款进行恢复、改建和兴建50个大型工业企业，这成为后来的“156项工程”中的首批项目。

1952年8月，中国政府代表团访苏，谈判达九个月。直到次年5月，才签署了两国政府关于苏联对91个大型工业建设项目给予经济技术援助的协议。

1954年，双方又商定增加数项。这样，苏联援建项目达156个。后来经两次商定，又增加18项，五次商谈共确定项目174项。后经反复检查调整后，有的项目取消，有的项目合并，有的一分为几，有的推迟，有的不列入限额以上项目，最后确定为154项。因为计划公布156项在先，所以仍称为“156项工程”。

“156项工程”主要是重工业项目。从实际施工的150项看，军工企业有44个，冶金工业企业20个，化工企业7个，机械加工企业24个，能源工业企业52个，轻工业和医药工业3个。这些建设项目主要配置在东北地区、中部和西部地区。其中的106个民用工业企业，布置在东北的有50个，中部32个；44个国防企业，布置在中部和西部的有35个。通过这150个项目的建设，能够在很大程度上改变工业畸形沿海的状态，合理工业布局，建立起较完整的基础工业和国防工业体系的骨架。

苏联的援助并不是无偿的，但确实是真诚的。他们派出3000多名专家和顾问来华帮助建设，表现出高度的国际主义精神。

五年内，我国完成基建投资总额达493亿元，超过原定计划的15.3%，加上企业和地方自筹资金，全国实际完成基建投资总额588亿元。施工的工矿建设单位达1万个以上，其中限额以上的有921个，比计划规定的单位数增加227个。到1957年底，全部投产的建设单位有428个，部分投产的有109个。

在“一五”期间，能源工业在施工的重点项目中占很大比重。建成投产的煤矿有：辽宁抚顺矿务局西露天、老虎台和龙凤三个矿，阜新海州露天矿和平安立井，黑龙江鹤岗东山、兴安台两个立井，鸡西城子河立井，陕西玉石凹立井。建成投产的电站有：抚顺、富拉尔基、吉林、大连、

“一五”期间的鞍钢

佳木斯、石家庄、太原、包头、武汉、株洲、郑州、洛阳、西安、乌鲁木齐、重庆等电站。扩建的油矿有甘肃玉门油矿。

△ 长春第一汽车制造厂

钢铁工业不仅充实了以鞍钢为中心的东北钢铁基地，而且在内地也开始着手建立新的大型钢铁基地。鞍山钢铁公司的大型轧钢厂、无缝钢管厂和第七号自动化炼铁炉，从 1952 年开始到 1953 年 11 月先后建成。该公司薄板厂、第二初轧厂也分别于 1954 年和 1956 年竣工投产。此外，北满钢厂、本溪钢铁公司基本竣工。武汉钢铁公司及包头钢铁公司的第一期工程分别于 1955 年和 1956 年正式施工。

“一五”期间有一大批机器制造业工厂相继竣工。第一座年产 3 万辆载重汽车的长春第一汽车制造厂于 1956 年 7 月试装出第一批“解放牌”汽车。沈阳第一机床厂、哈尔滨锅炉厂、哈尔滨量具刃具厂分别于 1955 年、1957 年竣工投产。第一座飞机制造厂正式投产并于 1956 年试制成功了第一架喷气式飞机。第一座电子管厂——北京电子管厂于 1956 年 10 月建成正式开工生产，试制成功了 10 多种电子管。

到 1957 年底，还有武汉重型机床厂、洛阳拖拉机厂、哈尔滨电机厂、西安高压开关厂、西安电力电容器厂、沈阳电缆厂及兰州石油机械厂第一批重点项目也接近完工。

此外，有色金属工业、化学工业、轻纺工业、建材和森林工业等，也都有一批重点项目建成投产。

1953 年中国第一汽车制造厂在长春选址奠基，不久由希格乔夫率领的苏联专家团就来到了长春，开始了援建一汽的岁月。在一汽的建设初期，工人

我国制造的第一批喷气式飞机

苏联专家与中国工程技术人员在一起

大多是刚从农村出来的农民工，不习惯机械操作，于是他们拿起自己熟悉的扁担，用土筐挑土，干得热火朝天。看到这种局面，苏联专家米尔采夫很焦急，他特意跑来问工区主任为什么不使用机械，主任却说工人都抱怨机械效率不高、浪费柴油，还不如人力干得快。这让米尔采夫感到很困惑，后来经过一番调查，他终于搞清楚了原因：原来在中方的施工计划中不同机械之间缺乏统筹。于是，米尔采夫亲自帮中方制订了周密的施工计划，使不同机械间能够密切协作，使闲置的机械又重新发动，结果不仅工期缩短了十多天，成本也节约了不少。工期进入汽车制造阶段后，斯大林汽车厂抽出100多名专职人员、组织20多个设计单位，成立了“第一汽车制造厂管理处”，几乎所有技术工作都由该厂包办。制造汽车需要的机床和其他设备，基本上也是由苏联提供。为了能将这些超重的设备运到长春，苏联人特意将西伯利亚大铁路的地基进行了加固。

在援建的过程中，专家们与中方工作人员结下了深厚友谊。苏联专家格拉斯托夫在工作之余，还特地拜一个中国篆刻家学习篆刻。在即将告别之际，很多一汽职工都收到一张卡片，鲜红的“格拉斯托夫”几个大字印在以解放牌汽车为背景的卡片上，分外醒目，很好地体现了苏联专家的感情。

大规模的工业建设，使工业生产能力显著增强，产品产量大幅度增加，工业经济结构有了改善。五年内，工业总产值以每年 18% 的速度增长，达到 783.9 亿元，超过原定计划的 21%，比 1952 年增长了 128.3%。现代工业产值在工农业总产值中的比重由 1952 年 26.6% 上升到 43.8%。重工业在工业总产值中的比重由 1952 年的 35.5% 上升到 45%，使旧中国重工业过分落后的面貌有所改变。

中国在“一五”期间的工业发展速度远远高于主要资本主义国家。1953 年到 1957 年平均每年增长速度，工业生产指数为：美国 2.8%，英国 4.1%，中国 18%，初步显示社会主义制度的优越性。

“一五”期间工业生产所取得的成就，远远超过了旧中国的 100 年。从几种主要工业产品产量看，1957 年钢产量达到 535 万吨，比 1952 年增长 296%，为新中国成立前最高产量的 5.8 倍。原煤产量达到 1.3 亿吨，比 1952 年增长 96%，为新中国成立前最高年产量的 2.1 倍。发电量达到 193.4 亿度，

“一五”计划中的标志性建筑——武汉长江大桥

比 1952 年增长 166%，为新中国成立前最高年发电量的 3.2 倍。工业建设的强劲发展势头，标志着中华民族实现复兴和富强的历史真正揭开了新的篇章。

总之，经过四年的艰苦奋斗，生铁、钢、钢材、水泥、发电量、机床、棉纱、棉布等 27 种产品产量提前一年完成。以铁路为中心的交通建设取得新的进展，运输能力有了较大提高。五年内，新建铁路 33 条，康藏、新藏公路相继通车，1957 年全国公路通车里程达到 25 万多公里，比 1952 年增加一倍。工业技术基础得到加强，知识分子队伍扩大，生产水平有了较大提高。

“一五”期间，农业生产、交通运输、邮电通信、商业和科学教育文化事业都有很大发展。人民生活水平也得到一定提高。各行各业轰轰烈烈，蓬蓬勃勃，整个国家欣欣向荣，蒸蒸日上，全社会呈现出崭新昂扬的精神面貌，社会主义的中国充满无限生机和活力。

★ 八　新中国的红色外交家

将军当大使

1949 年 10 月 2 日，新中国成立后的第二天，苏联政府发来照会，决定同中华人民共和国正式建立外交关系并且互派大使，成为第一个承认中华人民共和国的外国政府；此后，一大批国家开始承认中华人民共和国并同我们建立处交关系。

11 月，我国外交部在原北洋军阀段祺瑞执政府外交部旧址院前正式挂牌成立。周恩来总理兼外长代表中央出席了外交部成立仪式。他在仪式上说：“世界上每个国家的统治阶级都挑选最忠诚、最可靠、最有才干的分子从事外交活动，我们的外交干部无非有这几个来源：一是从军队中调，军队干部经过

1949 年 10 月 16 日，苏联驻中国大使罗申（左六）向毛泽东主席递交国书后合影

战争的考验，是最靠得住的；二是从地方干部中选调，他们有领导工作的经验，也是很靠得住的；三是从地下党中选调，他们文化水平较高，在敌人的白色恐怖中锻炼过来，也是可靠的。”接着，他宣布了外交部组成人员名单。在首批三位外交部副部长中，章汉夫长期从事我党的外事工作和华侨工作，对外交工作可谓是驾轻就熟；而常务副部长王稼祥和副部长李克农确是地地道道的将军外交家。

王稼祥曾担任过中革军委副主席兼军委总政治部主任，长期从事部队政治工作，他是我国首任驻苏联大使；担任了整整 10 年副部长，其间参加了《中苏友好同盟互助条约》的签订和日内瓦会议。

李克农被誉为“我党情报三杰之首”，他曾担任红一方面军保卫局长、中共中央社会部部长、中央军委情报部部长，有着丰富的白区工作经验和熟练的谈判技巧。他担任了五年外交部副部长，参加主持过朝鲜停战谈判和著名的日内瓦会议。

新中国成立初期我国的外交政策实行一边倒，即倒向以苏联为首的社会主义阵营。在我国外交部的各个司中，苏联东欧司的位置就特别突出，在司长、副司长的众多人选之中，周恩来总理第一眼便选中了伍修权和徐以新。

伍修权是湖北武汉人，早年进入苏联莫斯科中山大学学习并参加过苏联红军；后来担任过中国工农红军总顾问李德的翻译、红三军团副参谋长、

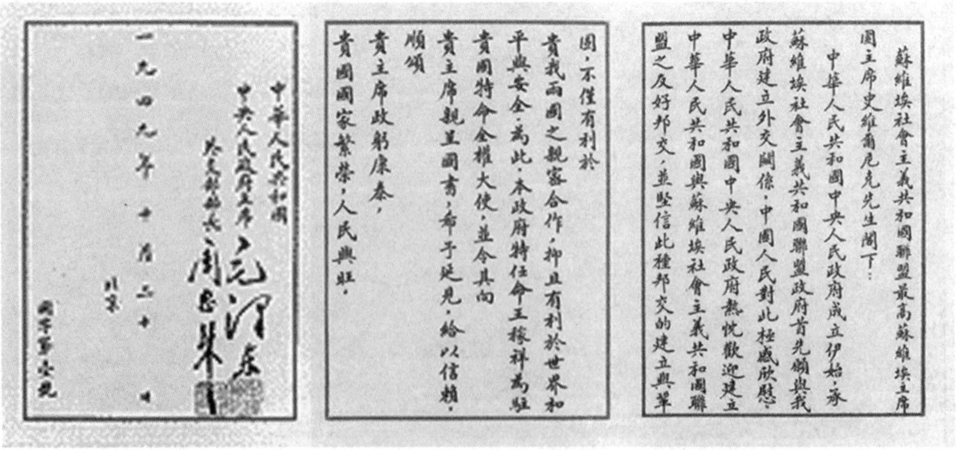
蘇維埃社會主義共和國聯盟最高蘇維埃主席
團主席史維爾尼克先生閣下：
中華人民共和國中央人民政府成立伊始，承
蘇維埃社會主義共和國聯盟政府首先願與我
政府建立外交關係，中國人民對此極感欣慰。
中華人民共和國中央人民政府熱忱歡迎建立
中華人民共和國與蘇維埃社會主義共和國聯
盟之友好邦交，並堅信此種邦交的建立與鞏
固，不僅有利於
貴我兩國之親密合作，抑且有利於世界和
平與安全。為此，本政府特任命王稼祥為駐
貴國特命全權大使，並令其向
貴主席親呈國書，希予延見，給以信賴。
順頌
貴主席政躬康泰，
貴國國家繁榮，人民興旺。

中華人民共和國
中央人民政府主席 毛澤東
外交部部長 周恩來
一九四九年十月二十日
北京
國字第壹號

毛泽东、周恩来签署的王稼祥出使苏联的新中国第一份国书

新中国首批驻外大使

中央军委一局局长、东北民主联军参谋长；1949 年初在沈阳刚刚解放后不久，便同美国驻沈阳总领事打过交道，初露外交锋芒。11 月，出任外交部苏联东欧司司长。1950 年 11 月，他作为中华人民共和国政府特派代表赴美国纽约出席联合国安理会，作为新中国在联合国安理会上发言的第一人，强烈谴责了美国干涉中国内政的无耻行径。1955 年他奉命出任中国驻南斯拉夫首任大使，后来又出任中共中央对外联络部副部长。

徐以新将军是周恩来在上海工人第三次武装起义时候的战友，他还参加过北伐战争和南昌起义，在苏联莫斯科中山大学和列宁学院学习过；先后担任过红四方面军参谋主任、政治部副主任等职；早在鄂豫皖苏区时，他就担任过苏区外交委员会主任。1950 年调入外交部，先后任苏联东欧司副司长、司长，后来出任中国驻阿尔巴尼亚大使、中国驻叙利亚大使。

随着与新中国建交国家数量的增加，向建交国派遣驻外大使便成了此时我国外交工作的重中之重。毛泽东主席以其伟人的气魄和战略家的眼光提出我国外交官队伍要“另起炉灶”。

1950 年 5 月至 9 月，毛泽东先后发布命令任命：耿飚为中国驻瑞典大使兼驻丹麦大使；王幼平为中国驻罗马尼亚大使；谭希林为中国驻捷克斯洛伐克大使；彭明治为中国驻波兰大使；黄镇为中国驻匈牙利大使；倪志亮为中国驻朝鲜大使；曹祥仁为中国驻保加利亚大使；袁仲贤为中国驻印度大使；姬鹏飞为中国驻德意志民主共和国外交使团长。此外，1951 年，又任命韩念龙为中国驻巴基斯坦大使。

我国首批驻外大使，都是中国人民解放军正军职、副兵团职甚至是正兵团职的高级将领，这些身经百战、戎马半生的将军，为了新中国的外交事业，他们又踏上了新的征途：出任驻外大使，成为我国历史上著名的“将军大使”。但是在出征之前，他们包括他们的夫人都经历了一次激烈的思想斗争。

第三野战军第七兵团副政委姬鹏飞时任浙江军区副政委兼政治部主任，他调外交部工作是周总理亲自点的将。长期从事部队政治工作的姬鹏飞接到命令以后大感意外，于是他就去上海找老首长谈心。粟裕将军耐心地对他说：“你是军人啊，国家有需要，将军无选择啊！”粟裕一席话就把姬鹏飞的思想工作做通了。后来出任驻东德外交使团长、大使，外交部副部长、代部长，1972 年陈毅外长逝世后，姬鹏飞出任新中国第三任外交部部长，成了名副其实的职业外交家。

正在杭州参加浙江军区作战会议的第三野战军三十三军政委韩念龙也接到了调令。他立即找老领导陈毅商量，他要求留在部队工作。时任上海市市长的陈毅很直率地说：“废话少说，执行命令，赶紧动身，周总理来电催！”韩念龙后来出任外交部副部长、代部长，主管亚洲事务；而此时陈毅元帅怎

1950 年 8 月，中国首任驻朝鲜大使倪志亮（左四）赴朝任职，外交部办公厅主任王炳南（左三）、朝鲜首任驻华大使李周渊（左五）等前往北京火车站送行

△ 1952年4月，王幼平大使（左一）、黄镇大使（右一）与老战友、志愿军归国代表团团长李雪三（中）在北京合影

么也不会想到，1958年时任副总理的他会接替周恩来出任新中国第二任外交部部长。

第二野战军第五兵团政治部代主任王幼平，此前正在西南前线同杨勇、苏振华指挥第五兵团进军贵阳。接到中央调令后，在湖南长沙见到邓小平政委时才知道中央要他去搞外交。邓小平说："我看你搞外交还可以嘛！中央从二野调阎红彦、刘志坚和你三个人；阎红彦要求不去，中央已经同意，调三个去一个，交代不了！"邓小平的话都到这份儿上了，王幼平也就无法推脱了。

第一野战军十九兵团副司令员兼参谋长耿飚将军是自己驾着吉普车从西北前线赶到北京的。周总理问他："耿飚同志，对于这次工作调动，你有什么意见？"耿飚以其军人特有的果断和直率回答："坚决服从命令，不过我对外交可是一窍不通啊！"其实，耿飚将军这是谦虚的说法，他对外交并不陌生。在抗日战争时期，他曾负责接待美军军事观察组赴晋察冀军区参观访问；解放战争时期，他又在军调处协助周恩来、叶剑英工作，同美蒋代表打过交道。

原中原野战军九纵政委黄镇接到调令以后，夫人朱霖怎么也想不通，坚决要求留在国内从事地方工作。黄镇很无奈，后被热心肠的袁仲贤将军调和好了。袁仲贤是黄埔一期毕业，由毛泽东亲自介绍加入中国共产党，曾经在苏联中山大学学习过，解放战争时就是第八兵团政委。他意味深长地对朱霖说："我们去搞外交，都是为了党的利益去演戏；党需要，我们就演，将来我们男的穿上西装是演戏，你们女的穿上旗袍、高跟鞋，拎起小包，也是演戏嘛！"袁仲贤把朱霖说通了。

不久，外交部根据毛泽东和周恩来的指示举办了外交学习班。我国首批将军外交家和他们的夫人，一批驻外参赞、驻外武官等 40 余人参加学习。外交部特意聘请北京大学张奚若教授、中国人民大学张志让教授等我国著名学者及苏联驻华大使、波兰驻华大使、匈牙利驻华大使等到学习班讲学授课。

毛泽东对我国的将军外交家们十分重视。他在接见将军大使时说：“你们是新中国的首批驻外大使，都是从军队里调来的高级干部，都是将军，将军当大使好！现在建国伊始，百废待举，各个部门、各个行业都需要干部，我们同许多国家建立外交关系，需要大批干部，解放军向来是我们生长干部的地方……”

周恩来提出的“站稳立场、掌握政策、钻研业务、严守纪律”的十六字方针，成为每个外交家的座右铭。此后，将军外交家们都在各自新的工作岗位上勤奋工作，为党和国家又立下了新的功勋。

倪志亮将军在朝鲜战争中立下了特殊功勋。他 1950 年 8 月赴任后，和柴成文参赞一起商定了一个关于朝鲜战事的“汇报提纲”，为党中央做出抗美援朝的重大战略决策提供了极其重要的参考。而柴成文将军后来又担任朝鲜停战委员会志愿军代表团秘书长，这位曾经的八路军总部情报股股长、军调处保定中共代表团的上校组长，在谈判中因唇枪舌剑一举出名，不仅获得了朝鲜一级独立自由勋章，还于 1955 年出使丹麦王国。

耿飚将军是在 1950 年出任中国驻瑞典兼驻丹麦、芬兰大使。在瑞典，耿飚将军广结朋友，他同瑞典名士哈马尔舍德成为好朋友。哈马尔舍德后来成为联合国第二任秘书长，在耿飚的努力之下他顺利地访问了新中国。他后来又出任中国驻巴基斯坦大使、驻缅甸大使、驻阿尔巴尼亚大使，回国后任中共中央对外联络部部长。

黄镇将军成为外交界的一员虎将，他在外交战线上奋斗了 27 年。黄镇在担任驻法国首任大使期间，在巴黎主持建交谈判，他一口气搞定了意大利、土耳其、扎伊尔、智利等十个国家；1973 年 5 月，在黄镇出任中国驻美国联络处主任，此前他已同美国代表进行了 54 个回合的马拉松式会谈，赴任后他凭着一股子拼搏奋斗的精神，使中美贸易总额从 5600 万美元直线上升至 3 亿美元。1979 年元旦，中美两国终于建立大使级外交关系。

王幼平将军在中国驻外大使的岗位上一干就是 30 年。他本人先后担任了中国驻罗马尼亚首任大使，驻挪威首任大使，驻柬埔寨首任大使，驻马来西亚首任大使。1962 年回国担任中共南阳地委书记，不久又重返外交界出任中国驻古巴大使。1979 年 7 月，才回国担任外交部副部长。

袁仲贤将军出任中国驻印度大使，后来兼任驻尼泊尔大使。在驻印度期间，他为中印两国关系的发展做出了突出贡献。1954 年 6 月，周恩来对印度进行友好访问，受到了印度总理尼赫鲁以及 10 万新德里人民的热烈欢迎。在这次会晤中，印度政府接受了和平共处五项基本原则，并把它作为处理中印两国关系的准则写入了中印联合声明中。后来周总理曾高度评价了袁仲贤将军在担任大使期间所做出的突出成绩。1956 年，袁仲贤出任外交部副部长。

罗贵波将军是一位 1926 年就参加革命的老同志，他是赣南苏区的主要创始人之一，曾经担任八路军三五八旅政委。1950 年初时任中央军委办公厅主任的罗贵波接到中央的调令，出任中共中央驻越南共产党中央联络代表、驻越南顾问团团长，并且被胡志明主席聘请为越共中央主席顾问。1954 年 9 月，罗贵波出任中国驻越南第一任大使。1957 年 10 月，回国任外交部副部长。

曾涌泉将军曾担任过中央军委编译局局长，早年曾留学苏联。1949 年底，时任石家庄警备司令员的曾涌泉出任中国驻苏联公使衔参赞，他曾协助王稼祥大使做了大量的对苏工作；1952 年，曾涌泉接替彭明治出任驻波兰大使，后来他又任驻东德大使、驻罗马尼亚大使，1957 年 2 月出任外交部副部长。

何英将军早年是中共中央海外工作委员会委员，在延安时从事中共中央华侨工作，曾任第四野战军师政治部主任、副政委；进入外交战线后长期从事亚洲工作和华侨工作，担任过中国驻雅加达总领事、驻印度尼西亚公使衔参赞、驻蒙古大使；外交部亚洲司副司长、亚非司司长；在担任外交部副部长期间，多次率团赴日、泰、非、澳、英、法等国考察侨情，在海外华人华侨中有很高的影响力。

随着我国国际地位的提高，同我国建交的国家也是与日俱增，所以，又有一批 1955—1964 年被授予军衔的将军和一批转业地方的原军队工作者也“奉命转行”，进入了中国外交界，他们中许多人后来还担任了重要领导职务。

仲曦东少将 1961 年后出任中国驻捷克斯洛伐克大使，中国驻坦桑尼亚大使，1972 年 2 月担任外交部副部长。

刘新权少将 1960 年被中央调任外交部部长助理兼人事司司长；1970 年出任中国驻苏联大使；1976 年出任中国驻阿尔巴尼亚大使；1979 年担任中共中央对外联络部副部长。

李耀文少将 1971 年担任外交部副部长，1972 年出任中国驻坦桑尼亚兼驻马达加斯加大使。

刘振华 1971 年调任中国驻阿尔巴尼亚大使；1976 年回国担任外交部副部长。

韩克华 1964 年任中国驻匈牙利大使，后来又相继出使几内亚、意大利、法国等国，1979 年 11 月出任外交部副部长。

除此之外，曾经担任过外交部副部长的余湛和刘述卿也曾经长时期在部队工作过，也称得上是一代将军外交家了。

毛泽东在接见我国首批驻外将军外交家时曾经这样说过：“你们这些将军出国当大使，不算转业，可以保留军籍。”所以许多将军外交家在圆满完成了党和国家赋予的神圣职责之后，他们又重新穿上军装返回部队，继续为中国人民解放军的革命化、正规化、现代化建设贡献自己的余热！

周恩来叱咤日内瓦

1953 年 7 月朝鲜战争停战后，中国人民志愿军主动地陆续从朝鲜撤退军队，而美国军队仍然驻扎在那里，继续加剧远东的紧张局势。法国军队也还在印度支那进行侵略战争。但是，由于中朝两国政府和人民对美斗争及印度支那人民抗法战争的进一步开展，迫使美国和法国政府不得不同意召开一次国际会议解决这两个地区问题。

新中国国民经济的迅速恢复，综合国力的不断增强，国际地位的日益提高，已成为维护世界特别是亚洲和平与安全的一支不容忽视的重要力量。可以说，没有中华人民共和国的参加，世界上特别是亚洲地区的重大问题，是不可能得到解决和很好解决的。

1954 年 2 月，苏联、美国、英国和法国四国外长在德国柏林召开会议，经过苏联的艰辛努力，终于达成一致协议：1954 年 4 月 26 日在日内瓦举行会议，讨论和平解决朝鲜问题和恢复印度支那和平问题。除苏联、中国、美国、英国和法国五大国参加会议的全过程外，同这两个问题有关的其他国家也分别参加会议讨论。

4 月 19 日，毛泽东正式任命周恩来为出席日内瓦会议的中华人民共和国代表团首席代表，外交部三位副部长张闻天、王稼祥、李克农为代表。

4 月 20 日，周恩来率领庞大的中国政府代表团，乘坐 3 架苏联“伊尔”–18 飞机，由北京取道苏联飞往日内瓦。

行前，周恩来告诫大家：“尽管我们过去在国内谈判有经验，跟美国吵架有经验，但是那是野台子戏，那是无法无天，什么也不怕，闹翻了也就那么回事；当然我们谈判还不是为了闹翻。”就是说，那时我们进行谈判的范围小，有什么说什么。中国是一个大国，到日内瓦是参加“一个正式的国际会议了，我们是登国际舞台了”，因此要唱文戏，文戏中有武戏，但总归“是

▲ 周恩来率中国代表团出席日内瓦会议

一个正规戏、舞台戏”。有几个兄弟国家参加，“要配合，要有板有眼，都要合拍。”又是第一次唱，所以还要本着学习的精神。

4月24日，周恩来一行抵达日内瓦。周恩来一下飞机，人们的注意力立即集中到这位传奇式人物身上，大批记者蜂拥而至，争先恐后地抢拍照片。中国代表团成员的着装差不多一个样，队伍整齐威武，以至外国新闻媒介形容为“日内瓦来了一连中国军人”。“一个年轻的红色外交家率领了一批更年轻的红色外交家。”

日内瓦是享有“旅游者的胜地”之美称的世界名城，位于瑞士西南部。这里，冬无严寒，夏无酷暑，被湖山环绕，山清水秀，一年四季，风光各异，充满了诗情画意。不但如此，它还是一座享有“医治国际政治创伤的医院”之称的国际城市。在这里经常召开各种国际会议，并设有许多国际组织的常设机构。第一次世界大战结束后的1919年，国际联盟在这里成立，并建造了著名的“万国宫”——国联大厦。日内瓦会议全体会议就将在国联大厦举行。

4月26日，日内瓦会议在旧国联大厦开幕，出席会议的国家除中国、苏联、英国、法国、美国五个大国和朝鲜民主主义人民共和国、大韩民国外，还有以“联合国军”名义派兵参加朝鲜战争的澳大利亚、加拿大、希腊、菲律宾、

周恩来与代表团人员合影

卢森堡、新西兰、泰国、土耳其、比利时、哥伦比亚、阿比及尼亚（今埃塞俄比亚）和荷兰。会议一致推举由泰国外交部部长旺·威泰耶康亲王、苏联外交部部长莫洛托夫和英国外交大臣安东尼·艾登依次轮流担任会议主席。

4 月 27 日，会议开始讨论朝鲜问题。南日外务相提出“举行朝鲜国民议会的全朝鲜自由选举”；“一切外国武装力量，在 6 个月内撤出朝鲜”，“要创造条件以促成以和平方式把朝鲜统一成为一个统一的、独立的、民主的国家的任务。”

南朝鲜代表明确地提出，要按照南朝鲜的宪法，由联合国监督在全朝鲜进行选举。美国代表全力支持这一无理建议，并且强调要由联合国来实现朝鲜的统一。

4 月 28 日，周恩来在全体会议上首次发言。他驳斥了美国和南朝鲜代表的荒谬主张，表示坚决支持南日提出的恢复朝鲜统一的三项建议。

5 月 22 日，周恩来在全体会议发言：提出成立中立国监察委员会，对全朝鲜选举进行监督的建议。

会上，莫洛托夫综合会议开幕以来各国代表团所提意见的共同点，提出了关于和平解决朝鲜问题的基本原则与五点建议。

由于美国和南朝鲜代表设置重重障碍，极力加以阻挠，本次会议仍未取得进展。美国代表在会外四处散布将在 15 日大会上结束对朝鲜问题的讨论。

6 月 14 日，中国、苏联、朝鲜三国代表召开会议，商议对策。

6 月 15 日下午 3 时，日内瓦会议全体会议在旧国联大厦开会。会上，南日、周恩来、莫洛托夫相继发言，发起了又一场和平攻势。

在朝、中、苏三国代表持续一个半小时的发言中，会场上一片肃静，大家都在屏息倾听。一下子打乱了美国的部署，引起了美国等国代表的一阵恐慌。在美国代表史密斯的授意下，菲律宾代表提议休息，并得到会议主席艾登的批准。

在长达 40 分钟的休息中，以美国为首的 16 国召开了紧张的对策会议。

经过一番“周密”筹划和统一口径后，美国代表史密斯抢先发言，带头反对南日、周恩来和莫洛托夫的建议。紧随其后，澳大利亚、菲律宾、比利时、南朝鲜代表发言附和。

会议重新开始，泰国代表开始宣读《16国共同宣言》。

这时，场外的警卫部队指挥车扩音器响了："注意！注意！马上散会了，把车开过来。"

在会议陷入绝境的关键时刻，莫洛托夫、周恩来和南日轮番发言，揭露对方不可告人的企图。

被美、英、法等国领导人称为"令人望而生畏"的莫洛托夫首先发言，他临危不惊，沉着镇定地说："《16国共同宣言》不是有助于朝鲜的统一的，也不是有助于加强朝鲜的和平发展的。"

周恩来不失时机地指出："《16国共同宣言》是断然表示要停止我们的会议，这不能不使我们感到极大的遗憾。"他建议："本会召开中、苏、英、美、法、朝鲜民主主义人民共和国和大韩民国七国参加的限制性会议，以讨论巩固朝鲜和平的有关措施。"他强调：中国代表团带着协商与和解的精神第一次参加这个国际会议。如果我们今天提出的最后一个建议都被拒绝了，那么我们不能不对此事实表示最大的遗憾。

周恩来的风度和魅力令人陶醉，周恩来的一席话像磁石一样牢牢吸引人们去思索、去感受。

顷刻之间，会场轰动了，泛起短暂的骚动和窃窃私语，迅即又恢复肃静。

日内瓦会议会场

受良知驱使的比利时外长斯巴克起立响应，解释说："周恩来的建议与我们起草《16国共同宣言》的精神是一致的。""为了消除怀疑，我本身赞成以同意票决定我们接受中华人民共和国的建议。"

面对斯巴克"胳膊肘向外拐"的发言，

英国外交大臣艾登拜会周恩来

史密斯又气又急，但又不便在会上发作。

史密斯此时处于进退两难的境地：如果不表示反对，将违反国务卿杜勒斯使会议破裂的指令；如果表示反对，无疑美国将陷入完全孤立。眼看周恩来的建议就要通过了，史密斯仓皇发言：“我不懂得中国建议的范围与实质。因此，在请示我的政府之前，我不准备参加刚才有人建议通过的决议。”

周恩来以大外交家豁达大度的气质，平缓有力地说：“我对比利时外交大臣所表现的和解精神感到满意。会议主席要求会议注意到中国代表团所提出的并为比利时外交大臣附议的建议，我认为也是值得提及的。然而，我必须同时指出，美国代表立刻表示并进行阻挠，这就使我们大家都了解到美国代表如何阻挠日内瓦会议。”

6 月 15 日，由于美国代表蛮横无理的阻挠，历时 51 天的日内瓦会议关于和平解决朝鲜问题的讨论，最终以没有通过任何协议而宣告结束。

散会后，莫洛托夫跑步来到周恩来面前，兴奋地拍着周恩来的肩膀说：“太妙了，太妙了！”

朝鲜代表则感慨道：“苏联人将外交变成科学，而中国人使外交成为艺术。”

事后，美国前国务卿狄恩·艾奇逊也称周恩来为“当今世界最能干的外交家”。

恢复印度支那的和平问题，是会议第二项议程要解决的问题。对于这个问题的讨论，是从 5 月 8 日开始的。由中国、苏联、美国、英国、法国、越南民主共和国和法兰西联邦印度支那三个成员国——南越、老挝王国、柬埔寨王国共九个国家参加，莫洛托夫和艾登轮流担任主席。

5 月 7 日，会议开始的前一天，从越南战场传来歼灭 1.6 万余名法国侵略军的奠边府大捷的喜讯，为恢复印度支那和平问题的谈判创造了有利条件。

印度支那问题比朝鲜问题更为复杂棘手。

在进行了九次全体会议和限制性会议后，会谈仍无进展的情况下，5 月 27 日，周恩来提出了一个既坚持原则又灵活可行的照顾到敌对双方利益的六点建议。强调：印度支那三国不分哪一个国家，都必须同时停火而没有例外。双方地区调整问题，要根据三国的具体情况加以实施，解决的办法会有所不同。

周恩来的六点建议推动了会议的进程，5 月 29 日，九国代表团通过了关于越法双方军事代表会晤的协议。实际上承认了印度支那三国都存在着停火问题。

从 5 月 31 日开始，会议双方进入以划区、监察和国际保证为中心问题的实质性讨论。谈判在半个月中未能获得重大进展。

6 月 16 日，周恩来又提出了关于解决老挝和柬埔寨问题的六点建议。受到大多数与会国代表的欢迎，使陷于僵局的会议恢复了生机。

经过周恩来、莫洛托夫同法国、英国等国代表的广泛而深入的接触，6 月 19 日，会议顺利通过了由法国代表提出并经我方代表修正的《关于在柬埔寨和老挝停止敌对行动的协议》。

到 7 月 20 日，在祥和欢乐的气氛中，日内瓦会议双方代表终于在会外协商中取得七点共识。主要是：在全境同时全部停火的原则下，越南具体执行；越南军事分界线确定在 17 度以南、9 号公路以北；老挝划区问题，已同意寮国抗战部队集合区，先在 11 个点集结，最后集合在老挝东北的丰沙里与桑怒 2 省；柬埔寨问题，采取就地停战、政治解决；国际监察，已确定由印度、波兰、加拿大三国担任，以印度为主席。

7 月 21 日凌晨 3 时 30 分，交战双方代表分别在《越南停止敌对行动协定》和《老挝停止敌对行动协定》上签字。中午，交战双方代表在《柬埔寨停止敌对行动协定》上签字。

随即，法国政府发表关于从印度支那撤出自己的军队和尊重三国独立、主权、统一和领土完整的声明；老挝和柬埔寨政府分别发表关于使全体人民参加共同生活以及奉行中立不结盟政策的声明。

日内瓦会议九个代表团经过 75 天的工作，终于就恢复印度支那和平问题获得了协议。

美国代表眼看会议马上就要通过宣言而无可奈何，但又顽固到底，最后宣布不参加《日内瓦会议最后宣言》签字，把自己放到孤家寡人的位置。

在美国代表不参加签字的情况下，会议仍然发表了《日内瓦会议最后宣言》。近三个月的日内瓦会议，终于以在恢复印度支那和平问题上获得协议而胜利闭幕。

日内瓦会议的成就出乎人们意料。尤其令人意外的是，为会议成功起了特殊作用的竟然是第一次参加重大国际会议的周恩来。难怪人们由此而称新中国外交为“周恩来的外交”。

“克什米尔公主”号事件

1955 年 1 月 15 日，印度尼西亚总理沙斯特罗阿米佐约代表缅甸、锡兰（今斯里兰卡）、印度、印度尼西亚、巴基斯坦五个发起国致电周恩来，邀请中国参加 4 月将在万隆召开的亚非会议。

根据我国人大常委会的决定，任命周恩来为出席亚非会议中国代表团的首席代表，陈毅、叶季壮、章汉夫和黄镇为代表。

召开亚非会议，以美国为首的西方殖民势力和各国反

“克什米尔公主”号

动派却极端仇视，他们千方百计地破坏捣乱。美国派出了由70余人组成的庞大的“记者代表团”到达万隆。

4月11日，中国代表团包租的印度航空公司“克什米尔公主”号飞机从香港飞往印度尼西亚。这是一架美国洛克希德公司制造的星座式749A型飞机，在当时是不错的飞机了。

据档案记载，这架飞机已经飞行了11163小时，飞机状况良好。担任此次飞行任务的机组人员一共有七个人，包括机长、副驾驶员、领航员、飞行工程师、飞行事务员、空中女服务员、机械师等。此时正值中午，飞机停稳后，机组人员除了机械师卡尼克留在飞机上以外，其他人通通下飞机用餐。

4月初，外交部就再三嘱咐印度航空公司的负责人，要绝对保证飞行安全。

印度航空公司的经理当即做了保证，配备最强的机组人员，采取了严密的措施。

周恩来总理原计划与代表团一起乘“克什米尔公主”号专机由香港去印度尼西亚赴会的，后因他突然接到缅甸总理吴努和印度总理尼赫鲁的邀请，飞赴缅甸首都仰光和这两国总理举行一次会谈。因此临时改变了原定的计划，决定在会谈结束之后，由仰光乘另一架专机赴万隆。

中国代表团的一部分工作人员和记者，还有三名国际友人仍按原定计划，于4月11日乘机由香港飞赴雅加达。

4月9日晚上，我国外交部办公厅接到了有关方面提供的情况，获悉台湾国民党特务机关可能要破坏我代表团所乘坐的专机，并备有定时炸弹。

在外交部办公厅刚刚获悉上述情况的同时，从昆明传来了周恩来的电话指示，要求外交部立即召见英国政府驻北京代办，向他们通报情况，请他们采取措施。

外交部办公厅的灯火亮了一个通宵，工作人员按总理的指示立即分头行动，通知有关各方加强防范。

4月10日早8时，外交部办公厅主任董越千立即向外交部常务副部长张闻天作了汇报。张闻天马上指示外交部欧非司副司长张越向英国政府驻京代办处参赞艾惕思，向他通报了有关情况，并要求他立即转告港英当局，采取必要措施，确保中国代表团人员的安全。敌人的破坏计划使人们为周总理一行的万隆之行感到担心。

香港新华分社接到外交部传来的周恩来指示后，立即驱车前往香港有关当局，严肃地通报情况。经我方的多次要求，他们答应在机场附近加强戒备措施，保证“克什米尔公主”号在香港启德机场停留的时间内，不让任何可疑的人接近机场和飞机。

4月10日，邓颖超写信给周恩来：

这次蒋贼是蓄意决心下毒手施行暗害的，他并从各方面的可能着手。因此，往返途中停留时，飞机着陆后严加封锁，起飞前的严密检查，是必需而不可疏忽的。在逗留地区对所用交通工具，亦应请看守与检查。你外出活动，必须严密警惕，仔细机警，为了人民的利益，为了人类进步崇高的事业，为了你能做更多的工作，你必须善于保卫你自己，在这方面，也必须取得对敌斗争的胜利。我衷心地祝福你胜利平安归来！

4月12日凌晨，周恩来复信邓颖超：

来信收阅，感你的好意和诤言。现将来信捎回，免得失落。有这一次教训，我当更加谨慎，更加努力。文仗武仗，不能无危险，也不能打无准备的仗，一切当从多方考虑，经过集体商决而后行。

周恩来当然清楚，敌人暗杀阴谋的主要目标是他本人，从他特意将邓颖超的来信和自己的回信一并寄回给邓颖超，“免得失落”这一举动来看，他当时已经做好了最坏的打算。

4月11日11时20分左右，印度航空公司的“克什米尔公主”号客机带着巨大的轰鸣声，顺利地降落在香港启德机场。

在印航香港办事处经理的亲自监督下，有关人员立即登机对飞机进行内外清扫、检查、加油、装运行李等起飞工作准备。

一切总算顺利地完成了。“克什米尔公主”号提前了45分钟于下午1时15分从启德机场起飞，前来送行的人们望着渐渐远去的飞机，不由得舒了口气，大家谁也没有想到，悲剧即将发生。

飞机上共有 11 名乘客，并载有 3780 英加仑燃料和 140 英加仑滑油。当时起飞重量是 98376 磅，载荷分布适当，重心在 25% 平均空气动力弦。

飞机的机长贾塔尔是印度国际航空公司年资最老的和有经验的驾驶员之一，他总共飞行了 12300 小时以上，其中 4900 小时是作为星座式飞机机长的飞行时间。飞乘组的其他人员也是有经验的人员，个人都有他们专业的执照。

两个小时过去了，“克什米尔公主”号安然无恙。

又有两个小时过去了，地面指挥系统得到的报告依旧是：“一切正常，飞机正向雅加达方向飞行！”

下午 6 时 30 分左右，“克什米尔公主”号在 18000 英尺上空飞行，当飞临北婆罗洲沙捞越南海面 100 海里距离时，突然一阵爆炸声响了开来。三个生还的飞乘组组员都听见了这一爆炸，但是爆炸声并不足以使飞机上的每个人都听见。飞机维护工程师卡尼克当时正在客舱内睡觉，他是被爆炸所震醒的。他当时发现有烟从冷空气导管中喷出，怀疑后行李舱起了火。

火势蔓延异常迅速，接近了机身。飞机维护工程师卡尼克估计机翼支持不了多久，因为金属在熔化中。

飞机在下降时副驾驶狄克西特和机长贾塔尔商量后，发出求救信号……飞机向左转弯，企图降落到接近陆地的地方。女服务员把救生背心先发给所有乘客，然后发给飞乘组。机内没有发生惊慌，乘客们都坐在他们自己的座位上。

紧接着，地面也接到了飞机接连发来的三次求救信号：

“雅加达机场，雅加达机场，‘克什米尔公主’号紧急求救，飞机出现严重异常情况，十分危急——”这样的呼叫在几分钟内一连响了三次……

雅加达机场地面控制中心的值班员一听到呼救信号，立即向上面做了紧急报告。地面塔台的指挥员几乎惊呆了，现场几乎所有人的目光一齐聚向雷达显示器的屏幕。“快联系，询问中国总理周恩来是否在飞机上！”机场地面指挥长焦急地命令。

“‘克什米尔公主’号注意，‘克什米尔公主’号注意，我是雅加达机场，请问中国总理是否在机上？请问中国总理是否在机上？”

回答是死一般的静寂。

“继续呼叫，一刻也不许停！”值班负责人大声命令。地面又是一阵连续不断的呼叫，耳机内除了传来一阵簌簌的炸裂声外什么也没有。

突然，耳机内传来了不十分清晰的回声：“雅加达机场，雅加达机场，飞机上发生爆炸，情况很紧急。中国总理没在这架飞机上，中国总理没在这架飞机上”随即，话音中断了，任凭地面怎么呼叫，再也听不到任何回答。

非常浓的黑烟进入飞乘舱，使强迫降落前一刻的前方能见度模糊不清……

尽管做了一切努力，想拉平飞机以便降落，飞机还是略为向右侧转，右翼冲到了海面……

在飞机坠落将及水面时，从窗口跃海的有六个人，有三个是泅水七个小时登陆的，其余三个则不知存亡。

生还的机械师曾告诉印度尼西亚交通部负责调查事件的官员，当飞机坠海后，曾看见一架英国 SOUTHERLAND 水陆两用飞机在上空盘旋，尽管生还者向其呼救，但飞机没有降落。后来英国方面曾解释，因为失事水域是印度尼西亚领海，所以飞机才没有降落。

数分钟后，“克什米尔公主”号的雷达回波消失在屏幕上。

在那片不幸的海面上，飞机遇难的海区早已风平浪静。而香港，一场紧张激烈的侦破斗争又拉开了帷幕，鉴于客机被炸是国民党特务分子在香港作的案，飞机是离开香港飞行了五小时后，在印度尼西亚领空爆炸遇难的，罹难者包括中国、印度、越南、波兰、奥地利等五个国家的公民，因此这是一起重大的国际案件，

参加亚非会议“克什米尔公主”号事件中遇难烈士公墓

侦破此案港英当局有着直接的不可推卸的责任。

这是台湾情报部门的一次有计划的谋杀行动，意在破坏新中国的重要外交行动。

早在 1955 年万隆会议召开前，台湾情报部门获悉，周恩来将率领中国代表团包租印度航空公司的“克什米尔公主”号飞往雅加达开会，专机将在香港进行短暂停留。台湾情报人员决定在香港下手，在飞机上安装炸弹，暗杀周恩来。

为了实施爆炸计划，国民党保密局专门准备好了一批炸药，其中包括四枚美国制造的“钟形定时发火器”，即定时炸弹。保密局将炸弹交给一个在“四川”号货轮上当厨师的小特务，由他从基隆偷偷运到香港，然后交给以“就记电料行”为掩护的香港情报站“第五联络组”。

香港情报站拿到炸弹后，就开始找一个可以实施爆炸计划的人。经过一段时间侦察，一个叫周驹（又名周梓铭）的人进入了特务机关的视线。这个周驹 20 多岁，受雇于香港航空工程公司，一直在启德机场做清洁工。

从 3 月 27 日到 31 日，国民党香港情报站一个姓吴的特务头子多次找周驹，先是跟他闲聊，对他的个性、嗜好、人品进行了观察。接下来，开始详细地询问他在机场的工作情况。3 月 31 日，姓吴的再次找到周驹，提出想让周驹“担任破坏一架共产党的飞机的任务”，问周驹是不是愿意。

周驹一听这话，连连摇头，说这太危险了，不干。见此情形，姓吴的开始软硬兼施。他告诉周驹，既然特务机关选中他了，他干也得干，不干也得干。

后来，吴姓特务又许诺事成之后将给周驹 60 万港币，周驹最后终于答应了他们的要求。

为了防止周驹泄露消息或临阵退缩，特务机关随即把周驹带到一个饭店里住下，由小特务时刻监视，以防意外。接着，姓吴的根据周驹提供的机场里面的详细情况，向周驹交代了爆炸行动的整个计划和具体细节，让周驹在房间里反反复复地进行了演练，并教会他如何安装使用定时炸弹。

4 月 11 日上午 5 点多钟，由姓黄的特务把一个茶杯大小的定时炸弹交给周驹携进机场。

周驹把伪装好的炸弹带在身上，拿着清扫工具，极力压住恐惧不安的内心向“克什米尔公主”号走去。

当时，机场保安人员平时也戒备森严，一切多余的人都被挡在了距离飞机 200 多米之外，但对机场地勤人员却没有防范。

“你手里拿的是包什么？”一个领班不介意地问了周驹一句。

“帮别人带的一包药品。”周驹回答有点不自然。但这一切并没有引起人们的更多注意。

周驹顺利地登上了“克什米尔公主”号专机。他开始了例行的飞机清洁工作。他趁大家都在忙着，以最快的速度，把那颗伪装好的定时炸弹置放在飞机右翼轮舱附近一个很不容易发现的角落里。便匆匆离开了飞机，不等下班时间到，他就从一道事先剪开的铁丝网洞爬出了启德机场，跳上一辆专门等着接他的小车。

5 月 18 日，在国民党特务机关的安排下，这个亲手炸毁了“克什米尔公主”号的直接罪犯逃到了台湾。

“克什米尔公主”号遇难人员的遗体运到了新加坡，我国政府当即派人赴新加坡去认领。由于遗体难以辨认，征得有关各方同意后，在新加坡统一火化，将其骨灰带回北京。

周恩来率领中国代表团出席万隆会议到达印度尼西亚万隆机场

中国政府做出决定：以“参加亚非会议的死难烈士”名义，将包括三名国际友人在内的遇难者在北京八宝山革命烈士公墓举行隆重的公葬仪式。

周恩来总理亲笔在墓碑上题词。

大理石的墓碑上庄重地刻写着他们的名字：中国政府代表团工作人员石志昂、李肇基、钟步云；记者沈近图、黄梅、杜宏、李平、郝风格；越南代表团工作人员王明芳；波兰记者斯塔列茨；奥地利记者严裴德。

敌人的破坏、威胁，损害不了中国的威望，也影响不了中国代表团为促进亚非团结反帝事业而斗争的决心和勇气。4 月 16 日，以周恩来为首的中国代表团一行按计划飞抵雅加达。

1955 年 4 月 18 日，亚非会议在印度尼西亚万隆独立大厦胜利开幕。参加大会的除了五个发起国以外，还有阿富汗、柬埔寨、中国、埃及、埃塞俄比亚、黄金海岸（今加纳共和国）、伊朗、伊拉克、日本、约旦、老挝、黎巴嫩、利比里亚、利比亚、尼泊尔、菲律宾、沙特阿拉伯、苏丹、叙利亚、泰国、土耳其、越南民主共和国、南越和也门等 29 个国家，约 340 名代表。

印度尼西亚总统苏加诺致了《让新亚洲和新非洲诞生吧！》的开幕词。会议选举印度尼西亚总理阿里・沙斯特罗阿米佐约为会议主席。

会议接着由各国代表发言。大多数代表在发言中谴责了殖民主义和种族主义，赞扬了和平共处五项原则。也有些国家在发言中把矛头指向共产主义和中国等社会主义国家。伊拉克的发言人法迪尔・贾马利疯狂地攻击共产主义。他宣称当时世界上存在着三股扰乱和平与和谐的国际性势力，而第三股就是共产主义。他

周恩来在万隆会议上发言

声称共产党已经创造了一种“新形式的殖民主义”，并号召非共产党国家认真对待共产主义危险的严重性。贾马利的发言犹如向平静的湖面投下了一块巨石，瞬间激起了轩然大波。第二天，大会公开发言形式继续急剧恶化。

周恩来仔细听取了每位代表的发言，决定将原来准备的发言稿作为书面发言印发给与会者，在会议上另作补充发言。19日下午，周恩来从容不迫地走上讲台，开门见山地说：“中国代表团是求团结而不是来吵架的。我们共产党人从不讳言我们相信共产主义和认为社会主义制度是好的。但是，在这个会议上用不着来宣传个人的思想意识和各国的政治制度，虽然这种不同在我们中间显然是存在的。”

“中国代表团是来求同而不是来立异的。在我们中间有无求同的基础呢？有的。那就是亚非绝大多数国家和人民自近代以来都曾受过，并且现在仍在受殖民主义所造成的灾难和痛苦。我们的会议应该求同而存异。”

接着，周恩来就不同的思想意识和社会制度问题、宗教信仰自由问题、所谓颠覆活动问题阐述了中国的政策。他提出：“中国俗语说：‘百闻不如一见。’我们欢迎所有到会的各国代表到中国去参观，你们什么时候去都可以。”周恩来的发言博得了与会各国代表的支持和赞扬。

关于台湾问题，周恩来指出，中国人民解放自己的领土台湾和沿海岛屿的要求是正义的，这完全是内政和行使自己的主权。

4月21日，锡兰代表团团长、总理科特拉瓦单独召开了记者招待会，说台湾在历史上是独立国家，建议把台湾交联合国“托管”，然后独立建国。面对这一挑战，周恩来冷静沉着，首先在会上表示中国不能同意这一言论，但不准备展开争论，并保留下次会上发表意见的权利。休会之后，他分别向许多国家的代表团长耐心介绍情况，阐述中国的政策、立场。

4月23日，在印度尼西亚总理沙斯特罗米佐约举行的八国代表团长会议上，周恩来向与会代表专门介绍了中国政府关于台湾问题的立场，并在会后发表声明说：“中国人民同美国人民是友好的。中国人民不要同美国打仗。中国政府愿意同美国政府坐下谈判，讨论和缓台湾地区的紧张局势问题。”这个声明博得了广泛的赞扬，而且导致了而后的中美大使级谈判。

亚非会议于4月24日胜利闭幕。这次会议是第二次世界大战后，第一次没有西方殖民主义国家参加，由亚非国家自己举行的国际会议。会议和会议公报中所表现的“万隆精神”，是推动亚非国家和人民团结前进的巨大动力。中国代表团在会议期间坚持正确方针，进行了大量卓有成效的活动，不仅对会议的成功做出了贡献，而且为进一步开展中国和亚非各国的友好合作关系创造了条件。

中美接触的大门是在 1954 年日内瓦会议期间打开的。

日内瓦会议期间，美国代表团规定，任何人都不准同中国代表团的人握手。但是，美国也有一桩心事要和中国交涉，即美国的一批在朝鲜战场上被俘的军人和在中国犯了罪的平民尚关押在中国。美国公众舆论对此反应十分强烈，美国政府受到了很大的压力。

日内瓦会议初期，在杜勒斯未抵日内瓦前，苏联外长莫洛托夫宴请美国代表团。在私下谈话时，美国代表团副团长、副国务卿史密斯认为美国对中国实行敌对政策是不现实的。莫洛托夫及时地向周恩来通报了这一情况，并说，史密斯在第二次世界大战中是美国在欧洲作战的将军，很有地位，他的这种观点，值得重视。

5 月 3 日杜勒斯返回美国后，史密斯为美国代表团团长。会议快要结束前，史密斯有一天在酒吧间端着酒杯，主动找中国代表团首席代表周恩来的翻译浦寿昌攀谈，讲了许多友好的话。这在敌对的两个代表团来说是不寻常的。

事后，周恩来说：“好啊，既然史密斯愿意而且敢于同我们接触，那明天休息时，我也找他谈谈。”

第二天会间休息时，周恩来在酒吧间向史密斯走去，并要向他伸出手时，史密斯左手拿着雪茄，右手急忙端起咖啡，表示无法握手，他笑容可掬地和周恩来打招呼，从中国的古老文明到中国瓷器，客客气气聊了一阵子。

会议结束的最后一天，又是休息时，周恩来正和别人聊天，史密斯微笑着主动凑上来同周恩来交谈。他说：“能够在这里和你认识，我感到非常荣幸和高兴。你们在这次会议上发挥了很大的作用。我们希望不管朝鲜也好，越南也好，都能恢复和平。”说完，他抓住周恩来的胳臂摇晃了几下，笑眯眯地走开了。这样，史密斯既遵守了杜勒斯规定不握手的纪律，又聪明地用摇胳臂的方式表达了他对周恩来的钦佩。

当时英国已和中国建立了代办级外交关系，它受托于美国，照管美国的在华利益。这时，美国企图既能要求遣回那些在华人员，又不同中国政府直接接触，以免造成承认中华人民共和国的既成事实。于是，日内瓦会议期间，美国政府决定通过参加会议的英国驻北京代办汉弗莱·杜维廉来接手办理美国在华被押人员问题。

外国记者请周恩来签字

中国代表团得到这个消息后，周恩来连夜召集代表团研究如何对待这个问题。于是，决定告诉英国代办，现在中美双方都有代表团在日内瓦开会，有关中美双方的问题可以由两个代表团进行谈判。

杜勒斯尽管外表上激烈反共，内心却有兴趣探索同中国缓和紧张关系以及使在押人员获释的可能途径。

这样，在中美之间的巨大鸿沟上终于架起了一座中、美官员接触的桥梁。

通过英国代办杜维廉的安排，中美两国代表就两国侨民问题 1954 年 6 月 5 日至 21 日举了初步商谈。中国政府指定王炳南为代表，美国政府指派当时美国驻捷克斯洛伐克大使约翰逊为代表。

6 月 10 日举行第二次会谈时，约翰逊提交了美方认为是被中国政府拘留的美国侨民军人的名单，要求中国方面给予这些人早日回国的机会。王炳南答复说，在中国的美国侨民，只要遵守中国的法律，是会得到保护的。他们可以在中国境内居留，从事合法的职业。如果他们因某种原因要离开中国回美国去，只要他们没有未了的刑事案或民事案件，他们随时都可以走。实际上，从新中国成立以来，已经有 1485 名美国侨民离开了中国。至于极少数美国人在中国从事间谍和破坏活动，他们被扣押是罪有应得的。你方交来的名单，我们将进行研究并将在下次会谈中答复你们。

周恩来指示王炳南大度地做出让步。在6月15日第三次会谈时，王炳南答复说，中国方面同意因犯罪而被扣押的美国侨民和军事人员通过中国红十字会与他们的家属通信。中国政府是按他们所犯的罪来量刑的。判刑后，如罪犯表现好，中国政府可以考虑减刑或提前释放。接着，王炳南严正指出：中国现在有5000多名留学生在美国，有不少留学生要求回国，但遭到美方的百般刁难。甚至威胁说，谁要违反这一命令，将被判处5000美元以下罚款或者五年以下徒刑，或者同时予以两种处罚。这是毫无道理的，他强烈要求美国停止扣留钱学森等中国留美人员。

6月21日，举行第四次会谈。王炳南首先建议双方起草一个联合公报，宣布住在一方的对方守法侨民和留学生将具有返回祖国的完全自由，中方的合理建议，遭到美方的顽固拒绝。

7月21日，日内瓦会议闭幕。为不使沟通渠道中断，周恩来指示王炳南与美方商定自7月22日起，在日内瓦进行领事级会谈。为了进一步表示中国对中美会谈的诚意，中国释放了四名被扣押的美国飞行员。

1955年7月25日，我外交部成立了一个中美会谈指导小组，由周恩来直接领导。8月1日，中美会谈由领事级升格为大使级，并于同日在日内瓦国联大厦举行首次会谈。为表示中国政府的诚意，王炳南首先宣读了中国政府释放11名美国间谍的声明。约翰逊向中方表示了谢意。

在第二次会谈中，双方提出了遣侨名单。中方提出的名单中包括有钱学森。

1955年，中美日内瓦大使级会谈

钱学森1911年12月11日出生于上海，1934年上海交通大学毕业；1936年在美国麻省理工学院获航空硕士学位；1939年在美国加州理工学院获航空、数学博士学位；1939—1946 年在加州理工学院任教至副教授。1946—1949 年在麻省理工学院任教至教授。1949—1955 年在加州理工学院任教授兼喷气推进中心主任。

1955 年，获释的美军战俘通过罗浮桥

当中华人民共和国宣告诞生的消息传到美国后，钱学森和夫人蒋英按捺不住内心的喜悦，商量着早日赶回祖国，为自己的国家效力。此时的美国，以麦卡锡为首对共产党人实行全面追查，并在全美国掀起了一股驱使雇员效忠美国政府的歇斯底里狂热。钱学森因被怀疑为共产党人和拒绝揭发朋友，被美国军事部门突然吊销了参加机密研究的证书。这使他非常气愤。钱学森以此作为要求回国的理由。然而，钱学森万万没想到，他的回国夙愿竟酿成了一场劫难！美国海军部次长恶狠狠地说："他知道所有美国导弹工程的核心机密，一个钱学森抵得上五个海军陆战师，我宁可把这个家伙枪毙了，也不能放他回红色中国去！"

从此，美国对他的政治迫害接踵而至。移民局抄了他的家，在特米那岛上将他拘留 14 天，直到收到加州理工学院送去的 1.5 万美元巨额保释金后才释放了他。后来，海关又没收了他的行李，包括 800 公斤书籍和笔记本。他们硬说里面有机密材料。其实，在打包之前，钱学森已交他们检查过。美国检察官再次审查了他的所有材料后，证明他是光明磊落的。

钱学森在美国受迫害的消息很快传到国内，新中国震惊了！国内科技界的朋友通过各种途径声援钱学森。党中央对钱学森在美国的处境极为关心，中国政府公开发表声明，谴责美国政府在违背本人意愿的情况下监禁了钱学森。

尽管中美双方接触了多次，美国代表约翰逊还是以中国拿不出钱学森要回国的真实理由，一点不松口。

正当周恩来为此非常着急的时候，时任全国人大常委会副委员长的陈叔通收到了一封从大洋彼岸辗转寄来的信。他拆开一看，署名“钱学森”。他禁不住心头一震，他迅速地读完了这封信。信中的内容，原来是请求祖国政府帮助他回国。

这封信是钱学森当时摆脱特务监视，在一封写在小香烟纸上寄给在比利时亲戚的家书中，夹带给陈叔通副委员长的。对于这样一封非同寻常的海外来信，陈叔通深知它的分量，当天就送到周总理那里。“这真是太好了，据此完全可以驳倒美国政府的谎言！”周恩来当即做出了周密部署，叫外交部火速把信转交给正在日内瓦举行中美大使级会谈的王炳南，并对王炳南指示道：“这封信很有价值。这是一个铁证，美国当局至今仍在阻挠中国平民归国。你要在谈判中，用这封信揭穿他们的谎言。”

在8月1日的中美大使级会谈中，当中国代表团在谈到钱学森回国问题时，约翰逊还是老调重弹：“没有证据表明钱学森要归国，美国政府不能强迫命令！”于是，王炳南便亮出了钱学森给陈叔通的信件，理直气壮地予以驳斥：“既然美国政府早在1955年4月间就发表公告，允许留美学者来去自由，为什么中国科学家钱学森博士在6月间写信给中国政府请求帮助呢？显然，中国学者要求回国依然受到阻挠。”在事实面前约翰逊哑口无言。美国政府不得不批准钱学森回国的要求。1955年8月4日，钱学森收到了美国移民局允许他回国的通知。

1955年9月17日，钱学森一家登上“克利夫兰总统”号轮船回国，这是在轮船上的合影

9月17日，钱学森梦寐以求的回国愿望得以实现了！这一天钱学森携带妻子蒋英和一双幼小的儿女，终于登上了“克利夫兰总统”号轮船，踏

上返回祖国的旅途。

10月8日，钱学森一家与一批中国学者结束万里航程，抵达香港九龙，然后，转乘火车经深圳罗湖桥回到祖国大陆。73岁的老父亲为了欢迎儿子的归来，特地买了一套钱学森最喜爱的《中国历代名画》（复制品）送给他。

1956年2月，钱学森向国务院提交了一份《关于建立我国国防航空工业的意见书》，最先为我国火箭技术的发展提出了极为重要的实施方案。同年10月，他又受命组建我国第一个火箭研究院——国防部第五研究院，并担任第一任院长。从此，他长期担任我国航天研制领域的技术领导。在他的参与下，1960年11月我国发射成功第一枚仿制火箭，1964年6月29日我国成功试射第一枚自行设计的中近程火箭，1966年我国研制成功自己的导弹核武器。1965年钱学森建议制订的人造卫星研制计划被列为国家“651工程”，1970年，我国自行开发研制的第一颗人造卫星送入太空。由于钱学森在中国航天科技方面的卓越成就，1989年6月，国际理工研究所向他颁发了小罗克韦尔奖章，1991年10月，我国政府授予他“杰出贡献科学家”的称号。

由于美方毫无诚意，中美大使级会谈终于成了历时长久的马拉松式的谈判，双方除就平民回国问题达成一项协议外，在涉及中美关系的一切实质问题上皆无结果。

20世纪50年代末，周恩来在一次会议上说，中美大使级会谈至今虽然没有取得实质性成果，但我们毕竟就两国侨民问题进行了具体的建设性的接触，我们要回了一个钱学森。单就这件事来说，会谈也是值得的、有价值的。

★ 九 “小荷才露尖尖角”

武训与电影《武训传》

1950年3月至5月，在北京、上海等城市上映了电影《清宫秘史》。这部电影是香港永华影业公司在1948年12月完成的。编剧姚克，导演朱石麟，由舒适饰光绪皇帝，周璇饰珍妃，唐若青饰西太后，洪波饰李莲英。影片完成之后，先在香港上映，后在国内陆续上映。时刻关心着电影界动向的江青调看了这部片子。她认为此片“内容反动”，是一部“卖国主义的片子”。她的观后感得到了毛泽东的赞同。

于是，在一次中共中央宣传部的会议上，江青谈起了她的高论：“《清宫秘史》是一部很坏的影片，我们应该对这部影片进行批判！”在座的中宣部部长陆定一，副部长周扬对这位文艺处的副处长之言，都不以为然。他们的资历颇深，此时的江青还镇不住这些人，但从此却埋下了江青对他们仇恨的种子。

1950年7月，文化部成立了“电影指导委员会”，江青被列为委员。她批判《清宫秘史》未能如愿，便又抓住另一部电影《武训传》进行批判。

武训是清末堂邑县武庄（今属山东省聊城市冠县）人，生于清道光十八年（1838年）。他原本没有正式名字，和鲁迅笔下的阿Q一样，都是那种“穷得连名字都没有”的贫民。因在家族同辈兄弟中排行第七，故名武七。“武训”这个名字实际上是个赐名，在他老年时，朝廷为嘉奖他的兴学义举而给他取名为“训”，以示朝廷对他创办义学来训导贫苦学生的支持和鼓励。

武训7岁丧父，乞讨为生，求学不得。14岁后，多次离家当佣工，屡屡受欺侮，甚至雇主因其文盲以假账相欺，谎说三年工钱已支完。武训争辩，反被诬为“讹赖”，遭到毒打，气得口吐白沫，不食不语，病倒三日。吃尽文盲苦头，决心行乞兴学。

咸丰九年（1859年），21岁的武训开始行乞集资。他手使铜勺，肩背褡袋，烂衣遮体，边走边唱，四处乞讨，其足迹遍及山东、河北、河南、江苏等地。将讨得的较好衣食卖掉换钱，而自己只吃粗劣、发霉的食物和菜根、地瓜蒂等，边吃边唱：“吃杂物，能当饭，省钱修个义学院。”在行乞的同时，他还捡收破烂、绩麻缠线，边绩麻边唱道：“拾线头，缠线蛋，一心修个义学院；缠线蛋，接线头，修个义学不犯愁。”他还经常给人打短工，并随时编出歌谣唱给主人听。当给人家推磨拉碾时，就学着牲口的叫声唱道：“不用格拉不用套，不用干土垫磨道。”另外，他还为人做媒红，当邮差，以获谢礼；表演竖鼎、打车轮、学蝎子爬、给人做马骑等，甚至吃蛇蝎、吞砖瓦，以取赏钱；将自己的发辫剪掉，只在额角上留一小辫，以兑换金钱和招徕施舍。

同治七年（1868年），武训将分家所得的3亩地变卖，加上历年行乞积蓄，共210余吊，悉交人代存生息，而后置田收租。他唱道：“我积钱，我买田，修个义学为贫寒。”

光绪十二年（1886年），武训已置田230亩，集资3800余吊，决定创建义学。光绪十四年（1888年），花钱4000余吊，在柳林镇东门外建起第一所义学，取名“崇贤义塾”。他亲自跪请有学问的进士、举人任教，跪求贫寒人家送子上学。当年招生50余名，分蒙班和经班，不收学费，经费从武训置办的学田中支出。每逢开学时，武训先拜教师，次拜学生。置宴招待教师，请当地绅士相陪，而自己站立门外，专候磕头进菜，待宴罢吃些残渣剩羹即去。平时，他常来义塾探视，对勤于教事的塾师，叩跪感谢；对一时懒惰的塾师，跪求警觉；对贪玩、不认真学习的学生，下跪泣劝：“读书不用功，回

武训（1838—1896年）

家无脸见父兄。”在武训的感召下，义塾师生无不严守学规，努力上进。光绪十六年（1890年），武训资助了证和尚230吊钱，又在今属临清市的杨二庄兴办了第二所义学。光绪二十二年（1896年），武训又靠行乞积蓄，并求得临清官绅资助，用资3000吊于临清御史巷办起第三所义学，取名“御史巷义塾”。武训一心一意兴办义学，为免妻室之累，一生不娶妻、不置家。有人劝他娶妻，他唱道：“不娶妻，不生子，修个义学才无私。”其兄长亲友多次求取资助，他毫不理顾，唱道：“不顾亲，不顾故，义学我修好几处。”

山东巡抚张曜闻知武训义行，特下示召见，并下令免征义学田钱粮和徭役，另捐银200两，同时奏请光绪帝颁以“乐善好施”匾额。清廷授以“义学正”名号，赏穿黄马褂。其名声由此大振。

光绪二十二年（1896年）四月二十三日，武训在琅琅读书声中含笑病逝于临清御史巷义塾，终年59岁。师生哭声震天，市民闻讯泪下，自动送殡者达万人，遵遗嘱葬于柳林崇贤义塾旁。

武训经过30多年的不懈努力，修建起了三处义学，购置学田300余亩，积累办学资金万贯之多，这无论是在中国还是在世界教育史上都是绝无仅有的事情，所以冯玉祥称颂他为“千古奇丐”。

武训的事迹后来被编入《清史稿》列传286孝义一节中。梁启超还专门为他撰写了十分精彩的《兴学节略》，以资表扬。1903年山东巡抚衙门为武训修葺了陵墓，建造了武训祠，并立碑为纪。民国时期，时任山东教育厅厅长的何思源拨款重建了武训祠，在武训祠堂立了尊武训汉白玉雕像。1932年，当时的山东省主席韩复榘为纪念在临清倡办义学的武训，建造了“武公纪念堂”，并在纪念堂两侧建造了两个“武公纪念厅”。

辛亥革命以后，武训获得了更为广泛的赞誉。蔡元培、黄炎培、邓初民、李公朴等民主人士，冯玉祥、张学良、杨虎城、张自忠等军界人物，陶行知、郁达夫、臧克家等文教界人士，或撰文赞颂，或题词纪念。

1934年，临清县武训小学发起了武训97周年诞辰纪念活动。参加这次纪念活动的人几乎囊括了当时全国军政要员和文教界知名人士。1945年12月，在重庆的一批教育家、文学艺术家和社会各界爱国人士等又在重庆兴起了纪念武训107周年诞辰活动。郭沫若、邓初民、柳亚子等人参加了纪念会。两次纪念活动前后呼应。对于推广武训精神，发展民众教育，起到重要的推动作用。

我党主办的《新华日报》曾发表过称赞武训的文章，1945年12月1日，郭沫若在《新华日报》纪念武训特刊上为武训题词：“武训是中国的裴士托洛齐，中国人民应该到处为他竖铜像。”同月6日，《新华月报》发表黄炎培、邓初民、李公朴、潘梓年等人纪念武训的文章。为纪念武训，抗战时期的中国共产党冀鲁豫边区政府曾明令将武训的故乡堂邑县更名为“武训县”，柳林镇更名为“武训镇”，并在武训诞辰纪念日举行了各种纪念活动。同年，中共冀南行署在柳林镇还创办了武训师范。

武训办义学在国外也有一定的影响。他被收入《世界教育辞典》中，因为他没有文化，故称他为“无声教育家”“平民教育家”。

著名教育家陶行知十分赞赏武训。他的短诗《武训颂》对武训的一生做了概括，诗中说：“朝朝暮暮，快快乐乐。一生到老，四处奔波。为了苦孩，甘为骆驼。与人有益，牛马也做。公无靠背，朋友无多。未受教育，状元盖过。当众跪求，顽石转舵。不置家产，不娶老婆。为著一件大事来，兴学，兴学，兴学。”

陶行知早年留学美国，回国后担任南京高等师范学校（今南京大学前身）教授。后来他脱掉西装，穿起草鞋，投身于平民教育和乡村教育运动，先后创办晓庄师范、“山海工学团”“晨更工学团”“劳工幼儿团”“中国普及教育助成会”“育才学校”等教育机构。在此期间，他一方面坚持现代教育理念，另一方面继承武训艰苦办学的精神，被人称为现代中国的武训。陶行知很早就有一个宏伟的计划，想通过文艺形式广泛宣传武训精神，他于1944年夏在重庆遇到电影编导孙瑜，送了一本《武训先生画传》给他，建议他拍《武训传》。

孙瑜出生在重庆，1923年公费留美。20世纪30年代随着左翼文化运动的开展，他的创作思想发生很大变化，题材多紧扣现实。“九一八”以后，他先后编导的《野玫瑰》《共赴国难》《火山情血》《小玩意》《大路》等影片，深受广大观众好评，也使他成为全国知名的电影编导。

抗战爆发后孙瑜转移到重庆，在中国电影制片厂担任编导委员，1941年先后拍摄《火的洗礼》《长空万里》两部电影。

对武训这样一位清末历史人物，孙瑜过去不甚了解，他怀着极大兴趣，仔细阅读了《武训先生画传》，被这位前贤的独特事迹所感动，认定这是一个深刻的电影题材。

1946 年 7 月，陶行知因病逝世后，毛泽东称他是“伟大的人民教育家”，宋庆龄称他是“万世师表”。

1947 年，为了抵制国民党反动派拍摄“戡乱片”和实现陶行知的遗愿，在中共文艺领导人阳翰笙的建议下，孙瑜写成了电影文学剧本《武训传》，1948 年开始由中国电影制片厂摄制，赵丹饰武训。11 月，因经费困难，《武训传》停拍。1949 年 2 月，上海昆仑影片公司购置了《武训传》的摄制权。

“昆仑”是民营影业公司，曾经出品了诸如《八千里路云和月》《一江春水向东流》《乌鸦与麻雀》等优秀影片，所以对《武训传》这部具有一定现实意义的作品相当重视，决定请孙瑜重新加工润色，将一些“闹剧”情节改为“悲剧”。其时，郑君里、陈白尘、蔡楚生等电影行家，又针对剧本进行了多次讨论，认为应该重点突出武训时代兴办教育的艰巨性，以激励国人重视培育后代。

《武训传》至 1950 年 12 月完成，于 1951 年初上映。影片上映之后，最初三个月，得到一片赞扬，各报纷纷发表文章给予好评，《大众电影》还把《武训传》列为 1950 年十部国内最佳国产片之一。唯独江青看了《武训传》后，认为存在着严重问题。她又一次向毛泽东吹风。

毛泽东调看了电影《武训传》，认为这是一部宣传资产阶级改良主义的片子。由于毛泽东的支持，使江青有了尚方宝剑，她对周扬说：“《武训传》是一部宣传资产阶级改良主义的影片，应该进行批判！”但周扬不知道这是毛泽东的意见，认为是江青在挑刺，便顶了她一句：“你这个人，有点改良主义，没有什么了不起嘛！”

此时的江青，小刀初试，岂能善罢甘休，在她的鼓动之下，1951 年，文艺界的批判之风骤然刮起。

1 月 10 日，《文艺报》载文批判了《愤怒的火箭》《驴大夫》《不拿枪的敌人》三部作品。

2 月 10 日，《文艺报》批判碧野的长篇小说《我们的力量是无敌的》。

4 月，报刊对电影《荣誉属于谁》开展批判。

在这场风暴中，电影《武训传》成了批判的重点。

《文艺报》于 4 月 25 日发表贾霁的《不足为训的武训》的文章，5 月 10 日，该报又发表杨耳的《试谈陶行知先生表扬“武训精神”有无积极作用》和邓友梅的《关于武训的一些材料》两篇文章。《人民日报》于 5 月 15 日、16 日转载了《文艺报》上的批判文章，并加了编者按。

5 月 20 日，《人民日报》在第一版发表社论《应当重视电影〈武训传〉的讨论》。这篇社论措辞严厉，行文如高屋建瓴。它指出电影《武训传》“狂热地宣传封建文化”，“污蔑农民革命斗争，污蔑中国历史”，同时，对文化界的领导进行了严厉的批评：“电影《武训传》的出现，特别是对于武训和电影《武训传》的歌颂竟至如此之多，说明了我国文化界的思想混乱达到了何等的程度！”“特别值得注意的，是一些号称学得了马克思主义的共产党员。他们学得了社会发展史——历史唯物论，但是一遇到具体的历史事件、具体的历史人物（如像武训）、具体的反历史的思想（如像电影《武训传》及其他关于武训的著作），就丧失了批判的能力，有些人则竟至向这种反动思想投降。资产阶级的反动思想侵入了战斗的共产党，这难道不是事实吗？一些共产党员自称已经学得的马克思主义，究竟跑到什么地方去了呢？”

以上社论中的重要话都是毛泽东加的。他的批评是尖锐、严厉的。他把武训行乞兴学放在中国近代革命历史发展的具体环境中加以分析，并进而引申到中国近代历史和中国革命道路的根本问题。

这篇社论发表以后，全国对电影《武训传》展开了比较集中的批评。在一个月的时间里，仅《人民日报》就收到批判和声讨电影《武训传》的信稿 1200 多件，形成了全国上下口诛笔伐的局面。

毛泽东在看了一篇《评武训和关于武训的宣传》的文章后指出：“武训也想过要为穷孩子办学堂，但事实只能为有钱人的子弟办学堂，不可能有真正的穷孩子进那样的学堂。”“武训自己怎样想是一件事，武训的后人替他宣传又是一件事。武训自己一个人想得不对，是极小的事，没有什么影响。后人替他宣传就不同了，这是借武训来宣传自己的主张，而且要拍成电影，写成著作或论文，向中国人民大肆宣传，这就引起了根本问题了。”

毛泽东历来十分重视意识形态问题，他利用对电影《武训传》的批评，要在全党和全国人民中宣传马克思主义的世界观和历史观，教育人民用这个观点看待中国近代的历史，看待历史人物。应当说是重要的，对于宣传历史唯物主义观点产生了积极的作用。但同时存在着片面性、粗暴和政治上上纲过高的情况，在思想文化界开了用政治批判来解决学术争论的不好的先例。

这场运动使不少知名人物不得不作了检讨。

昆仑影业公司通电各地，停止上映《武训传》；郭沫若曾为《武训画传》题签并作序，在《人民日报》上发表了《联系着武训批判的自我检查》；周扬于8月8日在《人民日报》发表了《反人民、反历史的思想和反现实主义的艺术——对电影〈武训传〉的批判》。

《武训传》这部电影出在上海，上海文艺界特别是电影界一时人心惶惶，不知所措。当时上海市委宣传部部长、市文化局局长夏衍，正参加一个由林伯渠、沈钧儒率领的友好代表团访问苏联和民主德国，上海文艺界的事主要由文化局副局长于伶负责，他又兼电影厂厂长，自然首当其冲。5月21日，上海各报一律转载社论，当天晚上，组织了200多位文化教育界人士开会，重新放映《武训传》。放映之前，有关负责人黄源、于伶和上海市教育局局长戴伯韬三人先后发言，检讨错误。

夏衍到6月下旬才从东欧访问结束回国。一回到北京，中宣部常务副部长周扬就要他立刻回上海，写一篇关于《武训传》问题的检讨。夏衍不满地说：拍《武训传》这件事，与我无关。因他曾表示过：“武训不足为训。”但周扬提醒他：你要知道问题的严重性。《人民日报》那篇文章，毛主席亲笔改过两次，有大段文章是他写的，为此我作了检讨。周总理也一再表示他有责任。加上这部片子是上海拍的，你是上海文艺界的领导，你再想想除了《武训传》外，也还有一些问题，中央是有意见的。

周恩来在给夏衍的电话中就《武训传》的问题作了指示，他说：《人民日报》的文章主要目的是希望知识分子认真学习，提高思想水平。中央是对事不对人，所以这是一个思想问题而不是政治问题，上海不要开斗争会、批判会。文化局可以邀请一些文化、电影界人士开两次座谈会，一定要说理，不要整人，要对事不对人，孙瑜、赵丹能作一些检讨当然好，但也不要勉强他们检讨。

回沪后，夏衍先在上海文化局召开的100多人的文化界集会上对《武训传》问题作了检讨，又把发言整理成文，寄给周扬，这就是《人民日报》1951年8月26日发表的《从〈武训传〉的批判检查我在上海文化艺术界的工作》。毛泽东看了之后对周扬说“检讨了就好”，要夏衍“放下包袱”，放手工作。

不久，上海市委第一书记、市长陈毅从南京回到上海，他的表态同周恩来的指示是一致的。上海只开了两次100人左右的会，《武训传》电影主要摄制人员孙瑜、赵丹等，只在会上作了些自我批评，没有受到太大的压力。

在这期间，江青还做了一件“崭露头角”的事。

为进一步搞清楚历史上的武训是怎样一个人，毛泽东责成人民日报社、文化部还组织了一个30多人的调查团，到武训的家乡，针对武训生前的种种言行展开调查。这个调查团中有一个名叫“李进”的女同志，后来大家都知道她就是江青。

调查团的第一站是济南。在济南住了一两天，和省里参加到调查团的同志接头、明确任务，研究怎么工作，而后一起开赴聊城。

聊城距省城济南300里，那时配备的吉普车车速不快，加上路况不好，北过黄河无公路桥，要换乘船过河，风很大，沙土飞扬，他们用了整整半天时间才到聊城。

当时聊城不大，但历史悠久。春秋时是齐国的西部边城，战国时是齐燕的战场；明清时成了大运河上的名城和商埠。有山陕会馆、鼓楼、铁塔、东昌湖及《聊斋》里的故事背景。

聊城地区是抗日老区，也是贫困区之一，当时还归平原省管辖，虽然解放一年多了，这里仍然比较贫困。地委把调查团一行安排在平房招待所。

一到聊城，江青和袁水拍就召集会议研究工作。聊城地委的同志也开始参加会议，他们找了很多史志材料阅读，并下去到街区和郊区搞调查研究。在聊城工作两天多，到堂邑等地调查后又在聊城工作两天。

到了基层召开会议都以袁水拍为主。袁水拍高个子，身穿风衣，戴眼镜，很有派头，很有气质，给人感觉是个大干部。江青身着列宁服，衣着很得体，不多言，不抢先，一看就是一个工作人员。在向有关人员介绍时说她叫李进，是调查团的团员。

当时武训家乡柳林归堂邑县管辖，处于冠县和堂邑县交界处，四年后柳林划归冠县管辖，而堂邑、冠县都归聊城管辖。

堂邑，本是个很有历史的地方，史载隋开皇六年（586年）置堂邑县，治所在今山东冠县东。五代晋改名清河县，后复为堂邑县。北宋熙宁初移治今山东聊城西北堂邑。1956年堂邑县划入聊城县、冠县。当时的堂邑县治距聊城大约44里。

冠县，隋开皇六年（586年）分馆陶县东界置冠氏县，明洪武三年（1370年）始称冠县，1949年归平原省聊城专区，1952年划归山东省。1956年堂邑县撤销，西部划入冠县。

临清县，西晋改甘陵县为清河县，其后多有变化，1949年归河北邯郸专区，1952年归山东聊城专区。1951年调查武训历史时，武训家乡柳林归堂邑县，也处于临清县与堂邑交界处，但在历史上曾归属过临清县管辖。

在聊城下去调查时，要步行十几里路，比较辛苦。在郊区的一个大村子里，袁水拍、钟惦棐等和几个老乡唠起了嗑。

钟说："老乡，我们想向你打听一个事。"

"什么事？"老者好像耳背说话声很大。

"办义学的武训你知道吗？"

"啊，知道，是个要饭的。"

"你多大年纪了？"江青又问另一位老人。

"80多了。"

"你老人家高寿，有福啊！"

"托共产党的福。"

"给我们讲讲武训办义学的事好吗？"

"那时我还小，但有印象。他各地都去，求爷爷、求奶奶地到处要钱、要饭，都是为了办学。穷人太穷谁给他捐钱，富人有钱，有的给他一点，有的也不给。他也不容易，吃了一辈子苦。办了学校，穷人的孩子还是念不起书，念起书的还是富人家的孩子。"

“这里的老百姓怎么看武训？”

“武训不是为了自己，他自己也没得到什么。听说皇上给他黄马褂，他不要。虽然累了苦了一辈子，想为穷人办点好事，穷人也没沾着多少光。”

在回城的路上，调查团的人与回家的农民们谈起这件事，大家七嘴八舌，有的说武训为穷人办了好事，有的说武训想办好事实际上穷人并没有得到好处。

到了堂邑，调查团调查得更细，走的地方更多，大体上也是两种观点。

在堂邑，江青和一个老太太唠嗑，老太太哭了，江青也跟着哭了。老太太说：她们家有个孩子上了武训办的义学，上学期间被有钱的人打伤了，因伤重，又没钱治，就死了。江青很同情这个老太太，对同事说：“办来办去，还不是为富人，为剥削阶级服务。”

调查团又到了柳林镇，看了武训的坟，共去过周围三四十个村庄。他们有时一同到一个地方，有时分头到不同的村庄，有的村庄去了多次。

调查团于 7 月 18 日回到北京。

武训历史调查团离开前，希望当地派几位熟悉情况的同志一道去北京，以利于后期工作。聊城地委指定地委宣传部部长司洛路去北京。他曾经担任过堂邑的县委书记，还加上老家在这一带，是最恰当的人选。

那时中宣部在中南海西侧怀仁堂旁边的庆云堂办公，调查团工作的总结会也在庆云堂开，司洛路住的就是庆云堂的一间偏房，开会很方便。

武训历史调查的总结会由文化部副部长周扬主持，开会经常是他讲话。周扬的话湖南口音很重，司洛路一句也没听懂，但江青告诉他，毛泽东和中央都肯定了调查团的工作，不过会议认为现有的材料中没有武训占有土地情况和几所武训学校学生成分的确切数字，所以还要请司洛路回去调查这两个方面的情况，找到准确的材料。

6 月 17 日开了最后一次会议，下午一散会，江青叫住司洛路说：“这几天工作辛苦，吃的又不好，今天跟我回家吃晚饭，主席也跟我们一块儿吃，他想见见你。”

听说能见到伟大领袖，司洛路连件干净衣服也没来得及换就跟着江青出了门。

走到丰泽园，进了几个小门，来到一个南北长、东西窄的四合院，江青进了东屋。过了一会儿，她从屋中出来，身后跟着身着中山装的毛泽东。毛泽东后边还跟着两位与毛泽东一般身材的首长，江青向毛泽东和那两位介绍了司洛路，又向司洛路介绍说，这二位是北京市委书记彭真和公安部部长罗瑞卿。

毛泽东说：“他们这次调查武训的事很有成绩。”然后又跟彭、罗二位说，司洛路同志饭后还要赶火车回济南，晚饭已经准备好了，咱们一道边吃边谈。

毛泽东让司洛路别客气，随便吃，自己也边吃边聊了起来。

毛泽东说：“你是聊城的，你知道你们地区的寿张县为什么叫‘寿张’吗？”司洛路摇头，毛泽东又对彭真、罗瑞卿、江青道：“你们也不知道吧？”

见众人都不知道，毛泽东说：“你们知道唐朝有中国历史上唯一的女皇帝武则天，她手下的宰相叫张九龄，张九龄原来不叫这个名字，只因活到90岁，人们才叫他‘九龄’。这个张九龄深得武则天重用，在他90寿辰时，武则天赐给他一片地作寿礼，这片地当时就定名叫‘寿张’，就是现在的寿张县。”

司洛路回到聊城后，急忙赶到堂邑、临清一带，6月19日至23日在柳林镇了解情况时，听说堂邑武庄武训的侄孙家有武训的“地亩账”，就赶到武庄取到两个大账本。账本上只有“义学正”的字样，并没有武训的名字。这两个账本的主要内容后来都收入《武训历史调查记》，成了给武训定性为“大地主”的主要依据。

司洛路又在堂邑县倪屯村访问了81岁的倪瞻云。根据倪瞻云的回忆，并参考其他人的意见列出了武训所办义学的学生情况调查表，这个表也收入了《武训历史调查记》，并由此表得出武训的义学是为有钱人家的子弟办的论断。

《武训历史调查记》完全否定了武训其人，也就从根本上否定了电影《武训传》。

《武训历史调查记》共分五个部分：和武训同时代的当地农民革命领袖宋景诗、武训的为人、武训学校的性质、武训的高利贷剥削、武训的土地剥削。毛泽东对调查记作了认真修改，重要的改动和加写的地方达15处。毛泽东在武训办义学处写了一段话：被剥削被压迫的农民阶级要在教育方面翻身，要自己办学校，学文化，受教育，只有在工人阶级领导下，推翻地主阶级的政权，建立以工农联盟为基础的政权，并取消地主与农民间的封建的生产关系即地主土地所有制，改变成功之路农民的土地所有制，才有这种可能。

电影《宋景诗》剧照

《武训历史调查记》中提到的宋景诗是20世纪50年代被搬上荧幕的。宋景诗领导了农民革命，与官兵和民团做过战，被清廷所捕杀。但是，他也投降过清廷，救过清朝大员胜保的性命，也英勇地剿杀过自己的战友。

宋景诗反叛过清廷，是因为招抚他的胜保被政敌扳倒，革职拿问，他失去靠山，担心清廷会收拾他，才率部逃回山东，但不久又投到官军麾下。他的反复无常，使清廷明白，此人既不可用又不可留。在宋景诗打败张锡珠义军，活捉张的儿子张金堂后，清廷决定对他下手。因为“狡兔”已死，他已经没有了利用价值。

要把武训比下去，就要把宋景诗抬起来。抬起来就要维护宋的高大全形象，要维护这一形象，就必须对他投降官军这一关键问题做出解释。

在江青的《武训历史调查记》里曾提到过宋景诗的投敌行为，但坚称宋景诗是“假投降”。这“假投降”是一个大问号，缺乏证据。

对“红学”的争论

《红楼梦》作为中国近代优秀的现实主义文学巨著，历来受到学术研究者的关注。对它的不同的评价和不同的研究方法，形成了不同的学术流派，并共称“红学”。以1919年的五四运动为界，在此之前的一般称为“旧红学”，此后的则为“新红学”。“旧红学”中的主要流派是“索隐派”，即主要把《红楼梦》看成影射清朝的具体人物和事物，为了“索”出“隐”去的真人实事，极尽穿凿附会；或是把《红楼梦》看成一部单纯的政治小说，认为写的都是康熙雍正年间的满汉斗争，为了推求小说中的人物故事的“底本”，不惜滥加猜度臆测。

五四运动以后，以胡适为代表的一些资产阶级学者批驳了“索隐派”的种种谬说，开始采用新的方法研究《红楼梦》，特别是对作者曹雪芹和他的家世以及历代各种版本作了周密的考据。通过“大胆的假设、小心的求证”，得出《红楼梦》是作者的“自叙传”的新结论。胡适1921年写成《红楼梦考证》。

俞平伯（1900年1月8日—1990年10月15日），原名俞铭衡，字平伯。浙江湖州德清东郊南埭村（今乾元镇金火村）人，出生于江苏苏州。散文家、红学家，新文学运动初期的诗人，中国白话诗创作的先驱者之一。清代朴学大师俞樾曾孙。他1919年毕业于北京大学，后在燕京大学、北京大学、清华大学任教。他于1922年写成《红楼梦辨》。与胡适并称“新红学派”的创始人。胡适与俞平伯的这两部书当时并称为“新红学”的代表作。

当年俞平伯花了三个月的时间写完《红楼梦辨》后，发生了一个戏剧性的情节。他兴冲冲地抱着一捆红格纸上誊写清楚的稿子出门会友，不料粗心大意，把稿子落在了黄包车上，等到想起去追时，黄包车早已无影无踪了。他垂头丧气地回家，与妻子两人木然相对。过了几天，突然收到友人的来信，说有一天在马路上看见一个收买旧货的鼓儿担上，放着一沓文稿，走近一瞧，原来却是“大作”，他惊喜之下，当然花了些小钱收买回来，“完璧归赵”了。稿子的失而复得，对于当时的俞平伯及家人来说当然是喜出望外。但是几十年后，当俞平伯因为《红楼梦》研究而遭受一场又一场的打击时，他忍不住要感叹：如果当年稿子找不回来了，结果又会怎么样呢？还会像现在这样惨吗？

俞平伯作为“新红学派”的肇始者，与胡适的观点并不完全一致。在出版《红楼梦辨》以后不久（1925年），俞平伯就曾表示不同意胡适的“自叙传”说，认为《红楼梦》中贾家的事虽偶有些跟曹雪芹家相合或相关，却决不能处处比附，而流于“索隐派”的窠臼。此后，俞平伯的“红学家”的声名一

俞平伯与其《红楼梦辨》

直不减。新中国成立以后，由于胡适在政治上依附国民党而逃离大陆，俞平伯便处于大陆红学界举足轻重的地位，他的著作也得到有关方面的推崇。俞平伯新版《红楼梦研究》发表后，中国文联的机关刊物《文艺报》1953年5月出版的第9号，向读者推荐这部著作，给予了很高评价。随着这本书的出版，俞平伯应报刊约稿陆续发表了一些介绍《红楼梦》的文章，其中一篇近十万言的《读红楼梦随笔》，于1954年1月1日至4月13日在香港《大公报》连载。另有《红楼梦简论》一文发表于《新建设》1954年3月号上。这是俞平伯研究《红楼梦》成果的扼要总结。

“新红学”在批判“旧红学”的过程中形成，以其进步的研究方法战胜了“旧红学”而自成一派，在校勘、考订及至追根溯源、对作品的艺术鉴赏和思想倾向的评价等方面，均颇有建树。然而，由于历史和认识的局限，“新红学派”仍然没有从各种谬误中解脱出来，没有也不可能提出或采用马克思主义的科学论证方法，因而也就不可能正确评价《红楼梦》的现实主义的思想意义和艺术价值。如何更好地继承这笔丰富、宝贵的文学遗产，是新的时代条件下“红学”继续发展的一大课题。正是这样的思想文化和社会历史的背景，把两个“小人物”推到了“红学”论争的前台。

1954年，两位初涉文艺研究领域的青年——李希凡、蓝翎合写了一篇《关于〈红楼梦〉及其他》的文章，对俞平伯的“红学”观点提出了尖锐的批评。经过一番曲折在山东大学学报《文史哲》1954年9月号上发表。该文着重批评俞平伯贬低《红楼梦》的“反封建现实意义”，指出《红楼梦》“以完整的艺术形象”体现了曹雪芹对“本阶级必然灭亡”的预感，写的是“活生生的现实人生的悲剧”，文章严厉批评俞平伯研究《红楼梦》的观点与方法，“基本上没有脱离旧红学家们的窠臼”，因而得到了一系列“反现实主义的形式主义的结论”。

李希凡，本名李锡范，当时 27 岁，是北京通县人。蓝翎，本名杨建中，时年 23 岁，是山东单县人。两人为山东大学中文系同学，1953 年毕业后，一个到北京人民大学继续学习，一个到北京师范大学工农速成中学任语文教员。

40 年后，李希凡在回忆说：“我们的两篇文章，也是从俞先生的《简论》开始，进而对他的《红楼梦辨》《红楼梦研究》，以及胡适的《红楼梦考证》的诸多观点进行了商讨和批评。同时，也试用马克思主义文艺观对《红楼梦》的时代历史意义及其伟大成就，做出我们的理解和评价。”“我是根据自己的分析判断，认为是正确的就那样写了，坚持了，没有任何功利色彩。或许这才是真正的学术研究吧。”

10 月 10 日，《光明日报》副刊“文学遗产”专栏发表李希凡、蓝翎的另一篇文章《评〈红楼梦研究〉》。该文批评俞平伯的新版《红楼梦研究》中所持的“自然主义的主观主义见解”，认为这种“把红楼梦作为一部自然主义（作品）来评价，而抽掉了它的丰富的社会内容的见解，无非是重复了胡适的滥调”，即符合胡适所说的《红楼梦》的真正价值在这平淡无奇的自然主义上面。文章说俞平伯与胡适的目的也许不同，“但其效果却是一致的”。这里第一次把俞平伯同胡适直接联系起来批判。《光明日报》专栏编者按肯定了作者试图从“如何运用马克思主义科学观点去研究古典文学”方面，“提出一些问题和意见，是可供我们参考的”，希望由此引起大家的注意和

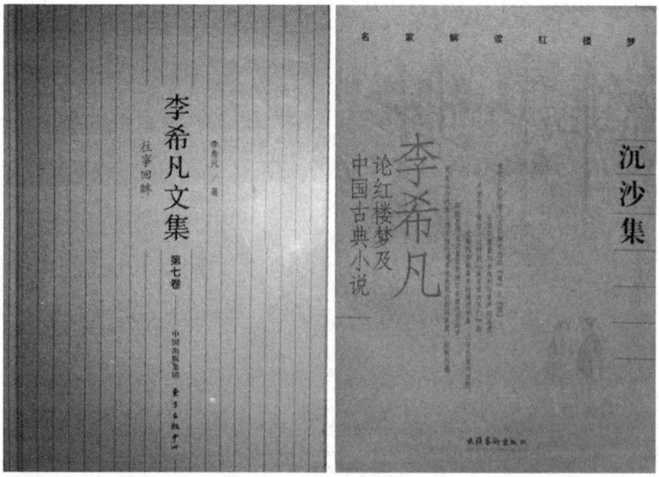

《李希凡文集》与《沉沙集》

讨论。

毛泽东一生推崇中国的名著《红楼梦》，不知看了多少遍。受其影响，江青也读了七篇以上。当江青读了李希凡、蓝翎的文章后，大为赞赏，便把文章推荐给了毛泽东。毛泽东看后，也觉得不错，建议《人民日报》予以转载，并让江青出面，转告《人民日报》。江青带着《文史哲》第9期到报社见到了中宣部副部长周扬、林默涵和《人民日报》总编辑邓拓。

周扬认为《人民日报》转载这样的文章不合适，建议改由《文艺报》转载。于是，《文艺报》第18期转载了这篇文章，并加了由主编冯雪峰所写的编者按。

10月16日，毛泽东给中共中央政治局及其他有关人士写了一封信，在思想界和知识界引起了强烈震动。

信中指出：这是三十多年以来向所谓红楼梦研究权威作家的错误观点的第一次认真的开火。作者是两个青年团员。他们起初写信给《文艺报》，请问可不可以批评俞平伯，被置之不理。他们不得已写信给他们的母校——山东大学的老师，获得了支持，并在该校刊物《文史哲》上登出了他们的文章驳《红楼梦简论》。问题又回到北京，有人要求将此文在《人民日报》上转载，以期引起争论，展开批评，又被某些人以种种理由（主要是“小人物的文章”，“党报不是自由辩论的场所”）给予反对，不能实现；结果成立妥协，被允许在《文艺报》转载此文。嗣后，《光明日报》的《文学遗产》栏又发表了这两个青年的驳俞平伯《红楼梦研究》一书的文章。看样子，这个反对在古典文学领域毒害青年30余年的胡适派资产阶级唯心论的斗争，也许可以开展起来了。事情是两个“小人物”做起来的，而“大人物”往往不注意，并往往加以阻拦，他们同资产阶级作家在唯心论方面讲统一战线，甘心做资产阶级俘虏，这同影片《清宫秘史》和《武训传》放映时候的情形几乎是相同的。被人称为爱国主义影片而实际是卖国主义影片的《清宫秘史》，在全国放映之后，至今没有被批判。《武训传》虽然批判了，却至今没有引出教训，又出现了容忍俞平伯唯心论和阻拦“小人物”的很有生气的批判文章的奇怪事情，这是值得我们注意的。

在这里，毛泽东重提1951年涉及电影界、教育界的那场批判风云，并不是偶然的，这表明他对近年来诸如此类的文艺现象总是被漠然视之的状况十分不满。他在信中的结尾说："俞平伯这一类资产阶级知识分子，当然是应当对他们采取团结态度的，但应当批判他们的毒害青年的思想，不应当对他们投降。"毛泽东批评俞平伯的《红楼梦研究》，实际上只是一个导火索、突破口，而批判的主要目标则直接指向胡适，其意图也是清除以胡适为代表的资产阶级思想在政治、哲学和文化学术领域的影响。这封信当时只是在很小范围内传达，但通过间接的方式，很快就向文艺界、理论界宣布了信中的基本精神，并通过报纸宣传媒介传向社会各界。

首先是《人民日报》10月23日发表了署名钟落的文章《应该重视对〈红楼梦〉研究中的错误观点的批判》，提出这个问题的"实质"，"是工人阶级对资产阶级在思想战线上的又一次严重的斗争"。10月24日，《人民日报》又发表了李希凡、蓝翎的第三篇文章《走什么的路？——再评俞平伯先生关于〈红楼梦〉研究的错误观点》。这篇文章比起前两篇更多地带有了政治批判的色彩，激烈地抨击"新红学"的实质是"士大夫阶级意识和买办思想的混血儿，是反动的实验主义在古典文学研究领域中的具体表现"；指责俞平伯在解放以后新的政治条件下，"而骨子里的立场、观点和方法都毫无改变地保留下来"；断言俞平伯"以隐蔽的方式，向学术界和广大青年读者公开地贩卖胡适之的实验主义，使它在中国学术界中间借尸还魂"。这些文章都紧扣了毛泽东信中的"政治主题"。

毛泽东在信中对"大人物"阻挠"小人物"的严厉批评，使当初曾对两位青年的问询"置之不理"的《文艺报》陷入了困境。在同行的严词斥责下，11月4日，《人民日报》登出冯雪峰《检讨我在〈文艺报〉所犯的错误》一文。他承认贬低了李、蓝文章的战斗意义和影响，同时又贬低了马克思列宁主义新生力量；自责"这是立场上的错误，是反马克思列宁主义的错误，是不可容忍的"。毛泽东不满意冯雪峰的检讨，在发表这篇检讨的报纸上作了多处批注，说冯雪峰不是"缺乏"马列主义战斗精神的问题，而是"反马克思主义的问题"；说他不是"不自觉地"轻视新生力量，而"应该是自觉的，不是潜在的，而是用各种方法向马克思主义作坚决斗争"等。

毛泽东这封信的传达、学习和贯彻，在整个文化学术界形成了强烈的冲击波。中国作家协会党组紧急召集会议，对照毛泽东的信进行思想检查，布置开展批判运动。中国作协迅即邀集全国著名专家教授，召开关于《红楼梦》研究的讨论会，指出在古典文学领域以马克思主义的立场、观点、方法来批判资产阶级的立场、观点、方法，“是一场严重的斗争”。从10月底到12月初，中国文联主席团和作协主席团连续召开八次扩大的联席会议，就反对《红楼梦》研究中的胡适派资产阶级唯心论倾向和《文艺报》的错误等问题，展开讨论，统一思想，提高对这场斗争意义的认识。

11月8日，郭沫若以中国科学院院长身份对《光明日报》记者发表了关于“文化学术界应开展反对资产阶级错误思想的斗争”的谈话，着重强调要扩大斗争的范围，应当不限于古典文学研究的一方面，而应当把文化学术界的一切部门都包括进去；作家们，科学家们，文学研究工作者，报纸、杂志的编辑人员，都应当毫无例外地参加到这个斗争中来。

1954年12月8日，中国文联主席团和作协主席团第八次扩大联席会议通过了关于《文艺报》的决议，确认《文艺报》的主要错误是对于文艺上的资产阶级错误思想的容忍和投降，对于马克思主义新生力量的轻视和压制，决定改组《文艺报》的编辑机构，重新成立新的编委会，并责成中国各文学艺术家协会和所属各地分会以及省市文联所属机关刊物，都根据这个决议的方针检查并改进工作。

在这次会议上，全国文联主席郭沫若作了总结性发言，把这场斗争的性质和意义进一步概括为“适应当前国家过渡时期总任务的文化动员”。他说：“对资产阶级错误思想的批判，是一项迫切的对敌战斗，我们的目的一定要尽可能迅速地把这种错误思想肃清，再也不能允许它有存在的自由。”

在这场批判运动中，全国各报刊就《红楼梦》研究问题发表了数百篇文章，其中有129篇由作家出版社编入《红楼梦讨论集》，共4集，约100万字。这些文章集中论述《红楼梦》是一部伟大的现实主义作品，具有鲜明的反封建主义的倾向，深刻暴露了封建贵族阶级的内外矛盾和斗争，深刻揭示了贵族统治阶级和封建制度即将崩溃的历史趋势。这些文章着重批判俞平伯承袭胡适的观点和方法，割弃作品的社会意义和艺术价值，否定作品的现实主义性质，用烦琐考据把人们引向不可知的迷津。

以对俞平伯和“新红学”的批判为契机，中国科学院和中国作家协会举行联席会议，决定联合召开批判胡适思想的讨论会，推举郭沫若、茅盾、周扬、潘汉年、邓拓、胡绳、老舍、邵荃麟、尹达等九人组成委员会，由郭沫若为主任，决定从胡适的哲学思想、政治思想、历史观点、文学思想等九个方面开展批判和讨论。从 1954 年 12 月底到 1955 年 3 月，由这个委员会主持的对胡适思想的批判讨论会，共举行了 21 次，这一期间，全国各地都有组织有计划地开展了对胡适思想的批判，各高等学校举行各种讨论会、座谈会和批判会，全国省、市级以上的报纸和学术刊物发表了几百篇批判文章。1955 年由三联书店出版了《胡适思想批判论文汇编》共 8 册，收入文章 150 多篇 200 多万字。

1955 年 1 月，中共中央发出《关于在干部和知识分子中组织宣传唯物主义思想批判资产阶级唯心主义思想的演讲工作的通知》，提出必须在党的、军队的、文教系统、经济系统、政治系统及其他部门和各人民团体的大约 500 万有阅读能力的党内干部和党外知识分子中具体地批判唯心主义的思想，树立唯物主义的思想，并规定采取演讲的方式进行宣传。与此相适应，批判运动延伸、扩展到其他许多领域。

1955 年 2 月，俞平伯写了一份书面检讨，并于 3 月 15 日在《文艺报》上发表。次年，他的研究方向转向李白，并发表了不少研究文章。此时，他心里总想把自己从“红学家”这顶帽子下摆脱出来，所以有这个学术研究上的转移。也在这一年，他在北京创办了北京昆曲研习社。每逢星期四上午，俞平伯夫妇专门请笛师来伴唱。来了客人，也要坚持一曲唱罢才接待。每年夏天，他们夫妻都要去颐和园租人工摇的乌篷船，带着笛师，带了吃喝的东西，把船漂在后湖上唱曲子。让一群游客围着听，人们大感惊奇。只到 1964 年现代戏出现后，曲社才宣布解散。

俞平伯作为《红楼梦研究》的作者，在受到批判之后检查了自己学术观点上的错误，得以继续在北京大学从事《红楼梦》的研究和校订工作，在他的后半生又写了关于《红楼梦》十二钗的文章，力图用新的观点进行研究，并在原有基础有所前进。

1986 年 1 月，中国社会科学院为庆贺俞平伯先生从事学术活动 65 周年举行纪念会。中国社会科学院院长胡绳在会上对俞平伯的学术生涯和 1954 年的那场批判，作了历史的评价。胡绳充分肯定俞平伯“是一位有学术贡献的爱国者”，特别指出，俞平伯早在20世纪20年代初对《红楼梦》进行的研究，“具有开拓性的意义”，“对于他研究的方针和观点，其他研究者提出不同的意见或批评本来是正常的事情。但是1954年下半年因《红楼梦》研究而对他进行政治性的围攻，是不正确的”。这篇讲话，实际上是公开为俞平伯平反，也是对这一类历史教训的郑重总结。

梁漱溟与“九天九地”

1953年9月，在中央人民政府委员会第27次会议期间，著名爱国民主人士梁漱溟，突然受到了严厉批判。1955年5月至11月，全国报刊又集中地发表了一批文章，对梁漱溟的政治、哲学、文化、教育等思想公开进行批判。这是在过渡时期总路线问题上，对党外民主人士的一次具有代表性的批判。

1953年9月8日，全国政协常委会举行第49次扩大会议。周恩来在会上作了过渡时期总路线的报告。

9月9日上午，分小组讨论周恩来的报告。会议结束前，周恩来宣布第二天的大会由个人发言。在离开会场时他对梁漱溟说：“梁先生，明天的大会你也说一说，好不好？”梁回答说：“好。”

梁漱溟连夜做了发言准备。但10号下午大会发言人太多，因此在会议中间休息时，梁漱溟便写了一张条子给周恩来，说他准备的发言可改为书面发言。周恩来表示，为让大家都能充分发表意见，会期要延长一天，请梁明天在大会上发言。

于是，在11日下午的大会上，梁漱溟按已做的准备发了言。他说：

连日听报告，知道国家进入计划建设阶段，大家无不兴奋。前后已有多位发言，一致拥护。我曾经多年梦想在中国能展开一个伟大的建国运动。40年前我曾追随过旧民主主义革命，那时只晓得政治改造，不晓得计划建国。然而我放弃旧民主主义革命已有30年了。几十年来我一直怀抱计划建国的理想，虽不晓得新民主主义之说，但其理想和目标却大体相合。我想重点提出的就是农民问题或乡村问题。过去中国将近30年的革命中，中国共产党都是依农民而以乡村为根据地的。但自进入大城市之后，工作重点转移于城市，从农民成长起来的干部亦都转入城市，乡村便不免空虚。特别是近几年来，城里的工人生活提高得快，而乡村的农民生活却依然很苦，所以各地乡下人都往城里（包括北京）跑。城里不能容，又赶他们回去，形成矛盾。有人说，如今工人的生活在九天，农民的生活在九地，有“九天九地”之差，这话值得引起注意。我们的建国运动如果忽略或遗漏了中国人民的大多数——农民，那是不相宜的。尤其是共产党之成为领导党，主要亦在过去依靠了农民，今天要是忽略了他们，人家会说他们进了城，嫌弃他们了。这一问题望政府重视。

这就是梁漱溟的所谓“九天九地”说，也正是引起对他进行严厉批评的导火线。

当日，周恩来在会上作了总结发言。他说：“这次会议是有收获的，各位朋友提了很多意见，其中有很多好的意见，应引起各主管部门的注意。”

9 月 12 日，中央人民政府委员会举行第二十四次（扩大）会议。会议听取了彭德怀《关于中国人民志愿军抗美援朝工作的报告》并通过给中国人民志愿军的慰问电。参加政协常委扩大会议的大多数人，列席了本次会议。

在彭德怀做报告后，毛泽东即席讲话。他说，有人不同意我们的总路线，认为农民生活太苦，要求照顾农民。这大概是孔孟之徒施仁政的意思吧。然须知有大仁政小仁政者，照顾农民是小仁政，发展重工业、打美帝是大仁政。施小仁政而不施大仁政，便是帮助了美国人。有人竟班门弄斧，似乎我们共产党搞了几十年农民运动还不了解农民。笑话！我们今天的政权基础，工人农民在根本利益上是一致的，这一基础是不容分裂、不容破坏的！毛泽东的这些话，是对梁漱溟 11 日发言的不点名的批评。

梁漱溟听完毛泽东的这番话，一方面甚感意外，一方面很不服气。于是，当即提笔给毛泽东写信。信中说：你说的一些话，是说我。你说我反对总路线、破坏工农联盟，我没有这意思，你说得不对，请你收回这个话。我要看看你有没有这个雅量。信中还特别指出，他发言时毛本人不在场，希望毛泽东给个机会，由他当面复述一遍他原来发言的内容，以求指教，解除误会。13 日上午，梁漱溟将信在会场上当面交毛泽东。毛泽东约他当晚谈话，即在怀仁堂举行的晚会之前约 20 分钟时间。由于时间很短，梁在简说自己发言的本意后要求毛泽东解除对他的误会。毛泽东则坚持梁是反对总路线之人，只是不得自明或不承认而已。梁漱溟十分失望，但态度坚决，言语间与毛泽东频频冲突，不欢而散。梁漱溟并不作罢，他还想再寻觅机会在大会上复述自己的观点，让公众来评议。

9 月 14 日、15 日，中央人民政府委员会举行第二十五、二十六次会议，会议在听取陈云《关于财政经济工作的报告》和李富春《关于与苏联政府商谈苏联对我国经济建设援助问题的报告》后，梁漱溟请求发言，会议主席允于次日再讲。16 日，梁漱溟登台发言，复述了 9 日和 11 日分别在小组会和大会上的发言内容，并以此再三陈述自己并不反对总路线，而是热烈拥护总路线的。

9 月 17 日，毛泽东在会上对梁漱溟作了若干分量很重的批评，主要有：

“你虽没有以刀杀人，却是以笔杀人的。”

“人家说你是好人，我说你是伪君子！”

“对你的此届政协委员不撤销，而且下一届政协还要推你参加，因为你能欺骗人，有些人受你欺骗。”

“假若明言反对总路线，主张注重农业，虽见解糊涂却是善意，可原谅；而你不明反对，实则反对，是恶意的。”

“你提出所谓‘九天九地’，‘工人在九天之上，农民在九地之下’，‘工人有工会可靠，农会却靠不住，党、团、妇联等也靠不住，质量都不行，比工商联也差，因此无信心。这是‘赞成总路线’吗？否！完全的彻底的反动思想，这是反动化的建议。”

梁漱溟在现场听到这些话后，深感自己因出言不慎而造成的误会已经很深了。倔强好胜的个性驱使他要求当场发言作答。会议主席嘱他做准备，明天再讲。9 月 18 日下午，梁漱溟拿着准备好的稿子再次在大会发言。他开门见山地说：

“昨天会上中共领导人的讲话，很出乎我的意料。当局认为我在政协的发言是恶意的，特别是主席的口气很重，很肯定我是恶意的。但是，单从这一次发言就判我是恶意，论据尚不充足，因此就追溯过去的事情，证明我一贯反动，因而现在的胸怀才存在很多恶意。但我却因此增加了交代历史的任务，也就是在讲清当前的意见初衷之外，还涉及历史上的是非。而我在解放前几十年与中共之异同，却不是三言两语说得清楚的，这就需要给我比较充裕的时间……”

梁漱溟的答辩发言刚刚开了头，会场上便有一些人打断他，就被会场上轰他下台的声音打断。这样一来，梁更不认输了。那么多人叫喊，他都不理，盯着毛泽东，以争取发言权，他说：

“现在我唯一的要求是给我充分的说话时间。我觉得，昨天的会上，各位说了我那么多，今天不给我充分的时间，是不公平的。我很希望领导党以至于在座的党外同志考验我，考察我，给我一个机会，就在今天。同时我也直言，我还想考验一下领导党，想看看毛主席有无雅量。什么雅量呢？就是等我把事情的来龙去脉都说清楚之后，毛主席能点点头，说：‘好，你原来没有恶意，误会了。’这就是我要求的毛主席的雅量。”

毛泽东插话说，你要的这个雅量，我大概不会有。梁漱溟说：“主席您有这个雅量，我就更加敬重您，若您真没有这个雅量，我将失掉对您的尊敬。”毛泽东说：“这一点‘雅量’还是有的，那就是你的政协委员还可以当下去。”梁漱溟说，这一点，倒无关紧要，“我现在的意思是想考验一下领导党。因为领导党常常告诉我们要自我批评，我倒要看看自我批评是真是假”。毛泽东说：“批评有两条，一条是自我批评，一条是批评。对于你实行哪一条？是实行自我批评吗？不是，是批评！”梁漱溟还坚持说：“我是说主席无自我批评的雅量……”会场上发生这种前所未有的同毛泽东你一言、我一语的顶撞场面。忽然台下有人喊，不听梁漱溟胡言乱语，民主权利不给反动分子，梁漱溟滚下台来！这时，毛泽东口气缓和地说：“梁先生，你今天不要讲长了，给你十分钟说说要点好不好？”梁漱溟回答道：“我有很多事实要讲，十分钟怎么够？我希望主席给我一个公平的待遇。”

会场再一次哗然，大多与会人员对梁漱溟的态度表示愤慨，纷纷要求梁漱溟下台。毛泽东又说：“不给他充分的说话时间，他说是不公平，让他充分说吧，他就可以讲几个钟头，而他的问题又不是几个钟头，也不是几天，甚至不是几个月可以搞清楚的。我想指出的是，梁漱溟的问题并不是他一个人的问题，而是借他这个人，揭露其反动思想，使大家分清是非。梁漱溟这个人的反动性不充分揭露不行，不严厉批判也不行。现在我再提议让他再讲十分钟，简单地讲一讲，好不好？梁先生。”梁漱溟依然是“十分钟不够，给我一个公平的待遇”的回答。

毛泽东最后说：“梁先生，不让你讲长话，你说我没有‘雅量’，可大家都不让你讲，难道说大家都没有‘雅量’吗？不给你充分的时间讲话你又说是不公平的，可现在大家又都不赞成你讲话，那什么是公平呢？你看怎么办？”梁漱溟满脸的不悦：“听主席决定。”

这时，有人提出付诸表决，看赞成他继续讲话的人多，还是不赞成他继续讲话的人多，然后采取少数服从多数。毛泽东带头举手赞同梁漱溟讲话，其他中共一些领导人也都举了手。但大多数与会者表示反对。梁漱溟不得不走下台来，一场相持许久的僵局这才宣告结束。

事过不久，梁漱溟给主持全国政协工作的副主席陈叔通和秘书长李维汉写信，要求请长假，闭门思过。李维汉派人告他，今后需要出席的会议和活动，通知照发，但参不参加自便。梁也并没有受到任何处分。1955 年，在批判胡适思想的运动中，中共中央宣传部于 5 月向中央作了《关于胡适思想批判运动的情况和今后工作的报告》，提出要使胡适思想批判进一步深入和提高，逐步扩大战线，并转入长期化和经常化。在逐步扩大范围的内容中，具体点名提到要对“近几十年来其他资产阶级思想代表人物在今天还有影响的（如梁漱溟）进行批判”。中共中央批准并转发了这个报告。因此，1955 年又在报刊上公开批判所谓“梁漱溟的反动思想”。

1986 年深秋，梁漱溟回顾到这一历史公案时，以带有自我批评的口吻说道：“1953 年 9 月，由于我的狂妄自大，目中无人，全不顾毛主席作为领袖人物的威信，当众与他顶撞，促使他在气头上说了若干过火的话。如果说当时意气用事，言语失控，那么也是有我的顶撞在先，才有毛主席的批判在后。平心静气而论，这些气头上的话，双方冲口而出，大都禁不起推敲和检验。”

在 1953 年之前的 30 多年间，梁漱溟与毛泽东之间有多次不广为人知的重要交往，其中有 1918 年间在北京地安门鼓楼大街豆腐池胡同杨怀中家的相遇；1938 年初，梁漱溟一赴延安与毛泽东彻夜长谈；1946 年，梁漱溟二赴延安与毛泽东等 10 名中共领袖坦率地讲述自己对国内实现和平后的政见；1950 年初，梁漱溟由四川进北京后，成为中南海的座上客，毛泽东曾多次找他长谈……

清朝末年时，梁漱溟原名梁焕鼎，居家北京城内崇文门英子胡同。他自幼对哲学兴趣颇大，人生问题与中国问题常在他心中盘旋。辛亥年，他加入京津同盟会。民国后，他担任《民国报》记者。南北统一政府时，他与沈钧儒一起任司法总长张耀曾的秘书，其间仍自学哲学，特别是佛学，由浅及深，确有所得。这时候，他的本家兄长梁焕奎有一位知交，名叫杨怀中，湖南人，常来梁漱溟家。一来二去，特别是在交谈中，梁漱溟得知杨怀中是对哲学研究有素的专门家，且在北京大学任教，就常常向杨讨教，纵谈哲学问题，彼此逐渐相熟。1917 年，梁漱溟应蔡元培先生之聘，到北京大学教授印度哲学。虽然年龄相差甚大，梁同杨竟成为北大哲学系的同事，又成为忘年之交。

1918 年初，梁漱溟先生每每晚间到杨怀中先生家，常有一位高个子的湖南青年开大门，彼此相视点头，寒暄几句，并不互报姓名。梁漱溟进客厅自与杨怀中交谈，这青年却从不加入。后来，杨先生告诉他，这位青年是他在湖南第一师范的学生，有才有为，到北京找老师来的。这位青年叫什么名字，但梁并没有记住。

这位青年就是毛泽东。当梁漱溟先生 1938 年初只身赴延安，与毛泽东见面的时候，毛第一句话就说："梁先生，我们早就见过面了，您还记不记得？民国七年（1918 年），在北京大学，那时您是大学讲师，我是小小图书管理员。您常来豆腐池胡同杨怀中先生家串门，总是我开的大门。后来杨怀中先生病故，我也成了杨家的女婿。"毛泽东惊人的记忆力，唤起了梁漱溟深藏在脑海中 20 年前的往事。他只是吃惊地向毛泽东频频点头，连声说："是的。好记忆，有这事，有这事。"

"八一三"上海抗战爆发后，梁漱溟作为无党无派的社会贤达被邀请去参加"参议会"，作为特邀的"参议员"随国民党政府搬到武汉。国民党丢弃大片国土，不战而逃。梁漱溟对此大失所望，于是产生了去延安会见毛泽东的念头。

梁漱溟到达延安，接待他的是中共总书记张闻天。经张的介绍，梁才知道毛泽东是中共革命军事委员会的主席。

头一天的谈话从下午 6 时至次日凌晨。时令正是冬天，延安气候严寒。

6 点钟天已擦黑，屋里掌了灯，谈话的地点在延安城内的一间瓦房里。

梁漱溟开门见山地提出了抗日战争的前途问题。他说，中国的前途如何？中华民族会亡吗？他表示，这次来延安就是向中共领袖讨教来的。

毛泽东十分耐心地听完梁漱溟的叙述，才露出笑容，斩钉截铁地回答道：“梁先生，你所听到看到的若干情况，大体都是事实。但我的看法，中国的前途大可不必悲观，应该非常乐观！中华民族是不会亡的，最终中国必胜，日本必败，只能是这个结局，别的可能没有！”

毛泽东的语气这样肯定，梁漱溟出乎意料。接着，毛泽东又十分详尽地、有声有色地分析了国内、国外，敌、我、友三方面力量的对比，强弱的转化，战争的性质，人民的力量，战争发展的几个阶段，等等，最后又回到中国必胜，日本必败的光明结局上。毛泽东讲得那样头头是道，入情入理，使梁漱溟打心眼里佩服。

时间已到后半夜，梁漱溟起身说：“我先送给您一本书，请您先翻翻，明天的谈话就从我这本书开始，好不好？”毛泽东接过一本厚厚的书，那是梁漱溟新出版的数十万字的著作，书名叫“乡村建设理论”。

第二天的谈话，也是从下午 6 点开始，但一直谈到次日天明，整整一个通宵，欲罢而不能。这次谈话的内容是中国问题，即一旦抗战胜利，如何建设一个新的中国的问题，梁漱溟和毛泽东分歧较大。

毛泽东就拿出梁漱溟昨日送的那本书，说：大作拜读了，但看得不细，主要论点都看了。但您的主张总地说是走改良主义的路，不是革命的路。

而梁漱溟认为中国的社会贫富贵贱不鲜明、不强烈、不固定，因此阶级分化和对立也不鲜明、不强烈、不固定。

两人相争不下，直至天明，谁也没有说服谁。

十余年后，梁漱溟与毛泽东的争论有了结果。面对在战火中诞生了新中国的这一事实，1951 年梁漱溟在《光明日报》上发表了《两年来我有了哪些转变？》一文。在这前后，他又写了《何以我终于落归改良主义？》等文章，送给毛泽东看。

1946 年初，梁漱溟二赴延安，向毛泽东等 10 名中共领袖陈述自己对国内实现和平后的政见。

1938年1月，毛泽东在延安会见来访的梁漱溟

第二天，梁漱溟被请到一间不大的会议室里，毛泽东首先迎上来同他握手，除他早已认识的张闻天外，毛泽东又向他介绍了朱德、彭德怀、任弼时等中央领导人。梁漱溟情绪颇为激动。

毛泽东等10位中共领导人都很耐心地听完了梁漱溟的长篇发言。当梁漱溟说到对中国的现状无可奈何，对国民党很失望，而自己也不知道中国何年何月才能进行认真的经济建设时，任弼时笑着插话说，梁先生的意思是不是要蒋介石先生死了，国民党垮了台，中国才能进行认真的经济建设，而现在蒋介石并没有死，国民党也没有垮台，因此答不上来？梁漱溟只是笑，没有正面答复。

1950年初，梁漱溟由四川进北京，成为中南海的座上客，毛泽东曾多次找他长谈。

1950年1月，梁漱溟应毛泽东、周恩来之邀，离开重庆，经由武汉到达北京。当时毛泽东、周恩来都在莫斯科。3月10日，毛泽东和周恩来由莫斯科返抵北京，许多人到火车站迎接。统战部把梁漱溟排在迎候队伍中民主党派、无党派民主人士里的头一个。毛泽东立刻发现了他，大声说："梁先生，您也到了北京，我们又见面了！您身体可好？家眷都来了吗？改日来我家做客，长谈，再来一个通宵也成！"毛泽东的热情态度，使梁漱溟除了紧紧握手，竟答不上话来。

12日下午，毛泽东派汽车来到梁漱溟居住的西城区辟才胡同南宽街把他接进了中南海。梁漱溟进了颐年堂的院门，毛泽东已在院里等候了。

寒暄之后，毛泽东即询问梁漱溟对国是有何意见。梁随口说："如今中共得了天下，上下一片欢腾。但得天下易而治天下难，这也可算是中国的古训吧。尤其是20世纪以来的中国，要长治久安，不容易呵！"

毛泽东摆摆手，笑着说：“治天下固然难，得天下也不容易呵！”

毛泽东抽了一口烟，接着说：“众人拾柴火焰高。共产党靠大家，大家为国家齐心协力，治天下也就不难了。梁先生这次到了北京，可以参加我们政府的工作了吧？”

毛泽东提出的问题，却难住了梁漱溟。说不同意吧，颇有清高之嫌；说同意吧，又违背他当时的真实思想。他迟疑了片刻，才答复说：“主席，像我这样的人，如果先把我摆在政府外边，不是更好吗？”

毛泽东对梁漱溟说：“梁先生从前在山东、河南搞过乡村建设，你可以去看看那些地方解放后有何变化，旧地重游，会有得益的。然后你再去东北老解放区看看，比较比较。梁先生如同意，具体行程由李维汉、徐冰安排，他们会通知地方政府接待你的。”

梁漱溟接受了毛泽东的建议，于 1950 年 4 月至 9 月间，先后参观考察了河南、山东、平原三省农村及东北广大地区的城市、农村。梁漱溟所到之处，受到很高的礼遇和盛情的接待。第二年春，梁漱溟又主动要求到四川，历时 4 个月，去农村考察土改。

返京后，毛泽东即约梁谈话，毛泽东问：“对土改，对四川，你个人印象如何？随便聊聊。”

梁漱溟略加考虑说：我亲眼看到贫苦农民对土地的渴望和要求，土地改革是深得民心之举，很必要，也很及时。解放不过两年，四川能出现这样安定的情势，不容易。解放前我在四川若干年，那是一个很乱很复杂的地方，变化这么快，出乎我意料。四川这一局面的取得，首先得推刘、邓治理有方，他们是当地的执政者、军政大员。特别是邓小平年轻能干，所见所闻，

1993 年于山东邹平建立的梁漱溟纪念馆，费孝通题写馆名

印象深刻。如解决袍哥问题，这在四川历史甚久，范围很广，影响很大。邓小平掌握的政策是对大多数袍哥不予追究，这桩事办得稳妥。大多数不予追究，他们自然也就慢慢散开了，相反，如果一一追究，却正好促使他们聚拢起来与新政府对抗。前因后果，利弊得失，十分清楚。邓小平之才干，就表现在这些方面。

毛泽东听着笑出声来，大声插话说："梁先生看得蛮准，无论是政治，还是军事，论文论武，邓小平都是一把好手。"

梁漱溟先生是著名的爱国民主人士，"是中国共产党的老朋友"，"是著名的哲学家、教育家"，是一位敢于坚持真理的爱国知识分子。这是后来中国共产党对他的评价。

1972 年 12 月 26 日是毛泽东的生日，梁漱溟将自己的手稿《中国——理性之国》作为特别的贺礼送给了毛泽东。1975 年 9 月，毛泽东在一份材料中作批示时提及了梁漱溟，说过"金无足赤，人无完人"之类的话，表达了对梁老先生的谅解之意。

★ 十　清除党内野心家

1953 年夏到 1955 年春，中共中央领导全党揭露和粉碎了高岗、饶漱石反党篡权的阴谋活动，这是新中国成立后发生的一次重大的党内斗争。

高岗其人其事

解放后，中央将全国划分为华北、东北、西北、华东、中南、西南六个大区，相应地设了六个中央局，代表中央领导这些地区的党政军全面工作。1952 年七八月间，党中央决定将各大区的主要负责人从外地调北京，以加强中央的集中统一领导。华北局第一书记薄一波，1949 年 10 月就担任了中央财政经济委员会副主任、财政部部长，而华北局就驻在北京。需要从外地调进京的主要是其他五个大区的领导。最先调来的是西南局第一书记邓小平，来京后担任政务院副总理。

随后来的是西北局第二书记习仲勋和中南局第三书记邓子恢，来京后习仲勋担任中央宣传部部长、政务院文化教育委员会副主任，邓子恢担任中央农村工作部部长、政务院财经委员会副主任。他们二位虽然不是当地的第一书记，但实际上主持中央局的工作。中南局第一书记是林彪，第二书记是罗荣桓，林、罗都因病长期休养。没有多久，华东局第一书记饶漱石、东北局第一书记高岗，也先后调来中央。饶漱石任中共中央组织部部长，高岗任国家计划委员会主席。

从外地调京的五个人中，47 岁的高岗，当时已经担任中共中央东北局书记多年，地位最显赫。他在进京之前就已经是中央人民政府六个副主席之一，现在又兼任国家计划委员会主席。新组建的国家计委权力很大，被称为“经济内阁”。所以，当时干部中流传着一个说法：“五马进京，一马当先。”后来的情况表明，这时高岗的野心急剧膨胀起来。

高岗原名叫高崇德，1905 年春天出生在陕西横山县一个穷苦的农民家庭。他从小放过羊，打过柴，也上过学。长到 21 岁时，才找到共产党，紧接着便于 1926 年夏加入了党的组织，并接受派遣到西北从事兵运工作。那时的他，生龙活虎，长得膀大腰圆，干起工作来常常熬到深夜，他喜欢枪杆子，在他的一再要求下，省委一度派他前往甘南做军事工作。他很快就在军事上显示出了他的卓越才华，不久省委机关遭到国民党特务组织的破坏，高岗于 1930 年后担任了中共陕西省委军委交通员。

1932 年 7 月初，陕西军委机关被敌人破坏，大部人员牺牲，少数几个领导人在身负重伤的情况下被捕入狱。他成了这次灭顶之灾的幸存者。

同年夏天，一批共产党人在陕甘边区举行了暴动，开展了轰轰烈烈的游击战争。死里逃生的高岗认识了刘志丹，并和他建立了深厚的友谊。他积极参与和领导了创建陕甘边革命根据地的工作，1933 年 8 月至 11 月任陕甘边红军临时总指挥部政治委员。同年 11 月至 1934 年 1 月、1934 年 6 月至 8 月任中国工农红军第二十六军第四十二师政治委员。到 1935 年初中央红军被迫举行大撤退，万里长征向陕甘边走来时，高岗已经是西北革命军事委员会副主席、前敌总指挥部政委。到这年 9 月红十五军团成立时，他又担任了军团政治部主任。在全国革命根据地遭到重创，几乎全部丧失时，只有陕甘边根据地蓬勃发展，成为中央红军和中共中央的归宿，成为中国的落脚点和新的起点。这是颇使高岗引以为骄傲和自豪的事。

中央红军到达陕北后不久，毛泽东亲自提拔高岗担任中共陕北省委书记、陕甘宁保安司令部司令员，那时，他背着盒子枪，带着保安巡逻队，亲自检查可疑人员，抓获了不少潜入陕北进行暗杀和破坏的特务，为建立和巩固陕甘宁边区做了大量的工作。中央书记处开会时，毛泽东微笑着指着高岗说：“我们初到陕北，人生地不熟，高岗同志为中央机关的安全出了大力，将来在保安竖碑时，要给高岗同志竖一块最高最大的碑。”

抗日战争爆发后，毛泽东又提议高岗担任中共陕甘宁边区区委书记兼保安司令部司令员、中共陕甘宁边区中央局书记、中共中央西北局书记、陕甘宁边区参议会议长、陕甘宁晋绥联防军副政委、代理政委，是以毛泽东为首的中共中央眼皮子底下的一员大将。

高岗（右一）与毛泽东等国家领导人在天安门城楼上

1945 年 6 月，在中共第七次代表大会上，高岗当选为中央委员、政治局委员，担任过西北局书记。

抗日战争胜利后，为了争夺东北的战略要地，高岗受毛泽东和党中央的派遣，率领一批干部亲赴东北参与领导建立巩固的东北根据地的斗争，任东北局副书记，北满军区司令员，东北民主联军副政委，东北军区第一副司令员兼副政委。

毛泽东对高岗一直比较信任。不但因为在刘志丹死后，高岗成为陕甘宁红军的代表，而且在解放战争和抗美援朝中，高岗和林彪、陈云、彭德怀配合得很好。在抗美援朝中高岗的一大发明就是炒面，方便易带，战士一次能带七天的粮，这有效地解决了我军原本头疼的后勤供应问题。开国后高岗又成了最年轻的国家副主席，颇受重用。

饶漱石于 1903 年出生于江西临川的小知识分子家庭。1923 年，加入中国共产主义青年团，随即参加领导白区城市中的学生运动和工人运动。1925 年加入中国共产党。曾在赣东北及浙江从事党的秘密工作和青年工作。

他 1929 年起任共青团北满省委书记，中共满洲临时省委常委、满洲省委代理书记，上海工会联合会党团书记，中华全国总工会党团书记。他工作积极，能力强，在白区工作处于低潮时期，为白区党组织的恢复和发展，做出了一定贡献，受到了当时领导白区工作的刘少奇的重视。1935 年至 1938 年间被派到苏联工作，任中国驻赤色职工国际代表。1938 年他从苏联回国后，被中央派到皖南，历任中共中央东南局副书记、华中局副书记兼宣传部部长、中共中央军委华中军分会常委兼新四军政治部主任、中共中央华中局代理书记兼新四军政委。当时，饶漱石在东南局曾主管白区工作，工作卓有成效，刘少奇当时称其是“优秀的青年革命家”。

1945 年 6 月，饶漱石当选为中共第七届中央委员。这年底任新四军兼山东军区政治委员。解放战争时期，任第三野战军政委兼华东军区政委、中共中央华东局书记。在国民党军队重点进攻山东解放区时，饶漱石与当地党政领导干部一起顽强地坚持山东的斗争，在谭震林、黎玉、许世友等领导人的协助下，歼灭了敌人大量有生力量，扩展了根据地，受到了毛泽东的表扬。

新中国成立后，饶漱石任中央人民政府委员、中央人民革命军事委员会委员、华东军政委员会主席、中共中央华东局第一书记。1953 年调任中共中央组织部部长。

在当选华东军政委员会主席过程中，饶漱石玩弄了政治手段。按当时惯例，各大区军政委员会主席是由各大军区司令员兼任的。为此，毛泽东曾两次提议由华东军区司令员陈毅任华东军政委员会主席。但陈毅觉得自己已经兼任上海市市长一职，就谦让说“让漱石同志挑起这个重担吧”。于是，毛泽东指示华东局进行研究，饶漱石知晓后对陈毅说：“你既然那么忙，我就挑起这个担子吧！”结果，他根本没有把事情提到华东局会议上讨论，

1943年，华中局组织部部长曾山（左起）、新四军军长陈毅、参谋长赖传珠、政治委员饶漱石在江苏黄花塘新四军新军部

就用华东局名义报呈中央：鉴于陈毅同志已身兼数职，建议中央任命饶漱石同志为华东军政委员会主席。结果，饶如愿以偿。

饶漱石城府很深。他在表面上个人生活十分俭朴。在战争年代与普通干部、战士一样穿着带补丁的衣服，并且只有两套衣服供换洗，从不许增加。他吃的是与普通干部一样的伙食，从不搞特殊。他平时不抽烟、不喝酒。新中国成立后，他也不跳舞，不宴请任何人；平时好读书，很少与人交往。平时表情严肃，不与人开玩笑，给人一种原则性强、作风严谨、处事平稳的印象。但是由于他的个性，他没有朋友，许多与他共事过的人，对他印象并不太好。说他是个“单干户”，专抓同志间的“小辫子”，善钻同志间的“小空子”，而且当面扯谎，说话反复无常；他伪装谦恭的容貌，实际上经常吹嘘自己，平时韬光养晦，不到关键时刻不伸手。1954 年，中共中央华东局在写给中央的报告中说饶漱石“装腔作势，故弄玄虚，使人莫测高深”“是一个十分奸猾、善于伪装的阴谋家”。

高岗自绝于人民

在中共中央七届四中全会之后，高岗被撤销了一切党内外职务，管教居住。但中央仍打算让他当中央委员，派到陕西去任省委副书记兼延安地委书记，让他改过之后再提拔上来。因为中央考虑到高岗的才干和能力，历史上也有功劳，还要让他发挥作用。但高岗却患得患失，心事重重，焦躁不安。

1954 年 8 月，高岗已被管教半年。他写给中央的《我的反省》已交上去 100 多天了，一直没有回音。从 7 月初开始，电台陆续广播各地人大代表的名单，他仔细地收听着，注意是否有他的名字。他的心情越来越焦躁不安，终日心事重重，少言寡语，行为乖戾。8 月 10 日左右，出现腹泻、消化不良等，但却拒绝治疗。

在中央决定对高岗实行管教的同时，还决定在他住的楼上设一值班室，以随时注意到他的每一个微小变化，及时向中央报告。

8 月 16 日，星期天，晴朗无云，热气袭人。

高岗吃罢早饭，便在楼上四处走动，从卧室到起居室、办公室，从走廊

高岗一家人

这一头到那一头，又到值班室、卫士长卧室、秘书卧室……似随便走动，又像在察看什么。

上午 11 点多，高岗的妻子李力群从外面回来，匆匆上楼，6 岁的小女儿告诉妈妈："爸爸在房间里弄什么东西，一闪一闪的，还啪啪响。"李力群马上去卧室，见高岗手里拿着台灯的电线，站在装有电插座的墙边。

"你在这干什么呀？"

"噢，没什么，看看这插座有电没有。"

李力群一把夺过电线，又气又急地说："你呀，你呀，想找死呀！"

高岗很尴尬："没有的事……你去报告赵秘书吧，马上叫人来把我带走吧！"

李力群意识到高岗有自杀的企图，但怕刺激他，所以没有报告此事，她只是更加警惕，不让高岗脱离自己的视线。

午睡起来不久，忽然不见了高岗。李力群到处寻找，最后发现他在起居室的小楼梯下面。那里堆放了许多杂物，布满蜘蛛网和灰尘。高岗去那里，显然很反常。

"你在干什么？"

"我没干啥，随便下来看看嘛。"

"你想找死呀！"

"那你马上去报告，叫人把我抓走吧！"高岗摸透了李力群的弱点。

李力群急得直跺脚："你呀，你呀！"说着，把他拉了上来。

这以后，高岗拉着几个人打麻将，李力群依然什么也没说。

下午6点，高岗又拉人一起打麻将，一直玩到半夜。直到17日凌晨1点，高岗勉强吃了一碗稀粥，那是16日的晚饭，不久，就上床休息。李力群早已躺下休息。高岗却毫无睡意，跟李力群谈了很久很久。

那段时间，高岗经常在深夜与李力群长谈，今夜谈得更多，情绪也很激动。他讲自己的经历，讲近几年发生的事情，讲他思想上的矛盾和疑惑等等。他说："我这辈子做了不少对革命有利的好事，也做了一些对不起党和人民，对不起你的事情。现在，我的问题牵扯到那么多人，我怎么对得起他们呀！不如死了算啦！"

在被管教的这半年里，特别是7月以来，高岗多次讲过"不如死了算啦"之类的话，因此，李力群还像往常一样，没有特别在意，只是反复劝慰他。

不知不觉间，时间已过了凌晨2点半，怀着身孕的李力群实在太困乏了，她对高岗说："有什么话，明天再说吧。"高岗重重地长叹一口气说："睡吧……"

李力群回到自己的折叠床上，很快就入睡了。高岗却毫无睡意，躺在大床上一动不动。突然，他坐起来，不知从何处摸出一大把"速可眠"胶囊，迅速塞进嘴里。但要咽下这么一大把胶囊，可不太容易。他下床，拿起水瓶倒水，却发现水瓶已经空了。于是，他穿过洗漱间，来到值班室，向值班人员要了一杯温水，一口气喝了下去。这时，是凌晨3点20分。

他没有觉察到，在黑暗与匆忙之中，有一粒胶囊失落在床上，正好被他压在身子下面。

8月17日，星期一，又是一个大晴天。李力群一觉醒来，已是8点多钟。她一面洗漱，一面招呼小女儿："去把爸爸叫醒。"孩子连叫带推，高岗毫无反应。她大喊："妈妈！爸爸不理！"

李力群一惊，急忙扑到大床边，一呼再呼，一推再推，高岗只沉睡不醒。她惊惶地奔出卧室，大声呼人。

秘书和值班室的人都跑了进来，围到床边。只见高岗仰卧在大床上，盖着一条毯子，呼吸沉重均匀，一动不动。

9点半，北京医院的领导和医务人员首先赶到，开始紧张而有序的抢救。但高岗的呼吸越来越慢，心跳越来越微弱，终于渐渐消失。

一位医生将高岗的躯体侧转，发现他身下压着一粒红色胶囊，这正是他平时服用的“速可眠”。医生说：“普通人吃八粒就有生命危险，常用此药的，16 粒也可致死。”他又察看高岗的背部，指着一片红褐色的斑痕说：“这是死斑，是真死的症状。”于是停止抢救。此时是上午 10 点 17 分。

晚上 8 点半前，周恩来、陈云、彭德怀、邓小平、杨尚昆等先后到来。并成立监督检验小组，组织医生，对高岗进行尸检。

当晚 10 点多，一位医生向监督小组报告检查结论：死者生前服用过量的安眠药，造成中枢神经麻痹，以致死亡。

就在高岗自杀身亡的当天，罗瑞卿向正在北戴河休养的毛泽东作了汇报。

深夜，东交民巷 8 号大院的人车纷纷离去，大院又恢复平静。几个年轻力壮的人用白布床单兜着高岗的遗体，从楼上搬到楼下，平稳地放进停放在东门门厅的棺柩里。高岗的遗体早已穿戴整齐，就像平时那样的打扮，外穿深色中山装，里穿白色衬衣衬裤，白袜子、黑布鞋，全是新的。

棺柩是崭新的本色柏木棺材，散发出浓浓的柏木香气。那是机关事务管理局的同志们遵照周总理“善殓厚葬”的指示，从市场上买来的最好的寿材，人们称之为“六块头”，即上下、左右、前后六块寿板都是整块的，而不是由板条拼合的。

18 日凌晨 1 时，大卡车载着棺柩，缓缓驶出高岗住宅。自从 1953 年 1 月高岗搬进这座大院，前后不到一年零八个月。

随车送灵的，没有高岗的妻子、儿女和故旧亲朋，只有他原来的秘书、卫士长等工作人员。灵车一直开到北海后街的嘉兴寺，将棺柩暂时停放在该寺西院的一间小偏屋里。待安放妥当，东方已透出晨曦。

8 月 21 日进行安葬，主要由机关事务管理局办理，秘书、卫士长等随行，高岗的胞兄高崇义于 19 日从陕北赶到北京为他的弟弟送葬，李力群因过度劳累原本不想去，经劝说，还是去了。

上午 10 点多钟。车行一个多小时，停在万安公墓门前。

万安公墓地处玉泉山下，东邻颐和园，北靠卧佛寺，这里远离市嚣，人迹罕至，十分幽静。早年，一些达官显贵和社会名流，都把这里当作身后安息之地。高岗之所以能安葬在这里，是因为周恩来有明确指示交代：葬在万安公墓，要立碑，只写“高岗之墓”，不写立碑人与年月日。

高岗自杀后，党中央对饶漱石身边的工作人员一律不换，生活待遇照常；但要他的秘书每周写一个“饶漱石近况简报”，及时上报中央。在党的全国代表会议期间，秘书的报告反映他仍不认错，且态度不好，这时，揭露出的“潘汉年，杨帆”反革命分子案，又牵扯上了他。

1955 年 3 月，中国共产党召开全国代表会议，通过了《关于高岗、饶漱石反党联盟的决议》，决定开除高岗、饶漱石的党籍，撤销他们在党内外的一切职务。同年 4 月，中共七届五中全会批准了这个决议。

4 月 3 日上午，饶漱石在北京家中的庭院忧郁而坐，公安部的警车开到，宣读逮捕令后，51 岁的饶漱石被押解上了警车。

1965 年 8 月 30 日，中华人民共和国最高人民法院判处饶漱石有期徒刑 14 年，剥夺政治权利 10 年。9 月 23 日，饶漱石被假释出狱，安排到一个农场，但并不让他参加劳动，实际上是把他养了起来。中央当时还给他配了服务员、厨师各一人，每月发给他生活费 200 元。“文革”爆发后，饶漱石于 1967 年被重新收监。

1986 年 8 月出版《毛泽东著作选读》两卷本时，在第 436 条注释中写道：饶漱石在任中共华东局第一书记兼上海市委第一书记期间，“直接领导潘汉年等在反特方面的工作。由于潘汉年被错定为‘内奸分子’，饶漱石主持反特工作中的一些活动被错定为内奸活动，他因此被认定犯有反革命罪并被判刑”。这段话为饶漱石的被“错定为内奸”、犯有“反革命罪”平了反。1975 年，饶漱石因病去世，享年 72 岁。

1980 年，邓小平说：“揭露高饶的问题没有错。高岗想把少奇同志推倒，采取搞交易、搞阴谋诡计的办法，是很不正常的。所以反对高岗的斗争还要肯定。”“总之，高饶问题不揭露、不处理是不行的。现在看，处理的也是正确的。”

★ 十一　不朽的丰碑

“不能像小脚女人走路”

我国农村的土地改革，于 1952 年底基本完成，有三亿农民分了七亿亩土地，在农村彻底废除了封建土地所有制，实现了“耕者有其田”。农村生产关系的变革，极大地激发了广大农民的生产热情，促进了农业生产的恢复与发展。1952 年农业总产值达到 461 亿元，比 1949 年增长 48.4％，年均增长 14.1％。

农民收入普遍增加。据中共云南省陆良县委对该县马军堡全村 161 户调查，1953 年与 1952 年相比，人均总收入增长 8.38%。其中，贫农人均收入增长 24%，一般中农增长 6.7%，富裕中农增长 15.21%，富农减少 25.7%。

△ 分得土地的农民在春耕

根据各地的典型调查，农民收入普遍增长的趋势是一致的。以粮食收支情况为例。据山西武乡县 6 个典型村 1170 户调查，1950 年，存粮 1—10 石者占总户数的 46.3%，够吃够用的占 47.2%，不够吃用的占 6.5%。

另据河北沧县地委对该地区 9 个村 1704 户调查，1950 年存粮 100—1000 斤者占总户数的 41.85%，够吃够用的占 48.3%，不够吃用的占 9.85%。据其中 6 个村调查，解放前中农平均每人每年消费粮食 550 斤，贫农消费粮食 350 斤，1950 年已分别增加到 630 斤和 450 斤。

但与此同时，农户的成分普遍上升。

土地改革后几年中，农村中一般没有公开重划成分。但在进行农村经济调查时，为了能说明农村经济形势的变化，依据土地改革时划成分的标准，对调查户重新划了阶级成分。

由于农村农户的经济普遍上升，农村阶级结构发生了很大变化，其基本特点是成分普遍上升或接近上升。据国家统计局对 21 个省 14334 户的调查，1954 年与土改结束时相比：

占总户数 28.4%阶级的成分上升，占总户数 3.4%的农户下降，特别值得一提的是，原 8191 户贫雇农中，已有 3858 户成分上升，其中 3844 户上升为中农，占老贫雇农户的 46.9%。这是农户成分普遍上升的基本原因，并构成农村阶级结构变动的基本特点。贫雇农占农民总数的比例从 57.1%下降到 29%；中农占总户数的比例从 35.8%上升到 62.2%。

据估计，1954 年农村中有 15%—25%的富裕中农。在这些富裕中农中，50% 以上是由原来的贫雇农和一般中农上升而来的。

土改后中农化的过程有如下特点：

一是土地改革越早的地区，中农化的程度越高。据 1953 年中南地区 35 个乡调查，河南省土改完成较早，中农占农户总数比例达到 75%；湖北、湖南、江西 3 省土改完成较晚，中农占 54.1%；广东完成最晚，中农占比重最低，只有 47.27%。

二是经济水平越发达的地区，中农化的程度越高。据湖北省委农村工作部对该省 30 个乡的调查，土改后经济发达不同地区贫农上升为中农的情况是：在 1951 年到 1952 年间，经济发达地区 38.50%，一般地区 25.43%，落后地区 17.44%。

新中国成立前后，由于老区最先完成土地改革，获得和平稳定的社会环境，农村经济较早得到恢复和发展，新富农最先出现在这些地区。据时任中共辽东省委书记张闻天1949年5月17日给东北局和毛泽东的电报中反映，随着农村经济的发展，多数农民的生活有所改善。少数原中农上升，很快成为新富农。华北局1950年5月向中共中央报告，在1947年完成了土地改革的华北老区农村，贫雇农占农民总数的比例从57.1%下降到29%；中农占总户数的比例从35.8%上升到62.2%，有原富裕中农一户上升为新富农。这些最早披露的关于新富农的资料表明，新中国的新富农，是在农村经济得到恢复发展、广大农民经济普遍改善、中农逐渐成为农民的多数的社会经济背景下产生的。

富农是一个世界性的概念。苏联在1926年规定：富农占有大量土地，雇用雇农，经商和放高利贷。改行新经济政策之后的苏联又规定："通过按残酷的高利贷的条件出借农具、种子和牲畜，通过承租土地或者通过贸易，通过制造和出售私酒等等办法来扩大自己的力量。在这样的农户中开始形成富农。"在土地改革中，我国划分富农的标准是：家庭成员完成主要劳动，剥削收入超过家庭总收入的26%。

当时，毛泽东主席的家庭也被划为富农成分。

1950年隆冬，湖南韶山乡的土地改革运动已进入划分成分的阶段。应该给毛泽东的家划什么成分呢？当时负责土改工作的农会主席兼乡长毛寅秋作了难。按原有财产，应划富农。把富农成分划在一个革命领袖家，于心不安。于是，他提笔给毛泽东写了封信，大意是：家乡人民在党的正确领导下，在您的亲切关怀下，土改现已进入划分成分的阶段了。您老人家是知道的，韶山是山多田少，初步推算，人平均九分三左右，不知您老人家有几口人，几亩田？特向您汇报，请指示。

乡政府郭秘书看信上寥寥数语，问道："那成分的事，还是没讲？"乡长寅秋说："主席一看就会晓得我们写信的意思。"

果然，信发出不久，岸英、岸青兄弟俩回到韶山来，传达了父亲的嘱托：所有财产分给农民；划为富农，责无旁议；付来300元，作为退押金，人民的政府执法不徇情，照政策办事，人民才会相信政府。

富农阶级作为一个整体，土改后，经济力量在逐渐减弱。

在旧中国，纯粹雇工经营的新式富农很少，半封建式的富农是其主要部分，后者在新中国成立后的土地改革中不同程度受到削弱。据苏北 35 个县统计，在土地改革中原半地主式富农与旧式富农占土地的 60.3％被没收分配。广东省富农土地的 15％被征收。因而在土地改革后几年中这部分富农经济下降。

在土地改革之后，有极少数的中农和贫农上升为富农，即新富农。有的地区新富农已占农户总数的 2.4％。但由于老富农下降很快，新富农的产生又较为缓慢，到 1954 年，富农在农村总户数中所占比重由土改时的 3.6％下降到 2.1％。

刘少奇在 1954 年 9 月 15 日《关于中华人民共和国宪法草案的报告》中指出："在我国，富农经济原来就不发达。在土地改革中，富农出租的那一部分土地已被分配。在土地改革后，富农经济已大大受了限制。农村中虽然又产生了少数新富农，但一般说来，富农经济不是上升，而是下降的。"这一估计是正确的。尽管如此，富农与贫农的差距却在进一步拉大。

从劳力上看，国家统计局 1954 年对全国 22 个省 15292 户农户调查，农村各阶层户均拥有劳动力的状况是：贫农户有 2 个劳力，中农户有 2.5 个劳力，富农户有 3 个劳力，富农户最多。

从占有的生产资料上看，据 23 个省 15432 户农家调查，富农户均拥有生产资料为农村各阶层平均水平的 2 倍左右。农村各阶层户均生产投入的情况为：贫农户 103.1 元；中农户 178.3 元；富农户 303.3 元；富农户最多，超过平均水平 93.6％。

从劳动生产率看，农村各阶层平均每个劳动力创造的农副业产值为 247.3 元，贫农每个劳力为 205.6 元，中农为 266.8 元，富农为 338.2 元，富农为平均水平的 136.8％。按每亩耕地提供的农业收入计算，以农村各阶层平均数为 100，贫农为 91.32，中农为 101.82，富农为 104.1。从商品粮率看，各阶层农户平均商品粮率为 25.7％，贫农为 22.1％，中农为 25.2％，富农为 43.1％。

从农产看，富农人均占有耕地为农村平均水平的 153％，中农的 142％；耕畜为平均水平的 158％，中农水平的 136％；犁为平均水平的 154％，中农水平的 133％。

国家统计局统计，1954 年，农村各阶层人均收入为 144.4 元，富农人均收入 209.2 元。即富农人均收入为平均水平的 144.9％，中农水平的 135.1％，贫农水平的 179.7％。同年，农村各阶层人均生活费支出为 94.4 元，贫农为 79.7 元，中农为 99.9 元，富农为 131.1 元。即富农人均生活费支出为农村平均水平的 138.7％，中农水平的 131.2％，贫农水平的 164.5％。

土改后产生的“新富农”，由于惧怕别人说自己是“剥削”者，因此多不敢如过去的富农那样公开采取放高利贷、租佃土地等剥削方式，而是采取“隐蔽化”的剥削手段。根据 1953 年对湖北浠水望城乡的调查：全乡已有 3 户富裕中农分化为新富农，“在放高利贷方面，他们采取了‘放远、分散、秘密、可靠’等‘八个字’的秘诀，结合搞投机商业与屯粮、买青苗等剥削”，允许富农经济存在，“剥削”就不可避免。

土改两三年后，全国农村仍有约 30％的农户处在贫农的地位。部分贫农上升较慢的原因是生产资料不足，或因天灾、人祸、婚嫁等；劳力少、劳力弱，甚至基本没有劳力，或不善经营，或不努力生产。

这种变化，相应地引起了人们思想观念的变化。从普通农民内心深处的愿望来看，他们希望发家致富，进一步扩大生产和提高自己的生活水平。贫农希望上升为中农，中农希望上升到富裕中农，富裕中农希望成为富农。新富农是许多人的目标。一部分经济条件很差的贫农存在着农业社会主义的平均思想，对新的贫富分化有怨言。

农民的复杂心理也反映到了农村中的党员干部身上。在经济水平上升较快的农民中，有一部分是党员，他们对于党员干部是否允许雇工认识不清。有的觉得党员不应该剥削他人，表示自己在生产上不再发展了。也有少数党员为了继续雇工，要求退党。

1955 年，毛泽东在《关于农业合作化问题》的报告中对农村形势做了权威性的结论：“在最近几年中间，农村中的资本主义自发势力一天一天地在发展，新富农已经到处出现，……许多贫农，则因为生产资料不足，仍处于贫困地位，有些人欠了债，有些人出卖土地，或者出租土地。这种情况如果让它发展下去，农村中的两极分化现象必然一天天地严重起来。”

党对富农问题的政策转变是有一个过程的。

早在 1952 年 5 月 10 日，中共中央在转发东北局的一份文件时指出：“反对那种认为农村的阶级分化和富农发展是必然的与不可怕的，因而就可以任其自发发展和分化；甚至认为发展富农可以刺激农民生产的积极性，从而就忽视对互助合作运动的领导等错误思想。”

1952 年 6 月 6 日，习仲勋在西北局农业互助合作工作会议上的总结报告中，较早提出了限制富农经济的主张：“新民主主义国家里，富农经济虽然可以允许保存，但是它绝不是我们农民经济的发展方向，而且是要受到限制的。”

中共政策开始从土改时的“保存富农经济”、土改后的“允许富农经济发展”，转变为“限制富农剥削”。

1953 年 12 月，中共中央正式公布过渡时期的总路线，对农业合作化运动的阶级路线作了规定：“必须依靠贫农（包括土地改革后变为新中农的老贫农），巩固地与中农联合，逐步发展互助合作，逐步由限制富农剥削到最后消灭富农剥削。”中共中央强调：“发展农业合作化是限制农村中的资本主义和增加农业生产的主要方法。”

1950 年 7 月，西北军政委员会领导和少数民族及宗教界人士。前排左起：赵寿山、汪锋、马鸿宾、贾拓夫、喜饶嘉措、张治中、彭德怀、习仲勋

1954 年 4 月，农村工作部召开第二次全国农村工作会议，认为“合作化运动的发展过程，也就是农村中的社会主义和资本主义这两条道路之间的斗争过程”。农村工作部向中央提交《关于对待富农政策的具体策略步骤的意见》，对富农在整个农村中所占比重、富农在农村社会主义革命开始阶段的动态及中央对富农斗争的策略步骤作了分析。

报告制定的对富农斗争的策略步骤为：“经过互助合作运动发展及其他限制办法，使富农在经济上不能发展、政治上完全孤立，不但放弃剥削，而且缩小其对生产资料的占有，变成普通劳动农民，然后分别吸收入社，加以改造。”

贯彻合作化运动中的阶级路线，“限制富农”政策逐渐演变为“消灭富农”政策，富农经济遭到了迅猛打击。

1951 年 9 月 9 日，中共中央召开第一次农业互助合作会议，通过了《中共中央关于农业生产互助合作的决议（草案）》，并于 12 月 15 日颁布执行。决议草案指出，土改后的农民中存在着发展个体经济和实行互助合作的两种积极性。中央应特别注意发挥农民的这两个积极性，一方面不能忽视和粗暴地挫伤农民个体经济的积极性，另一方面要在农民中提倡组织起来，按照自愿和互利的原则，发展农民互助合作的积极性。到 1952 年底，全国农业互助组发展到 800 万个，参加农户 4536 万户；农业生产合作社试办了 3600 余个，组织起来的农户占全国农户的 40％。

1953 年 2 月，中央组建了以邓子恢为部长的中央农村工作部，其主要任务之一是部署与安排农业合作化运动。

早在 1 月，北方正是天寒地冻时，邓子恢就到达北京履任新职。邓子恢到北京后不到两天，毛泽东即在中南海约见了他。毛泽东说：“我们不是谈过上下两篇文章吗？上篇搞民主革命，下篇就是搞社会主义，就农村来说，土改已经结束了民主革命，现在是要做第二篇文章。”毛泽东还用他喜欢说的“风趣”的话打趣道：“子恢同志，调你来当全国农民的统帅。”而邓子恢则谦逊地说：“统帅还是主席您，我们是协助您做工作。”

说起来，邓子恢与毛泽东称得上是“老战友”。邓子恢虽然加入中共组织不算太早，1926 年才入党，但却较早开始从事“武装斗争”：1928 年 3 月，他在自己的家乡福建龙岩参与组织农民武装暴动，成为闽西“苏维埃区域”的创建人和领导人之一。一年后，毛泽东率领红四军来到江西南部、福建西部交界处的偏僻之地打游击，邓子恢给予了充分的配合与支持，对“中央革命根据地”的创立和扩展功劳不小。他曾历任龙岩县苏维埃政府主席，中共龙岩县委宣传部部长，中共闽西特委书记，闽西苏维埃政府主席，红军第九军政委兼闽西红军学校政委，“中华苏维埃共和国临时中央政府”的“财政人民委员”。

邓子恢与毛泽东的初次见面颇费周折。1929 年 3 月，一直在闽西闹革命的邓子恢闻知毛泽东、朱德率领红军从井冈山出发，经赣南杀向闽西、长汀时异常兴奋，他深知红四军的到来将极大改变闽西的局面，便星夜赶往长汀会见毛泽东。还没有赶到，红四军又撤离长汀向瑞金进发。邓子恢知道红军神出鬼没，于是写信请求红军入闽，红四军决定重返闽西时，毛泽东也回信要求邓子恢务必于 5 月 22 日在蛟洋见面。等邓子恢到了蛟洋，红军因战斗需要又向龙岩推进，一心想见毛泽东的邓子恢马不停蹄又奔向龙岩，最后终于在龙岩城郊 15 里的龙门追上了红四军大部队。红军官兵平等，凭肉眼很难辨认出谁是部队的指挥员。经多次打听，才见到了衣着简朴，而威名远扬的毛泽东、朱德。首次见面，举止不凡的毛泽东给了邓子恢深刻的印象。

1929 年 6 月 22 日，红四军党的七大召开。会上，毛泽东前委书记一职落选，会后就离开部队到地方指导工作，他来到闽西休养，同时养病，一蹲就是五个多月。

自红四军建立以来，毛泽东第一次离开他自己一手创建的红军。在上杭、永定的时间里，邓子恢、张鼎丞等一直

▲ 1956 年，邓子恢（右二）陪同毛泽东接见福建龙岩革命老人张龙地

在他左右。为了避开国民党军队和民团的追击和搜查，他们不得不经常转换住地。10 月 23 日，他们转移到苏家坡。毛泽东当时身患恶性疟疾，病得很重。在苏家坡的几十个日日夜夜里，邓子恢与毛泽东交往甚密，朝夕相处，经常在一起探讨马列主义理论和根据地的建设等问题。邓子恢为毛泽东杰出的军事才能和独到的见解所折服，视毛泽东为师长和益友，毛泽东也非常看重邓子恢。那段时间里，毛泽东身体肿得很厉害，十分虚弱。身为闽西特委书记的邓子恢对身处逆境中的毛泽东非常关心，托人买来牛奶、白糖，每天炖牛肉汤、炖老母鸡为其补充营养，并找来当地最好的医生医治。邓子恢与毛泽东不以利交、不以势交而是危难之中显真情，这样结下的战斗情谊是最深厚也是最牢固的。由于邓子恢无微不至的关心和照顾，毛泽东渐渐恢复了健康。不久，痊愈的毛泽东精神抖擞地重新走上了红四军领导岗位。1934 年，毛泽东随主力红军开始长征，邓子恢留在了南方坚持斗争，两个人不得不拱手告别，这一别就是 12 年。直到 1946 年俩人才在延安重逢，毛泽东高兴地送给老朋友一张照片和一条毛毯。

后来邓子恢参与领导过红军“长征”后的南方“三年游击战争”，抗日战争时期任新四军政治部副主任、主任，抗战后直到 1949 年先后任中共中央华中分局书记、中原局第三书记、中原省临时人民政府主席等职务，1949 年后在中南局任第二书记、中南军政委员会副主席。可以说，邓子恢自参加中共之日起就承担着某个地区、某个方面的组织领导工作，成效颇著，加上他的年龄在党内“高干”中相对偏大，为人处世又比较老成持重，所以他在党内被尊称为“邓老”。

不过，使邓子恢在中共党内赢得重视的主要还是他是少有的了解农民、具有丰富的农村工作经验的领导者之一。早在红军时期，他就在福建农村领导过办夜校、建农会、减租减息以及“打土豪，分田地”的工作，1946—1947 年又在山东主持了“土地改革”，1948—1952 年更是统管中南六省的农村工作。据说，在中共党内曾流传过这样一个故事，说是有一次毛泽东谈起中国农业和农民问题，曾半真半假开玩笑式地说党内只有三个人懂得农业，其中一个就是邓子恢。

邓子恢在分析我国农民的特点和农业现状的基础上，认为在合作化的过程中，要以发展生产为中心，坚持自愿互利、典型示范等原则，由点到面、由少到多、由低级到高级，逐步完成改造个体农民的任务。毛泽东赞同邓子恢的意见，并同农村工作部一道制定了“一五”计划期间农业互助合作运动的规划。

1953 年 2 月 15 日，中共中央正式通过并于 26 日公布了《关于农业生产互助合作的决议》，提出了指导农村工作必须掌握的理论认识、政策原则和工作方法。

按照党中央的部署，1952 年底 1953 年初，农业合作化运动基本上是健康发展的，但也在部分地区发生了程度不等的急躁冒进偏向，表现于贪多求大、违反自愿原则、强迫农民入社、盲目追求高级形式等。有的地方甚至发生了捆绑农民强迫入社的野蛮行为，而农民“入股”的生产资料得到的“分红”很少，甚至根本就没有“分红”，更有的地方说是要把生产资料“折价收购”，但其价格却“折”得很低，而且很多就连这也没有真正兑现。这些做法在农民中引起疑虑与不满，于是破坏农具、宰杀耕畜、砍伐树木等举动层出不穷，对农业生产造成了极大的破坏。

邓子恢于 1953 年 3 月 8 日，向毛泽东汇报说：问题的产生和发展“主要是干部思想认识上有误解，盲目追求高级农业合作社的形式，办社贪多贪大”。

于是，中共中央指示各地切实纠正正在滋长的急躁冒进倾向。3 月，邓子恢代中央草拟了《关于缩减农业增产和互助合作发展的五年计划数字给各大区的指示》《关于春耕生产给各级党委的指示》，代中央为《同意中南局关于纠正试办农业生产合作社中急躁冒进的报告》作了批示。这三个文件先后于 1953 年 3 月 8 日、14 日、16 日以中央文件名义下发。随后，他和农村工作部副部长杜润生共同为《人民日报》撰写了《领导农业生产的关键所在》的社论，提出要注意农业合作化问题上的“急躁冒进倾向”，于 3 月 26 日发表。

4 月 23 日，中共中央农村工作部受中央委托，召开了第一次全国农村工作会议。部长邓子恢传达了毛泽东提出的要在 10 年至 15 年或更长一点的时间内，在全国基本上完成社会主义改造的任务。

从 6 月开始，毛泽东在多次讲话中又开始对合作化大力“促进”。10 月 1 日和 11 月 4 日，毛泽东又两次同农村工作部负责人谈话，虽提出了一些正

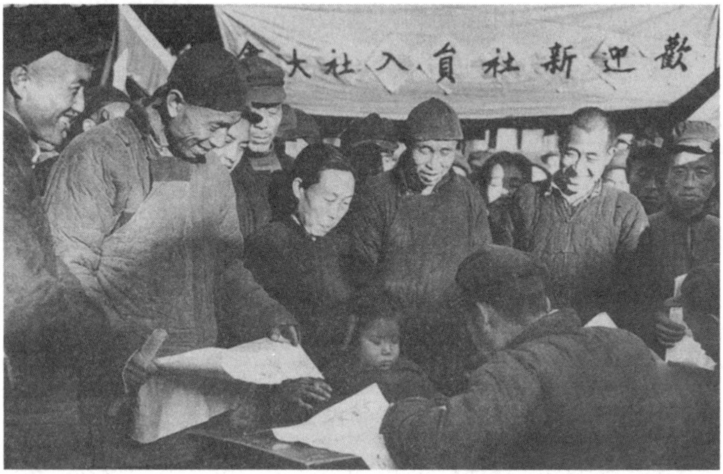

北京丰台东管头乡农民报名参加农业合作社

确意见，但主要还是强调发展互助合作。他说：“对于农村的阵地，社会主义如果不去占领，资本主义就必然会去占领。”互助组不能阻止农民卖地，要合作化，大发展合作社才行。冒进是错误的，可办的不办也是错误的。并对邓子恢进行不点名的批评：“纠正急躁冒进，总是一股风吧，吹下去了，吹倒了一些不应当吹倒的农业生产合作社。”“‘确保私有’是资产阶级观念。‘群居终日，言不及义，好行小惠，难矣哉。’‘言不及义’，就是言不及社会主义。”

12 月 16 日，中央通过了《关于发展农业生产合作社的决议》，并于 1954 年 1 月 8 日正式发布。从此，农业合作社由试办阶段进入发展阶段。

1954 年春，合作社发展到 9 万多个，比原来增长了近 7 倍。这年秋天，初级社已经发展到 10 万个。

4 月间召开的第二次全国农村工作会议确定 1955 年发展到 30 万个或 35 万个。把原计划 1957 年发展到 80 万个提高到 130 万个或 150 万个，参加合作社的农户由原定占全国总农户的 20％提高到 35％左右，在第二个五年计划时期中（大约在 1960 年前后），在全国基本地区争取实现基本上合作化。

1954 年夏，农业生产合作社又新建了 12 万个，连同原有的 9 万多个达到 22 万个。

这时，有的地区出现盲目地订大计划，追求百分化，以致用简单粗暴手段去强迫农民入社的错误，宣传“单干就是犯法”，“不入社就是资本主义”。浙江省吴兴县善连区召开全区斗争富农大会。会上，县委宣传部部长说：“走社会主义道路，就办社，不入社，跟他们一样！”

盲目发展的势头有增无减。1954 年 10 月召开的全国第四次“互助合作化会议”宣布：1955 年全国农业生产合作社要发展到 60 万个，1957 年入社农户要达到 50%。于是，1952 年下半年到 1953 年初的景象再次出现：各级干部强迫命令，手段粗暴，农民则恐慌不安，消极抵抗，宰杀耕畜、砍伐树木、破坏农具等等。12月底，农业生产合作社发展到48万个，其发展势头越来越猛。

正当农业生产合作社的发展掀起热潮的时候，11 月、12 月间，全国农村展开了粮食统购工作。

1954 年夏季，长江、淮河地区和河北省遭到了几十年罕见的水灾。成灾面积为 11.31 万公顷，受灾 6000 万人。粮食产量为 3390 亿斤，完成计划的 94.2%。

粮食生产没有完成计划，但收购粮食的计划并未削减。结果，1954 年粮食收购了 1036 亿斤，完成原计划的 110%。全国较原计划多购 100 亿斤粮食，并出现了严重的强迫命令现象。

广东省新会县莲溪乡党支部在县委负责人指示下捆绑农民，全乡绑了八九个人，竟将合作社的生产队队长捆起来。高要县第 9 区在购粮中捆打了 53 人，10 区东围乡封了一个富农的屋，竟将一位老太太亦封在屋内，以致上吊自杀。全县各区均发生严重的吊打现象，群众反映“共产党比国民党还厉害”，全省因购粮问题而自杀者 111 人。

农业社发展过快过猛，工作中的简单粗暴，侵犯了农民利益；农村各方面的关系也紧张了起来。

出现了大量出卖与屠宰牲畜的问题。

热河省委 1954 年 12 月报告说，入秋以来牲口市场上出现了比较严重的反常现象，各地牲口价格普遍下跌 1/3—1/2，大批牲口有行无市冲击市场。有些地区还发生宰杀耕畜现象。据宁城县报告，全县杀驴 149 头；凌源 10 区 7 个村杀驴 21 头，杨大营子，一个村即杀了 10 头，甚至有的农民因政府禁止宰杀耕畜就故意先砸断驴腿，再要求杀驴。

中共中央华南分局的报告中也说：在购粮运动后期，各地都普遍发生农民大量杀猪杀鸭现象，猪价陡降。中山县之张家边乡一个乡即杀死母猪 70 多头，小猪崽的价格从过去 60 万元到 100 万元（旧人民币）一担的正常价格陡

绥中县十月革命农业生产合作社的水稻喜获丰收

降至 14 万元 1 担。

农村出现的这些问题，也引起了毛泽东的注意，感到农业合作社的发展有必要加以适当控制。1955 年 2 月，毛泽东找邓子恢作了一次谈话。他说，五年实现农业合作化的步子太快，有许多农民入社，可以肯定不是自愿的。到 1957 年入社农户发展到 1/3 就可以了，不一定 50%。“生产关系要适应生产力发展的要求，否则生产力会起来暴动，当前农民杀猪宰牛就是生产力起来暴动。”

此次谈话后没几天，毛泽东又一次听取了中央农村工作部的汇报。当汇报到农业生产合作社发展方针时，毛泽东说：“方针是‘三字经’，叫一曰停，二曰缩，三曰发。”他与邓子恢等人当场议定：浙江、河北两省收缩一些；华东、东北一般要停止发展，其他地区（主要是新区）再适当发展一些。

3 月 3 日，毛泽东亲自签发了《中共中央、国务院关于迅速布置粮食购销工作，安定农民生产情绪的紧急指示》，强调指出：粮食的紧张情况，在一个相当长的时期里是不能完全避免的，粮食紧张的根本原因在于生产不足，而发展生产则是解决粮食问题的根本环节。因此，农村工作的一切措施，都必须围绕这一环节，都必须有利于生产，有利于发挥农民的积极性。

3 月 22 日，中央农村工作部发出了《关于巩固现有合作社的通知》（以下简称《通知》），强调春耕季节已到，全国农业生产合作社已发展到 60 万个，完成了预定的计划。不论何地均应停止发展新社，全力转向春耕生产和巩固已有社的工作。《通知》指出，在大发展之后，进行整顿巩固工作，社数和户数有合理减少是必要的。有些地方怕数字减少，百分比下降，就不敢贯彻自愿原则，这是不对的，应该改变。

自 1955 年 3 月、4 月起，各地广泛开展了整顿农业生产合作社的工作。

浙江省合作社已从 1954 年秋的 2016 个社发展到 41883 个社，扩大了 20 多倍。少数地区的合作社竟比 1954 年增加了 50 倍。为迅速解决浙江省的严重情况，在谭震林、邓子恢主持下，共同对浙江省问题进行了研究。经过一个多月的工作，到 5 月上旬全省共收缩了 1550 个社，巩固下来 4 万个。

7 月 26，据中央农村工作部编印的《农业合作化运动最近的简情》统计，全国整顿后，原有 67 万个合作社中巩固下来的有 65 万余个。除浙江外，收缩地区有：河北 7000 个社，山东 4000 个社，其他各省均无大的变动，有些省份有增加。这样，由于各省有增有减，全国合作社数量减少了 2 万余个。

“文革”中，把这次整顿巩固农业生产合作社，说成刘少奇趁毛泽东“不在北京的机会”，亲自批准了大砍合作社的计划。两个多月的时间，全国就有 20 万个合作社被砍掉了。这完全是一种捕风捉影的不实之词。

1955 年初，毛泽东对农村紧张形势的看法与邓子恢等人是一致的，因而也赞成停止合作社的发展。但是，到了 5 月，他的态度发生了根本性的变化，认为合作社

1955 年，贵州钟山苗族自治县“七一”农业生产合作社成立

不但不应停止发展，反而应该加快发展。

促使毛泽东改变对农业生产合作社发展速度的原因，是毛泽东此时感到粮食并非那么紧张。

这年春天，正当农村缺粮的呼喊声越来越大的时候，中共中央收到了一份反映山西闻喜县宋店乡粮食统销情况的材料。其中说，这个乡原本要求供应粮食 10170 斤，经过对统销工作进行整顿后，不仅不要供应，而且还多余 6200 斤机动粮。有些农户本可以自给自足，看到别人向国家买粮食，自己也跟着喊粮食不够。也有的农户本来有余粮，只因为害怕别人说自己售粮太少或别人前来借粮，故意和别人一起喊缺粮。有的基层干部因为自己多买了粮或包庇亲友多买了粮，明知缺粮是假，也睁一只眼，闭一只眼。

类似的材料中共中央还收到不少，由此使毛泽东和中共中央认为，“所谓缺粮，大部分是虚假的，是地主、富农以及富裕中农的叫嚣”。据此，中共中央、国务院于 1955 年 4 月 28 日做出了《关于加紧整顿粮食统销工作的指示》。

这个文件下发后，从 5 月开始，粮食销量果然大幅度下降，这更使毛泽东相信原来对农村粮食紧张情况的估计是言过其实了，形势并没有那么紧张。

促使毛泽东改变农业生产合作社发展速度的另一个原因，是他此时认为党内有部分人不愿走社会主义道路，他们对办合作社采取消极态度，这种状况必须改变。

4 月下旬，毛泽东离开北京，前往南方视察。此时正是春暖花开时节，毛泽东在视察的途中，看了铁路公路两旁庄稼的长势，听了一些地方负责人的汇报，对农村的形势做出了新的判断。他说：“说农民生产消极，那只是少部分。我沿途看见，麦子长得半人深，生产消极吗？”尤其是中共中央上海局书记柯庆施对他说，在他调查的县、区、乡三级干部中，有 30% 的人反映要“自由”的情绪，不愿意搞社会主义。这使毛泽东立即意识到：这种“不愿意搞社会主义”的人，下面有，省里有，中央机关干部中也有。中央农村工作部反映部分合作社办不下去，是“发谣风”。

回到北京之后，毛泽东立即找邓子恢谈浙江收缩合作社的问题，他警告邓子恢说："不要重犯 1953 年大批解散合作社的错误，否则又要作检讨。"

5 月 9 日，毛泽东再次约见邓子恢、中央农村工作部副部长廖鲁言以及国务院副总理李先念、粮食部副部长陈国栋。毛泽东说：下半年粮食征购任务原定 900 亿斤，可考虑压到 870 亿斤。这样可以缓和一下，这也是个让步。粮食征购数字减少一点，换来个社会主义，增加农业生产，为农业合作化打基础。今后两三年是农业合作化的紧要关头，必须在三年内，打下合作化的基础。他问邓子恢：1957 年花个 40%，可不可以？邓子恢说：上次说 1/3，还是 1/3 左右为好。毛泽东勉强表示：1/3 也可以。接着又说：农民对社会主义改造是矛盾的，农民是要"自由"的。这种思想党内也有。显然，毛泽东对邓子恢仍坚持原来的发展速度已经有所不满了。

随后，毛泽东再次前往南方视察，并于 5 月 17 日在杭州召开了南方 15 省市委书记会议。会上，有的省委书记汇报说，按照中央农村工作部的建议收缩合作社，引起了农村干部和群众的不满。也有人在汇报中埋怨中央农村工作部压制了下面办社的积极性。

一些省委书记重新自报了 1956 年春耕前大幅度发展合作社的计划，这引起了毛泽东的极大兴趣，也受到了很大鼓舞。经过讨论，他在会议作结论时，提出了各省 1955 年秋后到 1956 年秋前农业合作社发展的控制指标：河南 7 万个、湖北 4.5 万个、湖南 4.5 万个、广东 4.5 万个、广西 3.5 万个、江西 3.5 万个、江苏 6.5 万个。他还说，如果你们自愿，那就拍板，把这个数字定下来。东北、西北、西南、华北，由林枫、马明方、宋任穷、刘澜涛去召开一个会，把精神传达下去，讨论解决。今天在会上定了的，就这样办，大体不会错。但是，发展起来的合作社，要保证 90% 是可靠的。

6 月下旬，毛泽东回到北京，立即约邓子恢谈农业合作社的发展问题。毛泽东提出，1956 年春耕以前合作社发展到 100 万个，同现有的 65 万个比较，只增加了 35 万个，即只增加了半倍多一点，似乎少了一点，可能需要比原来的 65 万个增加一倍左右，即增加到 130 万个左右，基本上做到全国 20 多万个乡都有一个到几个社。

邓子恢找有关人员进行商量，共同认为还是坚持 100 万个的原计划为好。第二天，邓子恢向毛泽东汇报他的意见，两人发生了争论，持续了好几个小时，结果谁也没有把对方说服。

7月11日，毛泽东又一次约见了邓子恢，参加约见的还有农村工作部的副部长陈伯达、廖鲁言、刘建勋和秘书长杜润生。毛泽东再次重申了自己对农业合作化的见解和主张，并严厉批评了邓子恢等人。毛泽东对邓子恢坚持己见甚为生气，对中央秘书长邓小平说："邓老的思想很顽固，得用大炮轰！"

7月26日，毛泽东在中南海单独召见了山西省委第一书记陶鲁笳，听取关于山西农业合作化情况的汇报。毛泽东问：你们初级社在面上铺开了，有没有减产、死牛的情况？陶鲁笳说，1953年2242个社的粮食总产比1952年增长27.6%，单产增长21.6%，比互助组高21.5%，比单干高39%。全省的大牲畜，由1951年的184万头发展到1954年的213万头，年递增率为10%，其中骡马的递增率达到了15%，适应了初级社添新式马车农具的需要。

听了陶鲁笳的汇报，毛泽东十分高兴，一再叮嘱要吸取苏联农业集体化的教训，一定要增产，一定要增牛，一定要使中国的合作社比苏联的集体农庄搞得更好。

7月31日，省市自治区党委书记会议在北京召开，毛泽东在会上做了《关于农业合作化问题》的报告。报告一开头，就对邓子恢等人的所谓"右倾错误"作了严厉批评：

他说，在全国农村中，新的社会主义群众运动的高潮就要到来。我们的某些同志却像一个小脚女人，东摇西摆地在那里走路，老是埋怨旁人说：走快了，走快了。过多的评头品足，不适当的埋怨，无穷的忧虑，数不尽的清规和戒律，以为这是指导农村中社会主义群众运动的正确方针。

否，这不是正确的方针，这是错误的方针。

报告说：

"浙江由于采取所谓'坚决收缩'的方针，一下子就从5.3万个合作社中解散了1.5万个包括40万农户的合作社，引起群众和干部的很大不满，这是很不妥当的。"

"有些同志，从资产阶级、富农，或者具有资本主义自发倾向的富裕中农的立场出发，错误地观察了工农联盟这样一个极端重要的问题。他们认为目前合作化运动的情况很危险，他们劝我们从目前合作化的道路上‘赶快下马’。他们向我们提出了警告：‘如果不赶快下马，就有破坏工农联盟的危险。’我们认为恰好相反，如果不赶快上马，就有破坏工农联盟的危险。这里看来只有一字之差，一个要下马，一个要上马，却是表现了两条路线的分歧。”

这样，邓子恢的正确意见就被彻底否定了，并从此开始了在农业合作化问题上批判“小脚女人”的“反右倾”斗争。

7 月底的省、市、自治区党委书记会议结束以后，各省相继在 8 月举行省委扩大会议或地、市委书记会议，传达学习毛泽东的报告，检查“右倾”思想，修订本省农业合作化的发展规划。

湖北省委报告说：

“在批判右倾思想的基础上，我们确定到明年秋前发展到 7 万个社，占全省农业人口的 25％左右，到 1957 年冬发展到 12 万个社，占全省农业人口的 50％左右。”

辽宁省委报告说：

“保证 1956 年春前新老社共达 4.5 万个，参加合作社的农户将达总农户的 55％左右。在此基础上，1957 年春耕以前再发展农户 30％左右。则合作化比重即可达总农户的 80％—85％。”

安徽省委报告说：

“会议认为：安徽地区有‘小脚女人’，有‘改组派’，也有大脚。为了使小脚放大，变成大足，必须进一步揭发和批判‘小脚女人’的丑态，才能正确贯彻主席的指示。

“我们打算今冬明春再办 3.6 万多个社，连同老社共计 8 万多个，入社农户达到总农户的 33％—35％。”

山西省委、河南省委、浙江省委、甘肃省委、福建省委、云南省委也作了类似报告。

到 1955 年底，全国已建农业社 190.4 万多个，占全国农户总数的 63.3％。已接近 10 月决议中先进地区 1957 年春前达到 70％的要求。形势发展之快，以致使毛泽东在 9 月 25 日为《怎样办农业生产合作社》一书写的序言不得不重新再写，并将书名也改为“中国农村的社会主义高潮”。

事情的发展又一次超出了毛泽东的估计。1956 年 5 月底，全国加入农业合作社的农户达到了 11013 万多户，占全国总农户的 91.2%。其中加入高级社占总农户的 61.9%；初级社占总农户的 29.3%。到 1956 年 11 月底，全国农业生产合作社共达 76.4 万多个，占全国农户总数的 96.1%。其中高级社 48.85 万个，入社农户 1 亿多户，占全国农户总数的 83%，平均每社 206 户。这样，原计划用 15 年左右才能完成的农业社会主义改造，在短短四年间就匆匆完成了。中国农民跑步进入了社会主义。

“谁说鸡毛不能上天”

1955 年的“一部书”，大大推动了农业合作化高潮。

“毛泽东一生都是未来世界的情人”，跟随毛泽东十几年的卫士长李银桥说过这样一句话。

毛泽东严厉地批判了所谓农业合作化问题上的“右倾机会主义”后，合作化高潮出现了。各地各级反映合作社比单干确实增产的优越性的典型材料，像雪片似的送进了中南海。总共有 1000 多份。毛泽东面对这一大批材料，面对全国的高潮，兴奋不已，为了推动高潮的进一步发展，他亲自编辑了一部书（上、中、下三册，90 多万字），并写了 104 篇按语和两个序言。

1955 年，毛泽东在杭州为《中国社会主义高潮》一书写按语

在编辑这部书时，毛泽东像老师改作文一

样，把一些文字不够精练的题目加以修改。如将“天津市效区詹庄子乡民生，民强合作社如何发动妇女参加田间生产”改为“妇女走上了劳动战线”，只九个字，言简意赅。将“大泉山怎样由荒凉的土山变成了绿树成荫，花果满山？”改为“看！大泉山变了样”，可见下了多少功夫。1956 年 1 月由人民出版社出版此书时，毛泽东很高兴，说 1949 年全国解放时，他都没这么高兴过。

在那段时间，毛泽东几乎把主要精力都倾注到这部书的编辑上了。他吩咐李银桥说：“这两个月有什么事，不要叫人再找我了。我要专心搞合作化呢，不会客。”

那段时间，毛泽东的办公桌上材料一摞一摞的，都是八开大的清样纸，别的什么文件也不放。他整天待在屋里，夜里写，白天上午写。下午偶尔睡几小时，起来又干。一连十几天他没同卫士说话，给他送茶也不看你一眼。

10 月 11 日，毛泽东说：“我用 11 天工夫，看了 120 几篇报告，包括给文章写按语在内，我就‘周游列国’，比孔夫子走得宽，云南、新疆一概‘走’到了。”这意思是说，他说高潮已经到来，是有根据的，是经过调查的。然而这一次“调查”与以往不同，并不是亲力亲为，实地考察，而是镜中观花，纸上谈兵。

毛泽东在一篇按语中激情地写道：

这一篇很好，可以说服很多人。这个地方的党组织，在合作化的问题上，从来没有动摇过。它坚决地支持贫苦农民的办社要求，在和富裕中农的竞赛中取得了胜利，由小社变大社，年年增产，不到三年，实现了全村合作化。富裕中农说：“穷光蛋想办合作社哩，没有见过鸡毛能上天。”鸡毛居然飞上天去了。这就是社会主义和资本主义的两条道路的斗争。

几千年以来，谁看见过鸡毛能够上天呢？这似乎是一个真理。如果党不给以批评，它就会使许多贫农和下中农感到迷惑。

“鸡毛不能上天”这个古代的真理，在社会主义时代，它已经不是真理了。穷人要翻身了。旧制度要灭亡，新制度要出世了。鸡毛确实要上天了。在苏联，已经上天。在中国，正在上天。在全世界，都是要上天的。

他为“穷棒子社”喝彩：

遵化县的合作化运动中，有一个王国藩合作社，23户贫农只有3条驴腿，被人称为‘穷棒子社’。他们用自己的努力，在3年时间内，‘从山上取来’了大批的生产资料，使得有些参观的人感动得下泪。我看这就是我们整个国家的形象。难道六万万穷棒子不能在几十年内，由于自己的努力，变成一个社会主义的又富又强的国家吗？社会的财富是工人、农民和劳动知识分子自己创造的。只要这些人掌握了自己的命运，又有一条马克思列宁主义的路线，不是回避问题，而是用积极的态度去解决问题，任何人间的困难总是可以解决的。

毛泽东表扬的河北省遵化县西四十里铺建明农林牧生产合作社，是在1952年秋办起来的。社刚成立时，全社230亩地，既没有车辆，也缺少农具。村里的富农和坏分子讽刺他们是“穷棒子凑合到一块儿了”！

开头，有的社员为社里缺少生产资料而发愁，产生了依靠向国家贷款的思想。党支部和社长王国藩就教育大家要发挥集体力量，克服困难，用自己的劳动创造幸福。副社长杜奎带着17个男社员到30里以外的山上去砍柴；

国藩的“穷棒子社”社员在开会

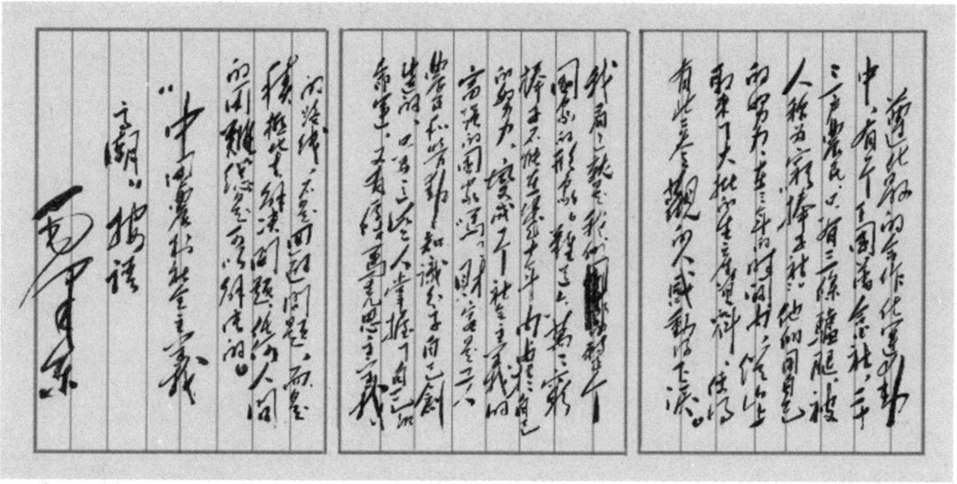

遵化县的合作化运动中，有个王国藩合作社，二十三户农民，只有三条驴腿，被人称为"穷棒子社"。他们用自己的努力，在三年的时间内，"从山上取来了大批的生产资料"，使得有些参观的人感动得下泪。我看这就是我们整个国家的形象。难道六万万穷棒子不能在几十年内，由于自己的努力，变成一个社会主义的富强的国家吗？财富是工人、农民和劳动知识分子自己创造的，只要这些人掌握了自己的命运，又有马克思主义的路线，不是回避问题，而是积极地去解决问题，任何人间的困难总是可以解决的。

"中国农村社会主义高潮"按语

毛泽东

毛泽东为“穷棒子社”写的按语

社长王国藩和女党员吴秀英在家领导妇女捣粪和修整梯田。这样干了一段时间，缺粮的社员有了粮食，社里添了铁轮车一辆，牛、骡、驴各一头，羊 30 只和牲口的草料，还买了一些零星农具，添置了一套磨豆腐的家具，开了个豆腐坊。

接着，春播到了。社里种子还没有准备，大部分社员又没粮食吃了。党员们就带头在社员之间展开了互助互济，终于适时地完成了播种。秋收前庄稼还没熟，社员们又没吃的了。党支部和社务委员会就组织大家割荆草芽子换粮吃，政府又发给了生活贷款 50 元。就这样，社里克服了重重困难，赢得了第一个丰收年。

社员不但平均增加了 60% 的实际收入，而且还积累了价值 2400 元的公共财产。社外的贫农积极要求入社，连原来认为跟贫农在一起办社要吃亏的中农也转变了。于是，有 46 户贫农和 14 户中农自愿入了社，社很快扩大到 83 户。

但是，有些中农入社以后，认为应该把社办得“像样子”“有排场”，但社里坚持了勤俭办社的方针，保证了年年提高生产，户户增加收入。

在这个“穷棒子社”的带动下，西四十里铺村在三年的时间里就改变了面貌。过去全村 154 户中有 140 户是缺粮户，政府每年都要发给这村 5 万斤以上的救济粮和100多件寒衣。现在，村里粮食比建社前增加83%以上，不但可以自足，而且有余粮3万多斤。社里积累起价值9500多元的公共财产。社员们已经盖起了183间新房，栽种了16.7万多棵杨树，使千亩荒山变成了绿林。

毛泽东在《中国农村的社会主义高潮》一书，收录湖南六篇典型材料，内中五篇为湘潭地区的，毛泽东为其中的三篇写了按语。

他为《湘潭县清风乡党支部帮助贫苦社员解决困难》一文写了如下按语：

这个合作社的方针是正确的。一切合作社都应当这样做。各省应当在自己的关于合作化问题的决议或者指示里面指出，一切合作社有责任帮助鳏寡孤独缺乏劳动力的社员（应当吸收他们入社）和虽然有劳动力但是生活上十分困难的社员，解决他们的困难。

毛泽东在《勤俭办社，建设山区》一文按语中说：

这里说的是李顺达领导的金星农林牧生产合作社。这个合作社办了3年，变成了一个包括283户的大社。这个社所在的地方是那样一个太行山上的穷地方，由于大家的努力，3年工夫，已经开始改变了面貌。劳动力的利用率，比抗日以前的个体劳动时期提高了110.6%，比建社以前的互助组时期也提高了74%。合作社的公共积累已经由第一年的120元，增加到了11000多元。1955年，社员每人平均收入粮食884斤，比抗日以前增加了77%，比建社以前增加了25.15%。这个社已经做了一个五年计划，实行三年的结果，生产总值已经达到五年计划的100.65%。这个合作社的经验告诉我们，如果自然条件较差的地方能够大量增产，为什么自然条件较好的地方不能够更加大量地增产呢？

毛泽东所写的104篇按语，合起来有4万多字，可算得上是一篇“大文章”，是新中国成立以后少有的。这些按语充分表现了毛泽东对社会主义事业和合作化运动的高度革命热情，对于迅速改变中国农村落后面貌的坚定信念和急切希望。也充分表现了作为伟大的政治家在领导革命运动中的气势和风格。当年广大干部和群众深深受到它们的感染和影响。许多按语的内容，包含着科学的真理，是长期有效的，不但对于农村，而且对于整个的建设，都是很有意义的。

从“吃苹果”到“吃葡萄”

20世纪50年代，国际上社会主义生机勃勃、凯歌高奏。历史上曾惨遭各个帝国主义侵略的中国人民对资本主义感到失望和愤恨，不赞成在中国搞资本主义，而对社会主义具有高度的热情。国民经济恢复时期的突出成就，又极大地增强了广大人民走社会主义道路的决心。加上西方国家封锁禁运，社会主义国家大力援助，中国不能骑墙走第三条道路。中国走社会主义道路既有外在的压力，也有内在的动力，乃大势所趋，人心所向。

对资本主义工商业实行社会主义改造是推行计划经济的必然要求。计划经济在社会主义的历史上起过积极作用。计划经济的创始人列宁曾主持制订了《全俄电气化计划》，并于1920年在全俄苏维埃第八次代表大会通过，是苏联第一个关于发展国民经济的长期计划。斯大林把计划经济理论化、系统化，并从1927年开始通过制定国民经济的五年发展规划，把整个国家经济生活纳入计划经济的轨道。计划经济在苏联创造了经济发展史上的奇迹，只用两个五年发展计划，其经济实力就跃居世界第二，欧洲第一。我国解放初期，由于受国际局势的影响，经济建设环境相对封闭，物资严重匮乏，形成短缺经济时代，国家必须大量投资搞建设。同时，国民经济生活比较简单，推行计划经济，有利于集中全国的人力、物力和财力，统筹规划，进行大规模的国民经济建设，所以，计划经济与工业化时代是相适应的。而推行计划经济，必然要求对私营经济进行社会主义改造，这是当时整体经济环境的客观要求。

另外，刚刚获得解放的中国人民，对改变“一穷二白”的面貌、建设强大国家的渴望更加强烈。“一万年太久，只争朝夕”的诗句，就鲜明地表达了这种强烈的愿望。为了迅速地壮大国家的经济实力，赶超西方发达国家，必然要求实现工业化，其可行途径就是对私营企业的改造，使其能迅速地为国家的大规模经济建设服务。

毛泽东又客观地分析了中国民族资产阶级的状况，他认为他们既有剥削工人的一面，又有拥护宪法愿意改造的一面。他在1953年6月说：我们有两个联盟，一个是工人阶级和农民的联盟，一个是工人阶级和资产阶级的联盟。前一个联盟是后一个联盟的基础，没有它，我们就没有力量。

当时，对我国资本主义工商业的社会主义改造已具备了充足的条件。

一是通过抗美援朝、土地改革、镇压反革命、知识分子思想改造和“三反”“五反”等政治运动及过渡时期总路线、宪法和社会主义改造政策的宣传教育，通过党的自身建设的不断加强，到了1955年，党的领导力量已日益坚强，人民民主专政已日益强大，工农联盟在农业合作化运动逐步深入展开的基础上已日益巩固，人民民主统一战线已日益发展，广大人民群众的政治觉悟普遍提高，“跟着中国共产党走，走社会主义道路”已成为大势所趋、人心所向的历史必然趋势。

特别是1952年1月至10月，中共中央领导的对违法的资产阶级开展的一个大规模的坚决彻底的反对行贿、反对偷税漏税、反对盗骗国家财产、反对偷工减料和反对盗窃经济情报的“五反”运动，巩固了工人阶级和社会主义国营经济的领导地位，在私营工商业中开始建立工人、店员监督生产和参与管理的制度，为对私营工商业实行社会主义改造创造了有利条件。

二是社会主义经济优势日益壮大。国营经济的产值已占工业总产值的83.6%；银行、铁路、钢铁、矿山、电力、对外贸易等关键性经济部门，也都掌握在国家手里。为我国对资本主义工商业实行社会主义改造提供了坚实的物质基础。

三是我国农村掀起的农业合作化高潮，意味着5亿人口的农村最终抛弃了资本主义道路，进一步割断了资产阶级与农民的联系，从根本上改变了国内的阶级力量的对比。这就使资本主义失去了发生和发展的基础，使资产阶级更感到处境孤立，除去进一步接受社会主义改造的道路以外，再没有其他的出路。

1955年10月4日至11日党的七届六中（扩大）全会上，讨论了关于加快资本主义工商业改造步伐的问题。全会一结束，毛泽东就召集了两次重要会议，部署加快资本主义工商业社会主义改造的工作。

10 月 27 日下午，毛泽东邀请民主建国会、全国工商联的领导人陈叔通、李烛尘、胡子昂、胡厥文、荣毅仁等人和出席全国工商联会议的全体执行委员在颐年堂举行座谈会。

毛泽东讲话说："关于私营工商业改造的时间问题，有人说，现在锣鼓点子打得紧，胡琴也拉得紧，担心搞得太快。"对此，毛泽东解释说："社会主义改造是三个五年计划基本完成，还有个尾巴要拖到十五年以后，总之是要瓜熟蒂落、水到渠成。苹果不熟摘下来吃就是酸的。现在是协商办事，这样大的事情，与全国人民有关的大事，当然要协商办理。如果大家不赞成，那就没有办法做好。有些事缓点比急要好，但是否现在锣鼓点子就不要打紧了，戏就不唱了？不是的，现在还是要劝大家走社会主义道路。"

他说："现在中国正处在大变革的时代，社会动荡不安。农民私有制要变集体所有制，资本家也要改变所有制，许多人掌握不住自己的命运。要掌握是可以掌握的，即了解趋势，站在社会主义方面，有觉悟地逐渐转变到新制度去。人们考虑的，不外是一个饭碗，一张选票，有饭吃不会死人，有选票可以当家做主……地主只给饭碗，暂时不给选票，这对地主来说是突然转变，没有思想准备的。对资产阶级则不同。"

毛泽东用京剧《打渔杀家》的故事劝导资本家。他说，萧桂英要去"杀家"，参加"革命"了，可还没有忘记关门，怕人家偷了她的坛坛罐罐。"萧桂英离家时还爱惜家具是有理由的，旧的东西要一下子去掉很

毛泽东（右二）视察李烛尘（右三）创办的天津永利碱厂

不容易，新的东西要一下子接受也不容易。”他希望民建和工商联委员把眼光放远一点，起带头作用。这些委员全国有几万人，在他们当中争取一批人，早一点建立决心，“接受社会主义、共产主义的思想宣传教育”。

毛泽东讲完后，几位工商界人士发表了自己的意见。章乃器说：“骂社会主义来得早的固然有，但我要乐观些。我认为欢迎社会主义早来的多些，因为他们在过去受过官僚资本的压迫。”毛泽东说：“你是主张红色资本家的，我们大有合作之势。”章乃器说：“因为社会主义的优越性，一些人怕共产主义不如解放之初怕共产党。我是乐观派，主张调查一下。过去帝国主义倾销，官僚资本搞金圆券，没有安排，反被挤垮。”毛泽东说：“总有人要被挤下台的。我们民主党派上了台不会下台，除非做了坏事。多数人是能改变的，对民族资产阶级不要像对官僚资产阶级、地主一样打击。”

李烛尘说：“一般工商业家与解放初期不同，但对他们宣传教育不够，方法不好，惩罚多、奖励少。政府方面也有些干部平时没有说清楚，开会就批评坏的，甚至抓人。公私合营企业的干部，对资方有错不当面讲，要人自己去体会，资方就怕了。”毛泽东表示：“有意见，要讲清楚、明确。”

荣毅仁说：“政府干部批评工商业者有‘三靠’思想，即业务靠国营，资金靠银行，生产靠工人。靠要受批评，不靠又不好。现在工商业者在政治、工作、利润等方面都有些问题。政治上有些距离，工作上职权也有问题，利润方面有些比较困难。”

胡子昂也谈了自己的看法。他说：“‘三反’‘五反’以后，资本家是两头小中间大，多数人是大势所趋，得过且过。总路线宣传以后，情况有些转变，主席的合作化问题报告发表后，工商界很感兴趣。”毛泽东插话说：“把鬼讲开了就不怕了。”

晚餐后继续座谈，毛泽东说：“中心的目的是要经过一批先知先觉做思想准备，要大家掌握自己的命运。在旧社会连蒋委员长自己也不能掌握自己的命运，十五个吊桶打水，七上八下。现在要大家逐渐减少吊桶，改用抽水机，不要吊桶。”

10 月 29 日，毛泽东在怀仁堂召开第二次工商业改造问题座谈会。陈云在会上作了主题发言，就资本主义工商业改造问题提出六点意见。

接着，毛泽东讲话："这次召集会议，我们有这样一个基本的要求，希望每一个大城市有几十个、几百个核心人物。在工商界里面，这些人比其他的人要觉悟一些，要进步一些，经过他们来教育其他的人……对社会主义、共产主义要广泛宣传。这个东西是历来被人家说成不好的，曾被蒋介石说得很不好。最近几年情况虽然变了，但是还有一些人对实行社会主义动荡不安……工商界的人中间也会是参差不齐的，有些人更觉悟些，有些人不觉悟些，甚至最后还有一些顽固分子。资产阶级连同他们的家属，大概有七百万人左右。城市小资产阶级，就是小商小贩、独立手工业者（不包括店员、手工工厂的工人），有两千几百万人。两者合计有三千万人左右。面对这么大一个队伍，应该有一个整个的宣传教育计划。"

毛泽东说，总的就是这么一个问题：工商业社会主义改造，前途如何？或者说趋势如何？也就是说，资本家要掌握自己的命运。"自己不能掌握自己的命运，那是不好的，每天难过日子。"他说：现在，我们的国家又不富，也不强，是一个很穷的国家。飞机也不能造，大炮也不能造，坦克也不能造，汽车也不能造，精密机器也不能造，许多东西我们都不能造。但是，这并不意味着中国就穷得一无所有。我们商店的柜台上、货架上货品很多，从中华人民共和国创立以来就没有断过，这是一件了不起的大事。许多外国人看见我们货品充足，都很羡慕呢！所以，只要我们实现新制度，就可以一年一年走向更强更富。强是共同的强，富是共同的富，大家都有份。

毛泽东在谈话中还强调，要在工商界中大力宣传公有制。他指出：对共产主义这个问题，要讲开，要说穿，共产主义是好事情，没有什么可怕。资本主义私有制大大地妨碍全国的统筹兼顾，妨碍国家的富强，因为它是无政府性质的。当然，不是今天说了，明天就共产了，而是讲准备共产，要广泛宣传。

他对李烛尘等人提出工商界也要掀起一个改造高潮的主张进行说服，说：不要搞一阵风，不要说是要共产了，引起一阵风，好像刮台风一样，那个不好，我们要有充分的准备，包括思想准备、宣传教育等许多工作在内，要有秩序、有步骤地进行。而不是一阵风，以免引起误会，招致可能的某些损失，我们要力求保障损失越少越好。要做到瓜熟蒂落，水到渠成，这样，就比较自然了。

毛泽东的讲话，在很大程度上消除了资产阶级代表人物的怀疑和顾虑，有力地稳定了他们动荡不安的情绪，给他们以极大的鼓舞。

毛泽东讲完后，全国工商联主任委员陈叔通说：听了毛主席的指示，大家都很兴奋。经过这几年教育，大家都看到了社会主义的优越性，思想也就转变了。现在农业合作化高潮到来，工商界应当体会到这个新形势，在工作中也要提高一步，以适应这个新形势。

李烛尘说，我建议今天在座的同志们，在庄严的怀仁堂，当着毛主席的面，每个人应提出保证，一定要把核心工作做好。他表示，要积极推动民建会和工商联的会员搞高级形式的公私合营。回天津后，他立即传达毛泽东的指示。1956 年 1 月 7 日，天津市工商界参加资本主义工商界社会主义改造工作队成立，他任总队长，起到了骨干作用。

李烛尘是我国民主党派领导人、著名的政治活动家，忠贞的爱国者，实业界代表人物，中国共产党的亲密朋友和我国民族工商业家的楷模。他和毛泽东都是湖南人，毛泽东多次说李烛尘是“我的这位湖南同乡”。他们之间是朋友、挚友、诤友关系。

1937 年抗日战争爆发以后，李烛尘与范旭东、侯德榜冒着生命危险，将他们苦心经营并发展成为在亚洲规模最大的永利碱厂、久大盐场、黄海化学工业研究社企业由塘沽迁到四川，在内地重建化学工业基地，并在重庆设立了办事处，李烛尘任主任。在重庆，李烛尘和周恩来经常往来，逐渐对共产党的方针、政策有了了解和认识。抗日战争胜利以后，毛泽东于 1945 年 8 月 28 日飞往重庆与国民党谈判。李烛尘被毛泽东不顾个人安危的大无畏精神感动，在重庆《大公报》、中共主办的《新华日报》上发表文章，欢迎毛泽东为了国家、民族的前途和命运赴重庆谈判。

李烛尘非常敬重毛泽东，毛泽东也器重李烛尘。1953 年 3 月初，毛泽东指示李烛尘对中国工业的现状做一次深入的调查研究，然后提出建议。

李烛尘迅速地行动起来。在一个多月的时间里，深入调查了天津市 40 多家大、中、小工厂，4 月 19 日写了一封长达 5000 多字的汇报信，提出了六个方面的建议。他秉笔直书，想到什么就写什么，丝毫没有隐瞒自己的观点和看法。4 月 21 日毛泽东复信李烛尘，同样没有客套，直称“烛尘先生”，信中写道："你做了许多调查工作，你的建议对于解决现存问题是会有帮助的。我已将你的信转给许多有关同志去看了。"

1953 年 8 月，毛泽东单独约见李烛尘时说：有几位先驱不能忘，讲钢铁工业不能忘记张之洞，讲航运业不能忘记卢作孚，讲纺织工业不能忘记张謇，讲化学工业不能忘记范旭东。李烛尘对毛泽东尊重历史，科学评价人物的精神感动了，说："主席的论断精辟。"

荣毅仁讲了荣家的发展史和父辈在旧社会办实业的坎坷经历，认为只有跟着共产党走，才有光明前途。

他说："我家从 1905 年办工业到现在已经 50 多年了，申新棉纺厂的历史也有 40 多年。我们的发展不是一帆风顺的。"

1886 年，荣毅仁的伯父荣宗敬 14 岁时由于家境贫寒被迫离开学堂，到上海南市区一家铁锚厂当学徒。三年后，15 岁的荣毅仁的父亲荣德生，乘着小木船从闭塞的无锡郊区来到了喧闹的大上海，在兄长的引荐下，进入上海通顺钱庄做学徒。几年后，两兄弟一起在上海开了广生钱庄，两年盈利 6000 元，随即在 1901 年开了一家面粉厂。

到 1937 年抗战前，荣家的面粉厂已有 14 家，远销英法东南亚，占全国总产量的 29%，是名副其实的"面粉大王"。因面粉厂发展需布袋子，1915 年，兄弟俩又创办申新纺织公司，在上海、无锡、武汉等地共衍生九家棉纺织厂，在全国有 24% 纱锭量，又成"棉纱大王"。1933 年至 1935 年间，由于国际间的不景气，以及接连的国内战争的影响，企业非常困难。日本人企图通过英国银行来霸占企业，宋子文也企图并吞，在工人和同人的支持下，荣家企业才勉强维持下来。

1937 年，荣毅仁从著名的上海圣约翰大学历史系毕业，以弱冠之年正式出任无锡茂新面粉公司经理。"少东家"变成了"四老板"。同年 12 月 8 日，日军强占了茂新公司，不仅抢走了 4 万多袋面粉，一把大火更是烧毁了几乎所有的纺织设备。

国将不国的现实也让荣氏家族内部产生了分裂。伯父荣宗敬离上海避难，1938 年 2 月病逝于香港；二哥荣尔仁远赴重庆自立门户；少壮派的荣毅仁逐渐成为荣氏 20 多个家族企业的代表。

毛主席视察荣氏工厂

1949 年国民党政权倒台前夕，荣氏家族子弟纷纷离开上海，大量资金外流。荣德生和荣毅仁父子决定留下。上海解放后，荣氏企业面临困难，不仅资金紧张，原料也供应不足，但在国家发放贷款、供应原料、收购产品委托加工的大力扶持下，实现了新的复苏。

1951 年底，全国范围的“三反”“五反”运动开始了，作为上海最大的工商户代表，荣毅仁被毛主席亲自划定为“完全守法户”，这个“标兵”一树，在上海以至全国都产生了很大影响。

荣毅仁深有感触地说：“但事实证明，共产党的办法是很多很好的。所以，我们如果还抱着私有制不放，未免目光太小了，我对未来是抱有无穷的美好希望的。”

11 月 1 日至 21 日，全国工商联第一届执行委员会召开第二次会议。陈叔通致开幕词，号召一切爱国的工商业者把自己的命运和国家发展的前途联系起来，接受社会主义改造，为祖国的事业继续贡献自己的力量。陈云、陈毅分别在会上发表了讲话。

会议期间，工商界人士大都表示要拥护改造，有的还作了检讨。但是，有些公方代表向资本家示意，泛泛地作自我批评似乎还不够，挖“思想根子”

挖得越深越好。结果，好多人原来写的发言稿不对路，只得重写。相当一部分人没有精神准备，感到很为难。有的人急得睡不着觉，会议气氛一下子变得紧张起来。陈云发现此情况后说，资本家到北京来开会，历来是对公方提出批评意见，这一次不能让他们只作自我批评，而不批评公方。他希望大家发言要讲一讲过去公私合营企业从私方角度看公方工作有哪些不妥之处。在陈云的关注下，一度紧张的气氛得以缓和。

在会上，不少资本家说："我们通了，但是老婆不通。"还有人说："两个副总理讲了几个钟头，但是回去还不抵老婆一席话。"针对这种情况，11月16日，陈云在中央召开的关于资本主义工商业改造问题会议上指出，除了教育资本家本人，还要教育他们的家属，这个教育"很重要"。

会议通过了《告全国工商界书》，号召全国工商业者认清前途，服从党和政府的领导，坚定爱国守法的立场，积极接受社会主义改造，把自己的命运同中国的前途结合在一起。

毛泽东对工商联这次会议极为满意，他在11月17日写给黄炎培的信中说："工商界改造工作有进步，令人欣慰。惟须加强教育，使之普及到大中小城市的各行各业。看来在工商界是可以采用自我批评这个方法的，这次工商联合会讨论的经验可以推广。"

中华人民共和国成立至1953年，主要是实行初级国家资本主义。在1953年底以前，着重发展以加工订货为主的初级和中级国家资本主义形式。毛泽东提出了"四面八方"的政策：公私兼顾，劳资两利，城乡互助，内外交流。加工订货在私营中的产值由1949年的12%上升到1950年的29%、1951年43%、1953年53.6%。

1954年至1955年下半年，是全面实行初级形式的国家资本主义阶段。

1954年也是在全国范围内有计划地进行扩展公私合营工业的第一年。当时根据需要、可能、自愿的原则，经过准备，全国合营了一批规模较大、有关国计民生的重要企业，被称为"吃苹果"。这种做法比较稳当，但也有矛盾。一个行业大、中、小厂都有，把大的都合营了，加工订货任务都交给大厂，小厂分不到任务，工资发不出去。资本家不出面，由工会主席带工人向市委请愿，工人同党委闹矛盾。所以，公私合营"吃苹果"有好处，但又带来大与小、单位与单位之间的矛盾。小企业的水平虽也有相当高的，但多数是破破烂烂。

1954 年 12 月，国务院地方工业部召开扩展公私合营工业计划会议，各地方代表纷纷提意见，说中央光吃“苹果”不吃“葡萄”，把一大堆“烂葡萄”甩给地方，又小又烂，怎么办？会议向周恩来、陈云做了汇报。周恩来说，资本家的企业在人民民主专政下应该受到照顾。生产的东西也是在国内用嘛。工人阶级只有一个，没有两个。国营企业的工人是工人阶级，资本家工厂的工人也是工人阶级。你只照顾大的公私合营企业，那小企业的工人干什么？

12 月 29 日，周恩来在国务院常务会议上讲话说，根据党在过渡时期的有计划地发展社会主义、半社会主义工业和利用、限制、改造资本主义工业的总任务，对中央和地方国营、合作社营、公私合营、私营四种工业，应在保证社会主义成分不断稳步增长的条件下，采取统筹兼顾、各得其所的方针，进行合理安排，既要有所不同，又要一视同仁，以反对资本主义无计划的盲目发展和克服资本主义自发势力，并将各种经济逐步地纳入国家计划轨道。

陈云就解决私营工业生产中的困难，提出了三条方针九项措施。12 月 31 日，他在扩展公私合营的会议上提出解决工业生产中矛盾的三条办法：公私之间的矛盾，国营能让出一部分原料和生产任务给私营的，就让出一部分；对于先进与落后之间的矛盾，应该是奖励先进，照顾落后，淘汰有害（如坏药）；地区之间的矛盾，应当维持上海、天津，照顾各地。

会议认真讨论了周恩来、陈云的意见，提出了 1955 年扩展公私合营的计划。具体数字是：产值 17 万亿元，户数 2508 户，职工约 20 万人。国家的现金投资为 5940 亿元。1955 年到 1957 年的扩展合营工业计划数字是：产值 54.53 万亿元，户数 1.5 万余户，职工 60 余万人。经过研究，大家认为这个计划是可以完成的，如果工作做得好，还可能超额完成。

这次会议明确提出的扩展公私合营要按行业作通盘规划，统一安排。分别情况实行个别合营，或采取以大带小，以先进带落后的办法进行联营合并的同时实行合营。这就解决了原先光吃“苹果”不吃“葡萄”的矛盾，并为加快对资本主义工业的改造找到了途径。

1955 年 11 月 16 日至 24 日，中共中央在北京召开关于资本主义工商业改造问题的会议，各省、市、自治区和 50 万人口以上的大中城市的党委负责人参加了会议。会议召开时，毛泽东还在杭州。陈云在会上做了《资本主义工商业改造的新形势和新任务》的报告，介绍了几年来的工商业改造情况，提出了全面改造资本主义工商业的六点规划。在第三点谈到资方人员的安置问题时，陈云表示："都安置起来，就要给他们饭吃。他们过去没有吃艾森豪威尔的饭，是吃的中国饭，而且就是吃他那个铺子里面的，还让他吃下去。"还有，同业公会的组织也应该保存下来，如果取消了，那些人就没有饭吃。应广泛吸收资方实职人员参加各种工作。每个行业的代表人物，都要给他们一定的地位。他举例说，上海三笔公司有位副经理是女的，叫汤蒂因，还是全国人大代表。"这种副职将来还可以多设一点。"总之，不应该让有能力的资方实职人员坐"冷板凳"，要"尽可能地使用他们"。对资方人员来说，工作安排之后，他们怕的是降低工资。将来定息没有了，如果工资再降低，那可是左右打耳光，两面夹击。所以，陈云认为，国家不能这样做，应该"网开一面"。就是说，既要把定息确定下来，又要保留工资。

第四点是实行定息。定息就是保持私股在一定时期内的定额利润，而企业基本上由国家按照社会主义的原则来经营管理。这样，资本家得到了好处，我们得到了更大的好处。实行定息之后，原先拥有 100 万元资产的资本家名义上还拥有 100 万元的资产，实际上只拥有 100 万元产生的利息。利息该定多少，当初考虑年息 1%—6%，行业之间保持不同的息率。后因情况复杂，不易区别对待，所以除个别情况外，统一定为年息 5%，这个比率略高于当时的银行利息。从 1956 年 1 月 1 日起计息。这个办法保持七年不变。到了 1963 年，又决定延长三年，一直到"文化大革命"，1966 年 9 月才停发定息。国家先后以"四马分肥"和定息的方式，作为和平赎买的代价，向资本家支付了 30 多亿元，超过了他们原有的资产总额。

会议快结束时，毛泽东从杭州赶回来了。当时，周恩来收到一封署名为"上海工人"的来信。毛泽东在会上批评了这封信，认为这封信的基本观点是错误的。他说，不能认为，"五反"以前资产阶级有积极性的一面，现在实行公私合营了，资产阶级反倒没有积极性的一面了，资产阶级越搞越反动了。毛泽东说，"五反"以前，"资本家的反动性多一些"，"坏的方面多一些"，"五反”以后逐步减少了。现在，“它是一只半脚踏进社会主义，人家快要变工人阶级了，已经是半社会主义者了”。所以，“上海工人”的来信，是以“左”的面貌反对党的路线，不能代表工人阶级。

会议通过了《中共中央关于资本主义工商业改造问题的决议》（以下简称《决议》），将原定的三个五年计划基本完成资本主义工商业改造的部署，调整为：在第一个五年计划时期内，即 1956 年和 1957 年，全行业公私合营争取达到 90% 左右，并且争取逐步使公私合营企业基本上过渡到国有化。

《决议》草案接着指出：我们对于资产阶级，用赎买和国家资本主义的方法，有偿地而不是无偿地，逐步地而不是突然地改变资产阶级的所有制。我们的赎买办法，是由工人阶级在 10 年左右的时间内用给资本家生产一部分利润的方法进行赎买。除了对于资产阶级的生产资料进行这种办法的赎买以外，对于那些有技术才能和有管理企业的能力因此使企业能够供给国家更多工业品的资本家，还给予较高的薪水，也是属于一种赎买的性质。

这种赎买，也是必要的。在资产阶级没有别的出路的条件下，这是他们能够接受的方案。而且资产阶级中的绝大多数人，当时已经公开表示接受这样的方案。

会后，各地按照这个草案的精神，向中央提出关于改造资本主义工商业的规划。这样，私营工商业的社会主义改造，就从个别合营推进到全行业公私合营的新阶段。

从 1955 年 9 月起，上海等大城市就开始出现了全行业公私合营的势头。到 11 月，上海轻工业中就有棉纺、毛纺、卷烟、搪瓷、面粉等八个行业整个行业实行公私合营；重工业的船舶、轧钢、机器、电器等 13 个行业，也已经或者正在进行整个行业的公私合营；天津的造纸业，北京的面粉、电机、制药等九个行业；广州的缝纫机业、油漆业，杭州的丝绸业等整个行业都先后实行了全行业公私合营。私营商业，如北京的棉布业、国药业，上海的绒线业也已采取了这一办法，全行业或行业的大部分实行公私合营。

到 12 月上旬止，仅据上海、天津、北京、武汉、广州和重庆等城市和江苏、浙江、安徽三省的不完全统计，私营工业中约有 30 多个行业、2000 多个工厂，私营零售商业中有 10 多个行业、3000 多家商店，已经政府批准实行了全行业公私合营。

1956 年初，全国终于迅速形成了波澜壮阔的全行业公私合营高潮，提前实现了资本主义所有制改造任务。

全行业公私合营高潮是在首都北京开始的。1955 年 12 月 12 日至 16 日，北京市委、市总工会分别召开党员干部、工会干部大会，传达和学习了中共中央的《决议》草案和毛泽东的讲话，总结了经验，确定了改造规划和工会工作。市妇联召开资本家家属座谈会，要求他们积极鼓励自己的亲属接受社会主义改造。北京市工商联于 20 日至 28 日召开执委扩大会议。号召工商界努力学习，提高觉悟，用实际行动接受社会主义改造。会议期间，北京市委召集工商联常委 33 人进行座谈。市委第一书记彭真在会上针对资本家的思想情况作了报告，要求他们消除顾虑，积极走公私合营这条社会主义改造的道路。与此同时，北京市的棉布业、机制面粉业又先后批准了全行业公私合营。这对其他行业的资本家是个促进。所有这些，汇成了一个推动对资本主义工商业改造的群众运动。

据北京市委对资改造领导小组 12 月间对 588 户资本家思想状况的调查报告，资本家积极要求公私合营的约占 37%，能接受公私合营的约占 58%，不肯接受或有严重抗拒行为的约占 5%。自从 1955 年 12 月以来，私营工商业纷纷申请公私合营，到了 1956 年新年，已进入高潮。1956 年 1 月 4 日，以北京市工商联主委、同仁堂经理乐松生为首的全市 327 家药店申请全行业公私合营。各区资本家和工人到处敲锣打鼓，燃放鞭炮，结队游行，仅 1 月 9 日、10 日两天，就有 5 万多名职工和 2 万多名资方人员参加游行。大街小巷的私营工厂、商店，张灯结彩，纷纷挂上了“迎接公私合营”“庆祝公私合营”的红幅，全市充满了欢庆节日的景象。

北京市委趁热打铁，改变过去那种由政府派下工作组，分期分批实行公私合营的做法，采取由资本家和工人自己组织起来，在党和政府领导下，进行公私合营的群众运动的办法。1 月 10 日，市委召开资本主义工商业公私合营大会，宣布 35 个工业行业的 3990 户工厂和 42 个商业行业的 13973 户坐商，共 17963 户全部被批准公私合营。北京成为首先基本完成资本主义所有制变革的城市。与此同时，在全行业公私合营高潮的推动下，北京市郊的农民和全市手工业者也分别进入了高级农业生产合作社和手工业生产合作社。1月15日，北京市各界20多万人在天安门广场举行庆祝社会主义改造胜利联欢大会。毛泽东、刘少奇、周恩来及党和国家其他领导人出席了大会。各行各业纷纷向毛泽东报喜。市郊全体农民的报喜信说："自从您发出了关于农业合作化问题的指示以后，我们郊区就掀起了一个空前的社会主义高潮，没有入社的农民争先恐后地入社，所有的低级社都积极要求转变为高级社。在一个多月的时间里，北京郊区就实现了完全社会主义合作化。"手工业合作社社员的报喜信说："我们听到政府按行业批准所有申请入社的手工业者入社的消息，喜欢得跳了起来，互相道喜。在11日、12日两天里，共有53882人被批准入社，现在我们新、老社员已有八九万多人了。"工商业者的报喜信说："北京市资本主义工商业已于本月10日胜利地全部走上了公私合营，向着社会主义大大迈进了一步。"北京市市长彭真在讲话中高兴地宣布："我们的首都已经进入了社会主义社会。"

1月21日，上海市各界人民举行庆祝社会主义改造胜利大会。大会宣告，"上海市的资本主义工商业，今天已经公私合营了；上海全市的手工业，今天已经合作化了，上海郊区农业，今天已经转为社会主义的高级社了，上海已经进入社会主义社会了！"

《人民日报》于1956年1月26日发表了《在高潮最前面》的社论，肯定了北京市社会主义改造的经验。大大推动了其他城市的改造高潮。到1月底，我国资本主义工商业集中的上海、天津、广州、武汉、西安、重庆、沈阳等7个城市及50多个中等城

上海庆祝社会主义改造胜利的集会和游行

市都相继地实现了全市的全行业公私合营。在第一季度末，除西藏等少数民族地区外，全国各地基本上实行了全行业公私合营。

△ 天津各界人民举行庆祝社会主义改造胜利游行

通过全行业公私合营高潮，全国资本主义工商业都纳入了公私合营等各种改造形式。1956 年初，全国原有私营工业 88000 余户，职工 131 万人，总产值 72.66 亿元，到年底，已有 99％户数、98.9％的总产值，实现了所有制的改造。全国原有私营商业 242.3 万户，从业人员 313.8 万人，资本额 84100 万元，到年底，已有 82.2％的户数、85.1％的从业人员、99.3％的资本额，实现了所有制的改造。

在改造资本主义工商业这场涉及几亿人口的、大规模的、极其深刻的社会变革中，我国不仅在经济上没有遭到破坏，避免了生产力下降的情况，而且通过社会主义经济同资本主义工商业的联系，通过各种国家资本主义形式，活跃经济，积累资金，培训工人与干部，有力地壮大了社会主义经济力量，促进了整个国民经济的发展，为今后的社会主义建设和今后的一切进步与发展打下坚实的基础，这确实是一个了不起的巨大成就。

也有极少数资本家思想非常抵触，幻想“变天”，但谁也没有反抗，也无力反抗，也有人是“白天敲锣打鼓，晚上抱头痛哭”，感到失落，但无论如何，和平地实现赎买，没有遇到任何抵抗和破坏，这在政治上不能不说是一个巨大的成功。联想到马克思、恩格斯提出过赎买的政策，但只是设想；十月革命后，列宁想用赎买的方法争取有经验的资本家的合作而不可得，反而引发了资产阶级的军事反抗的历史，更使中国人引为自豪，不得不佩服毛泽东的雄才大略。

运动中由于改造的面过宽以及与资本家同样拿定息，使带进公私合营企业的大量的小业主、小手工业者、小商小贩被笼统称为“私方人员”，被错当作资本家对待，后来又长期没有把他们区别出去。这就混淆了阶级界限，挫伤了他们的社会主义积极性，给他们的家属和子女后代造成许多不良影响。

1979 年中共中央批转统战部等部门提出的《关于把原工商业者中的劳动者区别出来问题的请求报告》之后才得到解决。结果是：全国参加公私合营的工商业者有 86 万人，区别为劳动者的有 70 万人，占 80％强。

争做“红色资本家”

在资本主义工商业的社会主义改造中，由于坚持了一方面改造企业和所有制，另一方面改造人的正确方针，在经济上给予出路，在政治上给予地位，在思想上给予教育，始终保持了无产阶级同资产阶级的联盟，使一批资本家告别过去，迎来了新生，成为社会主义建设的光荣劳动者。

1956 年 1 月 10 日，北京市资本主义工商业全部走上了公私合营，天津《大公报》记者当即采访了全国工商联主任委员陈叔通，请他谈谈私营工商业者接受社会主义改造的积极性大为提高的原因。

陈叔通回答说：“去年中华全国工商业联合会执行委员会会议前夕，毛主席对我们工商业者作了亲切的指示，指出了社会发展的规律和我们祖国的伟大前途，教导我们工商业者要认清自己的前途，掌握自己的命运。毛主席的教导大大地鼓舞了全国工商业者走社会主义道路的热情，绝大多数的人都争先恐后地要求纳入公私合营。这就是毛主席的领导方法的科学性。”

1954 年，北京选择大有粮店、稻香村食品店、同仁堂国药店、六必居酱园等 10 家较大的、具有传统特色的资本主义零售商店进行公私合营试点，同仁堂走在了前面。

同仁堂是闻名全国的中药店，总店设在北京，创建于清朝康熙八年（1669 年）。创始人为乐显扬，浙江宁波人，其先祖以行医为业。乐显扬曾任太医院官吏，博览医书，广收古方，得以创办同仁堂药室。乐显扬去世后，其子乐凤鸣继承家业，于康熙四十一年（1702 年）开设同仁堂药铺。乾隆十八年（1753 年），一场大火将同仁堂毁于一旦，又逢掌门人谢世，在清廷主持下，开始招募股本，此后，乐家药铺便成了外姓多股经营。道光二十三年（1843 年），乐平泉光复祖业，重现同仁堂盛世。1949 年北平解放时，同仁堂由乐显扬第 13 世孙乐松生主事。

乐松生生于 1908 年，在 1927 年中学毕业后，就到大伯乐达仁在天津所开的达仁堂药铺学习医药知识及经营管理，而乐松生的父亲乐达义则代表四房参加对北京同仁堂的管理。但是他的父亲和大伯却在 1941 年相继去世，于是 33 岁的乐松生开始接班，既参加北京同仁堂的管理又领导天津达仁堂的业务，成为北京乐家家族史上又一位重要人物。

地处大栅栏的同仁堂乐家老铺还是 1901 年由许氏重建的老样子，三间门面的平房，旁边有个黑漆门洞可以通向后院。店堂内一字形的柜台，柜台后的药柜排放着上百只大瓷罐，内装各种各样的丸散膏丹等成药，店堂正中梁上悬挂历尽磨难的同仁堂老匾。店堂后院则是同仁堂的库房和制药车间，说是车间却看不到任何机器，40 多名药工全部用手工制作各种丸散膏丹，设备落后，年产值才 16 万元。

北京解放时乐松生为 41 岁，当时，同仁堂资产约有 80 亿元（旧人民币），职工 190 余人。他当时虽对国民党十分失望，但对共产党也心存疑惧，所以就跑到天津躲起来观望时局。当时同仁堂职工要求改善待遇，劳资

1956 年 1 月 15 日，工商界代表乐松生在天安门向毛泽东报喜

谈判一度陷入僵局。应职工要求，乐松生回北京参加谈判，他的开明态度赢得了广大职工的拥护，双方很快达成协议，职工待遇得到合理改善。工人生产积极性提高，为同仁堂赚取了更多的利润。大家还选举他担任同仁堂经理，掌握实权，结束了同仁堂四房共管的局面。乐松生从此一心一意依靠工人阶级，跟着共产党走上革命道路。

1952 年，在北京市市长彭真鼓励下，同仁堂成立了国药研究所，聘请北京大学医学院教授郑启栋从事中药剂研究，于 1953 年成功研制出银翘解毒片、香连片、女金丹片和黄连上清片等四种片剂。在政府扶植下，同仁堂的生产逐步发展起来。

1954 年时，乐氏企业有好几家，谁也不肯带头申请公私合营。乐松生顺应潮流，决定响应党的号召，走社会主义道路。于是，他带头申请公私合营。7 月 28 日，由 11 人组成的工作组入驻同仁堂，拉开了药店公私合营的序幕。8 月 27 日，同仁堂公私合营大会召开，公私双方在协议书上签字。

由于乐松生带头把同仁堂交给国家，在北京产生了巨大影响，成为北京全面实现公私合营的一个榜样。

1955 年初，彭真到同仁堂检查工作，并会见了乐松生，肯定了他在公私合营中的表现。不久，毛泽东、周恩来在中南海接见了乐松生，毛泽东亲切地询问了乐松生的生活、工作和同仁堂生产情况，勉励他为国家医药事业多做贡献。周恩来转达了他的妻子邓颖超对乐松生的问候。邓颖超早年曾在天津达仁女子学校任教，而这所学校的创始人是乐松生的伯父乐达仁。

1956 年 1 月，乐松生代表北京工商界登上天安门城楼向毛泽东主席、刘少奇、周恩来递交北京全面实现公私合营的喜报，受到党和国家领导人的亲切接见。北京的乐松生和上海的荣毅仁迅速成为全国民族工商业的知名人士和代表人物。

乐松生是同仁堂公私合营后的首任经理，并被选为全国工商联副主任、民建中央常委、北京市工商联主任委员、北京市人大代表和政协委员。1955 年被选为北京市副市长。同时，他还是第一、二、三届全国人大代表。但是，在 1966 年“文化大革命”中，乐松生被当作北京市的黑帮分子遭到残酷迫害，有 300 多年历史的同仁堂老匾也被“造反派”砸烂烧掉。乐松生在

1968 年含冤而死，直到 1978 年才获平反，他的骨灰被安放到八宝山革命公墓。

1954 年 1 月，春节刚过，荣毅仁做出了一项重大决定：将申新三厂实行公私合营。3 月 18 日，申新总管理处召开第 80 次会议。荣毅仁向全体股东介绍了全国公私合营的大好形势，提出了申新三厂公私合营的建议。话音刚落，就有人提出不同意见：这不是上了贼船了吗？“一合营我们的财产就全完了。”荣毅仁费尽口舌才说服大家。最终，会议同意授权总经理荣毅仁办理合营手续。当天，荣毅仁就向无锡市政府提出公私合营的申请，很快被批准。

4 月 14 日，上海申新所属各厂 86 户股东召开会议，决定授权荣毅仁申请办理公私合营手续。5 月 31 日，荣毅仁致函上海市工业生产委员会及华东纺织管理局，正式提出合营申请。8 月 11 日，上海市政府召开包括棉纺在内的 8 个行业的同业公会负责人会议，宣布批准申新等 168 家私营工厂公私合营的申请。

8 月 13 日，申新总管理处召开大会，拥护政府批准公私合营，欢迎公方代表进驻申新。荣毅仁充满激情地说，申新厂从 1915 年创办，至今已经 40 年，其间经历了风风雨雨，今天终于在共产党领导下走上光明大道。今后一定要在公方代表领导下，把企业改造成为社会主义企业，把自己改造成为社会主义新人。

1956 年 1 月 10 日，对已实现公私合营的申新厂来说，是一个值得自豪和骄傲的日子。下午 4 时，毛泽东来到申新厂，陪同的有陈毅、汪东兴、罗瑞卿。毛泽东风趣地对荣毅仁说：“你是大资本家，要带头。现在工人阶级当家做主了，老板换了。”随后，毛泽东关心地问：“公私合营后生产怎么样？”荣毅仁回答说；“比以前要好。”

在毛泽东视察后不久，当记者问起荣毅仁今后的打算，他回答说：“我的企业已经实行公私合营，还准备实行定息的办法，这样每年利润更有了保证。我已经在上海市人民代表大会会议上表示了决心：我一定把所得的利润以投资企业和购买公债的方式，用来支援国家的建设。我个人愿意在任何工作岗位上来尽我的责任，做一个对国家、对社会主义有贡献的人。”

1月20日，新华社上海分社记者访问了申新棉纺织印染厂总管理处总经理荣毅仁。

当记者问道：“作为一个资本家，为什么选择了社会主义的道路？”

荣毅仁回答说：“是的，我是一个资本家，但是我首先是一个中国人，我想应该先从作为一个中国人谈起。”

“这是真心还是假话？到上海来访问的不少资本主义国家的朋友们对这个问题特别感到诧异。他们曾来找我问我，有的要我背着人讲讲‘真心话’，一位英国的议员要我直接用英语谈话，有的来看看我还有没有自己的住宅，有的怀疑我是不是共产党员假冒的资本家。我坦白地告诉他们，解放前我不但没有接触过共产党，而且当时还有点害怕哩。一位突尼斯的客人看到了我的家庭和企业，听到了我谈的经历和体会，他临走时握着我的手说：‘现在，我带到中国来的疑问可以说是解决了。’”

记者进一步直率地问：消灭剥削，废除资本主义制度，对于你失去了什么？得到了什么？

荣毅仁思索了一会儿，很快就答道：“对于我，失去的是我个人的一些剥削所得，它比起国家第一个五年计划的投资总额是多么渺小；得到的却是一个人人富裕、繁荣强盛的社会主义国家。对于我，失去的是剥削阶级人与人之间的尔虞我诈、互不信任，得到的是作为劳动人民的人与人之间的友爱和信任，而这是金钱所买不到的。因为我积极拥护共产党和人民政府，自愿接受改造，受到了政府的信任和人民的尊重，得到了荣誉和地位。从物质生活上看，实际上我并没有失去什么，我还是过得很好。”

1956年1月15日，工商界代表荣毅仁在天安门向毛泽东报喜

曾被人誉为中国的“煤炭大王”“火柴大王”“企业大王”的民族资本家刘鸿生在1956年9月也同记者谈了同样的心境。

他说：

“你问我为什么拥护共产党？我是一个企业家，我的企业，无论水泥、毛纺、码头、火电、煤矿、银行业目前都在发展着，规模远较过去大得多。共产党能推动企业，能使中国变成工业化的国家，这是我过去50年的梦想，我为什么不拥护它？解放以后，我和我的家属生活仍然和过去一样。我感到政府的照顾实在太多了。

刘鸿生（1888—1956.10.1）

“我拥护共产党还有一个最主要的原因：我是一个中国人，中国资本家。现在我身体不好，不能陪你去黄浦滩头看看。

“在过去几十年中，从杨树浦到南码头，沿着黄浦江一带是各国的码头，一长串的外国兵舰插着各式各样的国旗。人们走过这里，会不知道这儿究竟是哪国的土地？如今呢，这一带地方每个码头上都是五星红旗迎风飘扬，你想想看：一个看过上海50年变迁的中国人，他心中会不高兴吗？”

★ 十二　不做别国的“附庸”

“两论”公评斯大林

1956 年 2 月，苏联共产党召开第二十次代表大会，在会议的最后一天，赫鲁晓夫突然向全体代表作了一个“秘密报告”，揭露和批判斯大林的个人崇拜和肃反扩大化错误。这份“秘密报告”很快透露出来，成为轰动全球的爆炸性新闻，震动了整个国际共产主义运动，也给中国日后的发展带来了深远的影响。

大会是在 2 月 14 日至 25 日召开的。有 55 个国家共产党和工人党的代表团应邀来莫斯科列席会议。这是斯大林逝世、赫鲁晓夫上台后召开的第一次党代会。此前，苏共内部经历了一场权力斗争，1953 年搞掉了一人之下万人之上的贝利亚，1955 年又撤掉了斯大林指定的接班人马林科夫的部长会议主席职务。但赫鲁晓夫的地位还不确定，或许他想利用苏共二十大的机会来树立自己的形象。的确，大会提出了一个不同于斯大林时期的新路线，尤其是它的国际政策。把不同社会制度国

斯大林与赫鲁晓夫

家的和平共处，确定为对外政策的总路线，这条路线后来被概括为和平共处、和平竞赛、和平过渡的“三和”路线。在“冷战”对峙中吹出了一股暖风。

赫鲁晓夫还想利用国内党内要求揭露斯大林个人崇拜后果的压力来抬高自己的威望。因此，在主席团成员争执不下的情况下，赫鲁晓夫坚持，最后他以中央委员会的名义做了《关于个人崇拜及其后果》的报告，即“秘密报告”。这对他本人来说，也是一次政治冒险，是祸是福还在未定之数。

报告揭露出来党内大清洗的问题，的确骇人听闻。赫鲁晓夫说：

已经查明，第十七次代表大会上选出的 139 名党中央委员会委员和候补委员中，有 98 人，即 70%，被逮捕和枪决（大部分于 1937 年至 1938 年）。

遭到同样命运的不仅是中央委员会委员，还有第十七次党代表大会的大多数代表。代表大会有表决权和发言权的 1966 名代表中因被控有反革命罪行而被捕的占一半以上，即 1108 人。这一事实本身表明，我们现在所看到的对第十七次党代表大会绝大多数代表犯有反革命罪的指控是多么荒唐、野蛮和违反常识。

也许批判和揭露斯大林的错误，是苏联国内事态发展的合理要求。然而，赫鲁晓夫太过鲁莽行事，尤其犯了两条忌讳：一是没有经过党内充分酝酿，并以组织名义做出客观全面的分析，草率地提出报告，纰漏百出；二是批判斯大林这样的国际性人物，事先不与各国共产党通气，引起巨大震荡和思想混乱，势所难免。

20 世纪二三十年代有一个共产国际，那是世界革命的指导中心。谁都知道，它的核心是苏联共产党，它的真正领袖是斯大林。1943 年共产国际解散后，苏联依然是世界革命的中心，斯大林仍然是公认的领袖，苏联社会主义模式被奉为唯一的楷模。现在却揭露出如此骇人听闻的内幕，使许多党不知所措。

人们普遍认为，报告出自赫鲁晓夫一人之手，其实事实并非如此。早在 1955 年 12 月，苏共就成立了一个委员会，负责调查苏共十七大选出来的党内高层领导人受迫害的冤案。委员会由中央书记波斯佩洛夫牵头。1956 年 2 月 9 日，苏共中央主席团开会审议了该委员会的调查结果，从而引发了对斯大林问题的讨论。会议决定将有关个人崇拜问题的报告列入苏共二十大的议程。会上对斯大林的批评是逐步进行的。苏共先是向代表们印发了当时尚未公开的两封列宁批评斯大林的书信。然后，赫鲁晓夫向大会做了工作报告，报告中对斯大林只字未提。接着是米高扬发表讲话。他在讲话中严厉批判了二三十年来在国内严重泛滥的某些不良现象，但他同样没有提到斯大林。大多数代表对这种做法感到愤怒。各地许多党员看到讲话后，也纷纷向大会秘书处发电报，提出抗议。

不过大会秘书处也收到了另外一类反映。托洛茨基的遗孀给大会发来电报，要求大会为丈夫平反。

真正的重头戏开始了。2 月 25 日举行了代表大会最后一次全体会议。代表们只能凭特别请柬才能与会。外国代表团没有获准参加会议，但根据赫鲁晓夫的指示，会议却邀请了一些老布尔什维克，会议只有一项内容，即赫鲁晓夫发表《个人崇拜及其后果》的长篇报告。

赫鲁晓夫报告的“架子”是波斯佩洛夫在他所领导的委员会的调查报告基础上完成的。苏共中央其他几位书记如阿里斯托夫和谢皮洛夫也参与了报告的起草工作。此外，老布尔什维克斯涅戈夫也提出了自己的报告版本，结果被部分采用。不过，赫鲁晓夫在登上讲台后便抛开讲稿，开始“自由发挥”。

报告持续了将近五个小时。大厅里鸦雀无声。没有座椅的嘎吱声，没有咳嗽声，更没有窃窃私语声。大家谁也不看谁，谁也不吭声。这大概是因为意外，或许是出于惊慌与恐惧，所有人都深感震惊。赫鲁晓夫讲完话后，主持会议的布尔加宁建议不要对报告进行讨论，也不要提问题。会议通过两项决议，其一是批准报告内容，其二是向各级党组织散发报告全文，但报告不得见诸公开媒体。

代表大会闭幕后报告的内容先是只向各级党组织的领导人透露，后来参阅范围扩大到普通党员、共青团员和积极分子，报告内容做了认真修改，小册子上加注了“内部材料”字样。

苏共也为外国共产党准备了单行本。根据苏共中央的决定，报告只能散发给各国共产党的最高层领导人。有时只把有关领导人请到苏联大使馆阅读这份秘密文件，比如在瑞典、挪威、西班牙就是这么做的。结果是全世界都听说赫鲁晓夫发表了一份秘密报告，但谁也没有见过报告全文。

世上没有不透风的墙，这份“秘密报告”并没有保住密。有人说，在如此大规模的会上做报告，赫鲁晓夫并没有真想保密。苏共二十大结束不久，西方通讯社就陆续透露了这个报告的内容。

1956 年 6 月 4 日，美国《纽约时报》全文刊登了这份“秘密报告”。苏联当局调查发现，是华沙一名记者从波兰统一工人党领导人那里拿到了这个小册子。这名记者立即意识到，这是一份轰动性的材料。他用了几个小时，将小册子复印，然后将复印材料寄给了住在以色列的亲戚。随后报告又从那里转到美国记者的手里。有情报说，这份报告还引发了美国总统艾森豪威尔与中央情报局局长杜勒斯的辩论。艾森豪威尔认为，此举可能会给赫鲁晓夫造成重大打击，杜勒斯则不这样看，最终杜勒斯的观点占了上风。

赫鲁晓夫于 1894 年 4 月 17 日出身在一个矿工家庭。24 岁时，赫鲁晓夫加入布尔什维克党。由于他具有高超的政治工作才能，逐渐从基层党务工作者中脱颖而出。1935 年，赫鲁晓夫已成为莫斯科州委第一书记兼莫斯科市委第一书记，莫斯科州和莫斯科市的党组织都在他的绝对控制之下。

赫鲁晓夫与第一个妻子生的儿子列昂尼德·赫鲁晓夫因为混迹于土匪，被判死刑，决定枪毙，只因他当时有一个当乌克兰共产党中央第一书记的父亲，奇迹般地逃脱了惩治。

当列昂尼德在古比雪夫又犯罪后，赫鲁晓夫请求斯大林饶恕他的儿子，斯大林答应了。时值战争初期，列昂尼德戴罪上了前线，但他没在惩戒营当士兵，而是当上了飞行员。在第一次战斗中，列昂尼德驾驶的歼击机远离长机，向德军的方向飞去。

后来从苏共中央行政机关和克格勃一些人那里知道了列昂尼德的下落，他成了德国人的俘虏。最终他向德国人妥协，成了敌人手里的一张“王牌”。

斯大林得知后，命令不惜任何代价把列昂尼德从德国人手里“偷”回来，送到莫斯科。派到德国执行任务的“除奸队”完成了这一任务，将列昂尼德“偷”了回来，送到莫斯科。根据活跃在敌人后方“除奸队”收集到的列昂尼德的犯罪事实，莫斯科军区军事法庭判处列昂尼德死刑。

可以想象赫鲁晓夫当时的心情，他两次请求斯大林对他儿子从宽处理。于是，斯大林提出召开政治局会议讨论此事。

会上，“除奸队”队长阿巴库莫夫介绍了列昂尼德的犯罪事实和军事法庭的判决。

莫斯科州委和市委书记谢尔巴科夫第一个发言，他强调在法律面前必须人人平等。他说，如果名人的儿子犯了罪就能得到宽恕，我们如何向人民交代？应该维持原判。

接着发言的是贝利亚。他了解列昂尼德在基辅和古比雪夫的犯罪事实。他提到这两件事，并强调说列昂尼德已经被宽恕了两次。马林科夫、卡冈诺维奇和莫洛托夫也谈了自己的意见，他们一致同意维持原判。

最后表态的是斯大林。他做出决定的心情大概比其他人更沉重。因为他的大儿子雅科夫也当过德国人的俘虏。斯大林把自己的决定写在判决书上交给了赫鲁晓夫。他说："应当坚持和赞成同志们的意见。如果这种事情发生在我儿子身上，我会怀着一个父亲深深的哀痛接受这个公正的判决。"

会后不久，列昂尼德就被枪决了。

1953 年 9 月，赫鲁晓夫被任命为苏共中央第一书记。

赫鲁晓夫在上台后，对不满他的人采取了报复行动。他上台的第二天，莫斯科就取消了以谢尔巴科夫的名字命名的谢尔巴科夫区，关闭了以谢尔巴科夫的名字命名的百货商店，还捣毁了谢尔巴科夫纪念碑的基座。接着，贝利亚被逮捕了。法院以"刽子手和国际帝国主义奸细"的罪名判处贝利亚死刑。但是，没有人见过贝利亚案件的侦查和审理案卷。

在苏共二十大上，赫鲁晓夫开始对斯大林报复，从此，一场反斯大林的运动在全国开展起来。

赫鲁晓夫发表"秘密报告"之后，共产主义阵营出现混乱。许多国家的共产党面临分裂的危险。

受到赫鲁晓夫"秘密报告"冲击最大的首先是苏联社会本身。据与会者称，当赫鲁晓夫宣读"秘密报告"时，会场上的气氛异常压抑和紧张，甚至有人当场晕倒。报告引起了苏联人民极大的思想混乱，也有不少人接受报告的基调，但更多的人认为，"秘密报告"是对斯大林的诽谤，把一切罪过都推到斯大林身上是不公正的。1956 年 3 月 7 日至 9 日，格鲁吉亚第比利斯市发生大规模流血事件，对批判斯大林强烈不满的人群与军警发生冲突，造成数百人伤亡，大批"肇事者"被判处 1 年至 10 年的有期徒刑。

为了安定人心，稳住局面，赫鲁晓夫加紧了舆论宣传工作。“秘密报告”文本连同他的一封信，于 1956 年 3 月 1 日分发给了苏共中央主席团的委员、中央委员和候补中央委员以及中央书记。3 月 5 日，苏共中央主席团通过了《关于介绍尼·谢·赫鲁晓夫同志在苏共二十大上的〈关于个人崇拜及其后果〉的报告》的决议，建议向各州委、各边区委员会、各加盟共和国党中央向所有共产党员和共青团员、工人、职员和集体农庄庄员中的非党积极分子，介绍赫鲁晓夫的这一报告。

接着，《真理报》于 3 月 28 日发表《为什么个人崇拜和马克思列宁主义精神格格不入？》的专论，列举《联共（布）党史简明教程》和《斯大林传略》两本书，指责斯大林把一切功劳都归于自己。这是苏联报刊首次公开点名批判斯大林的个人崇拜。

在评说斯大林的过程中，有人进一步提出要对斯大林时期的全部历史做出新的评价。这使苏共领导集团内部的分歧和斗争再次激化。苏共中央通过《真理报》说，党在其历史上所有时期的政策过去是、现在依然是列宁的政策。4 月 5 日《真理报》又发表《党过去和现在都靠忠于列宁主义而取得胜利》的社论，宣称决不答应借对个人崇拜的批判，来怀疑党的历史、路线和成就。

迫于形势和压力，苏共中央 10 月 30 日通过了《关于克服个人崇拜及其后果的决议》（以下简称《决议》）。《决议》以较多的篇幅重新肯定斯大林在长期担任党中央总书记期间，同其他领导人一起，为实现列宁的遗训而积极斗争。说他忠于马克思列宁主义，作为一个理论家和大组织家，领导了党反对托洛茨基分子、右倾机会主义者、资产阶级民族主义者的斗争，以及反对资本主义包围的阴谋的斗争。

《决议》进一步解释说，斯大林正是在这种斗争中获得了巨大的威信和声望。苏联社会主义建设的胜利和对他的颂扬冲昏了他的头脑，于是逐渐形成了对他的个人崇拜。《决议》还强调指出，尽管斯大林的个人崇拜给党和国家造成极大的危害，但他不可能改变，也没有改变我们社会制度的性质，没有使苏联社会离开通向共产主义发展的正确道路。《决议》重申，苏共中央强调批判个人崇拜是从马克思列宁主义的原则出发的。

“秘密报告”在东欧各国，都引起了波动，波兰党的总书记贝鲁特在听了赫鲁晓夫“秘密报告”后，震惊万分，猝死在莫斯科。社会主义国家除南斯拉夫一片喝彩声外，其他国家多半是疑虑、震动和茫然。反应最强烈的是波兰和匈牙利。

1956 年 6 月，波兰发生“波兹南事件”。在赫鲁晓夫“秘密报告”的影响下，6 月上旬，波兹南斯大林机车车辆厂工人要求减少税收和增加工资。当局表示可以考虑减少税收，但拒绝增加工资。工厂派往华沙的代表团没有同政府达成协议。6 月 28 日，斯大林机车车辆厂的 1.6 万多名工人举行罢工和游行示威，不少群众加入游行队伍。他们要求市委领导接见其代表，遭到拒绝。人群中传出派往华沙的代表团被扣留的消息，引起群情激愤。在敌对分子煽动下，部分游行者冲击党政机关和市委大楼，夺取武器，枪击公安人员。当局出动军队进行镇压，造成数十人死亡，200 多人受伤，几百人被捕。6 月 30 日，当局采取一些缓和矛盾的措施，机械工业部部长被降职；向斯大林机车车辆厂征收的税款将分期发还给该厂工人；为事件中的受难者举行安葬仪式等。骚乱平息下去。10 月 19 日至 21 日，波兰统一工人党中央委员会选举产生新的领导核心，将“斯大林分子”排除出政治局，并选举刚从监狱里释放出来的弗拉迪斯拉夫·哥穆尔卡为中央第一书记。赫鲁晓夫和苏联其他领导人于 10 月 19 日飞往华沙，同时苏联坦克兵团向华沙推进。波兰领导人果断予以抵制。在中国共产党的规劝下，所有驻扎在波兰的苏联军队返回基地。

“波兹南事件”中游行队伍高举“我们要面包”标牌

“波兹南事件”后，东欧一些国家社会动荡加剧。一波未平，一波又起。

1956 年 10 月，又发生“匈牙利事件”。

10月22日，裴多菲俱乐部向匈党中央提出“十点要求”，提出按平等自主原则调整匈苏关系等。布达佩斯从10月23日清晨起，先是几千名大学生，随后增加到大约10万市民举行示威游行。大多数参加者要求纠正错误，实行新的经济政策，要求纳吉·伊姆雷出任总理。中央第一书记格罗·艾尔诺发表广播演说指责示威游行，进一步激化矛盾。当天夜晚，一批暴乱分子武装袭击国家广播大楼，随即攻占电台以及一些武器仓库和警察哨所，进而袭击公安部队人员和共产党人，此后，暴乱波及全国。深夜，匈牙利政府公布改组，由纳吉·伊姆雷出任总理。10月30日，纳吉公布取消一党执政，三天后组成四党联合政府。10月31日，以卡达尔·亚诺什为主席的匈牙利劳动党中央六人主席团公布解散匈牙利劳动人民党，重建新的匈牙利社会主义工人党。11月1日，纳吉公布匈牙利退出华沙条约组织，实行中立，呼吁联合国进行干涉。11月4日，以卡达尔为总理的匈牙利工农革命政府宣告成立，提出请求苏联部队帮助恢复国内秩序。同日，苏军进入布达佩斯，平息了骚乱。

历时13天的事件给匈牙利国家和人民带来了巨大的物质损失和人员伤亡。据不完全统计，经济损失200亿福林，相当于匈牙利全年国民生产总值的3/4。1991年匈牙利当局公布了一份当年的绝密报告：事件中死亡人数共计2700人，其中体力劳动者1330人，大专院校学生44名，中学生196人。约13000人受伤，另有约20万匈牙利人成为难民。而苏联方面也付出了722人死亡、1251人受伤的惨重代价。

纳吉及其政府成员偕家人共47人前往南斯拉夫驻匈使馆寻求政治避难。1956年11月22日，在得到匈牙利方面将纳吉等人送回各自家中并保障其安全的承诺后，南斯拉夫同意纳吉等人离开使馆。可是，纳吉等人坐的车刚驶离使馆就遭到苏军的劫持。1956年11月23日，纳吉被送至罗马尼亚，软禁在靠近布加勒斯特的斯那科夫政府别墅。1958年1月28日，“纳吉案件”的审理在布达佩斯正式拉开帷幕。纳吉被指控犯有“发动并领导阴谋推翻人民民主制度的罪行和叛国罪”。1958年6月16日，媒体公布了《匈牙利人民共和国司法部关于判处纳吉·伊姆雷和他的同谋者死刑和徒刑的公告》。

“秘密报告”在资本主义国家共产党队伍中也引起巨大混乱。英国共

布达佩斯 10 余万市民举行示威游行

产党中央于 4 月 1 日通过一项决议，要求苏共中央就赫鲁晓夫的报告发表一个公开声明。6 月 22 日，英国《工人日报》又刊登英共政治委员会声明，对苏共中央没有就赫鲁晓夫的报告问题发表公开声明表示遗憾。

美国共产党于 6 月 25 日发表声明称：我们认为，把所有的错误和违反社会主义原则的行为都归于一个人是同把苏联社会主义进展中的一切成就和伟大成绩归于一个人一样是错误的。

法国、意大利的共产党“二战”后曾一度成为本国最大的政党，但“秘密报告”的传播，使共产党员大批退党，共产党的力量和影响迅速削弱。西班牙共产党总书记多洛雷斯 · 伊巴露丽回忆说：得知苏联领导人揭露的令人痛苦的事实后，我们感到异常压抑和沉重，似乎还是茫然无知好些。

“匈牙利事件”发生后，全世界许多国家的共产党员纷纷公布退党，最闻名的就是当时的美国共产党领袖法斯特公开谴责苏共对匈牙利人民的暴力镇压，并公布退出共产党。

亚洲国家各党的做法比较谨慎，如在朝鲜、越南和印度尼西亚共产党内，严格限制关于个人崇拜问题的传达和讨论，所以受到的影响相对较小。

历史事实证实，“秘密报告”虽然揭开了斯大林个人崇拜和苏联模式弊端的盖子，一定意义上有助于推动各国探索适合本国国情的社会主义发展道路，但是实际结果却产生了严重的负面影响。

苏共二十大和赫鲁晓夫“秘密报告”，引起了毛泽东等中国领导人的高度重视。吴冷西主持的新华社从《纽约时报》上全文译出“秘密报告”，立即分送中央领导，同时密切关注并广泛搜集各国通讯社的电讯和报刊文章，随时报送中央。

1956 年 3 月 11 日和 12 日，中共中央召开政治局扩大会议，认为苏共二十大在破除对斯大林的个人崇拜、揭露其错误的严重性方面，具有积极意义，但赫鲁晓夫在“秘密报告”中全盘否定斯大林是不对的。

3 月 17 日，毛泽东在中南海颐年堂主持召开中央书记处扩大会议，商讨对策。与会者议论纷纷，愤愤然。毛泽东却显得特别冷静，他说：赫鲁晓夫的“秘密报告”值得认真研究，特别是这个报告涉及的问题以及它在全世界所造成的影响，现在全世界都在议论，我们也要议论。

他说：现在看来，至少可以指出两点：一是他揭了盖子，一是他捅了娄子。说他揭了盖子，就是讲，他的“秘密报告”表明，苏联、苏共、斯大林并不是一切都是正确的，这就破除了迷信。说他捅了娄子，就是讲，他作的这个“秘密报告”，无论在内容上或方法上，都有严重错误。他搞忽然袭击，不仅各国党没有思想预备，苏联党也没有思想预备。这么大的事情，这么重要的国际人物，不同各国党商量是不对的。

毛泽东的两点意见，对赫鲁晓夫的“秘密报告”定了一个基调。

3 月 23 日，中共中央书记处召开扩大会议，主要话题是讨论斯大林的错误，这在过去是没有过的。刘少奇系统地讲了斯大林的主要错误；周恩来说，斯大林同我党历史上几次重大错误有关；邓小平着重谈了反对个人迷信问题；王稼祥详细分析了赫鲁晓夫“秘密报告”中的内在矛盾。

毛泽东说，斯大林抗战时支持王明；抗战结束后又要中国共产党不要反击国民党发动的内战，在他 1949 年底访苏期间开始不愿签订《中苏友好同盟条约》，直到中国志愿军抗美援朝后才相信中国共产党是国际主义的共产党。

说到对斯大林总的评价时，毛泽东说，斯大林犯过严重错误，但他有伟大功绩，他仍然是一位伟大的马克思主义者。问题在于如何评价斯大林，是二八开、三七开，还是倒二八开、倒三七开，还是倒四六开？他觉得还是三七开比较合适，成绩是主要的，错误是次要的。

4 月 4 日，毛泽东主持书记处会议，讨论预备发表的文章《关于无产阶

人民日報

关于無產階級專政的歷史經驗

《人民日报》编辑部文章

级专政的历史经验》。毛泽东强调指出，从苏共反斯大林中得出的最重要的教训是独立自主，调查研究，摸清本国国情，把马克思列宁主义的基本原理同我国革命和建设的具体实际结合起来，制定我们的路线、方针和政策。

经由陈伯达执笔，中宣部和新华社协助，起草《关于无产阶级专政的历史经验》，后称为“一论”。文章经过毛泽东审查修改并由中央政治局讨论通过，于4月5日在《人民日报》上发表。

文章原本是《人民日报》社论，临发表之际，毛泽东改署为《人民日报》编辑部文章。

毛泽东的用意不是批判赫鲁晓夫而是为他补台的，文章以支持苏共二十大反对个人迷信的姿态出现，但对斯大林的错误作了客观分析，对他的一生作了公正评价。其基调是：斯大林是三分错误，七分成绩，总起来还是一位伟大的马克思主义者。

文章指出，苏联是一个在世界上史无前例的首先实行无产阶级专政的社会主义国家，难免犯这样或那样的错误；无产阶级专政要求权力的高度集中，而片面强调集中就会出现错误，这是完全能够理解的；斯大林在后期犯了某些严重的错误，但斯大林的错误不能统统归结为个人崇拜，从根本上说还是思想方法问题，是因为他的骄傲和不谨慎，接受和鼓励个人崇拜，实行个人专断；个人崇拜是过去人类长时期历史所留下的一种腐朽的遗产，是千百万人的一种习惯势力，因此必须与之进行长期的斗争；吸取个人崇拜的教训必须反对教条主义，学习马克思列宁主义。

文章一发表，在国际共产主义运动中反响热烈。包括在苏联，也发生了影响。

《真理报》全文转载了《人民日报》的文章。这时，苏联本身也收敛了对斯大林的批判，4—5 月间，一位老布尔什维克在列宁格勒大学发表了一篇关于斯大林崇拜的讲话，几天后被开除出党。

不久，赫鲁晓夫也被迫在很多讲话中宣布，斯大林是一位“伟大的马克思主义者”和“伟大的革命家”。党“不准许斯大林的名字受到共产主义的敌人的攻击”。

苏联政府于 1956 年 10 月 30 日，发表了《关于发展和进一步加强苏联同其他社会主义国家的友谊和合作的基础的宣言》。

于是，胡乔木奉毛泽东之命，写了《社会主义各国的伟大团结万岁》一文，以《人民日报》社论的名义于 1956 年 11 月 3 日发表。

虽说这时中苏双方都强调了“友谊”“合作”“团结”，然而，意识形态的分歧正日益加剧。于是，根据毛泽东的指示，由中央政治局多次讨论，胡乔木起草，毛泽东修改定稿，《再论无产阶级专政的历史经验》一文于 1956 年 12 月 29 日在《人民日报》上发表。

文章两面作战：既讲斯大林的错误，又维护斯大林主义；既反对大国沙文主义，强调各国独立自主，又反对“小国沙文主义”，提倡国际主义；既反对教条主义，又提出了反对修正主义，维护十月革命。文章旨在克服思想混乱，呼吁“要加强以苏联为中心的国际无产阶级的团结”。

“再论”指出，在 1956 年 4 月间，我们曾经就斯大林问题讨论过无产阶级专政的历史经验。从那个时候以来，在国际共产主义运动中，继续发生了一系列引起我国人民关切的事件。铁托同志在 11 月 11 日的演说和各国共产党对于这篇演说的评论，在我国报纸发表以后，再一次使人们提出了许多需要加以答复的问题。我们现在这篇文章将着重地讨论以下一些问题：关于苏联的革命和建设的基本道路的估计；关于斯大林的功过的估计；关于反对教条主义和修正主义；关于各国无产阶级的国际团结。

文章点的是铁托，实际上批判的是赫鲁晓夫。

“再论”已作为一篇重要的历史文献，载入国际共产主义运动文库。

“两论”在马克思主义发展史上，在社会主义运动史上，第一次提出了社会主义社会中仍然存在着矛盾的重要论点，并对矛盾性质的区分及其转化作了论述。这一重大理论突破，为确立评价斯大林及苏联经验的科学原则和方法提供了重要理论支持，也为后人正确评价历史人物提供了具有实践意义的法则和标准。

赫鲁晓夫为了应付困境，对“两论”评价甚高。尤其“再论”，得到特别重视，苏联广播电台连续播放。赫鲁晓夫对斯大林的评价也趋于温和。

与老大哥“分道扬镳”

如何评价斯大林是中苏两党分歧的开始。接着，在发生的“波兰事件”中，毛泽东又坚决反对苏联出兵干涉波兰。

1956 年 10 月 20 日，苏联驻华大使尤金紧急晋见刘少奇，将苏共中央给中共中央的一个通知交给刘少奇。通知说：苏联根据《华沙条约》准备调动军队来解决问题，想知道中共的意见。

21 日和 22 日晚，毛泽东在中南海颐年堂先后召集中央政治局常委会议和中央政治局会议，讨论对苏共的答复。毛泽东说：儿子不听话，老子打棍子。一个社会主义大国对另一个社会主义邻国武装干涉，是绝对不能允许的，这是严重的大国沙文主义。

与会者一致赞同毛泽东的意见。

会议刚结束，毛泽东就由刘少奇、周恩来、邓小平陪同，紧急约见苏驻华大使尤金。毛泽东劈头就对尤金说：我们政治局一致认为，苏联武装干涉波兰是违反无产阶级国际主义原则的，中共中央坚决反对这样做。希望你们悬崖勒马，如果你们不听劝告，中共中央和中国政府将公开谴责你们，请你立即打电话告诉赫鲁晓夫同志。

尤金满头大汗，连声“是”！“是”！迅速退走。

尤金退出后，约凌晨 3 时，毛泽东、刘少奇、周恩来、邓小平继续开会，决定派团赴苏，由刘少奇、邓小平、王稼祥、胡乔木四人组成，师哲任翻译。

10 月 23 日清晨，刘少奇、邓小平一行紧急出发，飞往莫斯科。

第二天，刘少奇一行到克里姆林宫参加苏共中央主席团会议，刘少奇在会上作了长篇发言。

经过中共的耐心劝说和苏波之间激烈的辩论，苏波两党终于在莫斯科达成协议：苏军不干涉驻在国的主权与内政，苏军调动须征得波政府同意。双方在相互平等、尊重国家主权和独立的基础上，发展友好合作关系。

10 月 30 日，苏联政府单方面发表了改进社会主义国家关系的宣言。宣言基本上是按刘少奇发言的内容起草的。宣言承认过去在处理社会主义国家的关系方面犯了错误，表示今后将遵守互相尊重主权和平等互利的原则，同有关国家改善关系。11 月 1 日，中国政府发表声明予以支持。

正当中共劝和，苏波达成和解协议之时，匈牙利局势异常紧张起来，从10 月下旬起，军警同示威群众不断发生冲突。

“匈牙利事件”虽同“波兰事件”有相同的背景，但情况更加复杂。匈党第一书记卡达尔束手无策，请求驻匈苏军协助恢复秩序。这时国内敌对势力进一步策动匈牙利军队叛变。

赫鲁晓夫此时迟疑起来，举棋不定。10 月 30 日决定从匈牙利撤出苏军。刘少奇、邓小平、王稼祥、胡乔木等人均感意外。当晚，刘少奇打电话报告毛泽东。

毛泽东主张进攻。

最后，赫鲁晓夫决定进行武装干涉。11 月 1 日，刘少奇、邓小平启程回国，苏共中央主席团全体成员到机场欢送，纷纷感谢中国党的帮助，赫鲁晓夫告诉刘少奇：昨晚苏共主席团已决定采取进攻方针。

11 月 4 日，苏军开进布达佩斯，镇压了匈牙利叛乱，帮助卡达尔建立了新政府。纳吉躲进南斯拉夫大使馆，后寻机逃出国境，却被苏军截获，随后转移囚禁在保加利亚，1958 年被枪毙。南斯拉夫提出抗议，苏联不予理睬。刚刚修好的苏南关系由此重新恶化。

中苏裂痕的加大是从毛泽东怒拒联合舰队开始的。

1957 年 11 月毛泽东二访莫斯科，是应赫鲁晓夫再三请求，到会支持赫鲁晓夫的。赫鲁晓夫给予了超常规的热情接待，对毛泽东寄予希望。毛泽东的确从团结的大局出发，做各国代表的工作，坚持“以苏联为首”。但在会上，中苏之间在对帝国主义力量的估计、在对现代战争的看法、在和平过渡等问题上，是存在分歧的。最后达成妥协，签署了《莫斯科宣言》。

不过，真正引起中苏冲突的还不在意识形态方面，而在国家主权问题上。

1958 年 4 月 18 日，苏联国防部部长马利诺夫斯基致函中国国防部部长彭德怀，希望在 1958—1962 年间，由中苏共同建设一座大功率长波发报无线电中心和一座远程通信特种收报无线电中心（即长波电台）。

6 月 7 日，毛泽东批示："钱一定由中国出，不能由苏方出。使用共同。""并且应当由两国政府签订正式协定。"6 月 12 日，彭德怀据此复信苏联国防部部长。可是苏方仍坚持由中苏双方共同建设和管理，实际上要求中苏共有。

正在"共建长波电台"问题发生争执和交涉之时，苏联又向中国提出建立共同潜艇舰队问题。

原来，6 月 28 日，周恩来写信给赫鲁晓夫，希望苏联在中国新型海军舰艇建设方面给予技术援助。苏联驻华顾问很热心，建议中方向苏方订购新的海军装备。

接着，苏联驻华大使尤金于 7 月 21 日求见毛泽东，以赫鲁晓夫的名义提出：苏联没有出海口，中国海岸线很长，希望同中国商议建立一支共同的潜艇舰队。毛泽东听后，当即表示：首先要明确方针，是我们办，你们帮助，还是只能合办，不合办，你们就不给帮助？

1954 年，毛泽东欢迎赫鲁晓夫

毛泽东为此十分生气，一夜未睡。第二天，7 月 22 日，毛泽东和周恩来、彭德怀等中国领导人一起同尤金谈话。

毛泽东说：建共同舰队，涉及主权，讲政治条件，一个指头都不行。

他严厉质问尤金：“你们是什么意见？”尤金解释不清，毛动怒地说：“你说不清，请赫鲁晓夫来讲！”

尤金给赫鲁晓夫拍去急电。

时隔一周，7 月 31 日赫鲁晓夫秘密来京。毛泽东等到南苑机场迎接，没有红地毯，没有仪仗队，也没有拥抱。在赫鲁晓夫在京的四天中，没有为他安排文艺活动和参观，与 1954 年第一次访华相比，已不可同日而语了。

1954 年 9 月 29 日，以苏共中央第一书记赫鲁晓夫为首的苏联政府代表团应邀抵达北京，参加中华人民共和国成立五周年庆祝活动并进行国事访问。

从 9 月 29 日至 10 月 12 日，以周恩来总理为首的中国政府代表团和以赫鲁晓夫为首的苏联政府代表团举行了会谈。毛泽东、刘少奇也参加了会谈。这次会谈签订了《关于中苏关系和国际形势各项问题的联合宣言》《关于对日本关系问题的联合宣言》以及关于苏联政府给予中国政府 5.2 亿卢布长期贷款的协定和关于苏联政府帮助中国政府新建 15 项中国工业企业和扩大原有协定规定的 141 项企业设备的供应范围的议定书。

赫鲁晓夫代表苏联政府和人民致书毛泽东，赠给中国人民为组织拥有 2 万公顷播种面积的国营谷物农场所必需的机械设备。对此，毛泽东表示感谢。

这次的会谈在颐年堂举行。

毛泽东一脸严肃：“请告诉我，什么叫共同舰队？”

“嗯，嗯，所谓共同嘛，就是共同商量的意思。”赫鲁晓夫想避开要害，慢慢说。

“请你说明什么叫共同舰队？”毛泽东抓住要害不放。

“毛泽东同志，我们出钱给你们建立这个台电。这个电台属于谁对我们无关紧要，我们不过是用它同我们的潜水艇保持无线电联络。我们甚至愿意把这个电台送给你们，但是希望这个电台能尽快地建立起来。”

毛泽东拂袖而起，指着赫鲁晓夫的鼻子说：“你讲的这一大堆毫不切题。我问你，什么叫共同舰队？”

赫涨红了脸，不敢正面交锋，委婉地说：“我们不过是来跟你共同商量商量。”

“什么叫共同商量，我们还有没有主权了？你们是不是想把我们沿海地区都拿去？你们都拿去算了！”“我们一万年不建设海军也没关系。你们去搞原子弹，我们去打游击战。我们没有原子弹，没有军舰，将来索性把全部海岸线都给你们，叫你们打好了。”

赫鲁晓夫说：“不同意就不同意吧，我们不提这个建议了。为什么要这样误解我们呢？”赫鲁晓夫转守为攻，说：“苏联对你们中国做出了许多援助。”

毛泽东说：“这是另一个问题，是另一个问题。”

毛泽东说：“中国人是最难同化的。”“过去有多少个国家想打进中国，到我们中国来。结果呢？那么多打进中国来的人，最后还是站不住。”

赫鲁晓夫面无表情地坐在那里。

赫鲁晓夫秘密来华，走时发表了会谈公报，是公开离京的。

中苏两党分歧的加深是对外政策上。

1958 年 10 月，中国炮击金门，中美再度走上军事对峙，这使中苏之间在对外政策上的分歧立时显现。

1958 年 7 月 31 日，毛泽东在机场迎接访问中国的苏共中央第一书记赫鲁晓夫

1955 年 3 月 3 日，美台共同防御条约生效。1956 年 1 月签订了美台军事协定。

美国向台湾派驻了“协防台湾司令部”，将美军驻台军事顾问团扩充到 2600 人。美空军第十三特种舰队进驻台湾。1957 年 5 月 7 日，美驻台司令殷格索尔宣布，美国在台湾部署了可携带原子弹头的“斗牛士”导弹和电导导弹。

杜勒斯声称，如果中国以武力解放台湾和澎湖列岛，那么我们将进行战斗。

毛泽东决不能容忍台湾分割之势固定化和永久化。他一直在寻找机会使台湾问题再次引起国内外关注，将美国逼回谈判桌，迫使蒋介石接受和谈方针。

1958 年夏，发生了中东事件，伊拉克发生政变，推翻了亲英美的哈希姆王朝建立共和国。美国以应黎巴嫩总统夏蒙的请求为借口，派兵在黎巴嫩登陆，企图镇压伊拉克新政权。毛泽东下决心“利用这个机会在国内外搞点东西”。

毛泽东选择黎巴嫩人民反对美军入侵之机，在台湾海峡采取军事行动，其目光不仅仅局限于台湾海峡，而且注入了他的全球性战略考虑。

1958 年 8 月 17 日，毛泽东在中共中央北戴河会议上做出炮击金门的最后决定。18 日，毛泽东致信彭德怀，亲自部署打金门。

8 月 23 日下午，台海上空天气晴朗。17 时，前线司令员发出命令：开始突击，顷刻间，炮声隆隆，地动山摇，金门岛顿时陷入一片烟雾火海之中。

炮击金门既是武仗，更是文仗，因而，每一步骤都在毛泽东的直接掌握之中，渗透了他妥善处理中、美、蒋微妙的三角关系的策略思想。其方针是八个字：“直接对蒋，间接对美”，尽量避免与美国人直接交锋。办法是只打金门，不打台湾。他说：我们整金门，我们是整家法，这是我们国内的事。当然整台湾也是整家法，不过，那个地方有你美国兵，那我还是暂时不去。

1958 年，解放军炮兵部队炮击金门

中国并不想由炮击金门引发中美之战。至于炮击金门的直接军事目的，起初准备收复金门马祖。但毛泽东仍然是走一步，看一步，并未最后确定，也未公开。

金门炮响后，台湾惊恐万状。艾森豪威尔迅即从地中海、美国西海岸以及菲律宾调来第六舰队的一半舰只，并重申美国将不放弃它武力阻止解放台湾的“责任”。9月4日，杜勒斯发表声明，公开威胁要把美国在台湾海峡的“协防”范围扩大到金门、马祖。

赫鲁晓夫对炮击金门十分恼火。他不赞成中国在台湾问题上采取强硬态度，但在摸清了中国不是就要用武力解放台湾的用意后，得到中国关于不拖苏联“下水”的承诺后，公开表示：美国对中国的侵犯就是对苏联的侵犯，苏联不会“无动于衷”“袖手旁观”。苏联的态度对美国的行动起了一定的制约作用。

在这种形势下，美国政府不得不审慎行事。9月4日，杜勒斯在备忘录中透露美国的底牌：美国不放弃和平谈判的希望。

经过两周的炮击，毛泽东的目的基本达到。周恩来说：“打炮就是试验他，这回试验出来了，杜勒斯这张牌出来了。”

根据新的情况，毛泽东确定采取边打边谈，以打促谈的方针，逼美国重新回到谈判桌旁。一方面继续炮击金门，另一方面呼吁恢复中美会谈。

艾森豪威尔决定，只为国民党提供护航但避免驶入中国内海与中国发生冲突。

毛泽东同样为了避免与美国发生直接冲突，指示前方“只打蒋舰，不打美舰”，如果美舰向我开火，不要还击。9月7日，我方向蒋舰发炮，护航的美国军舰掉头就跑。

9月15日，中断了九个月之久的中美大使级会谈复会，会址从日内瓦移席华沙。

中美恢复大使级会谈，顿时引起台湾当局的严重担忧，唯恐双方在牺牲台湾当局利益的基础上达成协议。台湾发言人匆匆表态：反对中美大使级会谈。

美蒋矛盾的公开化，引起毛泽东、周恩来等中国领导人的注意。毛泽东认为，把金、马留在蒋介石手里，必然加深美蒋之间的矛盾。这将激发蒋介石的民族性，也保留了一个大陆同台湾对话和接触的形式。

于是，毛泽东决定暂时停止炮击，转入政治攻势。10 月 6 日，毛泽东起草，以国防部部长彭德怀名义发表了《告台湾同胞书》，明确指明：“我们都是中国人，三十六计，和为上计”，“美国人总有一天肯定要抛弃你们的。”

我国防部长彭德怀发表告台湾同胞书

台、澎、金、馬是中國的一部分，不是另一个國家。世界上只有一个中國，沒有两个中國。建議举行談判，实行和平解决。美國人总是要走的，不走是不行的。

▲《告台湾同胞书》

10 月 25 日，彭德怀再次发表《告台湾同胞书》，宣布今后逢单日打炮，双日不开炮。此后，福建前线出现了逢单日打、双日不打的戏剧性场面。

炮击金门之事使赫鲁晓夫虚惊一场，他虽然公开表示支持中国，但对中国的对外政策加深了怀疑。赫鲁晓夫对炮击金门“马后炮”式的支持，也使毛泽东及中国领导人进一步看到，所谓中苏同盟并不可靠。

庐山会议党内一场争论之后，中苏两党首脑之间又发生了一场激烈的交锋。

早在 1957 年 10 月签署的秘密中苏技术协定，苏联曾承诺帮助中国建立导弹和原子弹制造工厂，并向中国提供原子弹样品。但就在赫鲁晓夫访美之前，苏联政府于 1959 年 6 月 20 日单方面撕毁了上述协定。

苏共担心向中国提供核技术，不但影响 6 月举行的日内瓦禁止核试验谈判和即将进行的苏美首脑会谈，而且还会“养虎遗患”。

1959 年 3 月 10 日，西藏上层分裂分子突然发动武装叛乱，高呼“赶走汉人”“西藏独立”等口号，包围西藏军区司令部，不顾中央代表再三劝告，19 日向解放军部队发动攻击。22 日，人民解放军奉命，彻底平息了叛乱。随后大大加快了西藏废除农奴制的民主改革。

西藏平叛和民主改革，本是中国内政，然而，在印度却引起了激烈的反响。印度出现了大量诽谤中国的言论，西藏局势基本稳定后，他们又把注意力转到中印边境上，总是要制造纠纷，企图干涉西藏的民主改革。终于在8月25日，酿成第一次中印边界武装冲突。

赫鲁晓夫担心中印武装冲突会给他访美之行带来不利影响，于是他不顾中国的多次解释和劝阻，拒绝接受中国关于苏联不发表声明的建议，迫不及待地发表了一个所谓“中立”的塔斯社声明，称“对于发生中印边界事件不能不表示遗憾”。

在中国领导人看来，赫鲁晓夫的声明无疑是对中苏条约义务的公开背弃和对盟友的背叛，是他访美前向艾森豪威尔送去的一份见面礼。

赫鲁晓夫在美国的两周，大出了风头。他游览华盛顿，访问国会，举行首脑会议，访问纽约、洛杉矶、旧金山，到了好莱坞，他参观了工厂、商店、农场。他似乎忘记了他面对的是最大的帝国主义头子，对艾森豪威尔印象很好。

赫鲁晓夫28日飞回莫斯科后就在体育馆举行了一次规模宏大的会议，介绍他的美国之行。第二天，飞往北京参加中华人民共和国成立10周年庆祝活动。

1959年是中华人民共和国的10周年大庆。北京面貌焕然一新。刚刚竣工的十大建筑，尤其是矗立在天安门广场西侧的人民大会堂，光耀夺目，为国庆增添了色彩。应邀前来参加中国人的庆典的，有来自世界各地87个国家的友人。

苏联代表团阵营最为庞大。

毛泽东很重视赫鲁晓夫的来访，尽管双方已有很多分歧和不愉快，他破例到机场欢迎。而来参加庆典的其他国家的国家元首、党的首脑都是刘少奇、周恩来、朱德等迎送的。

在欢迎宴会上，毛泽东尽量保持大国领袖的风度和东道主的礼貌，仍然把赫鲁晓夫安排在自己的身边。左手坐着越共主席胡志明。

宴会席上，毛泽东往赫鲁晓夫的盘里夹菜，起身给赫鲁晓夫敬酒，却一

△ 1959 年，赫鲁晓夫最后一次访华

脸严肃；有时也会哈哈大笑，在餐桌上戏剧性地变化着表情。赫鲁晓夫保持着矜持的笑容，宾主心中都有数，这丰盛的晚宴的背后，隐藏着日益增大的裂痕。胡志明不时起身敬酒，想缓和这种不快的气氛。

接着，双方举行的中苏首脑的会谈成为一场激烈的新交锋。

10 月 2 日下午，在颐年堂举行中苏两党、两国的高级会谈。会谈一直连续到晚上，长达七小时。

首先由赫鲁晓夫介绍苏美会谈情况。他把苏美会谈的成果概括为戴维营精神。戴维营是美国已故总统罗斯福的别墅。赫鲁晓夫说：美国总统“也像人们一样在为保障和平而操心”，戴维营会谈“开创了人类历史的新纪元”，“没有战争的时代开始了”，1960 年要成为“没有武器、没有军队、没有战争的世界”的一年。

毛泽东静静地听着，慢条斯理地回了一句：“你们跟美国人谈，我们不反对，问题是你们有些观点，什么三无世界呀、戴维营精神呀，这怎么可能呢？事实也不是这样。”

赫鲁晓夫的眼睛眯成了一条线，放低嗓音笑嘻嘻地说：“你们没接触不会知道，美国人还是很想缓和国际关系的。他们确实很富，我这次可是亲眼看到了，真的，我亲眼看到了美国的工人，很富，很富。”

毛泽东眉头锁起：“怎么？你只带回这些东西？”

赫鲁晓夫把话题转到中印边界冲突。“你们不该和印度打仗，为了那块无人烟的不毛之地，和尼赫鲁冲突起来，很不值得。尼赫鲁这个人还是反帝的，你们应该团结他，不该发生冲突。”

毛泽东说："这可是个原则问题。"

陈毅接过话题："中印边界的事件，不是冲突，而是印度军队的侵略。"

赫鲁晓夫说："我打过仗，不管谁先开枪，反正印度死人了。尼赫鲁是印度在共产党之外最进步首领。他奉行积极的中立政策。"

陈毅说："中国的西藏和印度之间的边界是英国在 1914 年用所谓'麦克马洪线'确定的，这块土地是中国的，是英国人从我们手里夺走的。印度是继续英帝国主义的遗产。你们为什么用塔斯社名义发表声明，站在印度一边？"

陈毅的质问似乎刺痛了赫鲁晓夫。他有些失态，脸涨得通红："干什么？军衔你是元帅，我只是中将。但是在党内我是第一书记，是第一书记！"

"你是第一书记，没错，但你对的意见我们就会听，不对的，第一书记的意见也不行。"陈毅顶了回去。

赫鲁晓夫继续指责中国说："中国和印度是在争夺高山上人烟稀少的领土，难道为了这些荒山可以去流血？"他转过脸来对周恩来说，"你是一个大外交家，你难道一点也不清楚？你们非要得罪尼赫鲁。得罪尼赫鲁就得罪了一大片。"

周恩来不温不火，巧妙地反问赫鲁晓夫："如果苏联与芬兰发生了边界事件，苏方将采取什么对策？"

赫鲁晓夫说："现在国际形势缓和了。苏美正就禁止武器进行谈判。苏联有原子弹就等于中国也有。关于这个生产原子弹，我们是不是把它们撤回去。"

他是要把派到中国来帮助中国研制原子弹的专家撤回。在这年 6 月他在去美国访问之前，下令停运已经装箱准备运往中国的原子弹样品。如今干脆提出撤回原子弹专家，他要用这个压中国屈服，压毛泽东屈服。

不料毛泽东冷冷地说："我们可以自己试试，这对我们也是个锻炼。"

10 月 4 日，毛泽东率领一大批高级官员为赫鲁晓夫送行，让赫鲁晓夫风光地离开了中国。

赫鲁晓夫一回到苏联境内，10 月 6 日就在苏联远东城市海参崴发表第一次公开讲话说"向往着战争，像一只公鸡一样准备打架"，这是不指名地攻击毛泽东。

1959 年 10 月，赫鲁晓夫最后一次访华，没能说服毛泽东接受他的“和平共处”路线。双方争吵很厉害，结果不欢而散。从此，中苏之间的分歧和矛盾迅速加深。

1960 年 4 月，中共借纪念列宁 90 周年诞辰的机会，在《红旗》杂志第 8 期发表了《列宁主义万岁》的文章；4 月 22 日，《人民日报》发表了《沿着伟大列宁的道路前进》的文章；同日，陆定一在纪念列宁诞辰大会上做了《在列宁的革命旗帜下团结起来》的报告。文章对苏共的思想路线及其内外政策，引据马恩列之经典，进行了全面、系统和严厉的批判，全面阐述了自己对时代、战争与和平、和平共处等问题的观点。

1960 年 6 月 20 日至 25 日，罗马尼亚工人党代表大会在布加勒斯特举行。除南斯拉夫外，来自欧亚各个共产主义国家的代表团出席了这次代表大会，苏联代表团由赫鲁晓夫率领，中国代表团由中国共产党政治局委员和书记处书记彭真率领。会上中苏两党又发生了激烈的争论。

6 月 24 日，召开 12 个社会主义国家共产党和工人党会议，25 日至 26 日，召开 51 国共产党和工人党代表会议。赫鲁晓夫在会上公开指责中共“拒绝和平共处”“希望战争”“制造紧张局势”，是“左倾冒险主义”；还对中国国内政策如三面红旗、“双百”方针、政治挂帅、干部参加劳动、大办民兵、大炼钢铁等进行了批评。

赫鲁晓夫又发动各国党代表团利用各种机会围攻中共代表团，全面批驳中国《列宁主义万岁》等文章，一时中共代表团十分孤立，只剩下东欧最小的阿尔巴尼亚一国倾向和同情中共。

为此，中共中央给代表团发来写好的声明，让代表团立即译成外文发出去。声明中揭露苏共对中国共产党搞突然袭击，对各国党采取家长式的专横态度。表示中国共产党决不听从任何人的指挥棒，决不向任何错误的观点和做法屈服。

这份措辞强硬的声明，进一步激怒了赫鲁晓夫。26 日会议的最后三小时，赫鲁晓夫作总结性的发言。他对中共作了全面、系统的攻击，彭真即席发言，予以反击，言辞同样尖锐而激烈。会上双方几乎到了对骂的程度。最后，中共代表团“为了顾全大局，仍然在会谈公报上签了字，以便缓和一下已经

1959年6月，周恩来接见即将回国的苏联专家

出现的严重分歧和对立”。

会后，苏联把意识形态的分歧扩展到国家关系上。

7月25日，苏联政府通知中国政府，从7月28日至9月1日，将全部撤回在华专家1390人，停止派遣专家900多名，并撕毁343个专家合同和合同补充书。苏联政府的这种做法是把中苏两党之间的思想分歧扩大到国家关系方面。苏联专家分布在中国经济、国防、文化教育和科学研究等部门的250多个企业和事业单位，在技术设计、工程施工、设备安装、产品试制和科学研究等方面担负着重要的任务。

中国第一个五年计划以来，苏联援助的304个项目中还有201个项目正在建设中，其中许多项目是由苏联专家负责的，这些项目又直接或间接地牵动着12个方面的工作，所以，苏联撤回专家完全打乱了中国国民经济建设的安排。

7月31日，我外交部复照苏联驻华大使馆，指出苏联撤回专家的行动违反中苏友好条约，违反社会主义国家之间友好关系的准则，表示希望苏联政府重新考虑并改变此决定。

苏联不予理睬，加紧了撤退专家的行动。

毛泽东愤怒地说：“还不如法国的资产阶级，他们还有一点商业道德观念。”

尽管如此，中国对曾给自己以巨大帮助的苏联专家以礼相送。

8月16日，周恩来为即将奉命回国的苏联专家举行告别宴会，对他们为中国的社会主义建设做出的巨大贡献表示诚挚的感谢。他动情地说：“我们分开了，但相信两国、两国人民的友谊是永恒的。”讲到最后，他说：“我的感情已经不允许我再讲下去了。”在座的苏联专家深受感动，有些人还流下了眼泪。

赫鲁晓夫突然撤退专家、撕毁合同，对于正面临严重困难的中国经济，不啻雪上加霜。然而，赫鲁晓夫对中国人的伤害，不只在经济上，更在感情上。

1960 年 9 月 15 日，中共代表团动身赴莫斯科，参加 26 国党起草委员会会议，为世界共产党会议起草文件，在这之前举行中苏两党会谈，以解决分歧，协调立场。

中共代表团由中共中央总书记邓小平率团赴会，代表团飞抵莫斯科，受到了高规格的接待。17 日开始举行中苏两党会谈，中方的主角是邓小平，苏方的主角是苏斯洛夫，一位意识形态专家。

表面的热情无法消除两党的深刻分歧。这次会谈仅仅是“各自陈述了自己的观点”，什么问题也没有解决就散了会。

赫鲁晓夫没有参加中苏两党会谈，他先于 9 月 9 日率领了一个庞大的代表团参加第 15 届联合国大会，10 月 14 日才飞回莫斯科。

邓小平于 9 月 23 日飞回北京，向毛泽东和中央政治局常委扩大会议汇报了中苏会谈的情况。

10 月 1 日，邓小平返回莫斯科，参加 10 月 1 日至 22 日举行的 26 国党起草委员会会议。

起草委员会上的争论是激烈的，苏共要通过自己起草的 81 国会议声明草案，其中除了坚持把苏共二十大和二十一大路线写进声明外，更含有攻击中共的内容，表面上批判南斯拉夫，实际上是指桑骂槐。中共代表团对声明草案提出许多重大原则性修改意见。双方进行了激烈辩论。

在这次对阵中，会上支持中共的有 7 票，连同中共自己共 8 票，站在苏共一边共 11 票，处于中间地位的有 7 票。

10 月 14 日，赫鲁晓夫回到莫斯科，很快加入了辩论。在著名的叶卡捷琳娜大厅，赫鲁晓夫为中共及其他兄弟党代表团举行隆重欢迎宴会。双方论战开始了，赫鲁晓夫选择的靶子是阿尔巴尼亚，他口里骂着阿尔巴尼亚，心里在骂中共。

邓小平毫不示弱，他说："阿尔巴尼亚劳动党是个小党，能够坚持独立自主，你们应该更好地尊重人家，不应该施加压力，援助是为了实行无产阶级国际主义义务，而不是为了控制和干涉。"

邓小平此话一出，赫鲁晓夫心中更火，不再拐弯抹角，矛头直接对准了中共："你们中国在斯大林问题上前后不一致。开始拥护我们，后来又反对我们。"

邓小平说："我们赞成反对个人迷信。斯大林的错误当然要批，功绩也一定要肯定。我们反对的是全盘否定。"

突然，赫鲁晓夫话题一转说："高岗是我们的朋友，你们清除了他，就是对我们的不友好，但他仍然是我们的朋友。"

这是在明目张胆地干涉中共内部事务。邓小平有些恼怒了，他说："这可是你说的话，你这个讲法要记录在案的。"

赫鲁晓夫不计后果，继续说："你们不是喜欢莫洛托夫吗？你们把他请去好了，我把他送给你们。但高岗可是我们的朋友。"

"荒唐！完全是无稽之谈！"

邓小平大声反驳，引来众人的目光，赫鲁晓夫满脸通红。苏共中央主席团其他成员走过来，敬酒、碰杯、打圆场，一场饭桌上的论战停止了。

10 月 24 日，邓小平、彭真率团返回北京。

11 月 5 日，以刘少奇为首的中共代表团赴莫斯科参加十月革命 43 周年庆典，出席 81 国世界共产党和工人党会议。

在机场，刘少奇、勃列日涅夫分别发表了友好的讲话，双方盛赞中苏"兄弟友谊"，似乎此前什么事也没有发生过。

这只是做给外界看的。

十月革命的庆典是隆重热烈的，气氛是喜庆祥和的。这毕竟是世界共产主义者的共同节日。

会议于 11 月 11 日开幕，81 个共产党和工人党代表出席。

会议一开始，一场新的争论也就开始，交锋主要在中苏两党之间，主角是邓小平和苏斯洛夫。刘少奇虽坐在中方首席，却只偶尔插插话。

以支持苏共政策的党为一方，以支持中共观点的党为一方，展开了又一场斗争，甚至于对骂。

会议有破裂的危险。胡志明出面调解，苏共中央也不想闹得不可收场。此后中苏双方不再相互公开谴责，关于会议声明，双方各做出一定妥协。

12 月 1 日，各国共产党终于签署了《莫斯科声明》和《告世界人民书》两份文件。一场激烈的论战终于有了一个妥协的结局。

会议结束，邓小平等先期回国，刘少奇以国家主席的身份应邀访问苏联。苏方安排了不少隆重、热情的访问活动。

12 月 7 日《人民日报》发表社论：《胜利的旗帜，团结的旗帜！》高度评价莫斯科会议和《莫斯科宣言》。

12 月 9 日，刘少奇率团回到北京，毛泽东、周恩来等到机场热烈迎接。10 日，《人民日报》为刘少奇访苏发表社论：《最亲密的兄弟，最伟大的友谊》。

1962 年 4 月 22 日至 6 月，中国新疆伊犁和塔城地区发生了少数民族边民集体逃亡事件，逃往苏联境内的边民达 6.7 万余人。这一方面是由于严重的经济困难，另一方面也与中苏分歧有关。中苏双方为此再度展开了相互指责。

7 月至 10 月，又发生了美苏古巴导弹危机。10 月 25 日，中国政府发表支持古巴反对美国战争挑衅的声明。10 月 28 日，北京举行了有 1 万多人参加的支持古巴反对美帝国主义战争挑衅大会，周恩来、邓小平等党和国家领导人，中华人民共和国元帅和将军们参加了大会。

12 月 12 日，赫鲁晓夫在苏联最高苏维埃会议上发表对外政策的讲话，为他的古巴危机期间的政策进行辩护。依然是明批阿尔巴尼亚，暗指中共。

12 月 25 日，《人民日报》发表《全世界无产者联合起来反对我们的共同敌人》的社论，答复了赫鲁晓夫 12 月 12 日讲话，批评利用一个党的代表大会攻击另一个党的错误做法，是只能加深分歧、制造分裂，为亲者痛，仇者快。

1963 年，中苏两党关系继续恶化。

1 月 15 日至 21 日，在东德党代会上，赫鲁晓夫亲自赴会并作了长篇发言，其矛头指向中国。中共代表伍修权在大会发言，提出停止相互攻击和早日召开世界共产党会议的建议。然而，与会的各国代表失去了耐心和理智，伍修权的讲话不断地被“呸”声所淹没。当提到苏方时，台下有意起哄，拍桌子、吹口哨、跺地板，一片混乱，企图打断伍修权的发言。

中共中央决定奋起回击，1 月 27 日，《人民日报》发表社论：《在〈莫斯科宣言〉和〈莫斯科声明〉的基础上团结起来》，着重回答了在东德党代会上对中共代表的围攻。

2 月 21 日，中共中央突然收到苏共中央致中共中央和毛泽东的信，建议停止公开论战，召开中苏两党会议，为召开世界共产党会议做准备。经双方多次交谈，中苏两党会谈定于 1963 年 7 月 6 日至 20 日在莫斯科举行。然而，会谈还未举行，论争的气氛已经升级。

6 月 14 日，中共中央向苏共中央发出《关于国际共产主义运动总路线的建议》的复信（简称“25 条”），并于 6 月 17 日公开发表，这份由毛泽东亲自定题定稿的复信，更加全面深刻地批判驳斥了苏共的观点。

6 月 27 日，苏联外交部照会中国使馆，宣布三名使馆工作人员和两名留学生为“不受欢迎”，驱逐回国。

1963 年，邓小平前往莫斯科同苏联共产党代表团谈判

6 月 30 日，被驱逐人员抵达北京，中国举行了隆重的欢迎仪式。7 月 7 日，北京召开大会，支持我方人员的行动。

1963 年 7 月 5 日，邓小平、彭真率中共代表团抵达莫斯科。

会谈从 7 月 6 日开始，一直持续到 20 日。一共举行了九次会议。

这是一次被称之为“聋子对话”的独特的会谈。会议之始，规定两团交替发言，对方发言时不要打断，会议结束前，双方不发表任何关于会谈消息。

但在会谈期间，苏共中央却于 7 月 14 日公开发表了《给苏联各级党组织和全体共产党员的公开信》。

在第八次会谈中，康生发言严厉批评苏共歪曲和攻击中共代表团的立场，并且破坏君子协定，单方面发布消息。

会议毫无结果，唯一达成的协议是另择时间继续会谈，未把路全部堵死。当晚，中共代表团乘专机回国。

邓小平启程回国时，毛泽东令代表团成员分乘两架飞机，以防不测，对苏联的戒备已极深。7 月 21 日下午，邓小平一行回到北京时，毛泽东偕刘少奇、周恩来、朱德、董必武等几乎所有党和国家主要领导人亲赴西郊机场，欢迎凯旋的“反修战士”。

机场上聚集了 5000 多人的欢迎队伍，还有各国使节和国际友人，锣鼓喧天，“反修”口号震耳欲聋，到处是红旗、彩旗和标语横幅。代表团走下舷梯，毛泽东领头迎上去，与代表团一一握手问好，少先队员献上鲜花，全体合影留念。代表团绕场一圈，全场一片雷鸣般的欢呼声、掌声。中外记者将这一盛大而又热烈的场面摄入镜头。

1963 年 7 月 21 日，邓小平在首都机场受到毛泽东等领导同志的热烈欢迎

本来希望弥合分歧的中苏会谈，

反而成了中苏两党走向彻底破裂的里程碑。

9月6日，《人民日报》和《红旗》杂志开始陆续发表评苏共中央公开信的系列论战文章，即“九评”。

这九篇文章大量地披露了中苏分歧的内幕，全面批判了苏共纲领，指名道姓地批判了苏共领导人。

苏共以同样的方式应战。据中方统计，从苏共《公开信》发表，到10月的三个月内，苏联报刊广播就发表和转载了有反华内容的文章、资料计1100多篇。

随后，边界的纷争增加了中苏论战的火药味。

中苏边界长达7300多公里，在中苏友好的20世纪50年代，这条世界上最长的国境线上，曾经是一片安宁祥和的气氛，中俄之间的不平等条约及沙俄占领中国领土问题，也作为历史搁置不提。中苏边界勘定工作一直未做。然而，到了60年代，边界安宁不复存在，边境冲突频频发生。1960年8月22日和9月2日，中国曾向苏联建议通过谈判来解决边界问题，苏联未予响应。

1964年2月25日，边界谈判在北京举行。但没有取得任何进展，就于8月中止了。中方坚持苏方应当承认《瑷珲条约》和《北京条约》是不平等条约，在这个前提下，中国愿以这些条约为基础，来确定两国边界的全部走向，不要求收回沙皇俄国从清政府手里攫取的150多万平方公里的土地。苏方拒不承认那些条约是不平等条约。苏联人硬说中国对150万平方公里的领土提出了主权要求，只是目前不坚持这种要求而已。双方立场对立，谈判无功而散。

7月10日，毛泽东的一番谈话，更使赫鲁晓夫的神经陡然紧张起来。毛泽东在接见日本社会党人士佐佐木更三等人时说“大约一百年前，贝尔加湖以东地区才成为俄国领土，于是，海参崴、伯力、堪察加等地就是苏联的领土了。这笔账我们还没有算。”毛泽东还对苏联陈兵边境，有窥视我新疆之心表示了警惕。

这是中国最高领导人首次提到中苏不平等条约问题。讲话在日本见报后，立即引起国际社会重大反响，有人认为中国要向苏联索回被占领土。苏联反应更加强烈，9 月 2 日，《真理报》转载了日本报刊关于毛泽东谈话的内容，并配有社论，称坚持中国的领土要求的任何企图都会发生“最危险的结果”。

9 月 15 日，赫鲁晓夫在与日本议员谈话时说：“苏联的领土是历史形成的”，“苏联的边界是神圣的”，“谁胆敢破坏它，谁就会遭到苏联各族人民的最坚决的反击”。赫还说：“中国的历代皇帝是不次于俄国沙皇的掠夺者。”

毛泽东的话引起了普遍误解。9 月 10 日，毛泽东本人在同法国客人的谈话中，做出说明，说这并不是一定要苏联把 100 多万平方公里土地归还中国，只是说这是不平等条约。

10 月间，毛泽东分别会见朝鲜崔庸健和阿尔巴尼亚巴卢库再次提到这件事，他说：中国现在是“采取攻势，说些空话”，使赫鲁晓夫“紧张一下”，“其目的是达到一个合理的边界状态，边界条约”。

反修大战犹酣。中共原本计划连发“十评”文章，哪知才发了第九评，赫鲁晓夫突然被迫下台，论战失去了对手。

赫鲁晓夫隆重庆祝他 70 寿辰后不久，即前往风景秀丽、气候宜人的黑海度假胜地过起假期生活。但风云骤变，10 月 14 日，他的克里姆林宫的同事突然派专机将他接回莫斯科，并解除了他的一切党政职务。

10 月 16 日，是具有戏剧性的一天。这一天，苏联塔斯社发表苏共中央全体会议和苏联最高苏维埃主席团公报，宣布赫鲁晓夫下台的消息。同一天，中国新华社宣布：中国成功地爆炸了第一颗原子弹。

△ 第一颗原子弹爆炸成功后升起的蘑菇云和欢呼雀跃的科研人员

中共中央以各种方式向苏联发出了重修于好的信息，毛泽东、刘少奇、朱德、周恩来联名给苏共新领导勃列日涅夫、柯西金、米高扬发去贺电，并公开见报。中国报刊暂时停止了论战，并正面介绍苏联新的建设成就。11 月 5 日，毛、刘、朱、周再次联名发去节日贺电。11 月 6 日，北京各界举行庆祝十月革命 47 周年大会。11 月 7 日，刘少奇、邓小平出席了苏联驻华大使馆的国庆招待会。同日，《人民日报》发表《在伟大十月革命旗帜下团结起来》的社论。

这次行动的出发点是推动苏联新领导改弦更张，放弃“赫鲁晓夫修正主义路线”。

11 月 5 日，参加庆祝十月革命节的中共党政代表团周恩来、贺龙、伍修权等一行抵达莫斯科，受到柯西金等欢迎，下榻列宁山政府别墅。

中共改善中苏关系、推动苏联变化的愿望，却原来只是一厢情愿。苏方仅仅撤掉了赫鲁晓夫，并没有否定苏共二十大以来的思想和路线，新领导人仍然坚持其既定方针，相反还企图使中共改变方针。

11 月 7 日，十月革命节阅兵后的晚宴上，周恩来同苏联领导交谈后，便向苏联元帅们聚集的地方走去，准备找他们交谈。此时，迎面走来苏联国防部部长马利诺夫斯基，他见到周恩来便说：“不要让赫鲁晓夫和毛泽东妨碍我们。”

“你胡说什么？”周恩来立即正颜厉色地顶了他一句，随即转身拂袖而去。

马利诺夫斯基仍在胡言乱语：“我们已把赫鲁晓夫搞下台，现在该你们把毛泽东搞下台了。”

他见周恩来已经走开，又走向正在同崔可夫元帅谈话的贺龙副总理，对贺说：“不要让任何毛泽东、赫鲁晓夫们来妨碍我们”，“我们现在已经把赫鲁晓夫搞掉了，你们也应该仿效我们的榜样，把毛泽东也搞下台去。这样我们就能和好。”

贺龙当场顶回了他的挑衅，并报告了周恩来。代表团的同志听说后，都极为气愤，迅即离开了宴会大厅。

当天上午，勃列日涅夫、柯西金、米高扬、安德罗波夫、葛罗米柯回拜中共代表团时，周恩来便就马利诺夫斯基挑衅事件向他们提出最强烈的抗议。

勃列日涅夫解释说，他们是事后得知的，感到不安和愤怒，马利诺夫斯基是酒后胡言，他不是主席团成员，不代表苏共中央，他已受到中央委员会的谴责，现向中国同志表示道歉。

经过与苏共新领导谈判，周恩来得出结论：“情况比原来预计的更坏。”

11 月 13 日，周恩来率团回国。代表团来时颇有劲头，回国时不免有点失望。

毛泽东利用这一机会，再次导演了一场精彩话剧。专机在北京机场徐徐降落，上年 7 月那盛大场面再度出现。毛泽东再次领着刘少奇、朱德、邓小平等所有在京的中央领导人和数千各界群众，为代表团举行热烈的欢迎仪式，仍旧是欢呼声、锣鼓声，依旧是握手、献花、照相、绕场一周。

毛泽东这次举动是要向外界显示中国党和人民的团结一致和对他本人的拥戴，表明苏共妄想赶他下台的图谋永不会得逞，也宣告与“苏修”斗争到底的决心。

改善中苏关系的最后一次机会，两党领导人都没有抓住，中苏关系不仅没有好转，结怨更深了。

此后，中国共产党不再承认存在一个“社会主义阵营”。1966 的 3 月，苏共举行第二十三次全国代表大会。中共中央决定不派代表团参加，不发贺电。从此中苏两党关系完全中断长达 23 年。

▲ 1964 年 11 月，周恩来率领中国党政代表团参加苏联十月革命 47 周年庆祝活动回到北京，在机场受到毛泽东、刘少奇、朱德的迎接

后来，勃列日涅

夫比赫鲁晓夫走得更远，他更注重于诉诸实力政策，20世纪60年代中期以后，不断增兵远东，驻兵蒙古，逼近中国。中苏边境日趋紧张，昔日盟友变成了敌国。到60年代末，两国的军事对峙使中苏两国走到了战争的边缘。直到80年代末，两党两国才打破坚冰，重归于好。

1989年5月，邓小平会见苏联的后任领导人戈尔巴乔夫时说："从1957年第一次莫斯科会谈，到60年代前半期，中苏两党展开了激烈的争论。我算是那场争论的当事人之一，扮演了不是无足轻重的角色。经过20多年的实践，回过头来看，双方都讲了许多空话。"

比邓小平年小27岁的戈尔巴乔夫说：我的年龄比你小，那场争论我们不想对此做出评价，而是指望你来做出评价，我同意你的基本想法。

邓小平接着说："从60年代中期起，我们的关系恶化了，基本上隔断了。这不是指意识形态争论的那些问题，这方面现在我们也不认为自己当时说的都是对的。真正的实质问题是不平等，中国人感到受屈辱。"

20世纪60年代中苏两党那场视同水火的争论，真正有实质意义的内容，是反对大国主义和大党主义，维护自身的独立和尊严。至于那些意识形态的你是我非，按邓小平的说法，不过是双方说了一大堆空话。

参考书目

[1] 徐则浩.《王稼祥传》. 北京：当代中国出版社,2006.
[2] 朱仲丽.《我知道的毛主席》. 北京：中国青年出版社,1998.
[3] 何虎生.《毛泽东初进中南海》. 北京：中共党史出版社,2002.
[4] 何建明.《红墙警卫》. 北京：作家出版社,2010.
[5] 学习时报编辑部.《领袖与开国大典》. 北京：人民出版社,2019.
[6] 肖鸿鸣等.《金门战役》. 北京：中国青年出版社,2016.
[7] 马必前.《海南岛战役》. 北京：解放军文艺出版社,2010.
[8] 彭荆风.《解放大西南》. 云南：云南美术出版社,2009.
[9] 张民.《解放大西北》. 陕西：陕西人民出版社,2013.
[10] 降边嘉措.《第二次长征——进军西藏、解放西藏纪实》. 北京：作家出版社,2016.
[11] [俄]A.列多夫斯基.米高扬的访华秘密使命[J].《国外中共党史研究动态》,1995,(05):1-9.
[12] 王永华.1949年刘少奇秘访苏联始末[J].《党史纵横》,2003,(7).
[13] 朱振才.《谍战在黎明：毛泽东访苏前后反间谍纪实》. 北京：中国社会科学出版社,2009.
[14] 师哲口述，师秋朗笔录.《我的一生——师哲自述》. 北京：人民出版社出版,2001.
[15] 刁小湄. 毛泽东首次访苏轶闻[J/OL]. 人民网，文史参考,2010,(3).
[16] 余玮，吴志菲.《见证共和国往事》. 北京：当代中国出版社,2016.
[17] 逄先知.《毛泽东与抗美援朝》. 北京：中央文献出版社,2010.

［18］王志刚.毛泽东与抗美援朝战争:出国作战决策的艰难出台［N］.解放军报,2014-5-20.

［19］毛新宇.《我的伯父毛岸英》.北京：长城出版社,2000.

［20］《彭德怀传》编写组.《彭德怀传》.北京：当代中国出版社,2006.

［21］武陵人.《黎明大清剿》.北京：金城出版社,1997.

［22］李金明.《华北大剿匪纪实》.北京:解放军出版社,2009.

［23］李金明.《新中国剿匪反特大纪实》.湖南:湖南人民出版社,2010.

［24］白希.《开国大镇反》.北京:中共党史出版社,2006.

［25］黄瑶,张明哲.《罗瑞卿传》.北京：当代中国出版社,2007.

［26］鲁兵等.《新中国反腐败第一大案》.北京：法律出版社,1990.

［27］吴珏.《"三反""五反"运动纪实》.北京：东方出版社,2014.

［28］曾励.《廉政风暴:全国深入开展三反五反运动》.吉林:吉林出版集团有限责任公司,2011.

［29］中共中央研究室.《陈云人生纪实》.江苏：凤凰出版社,2011.

［30］刘伟.陈云同上海资本家打的五次经济仗［J］.党史博采(纪实),2011,(11).

［31］孟兰英.新中国第一代大使出征记［J］.党史文苑,2009,(12).

［32］孟昭庚.从战场到外交［J］.世纪风采,2014,(10).

［33］从将军到新中国首批大使［N］.河北工人报,2016-4-12.

［34］傅红星.《周恩来外交风云》.北京：文汇出版社,2002.

［35］杨明伟,陈扬勇.《周恩来外交风云》.北京：解放军文艺出版社,2009.

［36］曹应旺.《中国外交第一人周恩来》.上海：上海人民出版社,2006.

［37］袁晞.《"武训传"批判纪实》.湖北：长江文艺出版社,2004.

［38］邓绍基.毛泽东与他的"古今中外法"［DB/OL］.中国法院网,2003-9-8.

［39］俞平伯.《俞平伯说红楼梦》.上海：上海古籍出版社,2000.

［40］陈晋.毛泽东是怎样把"红楼梦"当作历史读的［DB/OL］.人民网，中国共产党新闻网,2013-11-22.

［41］陈长林."红学"百年一瞥,毛泽东评红学自成一家言［DB/OL］.中国新闻网,2010-9-27.

[42] 汪东林.《梁漱溟与毛泽东》. 湖北：湖北人民出版社,2003.
[43] 梁漱溟回忆与毛泽东的争论:我不应伤害他的感情[DB/OL]. 人民网,2012-6-12.
[44] 1954年毛泽东评高岗:是荒淫的人有许多女人[DB/OL].人民网,2012-8-2.
[45] 尹家民.《红墙见证录》. 北京：当代中国出版社,2009.
[46] 中央办公厅.《中国农村的社会主义高潮》. 北京：人民出版社,1956.
[47] 毛泽东.《毛泽东选集》第五卷. 北京：人民出版社,1977.
[48] 林蕴晖等.《凯歌行进的时期》. 河南：河南人民出版社,1996.
[49] 寿充一等.《走在社会主义大道上-原工商业者社会主义改造纪实》. 北京:中国文史出版社,1988.
[50] 曹延平.《社会主义三大改造》. 北京：新华出版社,1990.
[51] 逄先知,金冲及.《毛泽东传》(1949—1976). 北京：中央文献出版社,2003.
[52] 权延赤.《毛泽东与赫鲁晓夫》. 北京：人民日报出版社,2011.
[53] 张树德.《毛泽东与赫鲁晓夫决裂前后》. 北京:中国青年出版社,2013.
[54] 崔奇.《我所经历的中苏大论战》. 北京：人民日报出版社,2009.
[55] 中共中央文献研究室.《毛泽东文集》. 北京：人民出版社,1996.
[56] 毛泽东.《毛泽东选集》(1-4). 北京：人民出版社,1991.
[57] 胡绳.《中国共产党的七十年》. 北京：中共党史出版社,1991.
[58] 中共中央文献研究室, 逄先知.《毛泽东年谱(1893—1949)》. 北京：人民出版社, 中央文献出版社,1993.
[59] 中央文献研究室.《毛泽东年谱(1949—1976)》.北京:中央文献出版社,2013.
[60] 中共中央党史研究室.《中共党史大事年表》. 北京:人民出版社,1981.